Л. С. Робатень, Л. П. Попова

УЧЕБНЫЙ СЛОВАРЬ АНГЛИЙСКОГО ЯЗЫКА

РАЗВИТИЕ НАВЫКОВ УСТНОЙ РЕЧИ

Москва / АСТ / АСТРЕЛЬ
ВКТ Владимир

УДК 811.111'374
ББК 81.2 Англ-4
Р58

Компьютерный дизайн обложки
дизайн-студия «Дикобраз»

Подписано в печать 20.08.2010. Формат 84x108/32.
Усл. печ. л. 36,96. Тираж 3000 экз. Заказ № 2597и.

Санитарно-эпидемиологическое заключение
№ 77.99.60.953.Д.012280.10.09 от 20.10.2009 г.

Общероссийский классификатор продукции
ОК-005-93, том 2; 953005 – литература учебная

Робатень, Л.С., Попова, Л.П.

Р58 Учебный словарь английского языка. Развитие навыков устной речи. – М.: Астрель: АСТ; Владимир: ВКТ, 2010. – 704 с.

ISBN 978-5-17-069319-1 (ООО «Издательство АСТ»)
ISBN 978-5-271-29889-9 (ООО «Издательство Астрель»)
ISBN 978-5-226-03118-2 (ВКТ)

Словарь содержит 6 тыс. слов и значений и 10 тыс. словосочетаний и предложений. Предназначен для изучающих английский язык на начальном этапе, когда только приобретаются навыки устной речи. Многочисленные примеры-предложения помогают активизировать усвоенный словарный запас, способствуют развитию устной речи.

УДК 811.111'374
ББК 81.2 Англ-4

ISBN 978-5-17-069319-1
(ООО «Издательство АСТ»)
ISBN 978-5-271-29889-9
(ООО «Издательство Астрель»)
ISBN 978-5-226-03118-2 (ВКТ)

ОТ АВТОРОВ

«Учебный словарь английского языка. Развитие навыков устной речи» составлен в традиционной манере отечественной и европейской лексикографии.

Авторы отобрали самые употребительные английские слова с их сочетаемостью. Употребление слов иллюстрировано многочисленными примерами-предложениями. Акцент на примерах-предложениях является самым современным приемом в учебной двуязычной лексикографии, так как помогает учащимся самостоятельно образовывать законченные фразы и таким образом развивает навыки устной речи.

Словарная статья построена предельно просто и наглядно, ею легко пользоваться. В то же время информационно она весьма насыщена. Помимо переводов в ней содержатся полезные грамматические сведения. Например, указываются случаи удвоения согласной или изменения гласной в основе глагола при образовании форм:

chop II [tʃɒp] *v* (**chopped, chopping**) колоть...
carry [ˈkærɪ] *v* (**carries, carried, carrying**) нести...

Некоторые слова сопровождаются лексическими и грамматическими комментариями.

Предложения-примеры отбирались по современным учебным и лексикографическим английским и американским источникам.

Надеемся, что этот словарь станет надежным помощником для старшеклассников, студентов неязыковых вузов и для тех, кто самостоятельно изучает английский язык.

Лексикографические источники

Collins Russian-English English-Russian Dictionary. 2nd ed. HarperCollins Publishers, 2000

The Concise Oxford Dictionary of Current English. 9th ed. Oxford, 1995

Longman Dictionary of Contemporary English. Словарь современного английского языка: В 2-х т. – Longman, М.: Рус. яз., 1992

Macmillan Essential Dictionary. Macmillan Publishers Ltd., 2007

Oxford Collocations Dictionary. Oxford University Press, 2002

Русский орфографический словарь/РАН. Ин-т русского языка. 2-е изд., испр. и доп. – М., 2005

Английский алфавит

Aa	**Bb**	**Cc**	**Dd**	**Ee**	**Ff**	**Gg**
Hh	**Ii**	**Jj**	**Kk**	**Ll**	**Mm**	**Nn**
Oo	**Pp**	**Qq**	**Rr**	**Ss**	**Tt**	**Uu**
	Vv	**Ww**	**Xx**	**Yy**	**Zz**	

ПОСТРОЕНИЕ СЛОВАРНОЙ СТАТЬИ

заглавное слово	**ahead** [əˈhed] *adv* вперёд...
фонетическая транскрипция	ability [əˈbɪlətɪ] *n* способность
перевод	acorn [ˈeɪkɔːn] *n* **жёлудь**
арабские цифры в статье разделяют значения	avenue [ˈævənjuː] *n* **1** аллея **2** широкая улица, авеню
грамматические омонимы отмечены римскими цифрами	act **I** [ækt] *n* акт... act **II** [ækt] *v* 1 играть...
лексические омонимы отмечены арабскими надстрочными цифрами	book[1] [bʊk] *n* книга... book[2] [bʊk] *v* заказывать...
иллюстративный пример к значению слова	bone [bəʊn] *n* кость **The fish has a lot of bones.** **В этой рыбе много костей.**
грамматическая помета, указывающая на часть речи	bluebell [ˈbluːbel] ***n*** колокольчик
дополнительная грамматическая информация о заглавном слове	trunks [trʌŋks] *n **pl*** плавки
необычное образование множественного числа	child [ʧaɪld] *n* (*pl* **children**) ребёнок...
помета указывает на сферу употребления или стилистическую окраску	sentence [ˈsentəns] *n **грам.*** предложение...

неправильно образующиеся формы глагола	do [du:] *v* (*past tense* **did**; *past participle* **done**) 1 делать...
неправильно образующиеся формы прилагательных и наречий	bad [bæd] *adj* (*comparative* **worse**; *superlative* **worst**) 1 плохой...
случаи удвоения согласной и изменения гласных при образовании форм глагола	clap [klæp] *v* (**clapped**, **clapping**) хлопать в ладоши... lie[1] II [laɪ] *v* (**lies**, **lied**, **lying**) лгать...
двоеточие ставится при отсутствии перевода слова	married ['mærɪd] *adj***:** to be married...
в квадратных скобках курсивом приводится антоним	cheap [tʃi:p] *adj* дешёвый... [***expensive***, ***dear*** дорогой]
после знака ◊ (ромб) приводятся идиомы, устойчивые словосочетания, пословицы	away [ə'weɪ] *adv* далеко... ◊ **right away, straight away** немедленно...
дополнительная информация об употреблении слова	bacon ['beɪkən] *n* бекон... ***Note*: не имеет мн. числа...**

Фонетическая транскрипция

Произношение дается по современным английским словарям.

Гласные

iː – долгий **и**; *напр.* m**ea**t, b**ee**f, sc**e**ne

ɪ – краткий, открытый **и**; *напр.* p**i**n, l**i**t, s**i**ck

e – как русское **э** под ударением; *напр.* sp**e**nd, t**e**n

æ – более открытый, чем э; *напр.* c**a**n, p**a**ckage

ɑː – долгий, глубокий **а**; *напр.* sc**ar**, f**a**st

ɒ – краткий, открытый **о**; *напр.* p**o**t, s**o**ck, l**o**bster

ɔː – долгий **о**; *напр.* sc**ore**, s**aw**, b**ough**t

ʊ – краткий **у**; *напр.* f**oo**t, p**u**t

uː – долгий **у**; *напр.* d**o**, r**oo**m, gl**ue**

ʌ – краткий гласный, менее глубокий, чем **а** в словах т**а**щи́ть, хр**а**ни́ть; *напр.* c**u**t, l**u**ck

ɜː – долгий гласный, напоминающий **ё**; *напр.* l**ear**n, c**ur**l, g**ir**l

ə – безударный гласный, напоминающий безударный гласный в словах ну́ж**е**н, ко́мнат**а**; *напр.* driv**er**, **a**pply, schol**ar**ship

Дифтонги

eɪ – э[й], *напр.* f**a**te, l**ai**d, b**a**con

əʊ – э[у], *напр.* sn**ow**, g**o**, f**o**lk

aɪ – а[й], *напр.* l**i**me, dr**y**, fl**igh**t

aʊ – а[у], *напр.* c**ow**, l**ou**d

ɔɪ – о[й], *напр.* ann**oy**, c**oi**n

ɪə – и[а], *напр.* h**ere**, b**eer**, f**ear**

eə – э[а], *напр.* f**are**, th**ere**

ʊə – у[а], *напр.* f**u**rious, p**ure**, t**our**

Согласные

p – **п**, *напр.* **p**in, occu**p**y

b — **б**, *напр.* **b**ook, num**b**er, we**b**

m — **м**, *напр.* **m**ine, plu**m**

w — звук, близкий к **у**, но губы более округлены; *напр.* **w**ell, **w**heel, a**w**ay

f — **ф**, *напр.* **f**ish, co**ff**ee, wol**f**

v — **в**, *напр.* **v**eal, ele**v**en, bra**v**e

θ — (*без голоса*) кончик языка находится между передними зубами; *напр.* **th**ing, mon**th**

ð — (*с голосом*) кончик языка находится между передними зубами; *напр.* **th**is, mo**th**er, wi**th**

s — **с**, *напр.* **s**ister, fa**c**e, **c**igar

z — **з**, *напр.* **z**ip, wa**s**, noi**s**y

t — **т**, кончик языка находится у альвеол; *напр.* **t**ree, mo**t**el, ra**t**

d — **д**, *напр.* **d**i**d**, fa**d**e, clou**d**y

n — **н**, *напр.* **n**ight, pe**n**, pu**n**ish

l — **л**, *напр.* **l**eave, coo**l**, late**l**y

r — **р**, но произносится без вибрации; *напр.* **r**at, c**r**y

ʃ — мягкий **ш**, *напр.* **sh**eep, fini**sh**, ma**ch**ine

ʒ — мягкий **ж**, *напр.* gara**g**e, mea**s**ure

ʧ — **ч**, *напр.* **ch**eese, fea**t**ure

ʤ — озвонченный **ч**, *напр.* **j**eans, ca**g**e

k — **к**, *напр.* **c**all, lo**ck**, **k**een

g — **г**, *напр.* **g**ame, plu**g**

ŋ — носовой, задняя часть языка соприкасается с мягким небом; *напр.* ri**ng**, ba**n**k

h — произносится на выдохе; *напр.* **h**ay, **h**appy

j — **й**, *напр.* **y**olk, be**y**ond

УСЛОВНЫЕ СОКРАЩЕНИЯ

Английские

adj —	adjective —	имя прилагательное
adv —	adverb —	наречие
conj —	conjunction —	союз
e. g. —	for example —	например
interj —	interjection —	междометие
n —	noun —	имя существительное
num —	numeral —	имя числительное
pl —	plural —	множественное число
prep —	preposition —	предлог
pron —	pronoun —	местоимение
sing —	singular —	единственное число
smb —	somebody —	кто-либо
smth —	something —	что-либо
v —	verb —	глагол

Русские

авто —	автомобильное дело
амер. —	американизм
вчт. —	вычислительная техника
грам. —	грамматика
ед. ч. —	единственное число
и т. п. —	и тому подобное
косв. —	косвенный (падеж)
кто-л. —	кто-либо
л. —	лицо
мат. —	математика
мн. ч. —	множественное число

муз. —	музыка
напр. —	например
обыкн. —	обыкновенно
особ. —	особенно
посл. —	пословица
разг. —	разговорное слово
см —	смотри
собир. —	собирательное
что-л. —	что-либо

A

A, a [eɪ] *1-я буква английского алфавита*

a [eɪ; ə] *неопределённый артикль*; *обыкн. не переводится и означает* любой, какой-то, один, каждый
I want a glass of water. Я хочу выпить стакан воды.
He has a good job. У него хорошая работа.
Wait a minute! Одну минуту!
He gave them an apple each. Он дал им по яблоку.
Note: *перед словами*, *начинающимися с гласного звука*, *приобретает форму* **an**; *e. g.* **an apple** яблоко; **an hour** час

ability [əˈbɪlətɪ] *n* способность
a man of ability способный человек
He has great ability in mathematics. У него большие способности к математике.
I'll do it to the best of my ability. Сделаю всё, что смогу.
[*inability* неспособность]

able [ˈeɪbl] *adj* **1** способный; умелый
an able student способный студент
2: to be able мочь, быть в состоянии, уметь
He wasn't able to get there in time. Он не смог попасть туда вовремя.
Are you able to come? Ты сможешь прийти?
He wasn't able to find the house. Он не смог найти этот дом.

about I [əˈbaʊt] *adv* **1** вокруг
There was nobody about. Вокруг никого не было.
2 приблизительно, около

The next train leaves at about four o'clock. Следующий поезд отправится приблизительно в четыре часа.
She's about twenty years old. Ей около двадцати лет.
to be about to do smth собираться что-л. сделать
I was just about to go out when you phoned. Я как раз собирался уходить, когда ты позвонил.

about II [ə'baʊt] *prep* **1** о, относительно
Tell me about your vacation. Расскажи мне о твоих каникулах.
What do you want to speak to me about? О чём ты хочешь со мной поговорить?
2 по
The children were running about the garden. Дети бегали по саду.
She does jobs about the house. Она делает работу по дому.

above I [ə'bʌv] *adv* наверху, выше
Our flat is just above. Наша квартира этажом выше.
As stated above... Как сказано выше...
[*below, underneath* внизу, ниже]

above II [ə'bʌv] *prep* над, выше
The plane flew above the clouds. Самолёт летел над облаками.
above all прежде всего, самое главное
[*below, under* под, ниже]

abroad [ə'brɔ:d] *adv* за границей; за границу
He lives abroad. Он живёт за границей.
They are going abroad on their vacation. Они едут в отпуск за границу.

abrupt [ə'brʌpt] *adj* **1** внезапный; крутой
The road is full of abrupt turns. На этом шоссе много крутых поворотов.
2 резкий, грубый
abrupt manners резкие манеры

absence ['æbsəns] *n* отсутствие
in his absence в его отсутствие
an excused absence отсутствие по уважительной причине

absent ['æbsənt] *adj* отсутствующий
He had an absent look on his face. На его лице было отсутствующее выражение.
to be absent отсутствовать
Who is absent today? Кто сегодня отсутствует?
[*present* присутствующий]

accelerator pedal [əkˌseləreɪtə'pedl] *n* педаль акселератора, педаль газа

accept [ək'sept] *v* принимать
We accepted her invitation with pleasure. Мы с радостью приняли её приглашение.
I cannot accept your apology. Я не могу принять ваши извинения.

accident ['æksɪdənt] *n* несчастный случай, авария
There have been many railway accidents this year. В этом году было много аварий на железной дороге.
by accident случайно
I met her by accident at the bus stop. Я случайно встретил её на автобусной остановке.

according to [ə'kɔːdɪŋtə] *prep* по, согласно
according to him по его словам
The books are arranged according to subjects. Книги расставлены по темам.

account [ə'kaʊnt] *n* счёт
How much money do you have in your account? Сколько денег на вашем счету?
on account of из-за, вследствие, по причине
The trains are late on account of the fog. Поезда опаздывают из-за тумана.

accountant [ə'kaʊntənt] *n* бухгалтер

accurate ['ækjərət] *adj* точный; меткий
He is accurate in his work. Он точен в работе.
Are your scales accurate? У вас точные весы?
to take accurate aim метко стрелять

accuse [ə'kju:z] *v* обвинять
He was accused of murder. Его обвинили в убийстве.

ache [eɪk] *v* болеть
After climbing the mountain, he ached all over. После восхождения на гору у него болело всё тело.

achieve [ə'tʃi:v] *v* достигать, добиваться
He achieved his objective. Он достиг своей цели.
to achieve success добиться успеха

acid I ['æsɪd] *n* кислота

acid II ['æsɪd] *adj* кислый

acorn ['eɪkɔ:n] *n* жёлудь

acrobat ['ækrəbæt] *n* акробат

across I [ə'krɒs] *adv* на ту сторону; поперёк
If the road is busy, don't walk across. Если машин много, не переходи через дорогу.

across II [ə'krɒs] *prep* через
My house is just across the street. Мой дом как раз на той стороне улицы.
Let's swim across the river. Давай переплывём реку.

act I [ækt] *n* акт, действие
Act I takes place in a castle. Действие первое происходит в замке.

act II [ækt] *v* **1** играть
to act a part of Hamlet играть роль Гамлета
2 действовать
He had to act quickly. Он должен был действовать решительно.
3 вести себя, поступать
He acted like a true friend. Он поступил как настоящий друг.

acting ['æktɪŋ] *n* игра (*актёра*)

action ['ækʃn] *n* поступок, действие
a man of action человек действия
to judge people by their actions судить о людях по их поступкам

active ['æktɪv] *adj* деятельный, активный, энергичный
the active voice *грам.* действительный залог
[*passive* пассивный]

activity [ə'ktɪvɪtɪ] *n* дело, занятие
This summer camp offers plenty of activities. В этом летнем лагере предлагается масса разнообразных занятий.
everyday activities ежедневные дела

actor ['æktə(r)] *n* актёр, артист

actress ['æktrɪs] *n* актриса, артистка

actual ['æktʃʊəl] *adj* действительный, фактический
What is the actual price? Какова действительная цена?

adapted [ə'dæptɪd] *adj* адаптированный, облегчённый

add [æd] *v* **1** добавлять, прибавлять
Add salt to the soup. Добавьте соли в суп.
2 складывать
Add 2 and/to 7. К семи прибавьте два.
[*to subtract* вычитать]

addition [ə'dɪʃn] *n* добавление, дополнение, прибавление
in addition в дополнение, к тому же
In addition may I say... Я бы хотел вдобавок сказать...

address I [ə'dres] *n* адрес
What's your home address? Какой твой домашний адрес?

address II [ə'dres] *v* обращаться (*к кому-л.*)
The words were addressed to her. Слова были адресованы ей.
The manager will now address the meeting. Сейчас директор обратится к собранию с речью.

adhesive bandage [ədˌhi:sɪvˈbændɪʤ] *n* лейкопластырь

adjective [ˈæʤɪktɪv] *n грам.* имя прилагательное

admire [ədˈmaɪə(r)] *v* восхищаться, любоваться
I admire him for his courage. Я восхищаюсь его мужеством.
Let's admire the view. Давайте полюбуемся открывающимся видом.

admit [ədˈmɪt] *v* **(admitted, admitting) 1** впускать; принимать
We were not admitted to the lessons. Нас не пустили на занятия.
2 признавать
He never admits his mistakes. Он никогда не признаёт своих ошибок.

adopt [əˈdɒpt] *v* усыновлять; удочерять
They adopted an orphan. Они усыновили сироту.

advance [ədˈvɑ:ns] *n* продвижение (вперёд)
the advance of science прогресс науки
in advance вперёд, заранее
Please, pay in advance. Пожалуйста, заплатите вперёд.
in advance of впереди
He arrived in advance of the others. Он пришёл раньше других.

adventure [ədˈventʃə(r)] *n* приключение

adverb [ˈædvɜ:b] *n грам.* наречие

advert [ˈædvɜ:t] *n разг.* рекламное объявление

advertise [ˈædvətaɪz] *v* рекламировать
The book is widely advertised. Эту книгу широко разрекламировали.

advertisement [ədˈvɜ:tɪsmənt] *n* реклама
Advertisement helps to sell goods. Реклама помогает торговле.

advice [əd'vaɪs] *n* совет
He went to the teacher for advice. Он обратился к учителю за советом.
The doctor's advice was to stay in bed. Доктор рекомендовал постельный режим.
on his advice по его совету
to take/to follow smb's advice послушаться чьего-л. совета, последовать чьему-л. совету
Note: не употребляется с неопределённым артиклем и во мн. числе

advise [əd'vaɪz] *v* советовать
She advised me to sell my car. Она посоветовала мне продать машину.

aeroplane ['eərəpleɪn] *n* самолёт

affirm [ə'fɜ:m] *v* утверждать
He affirmed that he was telling the truth. Он утверждал, что говорит правду.
[*to deny* отрицать]

affirmative [ə'fɜ:mətɪv] *adj* утвердительный
The answer was affirmative. Ответ был утвердительный.
[*negative* отрицательный]

afford [ə'fɔ:d] *v* иметь возможность, быть в состоянии сделать что-л.
I can't afford to buy a new pair of shoes. Я не могу позволить себе купить новые туфли.
I can't afford it. Мне это не по средствам.
Note: обыкн. употребляется с **can/could**

afraid [ə'freɪd] *adj*: **to be afraid (of)** бояться
I am afraid of snakes. Я боюсь змей.
He is afraid to climb onto the roof. Он боится влезть на крышу.
I'm afraid we will be late. Боюсь, мы опоздаем.

Africa ['æfrɪkə] *n* Африка

after I ['ɑ:ftə(r)] *adv* потом, после, спустя

You begin lesson, I'll come on after. Начинайте урок, я приду потом.

He left soon after. Вскоре после этого он уехал.

[*before* раньше, прежде]

after II ['ɑ:ftə(r)] *prep* за; после

Shut the door after you. Закрой за собой дверь.

I must go to bed — it's after midnight. Я должен идти спать — уже за полночь.

after all в конце концов

He was worried about the exam, but he passed it after all. Он очень беспокоился из-за своего экзамена, но в конце концов сдал его.

[*before* до; перед]

after III ['ɑ:ftə(r)] *conj* после того как

After the rain came, the grass started to grow. После того как прошёл дождь, трава начала быстро расти.

Call me after you get home. Позвони мне после того как придёшь домой.

[*before* до того как]

afternoon [ˌɑ:ftə'nu:n] *n* время после полудня

I always have a rest in the afternoon. Я всегда отдыхаю днём.

in the late afternoon к вечеру

this afternoon сегодня днём

good afternoon! добрый день!

afterwards ['ɑ:ftəwədz] *adv* позже; потом, затем; впоследствии

We'll go shopping first, and visit the museum afterwards. Сначала мы пойдём в магазин, а затем в музей.

again [ə'gen] *adv* снова, опять; ещё раз

He sang the song again. Он снова спел песню.

You must come to see us again. Вы должны ещё раз нас навестить.

against [ə'genst] *prep* **1** против

She was against the idea of going to the cinema. Она была против того, чтобы идти в кино.

I've nothing against it. Я ничего против этого не имею.

It's against our interests. Это не в наших интересах.

2 к, у, о

Place the ladder against the tree. Приставь лестницу к дереву.

He hit his head against a low branch. Он ударился головой о нижнюю ветку.

A piano stood against the wall. У стены стояло пианино.

3 против (*в противоположную сторону*)

It's difficult riding against the wind. Трудно ехать против ветра.

age [eɪʤ] *n* **1** возраст

at the age of 20 в возрасте двадцати лет

What's your age? Сколько тебе лет?

He's twice my age. Он вдвое старше меня.

2 век, эпоха

the Middle Ages средние века, средневековье

ages *pl* вечность

I haven't seen you for ages. Я не видел вас целую вечность.

ago [ə'gəʊ] *adv* (тому) назад

I saw him five minutes ago. Я видел его пять минут назад.

It all happened many years ago. Всё это случилось много лет тому назад.

long ago давно

not long ago недавно

The train left not long ago. Поезд ушёл недавно.

agree [ə'griː] *v* **1** соглашаться

I asked him to help me and he agreed. Я попросил его помочь мне, и он согласился.

I agree with you that we need a new car. Я согласен с вами, что нам нужна новая машина.

to agree to smth соглашаться с чем-л.

He agreed to my proposal. Он согласился с моим предложением.

2 договориться, условиться

We agreed on a price for the car. Мы договорились о цене автомобиля.

We agreed to start early. Мы договорились выехать рано.

3 уживаться, ладить

The children can never agree. Дети не умеют ладить друг с другом.

[*to disagree* не соглашаться]

agreement [ə'gri:mənt] *n* **1** соглашение, договор

They signed the agreement. Они подписали договор.

2 (взаимное) согласие

He nodded to show his agreement. Он кивнул в знак согласия.

to reach an agreement достичь взаимопонимания

agricultural [ˌægrɪ'kʌltʃərəl] *adj* сельскохозяйственный

agriculture ['ægrɪkʌltʃə(r)] *n* сельское хозяйство

ah [ɑ:] *interj* ах!, а!

Ah! I see. А, понимаю!

ahead [ə'hed] *adv* вперёд; впереди

Run ahead and save some seats for us. Беги вперёд и займи для нас места.

We've a very busy time ahead. У нас впереди много работы.

ahead of впереди

He's ahead of the others in his class. Он учится лучше других в классе.

aim I [eɪm] *n* цель; намерение

What's your aim in life? Какая у тебя цель в жизни?

to take aim (at) прицеливаться (в)

aim II [eɪm] *v* **1** целиться, прицеливаться

He aimed his gun at the fox, fired and missed. Он прицелился в лису, выстрелил и промахнулся.

2 ставить своей целью, стремиться

We aim to save enough money to go on vacation. Мы собираемся сэкономить достаточно денег, чтобы поехать куда-нибудь в отпуск.

air I [eə(r)] *n* воздух

I must let some fresh air in here. Надо проветрить комнату.
He kicked the ball up into the air. Он послал ногой мяч высоко в воздух.
Spring is in the air. В воздухе пахнет весной.
in the open air на открытом воздухе
by air по воздуху; на самолёте
We are travelling to France by air. Мы полетим во Францию на самолёте.

air II [eə(r)] *v* проветривать
to air a room проветривать комнату

air conditioner ['eəkənˌdɪʃnə(r)] *n* кондиционер

airline ['eəlaɪn] *n* авиалиния

airliner ['eəlaɪnə(r)] *n* большой пассажирский самолёт, авиалайнер

airmail ['eəmeɪl] *n* авиапочта
Send this letter by airmail. Отправь это письмо авиапочтой.

airman ['eəmən] *n* лётчик

airplane ['eəpleɪn] *n амер.* самолёт

airport ['eəpɔ:t] *n* аэропорт
He arrived at the airport early. Он рано приехал в аэропорт.

alarm [ə'lɑ:m] *n* тревога
When the alarm went off, everyone left the hotel. Когда прозвучал сигнал тревоги, все покинули гостиницу.
The incident caused great alarm. Происшествие вызвало большую тревогу.
He jumped up in alarm. Он вскочил в тревоге.

alarm clock [ə'lɑ:mklɒk] *n* будильник
Set the alarm clock for six o'clock. Поставь будильник на шесть часов.

alas [ə'læs] *interj* увы!

algebra ['ælʤıbrə] *n* алгебра

alike I [ə'laık] *adj* одинаковый, похожий
The two brothers look very much alike. Эти братья очень похожи друг на друга.
Note: употребляется только после глагола

alike II [ə'laık] *adv* одинаково
She treats everybody alike. Она со всеми обращается одинаково.

alive [ə'laıv] *adj* живой
The fish is still alive, even though it was caught an hour ago. Рыба ещё живая, хотя её поймали час назад.
He's very much alive. Он полон жизни.
Note: не употребляется перед существительным

all I [ɔ:l] *adj* все; всё; весь
We all like chocolate. Мы все любим шоколад.
All my friends like his new disc. Всем моим друзьям нравится его новый диск.
He spent all his life in India. Он провёл всю свою жизнь в Индии.

all II [ɔ:l] *adv* целиком; полностью
She was dressed all in black. Она была одета во всё чёрное.
all over повсюду
She poured water all over. Она повсюду разлила воду.
all the same всё же, тем не менее
I'm very busy but I'll come to see you all the same. Я очень занят, но всё же зайду навестить тебя.

all III [ɔ:l] *pron* всё, все
He wanted all or nothing! Он хотел всё или ничего.
That's all. Это всё.
above all больше всего
She likes fruit and, above all, oranges. Она любит фрукты, а больше всего апельсины.

at all совсем; вообще

I don't know him at all. Я его совсем не знаю.

I'm not at all tired. Я совсем не устал.

not at all не стоит благодарности, пожалуйста

Thanks! — Not at all. Спасибо! — Не за что!

allergy ['ælədʒɪ] *n* аллергия

alley ['ælɪ] *n* переулок

blind alley тупик

allow [ə'laʊ] *v* позволять, разрешать

He allowed me to see his stamp collection. Он разрешил мне посмотреть его коллекцию марок.

Are we allowed to use the telephone? Нам можно пользоваться телефоном?

She is not allowed out after dark. Ей не разрешают гулять после наступления темноты.

[*to forbid* запрещать]

all right [ɔ:l'raɪt] *adj* **1** благополучный, хороший

I had a headache, but now I'm all right. У меня болела голова, но теперь я чувствую себя хорошо.

If it's all right with you, I'll come early. Если вас устраивает, я приду рано.

2 *в восклицаниях означает согласие* ладно!, да!, хорошо!

almond ['ɑ:mənd] *n* миндаль

almost ['ɔ:lməʊst] *adv* почти, чуть

Dinner is almost ready. Обед почти готов.

He slipped and almost fell. Он поскользнулся и чуть не упал.

I almost missed the train. Я едва не опоздал на поезд.

alone I [ə'ləʊn] *adj* один, одинокий

She was alone in the house. Она была дома одна.

Our house stands alone on the hill. Наш дом одиноко стоит на холме.

You can't lift the piano alone. Ты один не сможешь поднять пианино.

alone II [ə'ləʊn] *adv* только

You alone can help me. Только ты можешь помочь мне.

along I [ə'lɒŋ] *adv употребляется с глаголами для обозначения движения вперёд; часто не переводится*

Come along! Пошли!

He went along to the police station to report the accident. Он пошёл в полицейский участок, чтобы заявить о происшествии.

along II [ə'lɒŋ] *prep* вдоль, по

There are trees along both sides of the road. По обе стороны дороги растут деревья.

He was walking along the river bank. Он шёл по берегу реки.

aloud [ə'laʊd] *adv* вслух; громко

Please read the story aloud. Пожалуйста, прочитайте рассказ вслух.

He called aloud for help. Он громко звал на помощь.

I was just thinking aloud. Я просто размышлял вслух.

alphabet ['ælfəbet] *n* алфавит

alpine skiing ['ælpaɪnˌski:ɪŋ] *n* горнолыжный спорт

already [ɔ:l'redɪ] *adv* уже

It's already past five o'clock. Уже начало шестого.

Have you had breakfast already? Вы уже завтракали?

I've seen this film already. Я уже видел этот фильм.

also ['ɔ:lsəʊ] *adv* тоже, также

He sings and can also play the piano. Он поёт, а также играет на фортепиано.

She speaks Spanish and also a little Russian. Она говорит по-испански, а также немного по-русски.

alter ['ɔ:ltə(r)] *v* менять(ся), изменять(ся)

The ship altered course. Корабль изменил курс.

That alters the case. Это меняет дело.

He has altered a great deal since I saw him a year ago. Он сильно изменился за тот год, что я его не видел.

although [ɔ:l'ðəʊ] *conj* хотя
Although it was snowing, it was not very cold. Хотя шёл снег, на улице не было холодно.

always ['ɔ:lweɪz] *adv* всегда
In some countries it is always hot. В некоторых странах всегда жарко.
He's always at home on Friday. Он всегда в пятницу дома.
She's always in a hurry. Она всегда спешит.
[*never* никогда]

am [æm; əm] *1-е лицо ед. ч. настоящего времени глагола* **to be**

a.m. [ˌeɪ'em] *adv* до полудня
I have to get up at 5 a.m. on Mondays. По понедельникам я должен вставать в пять часов утра.

amateur ['æmətə(r)] *n* любитель

amaze [ə'meɪz] *v* удивлять; поражать
It amazes me how he can drink so many cups of coffee. Меня удивляет, как он может выпить так много кофе.

ambulance ['æmbjʊləns] *n* машина скорой помощи

America [ə'merɪkə] *n* Америка

American I [ə'merɪkən] *n* американец; американка
African American чернокожий американец

American II [ə'merɪkən] *adj* американский

among [ə'mʌŋ] *prep* между; среди
The cake was divided among the children. Торт был разрезан и поделён между детьми.
The birds build their nests among the leaves. Птицы вьют свои гнёзда среди листвы.

amount [ə'maʊnt] *n* количество
A large amount of money is spent on chewing gum every month.
Ежемесячно много денег тратится на жевательную резинку.
Note: *употребляется с неисчисляемыми существительными*; *e.g.* **a small amount of milk** немного молока

amuse [ə'mju:z] *v* развлекать; забавлять; смешить
His answer amused me. Его ответ позабавил меня.
We amused ourselves with a cat (while we waited). Мы забавлялись с кошкой (, пока ждали).

amusement park [ə'mju:zməntpɑ:k] *n* парк с аттракционами

amusing [ə'mju:zɪŋ] *adj* забавный; занимательный
The TV show was very amusing. Телешоу было очень занимательным.

an [æn; ən] *неопределённый артикль см* **a**

anchor ['æŋkə(r)] *n* якорь
to cast/to drop anchor бросить якорь
to raise/to weigh anchor сниматься с якоря

ancient ['eɪnʃənt] *adj* древний; старинный

and [ænd; ənd, ən, n] *conj* **1** и; с; *иногда не переводится*
Try and do it. Постарайся сделать это.
Three hundred and ten. Триста десять.
read and write читать и писать
you and me мы с тобой
and so on и так далее
2 а
I'll go and you will stay. Я пойду, а ты останешься.

angle ['æŋgl] *n мат.* угол

angry ['æŋgrɪ] *adj* сердитый
His words made me angry. Его слова рассердили меня.
to be angry сердиться

He's angry with his children because they lost the money. Он рассердился на своих детей, потому что они потеряли деньги.
Everyone is angry about the (high) prices. Все недовольны (высокими) ценами.
Don't be angry with him. Не сердись на него.

animal ['ænɪml] *n* животное
domestic animals домашние животные

ankle ['æŋkl] *n* лодыжка

anniversary [ˌænɪ'vɜ:sərɪ] *n* годовщина; памятный день

announce [ə'naʊns] *v* объявлять; извещать (*публично*)
My brother announced that he had found a new job. Мой брат объявил, что нашёл новую работу.

annoy [ə'nɔɪ] *v* досаждать; надоедать
Loud music annoys me. Громкая музыка раздражает меня.
She was annoyed with them. Они её раздражали.

annual ['ænjʊəl] *adj* ежегодный; годовой

another I [ə'nʌðə(r)] *adj* **1** ещё
Would you like another cup of tea? Не хотите ли ещё чашку чая?
2 другой
That's quite another matter. Это совсем другое дело.
The shop is closed today so we'll come another day. Сегодня магазин закрыт, так что мы придём в другой день.

another II [ə'nʌðə(r)] *pron* ещё один
If you finish the book I can give you another. Если ты прочитал книгу, я могу дать тебе другую.
one another друг друга
The three children enjoy playing with one another. Трое детей играют друг с другом.

answer I ['ɑ:nsə(r)] *n* ответ
She gave no answer. Она ничего не ответила.

Have you got an answer to your letter? Вы получили ответ на ваше письмо?

[*question* вопрос]

answer II ['ɑ:nsə(r)] *v* **1** отвечать

Who can answer the question? Кто может ответить на вопрос?

2 откликаться; отвечать (*на звонок, стук и т. п.*)

to answer the phone подойти к телефону (*когда он звонит*)

[*to ask* спрашивать]

answering machine ['ɑ:nsərɪŋməʃi:n] *n* автоответчик

ant [ænt] *n* муравей

anthem ['ænθəm] *n* гимн

anticlockwise [æntɪ'klɒkwaɪz] *adv* против часовой стрелки

[*clockwise* по часовой стрелке]

antonym ['æntənɪm] *n* антоним

"Hot" is the antonym of "cold". «Горячий» — антоним слова «холодный».

[*synonym* синоним]

anxious ['æŋkʃəs] *adj* озабоченный; беспокоящийся

to be anxious about smth беспокоиться о чём-л.

I'm anxious about his health. Я беспокоюсь о его здоровье.

any ['enɪ] *adj* **1** любой

You may come any day next week. Вы можете прийти в любой день на следующей неделе.

2 *в вопросах* какой-либо, какой-нибудь; сколько-нибудь; *часто не переводится*

Are there any German books in your library? У вас в библиотеке есть немецкие книги?

Is there any coffee left? Есть ещё кофе (в кофейнике)?

3 *при отрицании* никакой; нисколько

I don't have any money. У меня нисколько нет денег.

anybody ['enɪbɒdɪ] *pron* **1** любой, каждый, всякий
Anybody can tell you the way to the station. Каждый может сказать вам, как пройти к вокзалу.
2 *в вопросах и при отрицании* кто-нибудь; никто
Is there anybody in the house? Есть кто-нибудь в доме?
Did you speak to anybody? Ты с кем-нибудь говорил?
I can't see anybody. Я никого не вижу.

anyone ['enɪwʌn] *pron см* **anybody**

anything ['enɪθɪŋ] *pron* **1** всё; всё, что угодно
Our dog will eat anything. Наша собака съест всё, что угодно.
2 *в вопросах и при отрицании* что-нибудь; ничего
Did anything happen during the night? Ночью что-нибудь случилось?
He doesn't do anything. Он ничего не делает.

anyway ['enɪweɪ] *adv* в любом случае; что бы ни случилось
It looks like rain, but we'll go anyway. Похоже, пойдёт дождь, но мы всё равно отправимся в путь.

anywhere ['enɪweə(r)] *adv* **1** где угодно, везде
We'll go anywhere you like. Мы пойдём, куда ты захочешь.
2 *в вопросах и при отрицании* где-нибудь, куда-нибудь; никуда, нигде
Did you go anywhere yesterday? Вы куда-нибудь вчера ходили?
I haven't seen it anywhere. Я нигде это не видел.

apart [ə'pɑːt] *adv* врозь; порознь
They live apart now. Теперь они живут врозь.
apart from кроме, исключая; несмотря на
They all had ice cream, apart from me. Все, кроме меня, ели мороженое.

apartment [ə'pɑːtmənt] *n* квартира

ape [eɪp] *n* обезьяна (*человекообразная*)

apologize [ə'pɒləʤaɪz] *v* извиняться
You must apologize to your sister for being so rude. Ты должен попросить извинения у сестры за свою грубость.

apostrophe [ə'pɒstrəfɪ] *n грам.* апостроф

appear [ə'pɪə(r)] *v* появляться, показываться
A ship appeared on the horizon. На горизонте появился корабль.
He promised to be here at 4 but didn't appear until 6. Он обещал быть здесь в четыре часа, но появился только в шесть.
[*to disappear* исчезать, пропадать]

appearance [ə'pɪərəns] *n* **1** внешность, внешний вид
Don't judge by appearances. Не стоит судить о человеке по внешности.
2 появление
My appearance at the party was not very welcome. На вечеринке меня приняли не очень хорошо.

appetite ['æpɪtaɪt] *n* аппетит

applaud [ə'plɔːd] *v* аплодировать
We applauded the dancers. Мы аплодировали танцорам.

apple ['æpl] *n* яблоко

apple pie ['æplpaɪ] *n* яблочный пирог

apple tree ['æpltriː] *n* яблоня

appliance [ə'plaɪəns] *n* прибор; приспособление; инструмент

application [ˌæplɪ'keɪʃn] *n* **1** заявление; прошение
We made an application to the court. Мы подали заявление в суд.
2 применение; использование

apply [ə'plaɪ] *v* (**applies**, **applied**, **applying**) **1** обращаться (с просьбой о предоставлении работы)
She applied for a job as a secretary. Она искала место секретаря.
2 относиться
This applies to all of you. Это относится ко всем вам.

appoint [ə'pɔɪnt] *v* назначать
We must appoint a day to meet again. Мы должны назначить день, чтобы встретиться снова.
He was appointed the new manager. Он был назначен новым заведующим.

appreciate [ə'pri:ʃɪeɪt] *v* **1** понимать; оценивать
You will appreciate that book about England. Вам понравится эта книга об Англии.
2 (высоко) ценить
I appreciate your kindness. Я ценю вашу доброту.

approach [ə'prəʊtʃ] *v* приближаться, подходить
As winter approached the weather became colder. С приближением зимы становилось всё холоднее.

apricot ['eɪprɪkɒt] *n* абрикос

April ['eɪprəl] *n* апрель
His birthday is in April. Его день рождения в апреле.

apron ['eɪprən] *n* фартук, передник
Put on an apron if you are going to wash the dishes. Если ты собираешься мыть посуду, (то) надень фартук.

architect ['ɑ:kɪtekt] *n* архитектор

are [ɑ:(r); ə(r)] *мн. ч. настоящего времени глагола* **to be**

area ['eərɪə] *n* **1** *мат.* площадь
the area of a triangle площадь треугольника
2 район, окрестность
Several million people live in the area around Moscow. Несколько миллионов человек живут в окрестностях Москвы.

aren't [ɑ:nt] = **are not**

argue ['ɑ:gju:] *v* спорить
Don't argue with me, my decision is final. Не спорьте со мной, моё решение окончательное.

argument ['ɑ:gjʊmənt] *n* **1** довод, аргумент

There are many arguments against smoking. Против курения много аргументов.

2 спор, дискуссия

They got into an argument about money. Они заспорили по поводу денег.

arise [ə'raɪz] *v* (*past tense* **arose**; *past participle* **arisen**) **1** возникать, появляться

Some unexpected difficulties have arisen. Возникли непредвиденные трудности.

2 являться результатом, происходить

Serious obligations may arise from the contract. Этот договор предполагает серьёзные обязательства.

arisen [ə'rɪzn] *past participle от* **arise**

arm I [ɑ:m] *n* **1** рука (*от плеча до кисти*)

She welcomed them with open arms. Она встретила их с распростёртыми объятиями.

They walked arm in arm. Они шли под руку.

2 ручка (*кресла*)

He sat on the arm of my chair. Он сел на ручку моего кресла.

arm II [ɑ:m] *v* вооружать

The soldiers were armed with guns. Солдаты были вооружены винтовками.

[*to disarm* разоружать]

armchair ['ɑ:mtʃeə(r)] *n* кресло

armed [ɑ:md] *adj* вооружённый

armed forces вооружённые силы

arms [ɑ:mz] *n pl* оружие

army ['ɑ:mɪ] *n* армия

He left school and joined the army. Он бросил школу и пошёл в армию.

arose [ə'rəʊz] *past tense от* **arise**

around I [ə'raʊnd] *adv* вокруг, кругом

From all around we heard the laughter of children. Отовсюду был слышен детский смех.

He's somewhere around. Он где-то здесь.

around II [ə'raʊnd] *prep* вокруг

We sat around the table. Мы сидели вокруг стола.

We walked around the town. Мы гуляли по городу.

arouse [ə'raʊz] *v* **1** будить, пробуждать

They aroused him from his deep sleep. Они пробудили его от глубокого сна.

2 вызывать, пробуждать

His strange behaviour aroused the suspicions of the police. Его странное поведение вызвало у полиции подозрения.

arrange [ə'reɪnʤ] *v* **1** приводить в порядок, располагать, расставлять

I arranged the books on the shelves. Я расставил книги по полкам.

2 договариваться, уславливаться

I arranged with them to meet at 10 o'clock. Мы с ними договорились встретиться в 10 часов.

arrest [ə'rest] *v* арестовывать

The policeman arrested the thief. Полицейский арестовал вора.

arrival [ə'raɪvl] *n* **1** прибытие, приезд

The time of arrival is 4 o'clock. Время прибытия четыре часа.

[*departure* отъезд, отбытие]

2 вновь прибывший

arrive [ə'raɪv] *v* приезжать, прибывать

The plane arrived in London. Самолёт прибыл в Лондон.

We arrived home late. Мы приехали домой поздно.

[*to leave* уезжать, *to depart* отправляться]

arrow ['ærəʊ] *n* **1** стрела

2 стрелка (*дорожный знак или на схемах, чертежах и т. п.*)

art [ɑːt] *n* искусство

He has many books on art. У него много книг по искусству.

We studied the art of the Renaissance. Мы изучали искусство эпохи Возрождения.

a work of art произведение искусства

art gallery ['ɑːtˌgælərɪ] *n* картинная галерея

article ['ɑːtɪkl] *n* **1** предмет, изделие

She bought several articles of clothing. Она купила кое-что из одежды.

2 статья (*в газете, журнале*)

3 *грам.* артикль

the definite article определённый артикль

the indefinite article неопределённый артикль

artist ['ɑːtɪst] *n* художник

as I [æz; əz] *adv* **1** как

Do as you please. Делай как хочешь.

as... as так(ой) же... как

He is as tall as me. Он такой же высокий, как я.

not so... as не так(ой)... как

It's not so difficult as I expected. Это не так трудно, как я ожидал.

as far as насколько

I will help you as far as I can. Я помогу вам, насколько смогу.

2 в качестве

He works as a teacher. Он работает учителем.

as II [æz; əz] *conj* **1** так как

As you can't drive, you must go by bus. Так как вы не умеете водить машину, вам придётся поехать на автобусе.

2 в то время как; когда

As he was opening the door, the telephone rang. Когда он открывал дверь, зазвонил телефон.

as for что касается...

As for you, you must stay here. Что касается вас, вы должны остаться здесь.

as if как будто

It looks as if it is going to rain. Похоже, пойдёт дождь.

as soon as как только

As soon as I get the letter, I'll ring you up. Как только я получу письмо, я тебе позвоню.

as well as также как, тоже и

as long as до тех пор пока; всё время пока

As long as I live in this house I won't rebuild it. Пока я живу в этом доме, я не стану его перестраивать.

ash [æʃ] *n* пепел

ashes *pl* зола

ashamed [ə'ʃeɪmd] *adj* пристыжённый

You should be ashamed of yourself. Тебе должно быть стыдно за себя.

He felt ashamed to ask for help. Ему было стыдно просить о помощи.

ashtray ['æʃtreɪ] *n* пепельница

Asia ['eɪʃə] *n* Азия

aside [ə'saɪd] *adv* в сторону; в стороне

She stepped aside to let him pass. Она посторонилась, давая ему пройти.

He put his work aside. Он отложил свою работу.

ask [ɑ:sk] *v* **1** спрашивать

May I ask (you) a question? Можно я задам вам вопрос?

We must ask him about it. Мы должны спросить его об этом.

[*to answer* отвечать]

2 (по)просить

He asked for his pencil back. Он попросил вернуть ему карандаш.

He asked me to help. Он попросил меня помочь ему.

3 приглашать

We asked them to dinner. Мы пригласили их на обед.

asleep [ə'sli:p] *adj*: **to be asleep** спать

He was asleep and didn't hear the telephone ring. Он спал и не слышал телефонный звонок.

to fall asleep заснуть

She fell asleep in front of the TV. Она заснула перед телевизором.

[*to be awake* не спать, бодрствовать]

ass [æs] *n* осёл

association [əˌsəʊsɪ'eɪʃn] *n* общество, объединение, ассоциация, союз

assure [ə'ʃʊə(r)] *v* уверять, заверять

I assure you (that) there's no danger. Уверяю вас, никакой опасности нет.

He assured me of his readiness to help. Он заверил меня в своей готовности помочь.

astonish [ə'stɒnɪʃ] *v* удивлять; изумлять, поражать

I was astonished at his behaviour. Я был поражён его поведением.

astronaut ['æstrənɔːt] *n* космонавт; астронавт

astronomy [ə'strɒnəmɪ] *n* астрономия

at [æt; ət] *prep* **1** *при указании на место* в, на, у, при

Meet me at the corner of the street. Встреть меня на углу улицы.

We arrived at the airport. Мы прибыли в аэропорт.

2 *при указании на время* в, на; *часто не переводится*

at 2 o'clock в 2 часа

at night ночью

3 *при указании на действие, занятие* за

at work за работой

at breakfast за завтраком

◊ **at first** сначала, вначале

At first she walked slowly, and then started to run. Сначала она медленно шла, а потом побежала.

at last в конце концов

We arrived at last. Наконец мы приехали.

at once немедленно

Go there at once. Иди туда немедленно.

ate [et] *past tense от* **eat**

athlete ['æθli:t] *n* атлет

Atlantic [ət'læntɪk] *adj*: **the Atlantic Ocean** Атлантический океан

atlas ['ætləs] *n* атлас

atmosphere ['ætməsfɪə(r)] *n* атмосфера

atom ['ætəm] *n* атом

atomic [ə'tɒmɪk] *adj* атомный

attach [ə'tætʃ] *v* **1** прикреплять; приклеивать; присоединять
The picture is attached to the wall by the nail. Картина висит на гвозде.
2 располагать к себе, привязывать
She is deeply attached to her young brother. Она глубоко привязана к своему младшему брату.

attack I [ə'tæk] *n* **1** атака, наступление; нападение
2 приступ болезни, припадок
He had an attack of fever. У него случился приступ лихорадки.

attack II [ə'tæk] *v* нападать
The enemy attacked (us) at night. Враг напал на нас ночью.

attempt [ə'tempt] *n* попытка; проба
His first attempt at English composition was poor. Его первая попытка написать сочинение на английском языке не удалась.
They made no attempt to escape. Они даже не пытались бежать.

attend [ə'tend] *v* присутствовать
We decided to attend his lectures. Мы решили посещать его лекции.

attention [ə'tenʃn] *n* внимание
Attention please! Прошу внимания!

to pay attention (to) обращать внимание (на)
Pay attention to what you are doing. Обращай внимание на то, что делаешь.
to draw smb's attention to smth обращать чьё-л. внимание на что-л.

attic ['ætɪk] *n* чердак

attract [ə'trækt] *v* привлекать; притягивать
Magnet attracts certain metals. Магнит притягивает некоторые металлы.
to attract smb's attention привлекать чьё-л. внимание

attractive [ə'træktɪv] *adj* привлекательный
an attractive girl симпатичная девушка
[*unattractive* непривлекательный]

auction ['ɔ:kʃn] *n* аукцион
to put smth up for auction выставлять что-л. на аукцион

audience ['ɔ:dɪəns] *n* аудитория; слушатели; публика
There was a big audience. Собралось много публики.
Note: употребляется с глаголами в ед. и мн. числе

auditorium [ˌɔ:dɪ'tɔ:rɪəm] *n* аудитория, зрительный зал

August ['ɔ:gəst] *n* август
I start my new job next August. В следующем августе я перехожу на новую работу.

aunt [ɑ:nt] *n* тётя, тётушка

Australia [ɒ'streɪlɪə] *n* Австралия

author ['ɔ:θə(r)] *n* автор

authority [ɔ:'θɒrətɪ] *n* авторитет, влияние
authorities *pl* власти
the municipal authorities муниципальные власти

autobiography [ˌɔːtəbaɪˈɒgrəfɪ] *n* автобиография

automatic [ˌɔːtəˈmætɪk] *adj* **1** автоматический
The heating system here has an automatic temperature control. Эта отопительная система имеет автоматический температурный контроль.
2 машинальный

automobile [ˈɔːtəməbiːl] *n* автомобиль

autumn [ˈɔːtəm] *n* осень
in autumn осенью
last autumn прошлой осенью

auxiliary [ɔːgˈzɪlɪərɪ] *adj грам.* вспомогательный
auxiliary verb вспомогательный глагол

avenue [ˈævənjuː] *n* **1** аллея
2 широкая улица, авеню

aviation [ˌeɪvɪˈeɪʃn] *n* авиация

avocado [ˌævəˈkɑːdəʊ] *n* авокадо

avoid [əˈvɔɪd] *v* избегать; сторониться
I try to avoid meeting her. Я постараюсь избежать с ней встречи.

await [əˈweɪt] *v* ждать, ожидать
I await your instructions. Я жду ваших указаний.

awake I [əˈweɪk] *v* (*past tense* **awoke**; *past participle* **awoken**) **1** будить
He was awoken by the sound of thunder. Его разбудил гром.
2 просыпаться
He awoke early in the morning. Он проснулся рано утром.

awake II [əˈweɪk] *adj*: **to be awake** не спать, бодрствовать
Is he awake or asleep? Он бодрствует или спит?
[*to be asleep* спать]

award [ə'wɔ:d] *v* присуждать (*премию и т. п.*), награждать (*орденом и т. п.*)
He was awarded the first prize. Ему была присуждена первая премия.

aware [ə'weə(r)] *adj*: **to be aware** сознавать, знать
I'm quite aware how you must feel. Я прекрасно понимаю, как вы себя чувствуете.

away [ə'weɪ] *adv* далеко, дальше; прочь
The sea is two miles away. Море в двух милях отсюда.
to be away быть в отсутствии, отсутствовать
◊ **right away, straight away** немедленно, тотчас

awful ['ɔ:fl] *adj* ужасный
What an awful smell! Что за ужасный запах!
He has an awful cold. У него ужасная простуда.

awfully ['ɔ:flɪ] *adv разг.* ужасно
I'm awfully hungry. Я жутко голоден.

awkward ['ɔ:kwəd] *adj* **1** неуклюжий; неловкий
The child is still awkward with his fork. Ребёнок всё ещё неуверенно держит в руках вилку.
2 неудобный; затруднительный
That cupboard is in a very awkward place. Шкаф стоит в очень неудобном месте.
I felt awkward. Я чувствовал себя неловко.

awoke [ə'wəʊk] *past tense от* **awake** I

awoken [ə'wəʊkn] *past participle от* **awake** I

axe [æks] *n* топор

B

B, b [bi:] *2-я буква английского алфавита*

baby ['beɪbɪ] *n* младенец, ребёнок, малыш

I've known her since she was a baby. Я знал её, когда она была ещё ребёнком.

baby carriage ['beɪbɪˌkærɪʤ] *n амер.* детская коляска

baby-sat ['beɪbɪsæt] *past tense и past participle от* **baby-sit**

baby-sit ['beɪbɪsɪt] *v* (**baby-sitting**; *past tense и past participle* **baby-sat**) быть приходящей няней

baby-sitter ['beɪbɪsɪtə(r)] *n* приходящая няня

back I [bæk] *n* **1** спина

He lay down on his back and looked at the sky. Он лежал на спине и смотрел в небо.

He stood with his back to the wall. Он стоял спиной к стене.

2 задняя часть (*помещения и т. п.*)

He sat in the back of the car and went to sleep. Он сел на заднее сиденье автомобиля и заснул.

Her bedroom is in the back of the house. Её спальня находится в дальней части дома.

3 тыльная сторона, обратная сторона

She wrote the address on the back of the envelope. Она написала адрес на обратной стороне конверта.

He put his pants on back to front. Он надел брюки задом наперёд.

back II [bæk] *adj* задний

He sits in the back row. Он сидит в заднем ряду.

[*front* передний]

back III [bæk] *adv* назад, обратно

She came back. Она вернулась.

I'll be back in a minute. Я сейчас же вернусь.

She gave me back my book. Она вернула мне мою книгу.

backache ['bækeɪk] *n* боль в спине

Father has had a backache since he tried to move the piano. После того как отец передвигал пианино, у него болит спина.

background ['bækgraʊnd] *n* фон; задний план

This is a photo of my house with the mountains in the background. Вот фотография моего дома на фоне гор.

backwards ['bækwədz] *adv* **1** назад

He looked backwards over his shoulder. Он обернулся назад.

[*forward* вперёд]

2 наоборот, в обратном порядке

Say the alphabet backwards, starting with the last letter. Скажи алфавит в обратном порядке, начиная с последней буквы.

backwards and forwards взад и вперёд, туда и обратно

bacon ['beɪkən] *n* бекон, копчёная свиная грудинка

We had bacon and eggs for breakfast. У нас на завтрак была яичница с беконом.

Can I have some more bacon please? Можно мне ещё бекона?

Note: *не имеет мн. числа*; **some bacon** бекон; **a slice of bacon, a piece of bacon** кусочек, ломтик бекона

bad [bæd] *adj* (*comparative* **worse**; *superlative* **worst**) **1** плохой, нехороший, скверный

He is a bad driver. Он плохой водитель.

She's good at maths but bad at English. У неё хорошо с математикой, но плохо с английским.

Too bad! Обидно!

[*good* хороший]

2 испорченный (*о пище*)

These apples are bad. Эти яблоки гнилые.

to go bad портиться

That meat will go bad if you leave it in the sun. Это мясо испортится, если ты оставишь его на солнце.

3 сильный (*о боли*, *простуде и т. п.*)

She has got a bad cold. Она сильно простудилась.

badge [bæʤ] *n* значок

a Scout badge значок скаута

badger ['bæʤə(r)] *n* барсук

badly [ˈbædlɪ] *adv* (*comparative* **worse**; *superlative* **worst**) **1** плохо

He did badly on his French exam. Он плохо сдал экзамен по французскому языку.

[*well* хорошо]

2 очень, сильно

He badly needs a rest. Ему необходимо отдохнуть.

He badly wants to see you. Ему очень нужно увидеться с вами.

badminton [ˈbædmɪntən] *n* бадминтон

bag [bæg] *n* сумка, чемодан, портфель, мешок *и т. п.*

He put the apples in a paper bag. Он положил яблоки в бумажный пакет.

shopping bag хозяйственная сумка

sleeping bag спальный мешок

baggage [ˈbægɪʤ] *n амер.* багаж

We have too much baggage — we will have to pay extra. У нас слишком много багажа, придётся платить за превышение веса.

Note: *не имеет мн. числа*; **some baggage** багаж; **a lot of baggage** много багажа

bait [beɪt] *n* приманка

The fish took the bait. Рыба клюнула на приманку.

bake [beɪk] *v* печь, испечь

The mother baked a cake. Мама испекла пирог.

Do you like baked potatoes? Тебе нравится печёная картошка?

baker [ˈbeɪkə(r)] *n* булочник, пекарь

the baker's булочная

bakery [ˈbeɪkərɪ] *n* пекарня; булочная

He bought a loaf of bread at the bakery. Он купил в булочной буханку хлеба.

balance [ˈbæləns] *n* **1** весы

2 равновесие

He stood on the top of the fence and kept his balance. Он стоял на самом верху забора и сохранял равновесие.

balcony ['bælkənɪ] *n* балкон
You can see the sea from our balcony. С нашего балкона видно море.

bald [bɔ:ld] *adj* лысый

bale [beɪl] *n* кипа, тюк
a bale of cotton кипа хлопка

ball [bɔ:l] *n* мяч; шар
They were playing ball. Они играли в мяч.
I threw the ball and he caught it. Я бросил мяч, и он поймал его.

ballerina [ˌbælə'ri:nə] *n* балерина, артистка балета

ballet ['bæleɪ] *n* балет

ballet dancer ['bæleɪˌdɑ:nsə(r)] *n* артист балета; артистка балета

balloon [bə'lu:n] *n* воздушный шар

ballpoint pen ['bɔ:lpɔɪntˌpen] *n* шариковая ручка

ban [bæn] *n* запрет, запрещение
There is a ban on smoking in theatres. В театрах курить запрещается.

banana [bə'nɑ:nə] *n* банан

band [bænd] *n* **1** тесьма, лента
The papers were held together with a rubber band. Бумаги были стянуты резинкой.
2 оркестр
a jazz band джазовый оркестр
3 шайка, банда
a band of robbers банда грабителей

bandage I ['bændɪʤ] *n* бинт; повязка
Put a bandage around your knee. Забинтуй своё колено.

bandage II ['bændɪʤ] *v* бинтовать, перевязывать
There was a man with a bandaged hand. Там был человек с перевязанной рукой.

bandit ['bændɪt] *n* бандит

banisters ['bænɪstəz] *n pl* перила

bank [bæŋk] *n* **1** берег (*реки, озера*)
He sat on the bank of the river. Он сидел на берегу реки.
2 банк
How much money do you have in the bank? Сколько денег у вас в банке?

banner ['bænə(r)] *n* знамя

bar [bɑ:(r)] *n* **1** брусок, кусок (*чего-л. твёрдого, жёсткого*)
a bar of soap кусок мыла
a bar of chocolate плитка шоколада
2 бар

barbecue ['bɑ:bɪkju:] *n* барбекю; мясо, зажаренное на решётке

barbed wire [ˌbɑ:bd'waɪə(r)] *n* колючая проволока

barber ['bɑ:bə(r)] *n* парикмахер (*мужской*)
the barber's (shop) парикмахерская

bar code ['bɑ:kəʊd] *n* штриховой код

bare [beə(r)] *adj* **1** голый
The children had bare feet. Дети были босиком.
2 пустой, лишённый (*чего-л.*)
bare branches of the trees голые ветви деревьев

barefoot ['beəfʊt] *adv* босиком

If you go barefoot you will get cold. Если ты пойдёшь босиком, то простудишься.

bargain [ˈbɑːgɪn] *n* соглашение, договор, сделка
to make a bargain договориться
Let's make a bargain — if you help me today, I'll help you tomorrow. Давай договоримся: если ты поможешь мне сегодня, я помогу тебе завтра.

barge [bɑːʤ] *n* баржа

bark [bɑːk] *v* лаять
The dog barks at strangers. Собака лает на посторонних.

barley [ˈbɑːlɪ] *n* ячмень
a field of barley поле ячменя

barn [bɑːn] *n* амбар; сарай

barometer [bəˈrɒmɪtə(r)] *n* барометр

barracks [ˈbærəks] *n pl* казарма

barrel [ˈbærəl] *n* **1** бочка, бочонок
a beer barrel пивная бочка
2 ствол (*оружия*)

barrier [ˈbærɪə(r)] *n* барьер, преграда
Show your tickets at the barrier. Предъявляйте билеты на контроле.

base [beɪs] *n* основание, дно
a glass with a heavy base стакан с толстым дном

baseball [ˈbeɪsbɔːl] *n* бейсбол

basement [ˈbeɪsmənt] *n* подвал

basin [ˈbeɪsn] *n* таз; миска

The cook mixed the pudding in a basin. Повар готовил пудинг в миске.

basket ['bɑːskɪt] *n* корзина
a shopping basket корзина для покупок
a wastepaper basket корзина для бумаг

basketball ['bɑːskɪtbɔːl] *n* баскетбол

bat[1] [bæt] *n* летучая мышь

bat[2] [bæt] *n* клюшка, бита
He's at bat. Сейчас его очередь бить по мячу.

bath I [bɑːθ] *n* **1** мытьё, купание в ванне
You need a hot bath. Тебе следует принять горячую ванну.
I have a bath every evening. Я принимаю ванну каждый вечер.
2 ванна
She got into the bath. Она села в ванну.
I like to lie in a hot bath. Я люблю полежать в горячей ванне.

bath II [bɑːθ] *v* принимать ванну, мыться в ванне
I'll bath after my brother. Я буду мыться после брата.

bathe [beɪð] *v* **1** мыть, обмывать
The nurse bathed his cut finger. Медсестра обмыла его порезанный палец.
2 купаться (*в море и т. п.*)
I like to bathe in the sea. Я люблю купаться в море.

bathing suit ['beɪðɪŋsuːt] *n* купальник

bathing trunks ['beɪðɪŋtrʌŋks] *n pl* плавки

bathroom ['bɑːθruːm] *n* ванная (комната)
Every room in the hotel has a private bathroom. В каждом гостиничном номере есть ванная.

battery ['bætərɪ] *n* батарейка
I put a new battery into my radio. Я поставил в свой радиоприёмник новую батарейку.

battle ['bætl] *n* битва, бой, сражение
the Battle of Waterloo битва при Ватерлоо
They were killed in battle. Они пали в бою.

bay [beɪ] *n* залив, бухта
the Bay of Biscay Бискайский залив

bayonet ['beɪənɪt] *n* штык

be [bi:] *v* (*sing* **am**, **are**, **is**; *pl* **are**; *past tense* **was**; **were**; *past participle* **been**) **1** быть, существовать; находиться
Where were you yesterday? — I was in the theatre. Где ты был вчера? — Я был в театре.
Who is that? Кто это?
The lamp is on the table. Лампа стоит на столе.
He is out in the garden. Он в саду.
There were six of us. Нас было шестеро.
There's a letter for you. Вот письмо для вас.
2 становиться
He hopes to be a doctor. Он надеется стать врачом.
3 *указывает на время, возраст, размер, цену, состояние и т. п.*
He's twenty. Ему двадцать лет.
It will be soon summer. Скоро наступит лето.
Are you hungry? Ты хочешь есть?
It's cold today. Сегодня холодно.
His mother is a teacher. Его мать учительница.
4 бывать, ездить
Have you ever been to Paris? Ты был когда-нибудь в Париже?
5 происходить, случаться
Her birthday was in September. Её день рождения был в сентябре.
6 *как вспомогательный глагол употребляется для образования длительной формы*
He is reading. Он читает.
I shall be seeing her soon. Я скоро её увижу.

7 *как вспомогательный глагол употребляется для образования пассива*
The house was built last year. Дом был построен в прошлом году.
The children were told to go home. Детям велели идти домой.

8 *как модальный глагол употребляется для выражения долженствования, необходимости, намерения*
You are to be congratulated. Вас нужно поздравить.
I am to inform you that... Мне необходимо сообщить вам, что...
We are to be married in June. Мы собираемся пожениться в июне.

beach [bi:tʃ] *n* берег моря; пляж
Let's go to the beach this afternoon. Пойдём после обеда на пляж.

bead [bi:d] *n* бусина
My necklace broke and the beads rolled all over the floor. Мои бусы порвались, и бусинки раскатились по всему полу.

beak [bi:k] *n* клюв

beam [bi:m] *n* луч

bean [bi:n] *n* боб
baked beans печёные бобы
coffee beans кофейные зёрна

bear[1] [beə(r)] *n* медведь
polar bear белый медведь
the Great Bear Большая Медведица
the Little Bear Малая Медведица

bear[2] [beə(r)] *v* (*past tense* **bore**; *past participle* **borne**) **1** нести, носить, переносить
The airliner bore me to the capital. Авиалайнер доставил меня в столицу.

2 выдерживать (*груз*, *тяжесть*)
Is that bridge strong enough to bear a car? Этот мост выдержит вес автомобиля?

3 терпеть, выносить
She bore the pain bravely. Она стойко перенесла боль.

cannot bear не выносить, не переносить
My mother cannot bear pop music. Моя мать не выносит поп-музыку.
4 рождать, производить; плодоносить
The young apple tree is bearing this year for the first time. Эта молодая яблонька в этом году впервые принесла плоды.
She has borne three children. Она родила троих детей.

beard [bɪəd] *n* борода
a man with a beard человек с бородой, бородатый человек

beast [bi:st] *n* зверь, дикое животное

beat [bi:t] *v* (*past tense* **beat**; *past participle* **beaten**) **1** бить, выбивать; стучать
Somebody was beating at the door. Кто-то колотил в дверь.
The rain was beating against the windows. Дождь стучал в окна.
He was beating the dust out of the carpet. Он выбивал ковёр.
to beat eggs взбивать яйца
to beat up избивать
2 нанести поражение
Our football team was beaten. Наша футбольная команда потерпела поражение.
3 биться, стучать
The heart beats. Сердце бьётся.

beaten ['bi:tn] *past participle от* **beat**

beautiful ['bju:tɪfl] *adj* красивый, прекрасный
What a beautiful rose! Какая красивая роза!
His sister is very beautiful. Его сестра очень красива.
[*ugly* некрасивый, безобразный]

beautifully ['bju:tɪflɪ] *adv* прекрасно, великолепно, изумительно
She sings beautifully. Она поёт изумительно.

beauty ['bju:tɪ] *n* **1** красота
a poem of great beauty стихотворение редкой красоты

2 красавица; красивая черта, вещь
She is a beauty. Она настоящая красавица.
These apples are beauties. От этих яблок глаз не оторвать.

beauty parlour [ˈbjuːtɪˌpɑːlə(r)] *n* салон красоты

became [bɪˈkeɪm] *past tense от* **become**

because [bɪˈkɒz] *conj* потому что, так как
I was late because I missed the bus. Я опоздал, потому что не успел на автобус.
My sister is in bed because she is ill. Моя сестра в постели, потому что болеет.
because of из-за, вследствие
He walked slowly because of his bad leg. Из-за больной ноги он шёл медленно.

become [bɪˈkʌm] *v* (*past tense* **became**; *past participle* **become**) становиться, стать, делаться
He wants to become a doctor. Он хочет стать врачом.
The sky became dark and the wind became stronger. Небо потемнело, и ветер усилился.

bed [bed] *n* **1** кровать
to go to bed ложиться спать
It's time to go to bed. Пора спать.
2 грядка; клумба
flower beds цветочные клумбы

bedclothes [ˈbedkləʊðz] *n pl* постельные принадлежности

bedcover [ˈbedkʌvə(r)] *n* покрывало

bedroom [ˈbedruːm] *n* спальня
My bedroom is painted blue. В моей спальне стены голубые.

bedspread [ˈbedspred] *n* покрывало

bedtime [ˈbedtaɪm] *n* время ложиться спать
10 o'clock is my bedtime. Обычно я ложусь в десять.

bee [bi:] *n* пчела

The bees were going from flower to flower. Пчёлы летали от цветка к цветку.

beef [bi:f] *n* говядина

We had roast beef and boiled potatoes for dinner. На обед у нас была жареная говядина и варёный картофель.

Would you like another slice of beef? Хотите ещё кусочек говядины?

Note: *не имеет мн. числа*; **some beef** говядина; **a piece of beef, a slice of beef** кусочек говядины

beehive ['bi:haɪv] *n* улей

been [bi:n] *past participle om* **be**

beer [bɪə(r)] *n* пиво

Can I have a glass of beer? Мне, пожалуйста, кружку пива.

Three beers please. Три пива, пожалуйста.

beet [bi:t] *n* свёкла

red beet красная свёкла

sugar beet сахарная свёкла

beetle ['bi:tl] *n* жук

before I [bɪ'fɔ:(r)] *adv* раньше, прежде

I've never seen him before. Я никогда раньше его не видел.

Why didn't you tell me before? Почему ты не сказал мне раньше?

[*after* потом, после]

before II [bɪ'fɔ:(r)] *prep* перед; впереди; до

Usually they arrive before 11.00. Обычно они приезжают до одиннадцати утра.

the day before yesterday позавчера

before the war до войны

[*after* за; после]

before III [bɪ'fɔ:(r)] *conj* до того как, прежде чем, перед тем как
Before I leave, can you give me his address? Пока я не ушёл, не можешь ли ты дать мне его адрес?
Before coming in, wipe your shoes on the mat. Перед тем как войти, вытрите ноги о коврик.
[*after* после того как]

beforehand [bɪ'fɔ:hænd] *adv* заранее; заблаговременно
Please let me know your plans beforehand. Сообщи мне, пожалуйста, о своих планах заранее.

beg [beg] *v* (**begged**, **begging**) просить
The children begged to come with us. Дети умоляли, чтобы мы взяли их с собой.
He was so poor that he had to beg for his bread. Он был так беден, что был вынужден просить на хлеб.
◊ **I beg your pardon** прошу прощения, извините
I beg your pardon? Простите, я не расслышал, что вы сказали.

began [bɪ'gæn] *past tense от* **begin**

beggar ['begə(r)] *n* нищий

begin [bɪ'gɪn] *v* (**beginning**; *past tense* **began**; *past participle* **begun**) **1** начинать
Shall I begin? Могу я начинать?
They all began talking at once. Они все начали говорить разом.
It began to rain. Начался дождь.
2 начинаться
The concert begins at 7 o'clock. Концерт начинается в семь часов.
[*to finish*, *to end*, *to be over* кончаться]

beginner [bɪ'gɪnə(r)] *n* начинающий
He can't play tennis well, he's only a beginner. Он ещё не очень хорошо играет в теннис, он только учится.
books for beginners книги для начинающих

beginning [bɪ'gɪnɪŋ] *n* начало
The beginning of the story is rather dull. Начало рассказа довольно скучное.

from beginning to end с начала и до конца
in the beginning вначале
[*end* конец]

begun [bɪ'gʌn] *past participle от* **begin**

behave [bɪ'heɪv] *v* вести себя
The children behaved (themselves) very well. Дети вели себя очень хорошо.
If you don't behave, you'll have to stay home. Если ты не будешь хорошо себя вести, останешься дома.
Behave yourself! Веди себя как следует!

behaviour [bɪ'heɪvɪə(r)] *n* поведение
His behaviour was very strange. Его поведение было очень странным.

behind I [bɪ'haɪnd] *adv* сзади, позади
The dog was running behind. Пёс бежал позади.
He was standing behind. Он стоял сзади.

behind II [bɪ'haɪnd] *prep* за, позади
They hid behind the curtains. Они спрятались за шторами.
Our kitchen garden is behind the house. Наш огород находится позади дома.
[*in front of* перед]

believe [bɪ'li:v] *v* верить
I believe you. Я верю тебе.
Never believe what he tells you. Не верь ничему, что он тебе рассказывает.
to believe in верить в
Do you believe in flying saucers? Ты веришь в летающие тарелки?
I believe я думаю, я полагаю, я считаю
He will come, I believe. Думаю, он придёт.

bell [bel] *n* звонок; колокольчик; колокол
Somebody rang the doorbell. Кто-то позвонил в дверь.

They rang the church bells at the beginning of the service. В начале службы в церкви звонят в колокола.

belly ['belɪ] *n* живот

belong [bɪ'lɒŋ] *v* **1** принадлежать
This bag belongs to my sister. Эта сумка моей сестры.
Who does this car belong to? Чья это машина?
2 состоять, быть членом
I belong to the tennis club. Я член теннисного клуба.

below I [bɪ'ləʊ] *adv* внизу; ниже
From the hilltop we could see the blue ocean below. С вершины холма нам был виден голубой океан.

below II [bɪ'ləʊ] *prep* под; ниже
The temperature was below zero. Температура была ниже нуля.

belt [belt] *n* пояс; ремень

bench [bentʃ] *n* **1** скамья, скамейка
2 верстак

bend [bend] *v* (*past tense и past participle* **bent**) **1** гнуть, сгибать
It isn't easy to bend a bar of iron. Согнуть железный прут нелегко.
2 гнуться, сгибаться, наклоняться
She bent over the table. Она склонилась над столом.
The branches were bending under the weight of fruit. Ветви гнулись под тяжестью плодов.

beneath I [bɪ'ni:θ] *adv* внизу
They looked down from the roof at the people walking beneath. Они смотрели с крыши на людей, прохаживающихся внизу.

beneath II [bɪ'ni:θ] *prep* под; ниже
The ground was soft beneath his feet. Земля была мягкая под его ногами.
Such conduct is beneath you. Такое поведение ниже твоего достоинства.

benefit ['benɪfɪt] *n* преимущество; польза; выгода
It was done for your benefit. Это было сделано для твоей пользы.
He had the benefit of a good education. У него было преимущество: он получил хорошее образование.

bent [bent] *past tense и past participle от* **bend**

berry ['berɪ] *n* ягода

beside [bɪ'saɪd] *prep* рядом с, около
He sat down beside me. Он сел рядом со мной.
My house is just beside the bookshop. Мой дом как раз рядом с книжным магазином.

besides [bɪ'saɪdz] *prep* кроме
She has two other bags besides the red one. Кроме красной сумки, у неё есть ещё две.
Besides myself there were three other girls. Кроме меня, там были ещё три девочки.

best I [best] *adj* (*superlative от* **good** I *и* **well**[1] II) (самый) лучший
He is the best student in our group. Он лучший студент в нашей группе.
This is the best book I've ever read. Это лучшая книга, которую я когда-либо читал.
[*worst* (самый) плохой]

best II [best] *adv* (*superlative от* **well**[1] I) лучше всего; больше всего
Who does best will get the prize. Кто сделает лучше, тот и получит приз.
He worked best in the winter. Лучше всего ему работалось зимой.
Which film do you like best? Какой фильм тебе понравился больше всего?
[*worst* хуже всего]

betray [bɪ'treɪ] *v* **1** предавать, изменять
He betrayed his principles. Он изменил своим принципам.

2 выдавать

The boy's face betrayed the fact that he had been eating jam. По лицу мальчика было видно, что он ел варенье.

His shaking hand betrayed his fear. Дрожащая рука выдавала его страх.

better I ['betə(r)] *adj* (*comparative от* **good** I *и* **well**[1] II) лучший

She's better at English than at history. Она лучше успевает по английскому, чем по истории.

I had a cold last week, but now I'm better. Я простудился на прошлой неделе, но сейчас я чувствую себя лучше.

[*worse* худший]

better II ['betə(r)] *adv* (*comparative от* **well**[1] I) **1** лучше

He swims better than I do. Он плавает лучше меня.

had better следует, лучше

I thought I'd better warn you. Я подумал, что мне лучше предупредить тебя.

We had better go into the house because it is raining. Нам лучше зайти в дом, потому что идёт дождь.

[*worse* хуже]

2 больше

I like autumn better than spring. Мне осень нравится больше, чем весна.

between [bɪ'twiːn] *prep* между

What is the difference between these two cars? Какая разница между этими двумя автомобилями?

The ship sails between Odessa and Varna. Судно курсирует между Одессой и Варной.

beyond [bɪ'jɒnd] *prep* за, по ту сторону

The house is beyond the bridge. Этот дом за мостом.

Bible ['baɪbl] *n* Библия

bicycle ['baɪsɪkl] *n* велосипед

She can't ride a bicycle. Она не умеет ездить на велосипеде.

He went to school by bicycle. Он ездил в школу на велосипеде.

She's going to do the shopping on her bicycle. Она отправляется за покупками на велосипеде.

big [bɪg] *adj* большой; крупный
What a big apple! Какое большое яблоко!
I want a big piece of cake. Я хочу большой кусок торта.
[*small* маленький]

bike [baɪk] *n разг.* велосипед
He fell off his bike. Он упал с велосипеда.

bill [bɪl] *n* **1** счёт
I must pay the telephone bill. Я должен оплатить телефонный счёт.
2 *амер.* банкнота
a five-dollar bill (банкнота в) пять долларов
3 законопроект

bin [bɪn] *n* контейнер; ларь
bread bin контейнер для хлеба, хлебница
rubbish bin мусорное ведро

bind [baɪnd] *v* (*past tense и past participle* **bound**) **1** связывать, завязывать, привязывать
They bound his legs so he couldn't escape. Они связали ему ноги, чтобы он не убежал.
2 переплетать
to bind a book переплести книгу

binoculars [bɪ'nɒkjʊləz] *n pl* бинокль

biography [baɪ'ɒgrəfɪ] *n* биография

biologist [baɪ'ɒləʤɪst] *n* биолог

biology [baɪ'ɒləʤɪ] *n* биология

birch [bɜːtʃ] *n* берёза

bird [bɜːd] *n* птица

birthday ['bɜ:θdeɪ] *n* день рождения
My birthday is on August 23. Мой день рождения двадцать третьего августа.
His birthday is next month. Его день рождения в следующем месяце.
What do you want for your birthday? Какой подарок ты хочешь ко дню рождения?
Happy Birthday! С днём рождения!

biscuit ['bɪskɪt] *n* (сухое) печенье

bit I [bɪt] *n* кусочек
a bit of paper кусок бумаги
a bit of cheese кусочек сыра
Give me another bit. Дайте мне ещё кусочек.
a bit немного, немножко
Wait a bit. Подождите немного.

bit II [bɪt] *past tense от* **bite**

bite [baɪt] *v* (*past tense* **bit**; *past participle* **bitten**) кусать, укусить, откусить
The dog bit me in the leg. Пёс укусил меня за ногу.
She bit a piece out of the apple. Она откусила кусок яблока.
I was badly bitten by mosquitoes. Меня всего искусали комары.

bitten ['bɪtn] *past participle от* **bite**

bitter ['bɪtə(r)] *adj* **1** горький
Coffee is bitter. Кофе горький.
[*sweet* сладкий]
2 горький, тяжёлый; жестокий
His failure to pass the examination was a bitter disappointment. Его провал на экзамене был горьким разочарованием.
a bitter quarrel жестокая ссора
3 очень холодный
a bitter wind ледяной ветер

black I [blæk] *n* чёрный цвет
She was dressed in deep black. Она была в глубоком трауре.

black II [blæk] *adj* **1** чёрный

He has a black and white TV. У него чёрно-белый телевизор.

black coffee чёрный кофе

the Black Sea Чёрное море

[*white* белый]

2 (очень) грязный

Your hands are black! Go and wash them! У тебя грязные руки! Сейчас же иди и вымой их!

blackberry ['blækbərɪ] *n* ежевика

blackboard ['blækbɔ:d] *n* классная доска

Clean the blackboard. Сотри с доски.

Write the new words on the blackboard. Напиши на доске новые слова.

blackcurrant [ˌblæk'kʌrənt] *n* чёрная смородина

blade [bleɪd] *n* лезвие

This knife has a very sharp blade. У этого ножа очень острое лезвие.

blame [bleɪm] *v* порицать; обвинять

I have nothing to blame myself for. Мне не за что себя винить.

Who is to blame? Кто виноват?

blank [blæŋk] *n* пустое место; пробел

Fill in the blanks. Заполните пропуски.

blanket ['blæŋkɪt] *n* одеяло

blast I [blɑ:st] *n* **1** взрыв

2 сильный порыв ветра

blast II [blɑ:st] *v* взрывать

The hillside was blasted away so that a road could be built. Склон холма взорвали, чтобы можно было построить дорогу.

bleach [bli:tʃ] *v* белить; отбеливать

bled [bled] *past tense и past participle от* **bleed**

bleed [bli:d] *v* (*past tense и past participle* **bled**) кровоточить; истекать кровью
My nose began to bleed. У меня из носа пошла кровь.
He was bleeding. Он истекал кровью.

blew [blu:] *past tense от* **blow**[1]

blind [blaɪnd] *adj* слепой
After her illness she became blind. После болезни она ослепла.
He is blind in the right eye. Он слеп на правый глаз.

blister ['blɪstə(r)] *n* волдырь; мозоль

block I [blɒk] *n* **1** чурбан, колода; глыба
blocks of stone каменные глыбы
a block of wood деревянная колода
2 квартал (*города*)
He lives two blocks down the street. Он живёт в двух кварталах отсюда.

block II [blɒk] *v* препятствовать; преграждать, блокировать
The accident blocked the road for several hours. Из-за автомобильной аварии дорога была перекрыта на несколько часов.

blood [blʌd] *n* кровь

bloom [blu:m] *v* цвести
The roses bloom all summer. Розы цветут всё лето.

blossom ['blɒsəm] *n* цветок (*фруктового дерева*); цветение
The apple trees are in blossom. Яблони в цвету.

blot I [blɒt] *n* клякса

blot II [blɒt] *v* (**blotted, blotting**) **1** ставить кляксы
She blotted the paper with ink spots. Она забрызгала лист чернилами.

2 промокать кляксу
Blot the page. Промокни страницу.

blotting paper ['blɒtɪŋ,peɪpə(r)] *n* промокательная бумага

blouse [blaʊz] *n* блузка
She wore a skirt and a blouse. На ней была юбка с блузкой.

blow[1] [bləʊ] *v* (*past tense* **blew**; *past participle* **blown**) дуть
The wind is blowing hard. Дует сильный ветер.
to blow one's nose сморкаться, высморкаться
to blow away сдувать, уносить(ся)
The wind blew away the smoke. Ветер развеял дым.
His hat blew away. Его шляпу сдуло ветром.
to blow off сдувать, срывать
All the leaves were blown off the trees. Ветер сорвал все листья с деревьев.
to blow up надувать
Blow up my balloon, please. Надуй, пожалуйста, мне шарик.

blow[2] [bləʊ] *n* удар

blown [bləʊn] *past participle от* **blow**[1]

blue I [blu:] *n* голубой цвет, синий цвет
She was dressed all in blue. Она была вся в голубом.

blue II [blu:] *adj* голубой, синий
Her blouse is light blue. У неё светло-голубая блузка.
His face was blue with cold. Его лицо было синим от холода.

bluebell ['blu:bel] *n* колокольчик

blueberry ['blu:bərɪ] *n* черника

blunt [blʌnt] *adj* тупой
a blunt knife тупой нож
[*sharp* острый]

blur I [blɜ:(r)] *n* расплывчатое пятно, неясное очертание
The house appeared as a blur in the mist. Дом выглядел расплывчатым пятном в тумане.

blur II [blɜ:(r)] *v* (**blurred**, **blurring**) затемнять; затуманивать
Outlines became blurred. Очертания предметов расплылись.

blush [blʌʃ] *v* краснеть, заливаться румянцем
She blushed with shame. Она покраснела от стыда.
He blushed at their praises. От их похвал он залился румянцем.

board [bɔ:d] *n* **1** доска
Boards are used to make floors. Полы делают из досок.
Write this sentence on the board. Напиши это предложение на доске.
2 правление, дирекция, комиссия
the Examination Board экзаменационная комиссия
◊ **on board** на борту (*корабля*, *самолёта*)
How many passengers are on board? Сколько пассажиров на борту?

boast [bəʊst] *v* хвастаться
That's nothing to boast of. Тут нечем хвастаться.
Don't believe him, he's just boasting. Не верь ему, он просто хвастает.

boat [bəʊt] *n* лодка; корабль
We crossed the river by boat. Мы переплыли реку на лодке.
They went to Australia by boat. Они отправились в Австралию морем.

body [ˈbɒdɪ] *n* тело; туловище
parts of the body части тела

bodyguard [ˈbɒdɪɡɑ:d] *n* личная охрана; телохранитель
The President's bodyguard is waiting in the hall. Личная охрана президента ждала в холле.

boil [bɔɪl] *v* **1** кипеть
The water is boiling. Вода кипит.

to boil away выкипать
The water had all boiled away. Вода вся выкипела.
to boil over убегать, переливаться (*при кипении*)
The milk boiled over. Молоко убежало.
2 кипятить; варить
Can you boil some water for me to make the tea? Вскипяти мне воды для чая.
Boil the potatoes. Свари картошку.
I like my eggs boiled hard. Я люблю яйца вкрутую.

boiled [bɔɪld] *adj* варёный; кипячёный
I had a boiled egg for breakfast. На завтрак я съел варёное яйцо.

bold [bəʊld] *adj* **1** смелый, дерзкий
a very bold action дерзкий поступок
2 наглый, нахальный

bomb [bɒm] *n* бомба
His house was destroyed by a bomb. Его дом был разрушен взрывом бомбы.

bomber ['bɒmə(r)] *n* бомбардировщик

bond [bɒnd] *n* связь, узы
bonds of friendship узы дружбы

bone [bəʊn] *n* кость
The fish has a lot of bones. В этой рыбе много костей.
He fell and broke a bone in his leg. Он упал и сломал ногу.

bonfire ['bɒnfaɪə(r)] *n* костёр

book[1] [bʊk] *n* книга
I'm reading a book on gardening. Я читаю книгу по садоводству.
He wrote a book about birds. Он написал книгу о жизни птиц.

book[2] [bʊk] *v* заказывать, резервировать (*билет, место*)
We booked two tickets for the plane. Мы заказали два билета на самолёт.

Have you booked a table? Вы заказали столик?

bookcase [ˈbʊkkeɪs] *n* книжный шкаф
Put the books in the bookcase. Поставь книги в шкаф.

booking office [ˈbʊkɪŋˌɒfɪs] *n* билетная касса

bookkeeper [ˈbʊkki:pə(r)] *n* бухгалтер

booklet [ˈbʊklɪt] *n* брошюра, буклет

bookshop [ˈbʊkʃɒp] *n* книжный магазин

bookstall [ˈbʊkstɔ:l] *n* книжный киоск

bookstore [ˈbʊkstɔ:(r)] *n амер.* книжный магазин

boot [bu:t] *n* ботинок; сапог
ski boots лыжные ботинки

border [ˈbɔ:də(r)] *n* **1** край; кайма
Her handkerchief has a blue border. У неё носовой платок с голубой каймой.
2 граница
the border between two countries граница между двумя государствами
He crossed the border. Он пересёк границу.

bore[1] [bɔ:(r)] *n* **1** скучная вещь
2 зануда

bore[2] [bɔ:(r)] *past tense от* **bear**[2]

boring [ˈbɔ:rɪŋ] *adj* скучный, неинтересный
a boring film неинтересный фильм

born [bɔ:n] *adj*: **to be born** родиться
When were you born? — I was born in 1995. Когда ты родился? — Я родился в 1995 году.
My sister was born in Germany. Моя сестра родилась в Германии.

borne [bɔːn] *past participle от* **bear**[2]

borrow [ˈbɒrəʊ] *v* брать взаймы, занимать
Can I borrow your bicycle to go to the bookshop? Можно я возьму твой велосипед, чтобы съездить в книжный магазин?
She borrowed £20 from me. Она заняла у меня двадцать фунтов.
I borrowed some books from the library. Я взял в библиотеке несколько книг.

boss [bɒs] *n* начальник, шеф, главный
Do you like the new boss? Вам нравится новый начальник?

botany [ˈbɒtənɪ] *n* ботаника

both I [bəʊθ] *adj* оба
Hold this heavy bag in both hands. Держи этот тяжёлый мешок обеими руками.
Both my friends are away. Оба моих друга в отъезде.

both II [bəʊθ] *pron* оба
Both of them can drive. Они оба умеют водить машину.

bother I [ˈbɒðə(r)] *n* беспокойство; неудобство
Did you have much bother in finding the house? Ты легко нашёл дом?
It was no bother to buy tickets. Купить билеты было нетрудно.

bother II [ˈbɒðə(r)] *v* беспокоить; мешать; приставать
Don't bother about that. Об этом не беспокойся.
Don't bother me with silly questions. Не приставай ко мне с глупыми вопросами.
Does the noise bother you? Вам шум мешает?

bottle [ˈbɒtl] *n* бутылка
Open another bottle of orange juice. Открой ещё бутылку апельсинового сока.
He was drinking milk out of the bottle. Он пил молоко прямо из бутылки.

bottom ['bɒtəm] *n* дно; нижняя часть

There was some jam left in the bottom of the jar. На дне банки оставалось немного варенья.

at the bottom в конце

There is a table at the bottom of page 17. Внизу на странице семнадцать есть таблица.

bough [baʊ] *n* ветвь, сук

bought [bɔːt] *past tense и past participle от* **buy**

boulder ['bəʊldə(r)] *n* валун

bounce [baʊns] *v* прыгать, отскакивать

A rubber ball bounces well. Резиновый мяч хорошо отскакивает.

The old car bounced along the bad road. Старый автомобиль трясся на плохой дороге.

bound [baʊnd] *past tense и past participle от* **bind**

bow[1] [bəʊ] *n* **1** лук (*оружие*)

2 смычок

3 бант

She tied a big bow in her hair. Она завязала на голове большой бант.

bow[2] **I** [baʊ] *n* поклон

He made a bow. Он поклонился.

bow[2] **II** [baʊ] *v* кланяться

She bowed to the queen. Она поклонилась королеве.

bowl [bəʊl] *n* миска, чашка

salad bowl салатница

box [bɒks] *n* коробка; ящик

She ate two boxes of chocolates. Она съела две коробки шоколадных конфет.

a box of matches коробка спичек
a box of paints коробка с красками

boxer ['bɒksə(r)] *n* боксёр

boxing ['bɒksɪŋ] *n* бокс

boy [bɔɪ] *n* мальчик
They have three children — two boys and a girl. У них трое детей: два мальчика и девочка.

brackets ['brækɪts] *n pl* скобки
square brackets квадратные скобки
round brackets круглые скобки

brain [breɪn] *n* мозг; ум
Use your brains. Подумай хорошенько.
He has brains. У него есть голова на плечах.

brakes [breɪks] *n pl* тормоза (*автомобиля*, *велосипеда*)
He put on the brakes. Он нажал на тормоза.
Use your brakes when you go down. Нажимай на тормоза, когда идёт спуск.

branch [brɑːntʃ] *n* **1** ветка, ветвь
They jumped from branch to branch. Они прыгали с ветки на ветку.
2 отделение, филиал
The bank has branches all over the country. У банка есть отделения по всей стране.

brass [brɑːs] *n* латунь

brave [breɪv] *adj* храбрый, смелый
He's a brave man — he saved the little boy from the burning house. Он смелый человек: он спас мальчика из горящего дома.

bread [bred] *n* хлеб
a loaf of brown bread буханка чёрного хлеба

a slice of bread кусок хлеба

bread and butter хлеб с маслом

Go to the bakery and buy a loaf of bread. Пойди в булочную и купи буханку хлеба.

Cut four slices of bread. Отрежь четыре куска хлеба.

Give me some bread please. Дай мне хлеба, пожалуйста.

Note: *не имеет мн. числа*; **some bread** немного хлеба, хлеб; **a slice of bread**, **a piece of bread** кусок хлеба

break [breɪk] *v* (*past tense* **broke**; *past participle* **broken**) **1** разбивать; ломать; рвать

Who has broken the window? Кто разбил окно?

to break in(to) врываться

Burglars broke into the house. Грабители взломали дверь и проникли в дом.

2 разбиваться; ломаться; рваться

The glass fell and broke into pieces. Стакан упал и разбился вдребезги.

The rope broke when they were climbing. Когда они поднимались, верёвка лопнула.

to break down сломаться, поломаться; выйти из строя

The car broke down. Машина сломалась.

His health broke down. Его здоровье пошатнулось.

to break out начаться, разразиться, вспыхнуть

When did the First World War break out? Когда началась первая мировая война?

3 нарушать (*обещание и т. п.*)

He always breaks his promise. Он никогда не держит своего обещания.

breakfast [ˈbrekfəst] *n* завтрак

We have breakfast at 8 every day. Мы завтракаем в восемь часов утра каждый день.

He didn't have any breakfast because he wasn't well. Он не позавтракал, потому что был нездоров.

They usually have bacon and eggs for breakfast. У них на завтрак обычно яичница с ветчиной.

breast [brest] *n* грудь

breath [breθ] *n* дыхание
She ran so fast she was out of breath. Она так быстро бежала, что запыхалась.
to take a (deep) breath (глубоко) вздохнуть

breathe [bri:ð] *v* дышать
He was breathing hard. Он тяжело дышал.

brick [brɪk] *n* кирпич
The wall is built of bricks. Эта стена из кирпича.

bride [braɪd] *n* невеста
The bride was wearing white. Невеста была в белом.

bridegroom ['braɪdgru:m] *n* жених

bridge [brɪʤ] *n* мост
There is a bridge over the river. Через реку перекинут мост.

bright [braɪt] *adj* **1** яркий
bright sunshine яркий солнечный свет
bright green ярко-зелёный
2 умный, сообразительный
She's a bright girl. Она умная девочка.

bring [brɪŋ] *v* (*past tense и past participle* **brought**) приносить; привозить; приводить
Bring me a cup of tea. Принеси мне чашку чая.
He brought me a book to read. Он принёс мне книгу почитать.
May I bring my sister with me? Можно мне привести с собой сестру?
to bring back приносить, привозить, приводить обратно; возвращать
Bring back my book please. Верни мне, пожалуйста, мою книгу.
to bring in вносить
Don't bring your friends in — I've washed the floor. Не приводи друзей домой, я только что помыла пол.
to bring up воспитывать
He was brought up by his grandfather. Его воспитал дедушка.

Britain ['brɪtn] *n* Британия

British ['brɪtɪʃ] *adj* британский
the British Isles Британские острова
the British *pl* британцы

broad [brɔ:d] *adj* широкий
broad shoulders широкие плечи
[*narrow* узкий]

broadcast ['brɔ:dkɑ:st] *v* (*past tense и past participle* **broadcast**) передавать по радио *или* по телевидению; транслировать
The President will be broadcasting at 10. Выступление президента будет передаваться в десять часов.
The BBC broadcasts all over the world. Би-би-си ведёт свои передачи на все страны мира.

broke [brəʊk] *past tense от* **break**

broken I ['brəʊkən] *past participle от* **break**

broken II ['brəʊkən] *adj* разбитый, сломанный; нарушенный
a broken heart разбитое сердце
broken sleep нарушенный сон

broom [bru:m] *n* метла

brother ['brʌðə(r)] *n* брат
She has three brothers. У неё три брата.
My brother's a doctor. Мой брат — врач.

brought [brɔ:t] *past tense и past participle от* **bring**

brow [braʊ] *n* **1** бровь
2 лоб

brown I [braʊn] *n* коричневый цвет

brown II [braʊn] *adj* коричневый

brown hair каштановые волосы
brown eyes карие глаза
She was wearing dark brown shoes. На ней были тёмно-коричневые туфли.
You're very brown. Ты очень загорел.

brush I [brʌʃ] *n* щётка; кисть
You need a thin brush to paint these lines. Тебе нужна тонкая кисточка, чтобы нарисовать эти линии.

brush II [brʌʃ] *v* чистить щёткой
Have you brushed your shoes? Ты почистил свои ботинки?

bucket ['bʌkɪt] *n* ведро
She got a bucket of water. Она набрала ведро воды.

bud [bʌd] *n* почка; бутон
a rose bud бутон розы

bug [bʌg] *n* клоп; жучок

build [bɪld] *v* (*past tense и past participle* **built**) строить
The house was built in 1965. Дом был построен в 1965 году.
We are building a new school. Мы строим новую школу.

building ['bɪldɪŋ] *n* здание
Office is on the top floor of the building. Офис находится на верхнем этаже здания.
They will have to knock several buildings down to build the new highway. Им придётся снести несколько зданий, чтобы построить новую магистраль.

built [bɪlt] *past tense и past participle от* **build**

bulb [bʌlb] *n* электрическая лампочка

bull [bʊl] *n* бык
There are three bulls and ten cows in the field. На лугу пасутся три быка и десять коров.

bullet ['bʊlɪt] *n* пуля

bunch [bʌntʃ] *n* связка; пучок
a bunch of keys связка ключей
a bunch of grapes гроздь винограда
a bunch of flowers букетик цветов

bundle ['bʌndl] *n* узел; вязанка
a bundle of firewood вязанка дров
a bundle of rags узел тряпья

burglar ['bɜ:glə(r)] *n* вор-взломщик
Burglars broke into the house and stole our silver. В наш дом забрались воры и украли серебро.

burn [bɜ:n] *v* (*past tense и past participle* **burned** *или* **burnt**) гореть; жечь; обжигать
All the papers were burnt in the fire. Все бумаги сгорели при пожаре.
She burned her hand on the hot pan. Она обожгла руку о горячую сковородку.
to burn down сгореть дотла
The house burned down before the firemen arrived. Дом сгорел дотла до того, как приехали пожарные.

burner ['bɜ:nə(r)] *n* горелка, конфорка

burnt [bɜ:nt] *past tense и past participle от* **burn**

burst [bɜ:st] *v* (*past tense и past participle* **burst**) **1** лопнуть; взорвать(ся)
He blew up the balloon until it burst. Он надул шарик так сильно, что тот лопнул.
2 врываться
She burst into the room. Она ворвалась в комнату.
to burst into laughter рассмеяться
to burst into tears расплакаться

bury ['berɪ] *v* (**buries**, **buried**, **burying**) хоронить
He was buried yesterday. Его вчера похоронили.

bus [bʌs] *n* автобус
Shall we walk or go by bus? Пойдём пешком или поедем на автобусе?
She takes the bus every morning to go to work. Каждое утро она едет на работу на автобусе.
He missed the last bus and had to walk home. Он опоздал на последний автобус, и ему пришлось идти домой пешком.

bush [bʊʃ] *n* куст
a rose bush розовый куст

business ['bɪznɪs] *n* дело; бизнес
He is in the wool business. Он торгует шерстью.
They do business with several countries. У них деловые связи с несколькими странами.
I'm here on business. Я здесь по делу.
it's none of your business это вас не касается
mind your own business занимайтесь своим делом, не вмешивайтесь не в своё дело

businessman ['bɪznɪsmæn] *n* предприниматель, бизнесмен

busy ['bɪzɪ] *adj* деятельный, занятой
The doctor is a busy man. Врач — занятой человек.
to be busy быть занятым
Are you busy? Ты занят?
I was too busy to buy you a present. Я был очень занят и не купил тебе подарка.
He was busy washing the car. Он моет автомобиль.
[*free* свободный]

but I [bʌt] *conj* но; а
I would like to come, but I am not free that evening. Мне хочется прийти, но у меня вечер занят.
She is American but she lives in England. Она американка, но живёт в Англии.

but II [bʌt] *prep* кроме
She eats nothing but fruit. Она ничего не ест, кроме фруктов.

butcher ['bʊtʃə(r)] *n* мясник

the butcher's (shop) мясной магазин

Go to the butcher's and buy some beef. Сходи в мясной магазин и купи говядины.

butter ['bʌtə(r)] *n* масло

She spread butter on her bread. Она намазала хлеб маслом.

Fry the onions in butter. Пожарь лук на масле.

Note: *не имеет мн. числа*; **some butter** масло; **a piece of butter** кусок масла

butterfly ['bʌtəflaɪ] *n* бабочка

button I ['bʌtn] *n* **1** пуговица

Can you sew this button on? Пришей эту пуговицу.

2 кнопка

I pressed the button and the bell rang. Я нажал на кнопку, и зво-нок зазвенел.

button II ['bʌtn] *v* застёгивать на пуговицы

It's cold today so button your coat. Сегодня холодно, так что застегни пальто.

buy [baɪ] *v* (*past tense и past participle* **bought**) покупать

I went to the dairy and bought some milk. Я пошёл в молочный магазин и купил молока.

[*to sell* продавать]

buyer ['baɪə(r)] *n* покупатель

by I [baɪ] *adv* мимо

He drove by without stopping. Он проехал мимо и не остановился.

by II [baɪ] *prep* **1** около, рядом, возле, у

My house is by the river. Мой дом стоит у реки.

2 мимо

He walked by me without speaking. Он молча прошёл мимо меня.

3 *указывает на время* до, к

Be here by 5 o'clock. Будь здесь к пяти часам.

You must finish your work by Friday. Вы должны закончить работу к пятнице.

4 *указывает на средство или метод*

Send the letter by airmail. Отправь письмо авиапочтой.

He goes to school by bus. Он ездит в школу на автобусе.

She made the cake by mixing eggs and flour. Она сделала пирог, смешав яйца с мукой.

by heart наизусть, на память

He could say the whole poem by heart. Он знал всю поэму наизусть.

5 *указывает на исполнителя, автора и т. п.*

a play by Shakespeare пьеса Шекспира

◊ **by the way** кстати; между прочим

By the way, did you see the TV programme on cats yesterday? Кстати, вы вчера смотрели по телевизору передачу о кошках?

C

C, c [si:] *3-я буква английского алфавита*

cab [kæb] *n* **1** такси

We took a cab to the airport. Мы поехали в аэропорт на такси.

Can you call a cab for me? Вызови для меня такси.

2 кабина (*водителя и т. п.*)

cabbage ['kæbɪʤ] *n* капуста

The kitchen smells of boiled cabbage. На кухне пахнет варёной капустой.

He has a row of cabbages in the garden. У него в огороде посажен ряд капусты.

cabin ['kæbɪn] *n* каюта

cable ['keɪbl] *n* канат, трос; кабель

cable television [ˌkeɪbl'telɪvɪʒn] *n* кабельное телевидение

café ['kæfeɪ] *n* кафе

Let's meet at the café. Давай встретимся в кафе.

cage [keɪʤ] *n* клетка

The little bird was singing in its cage. Маленькая птичка пела в клетке.

cake [keɪk] *n* пирог; торт; кекс; пирожное

a wedding cake свадебный торт

Would you like some more cake? Хочешь ещё торта?

Have a slice of chocolate cake. Съешь кусок шоколадного торта.

We had tea and cakes at 5 o'clock. В пять часов мы выпили чаю с пирожными.

calculate ['kælkjʊleɪt] *v* считать, подсчитывать

Can you calculate how much the holiday will cost? Сможешь подсчитать, во что нам обойдётся отпуск?

calculator ['kælkjʊleɪtə(r)] *n* калькулятор

calendar ['kælɪndə(r)] *n* календарь

calf [kɑːf] *n* (*pl* **calves**) телёнок

a cow and her calf корова с телёнком

call [kɔːl] *v* **1** звать

Call the children — it's time for supper. Позови детей, время ужинать.

Please, call a doctor. Пожалуйста, вызови врача.

2 называть; давать имя

They called the baby Sarah. Они назвали девочку Сарой.

His son is called Alan. Его сына зовут Алан.

What do you call this thing for spreading glue? Как называется эта штука для размазывания клея?

3 звонить (*по телефону*)

I called him this morning. Я звонил ему сегодня утром.

My brother is out — shall I ask him to call you back? Моего брата сейчас нет, передать ему, чтобы он перезвонил вам?

4 заходить, приходить

When does the postman call? Когда приходит почтальон?

to call at заходить, останавливаться

The train called at every station. Поезд останавливался на каждой станции.

to call off отменить

They called off the party. Они отменили приём гостей.

If it rains, we shall call off the picnic. Если будет дождь, придётся отменить пикник.

to call on заходить, забегать, навещать

Please call on me next time you're here. Когда будешь здесь в следующий раз, заходи ко мне.

call box ['kɔːlbɒks] *n* телефонная будка

calm [kɑːm] *adj* спокойный, тихий

The sea was calm. Море было спокойно.

Stay calm — don't get excited. Не волнуйся, сохраняй спокойствие.

calves [kɑːvz] *pl от* **calf**

Cambridge ['keɪmbrɪʤ] *n* Кембридж

came [keɪm] *past tense от* **come**

camel ['kæml] *n* верблюд

camera ['kæmərə] *n* фотоаппарат

He took a picture of the castle with his new camera. Он сфотографировал замок своим новым фотоаппаратом.

Do you have a film in your camera? В твоём фотоаппарате есть плёнка?

camp [kæmp] *n* лагерь

The climbers had a camp near the top of the mountain. Альпинисты разбили лагерь у вершины горы.

can[1] [kæn; kən] *v* (*past tense* **could**) *модальный глагол* **1** мочь; уметь

Can you lift this box? Ты можешь поднять этот ящик?
She can speak French. Она может говорить по-французски.
You can't run as fast as I can. Ты не можешь так быстро бегать, как я.

2 *выражает просьбу или разрешение*
The policeman says we can't park here. Полицейский говорит, что мы не можем здесь парковаться.
Can you shut the door, please? Закройте, пожалуйста, дверь.
Can I take your car? Можно мне воспользоваться вашим автомобилем?

3 *выражает предположение, вероятность*
Can it be true? Неужели это правда?

Note: не имеет частицы **to** *и всегда употребляется с другими глаголами*

can² [kæn] *n* консервная банка
He opened a can of beer. Он открыл банку пива.

Canada ['kænədə] *n* Канада

canal [kə'næl] *n* канал
The Panama Canal joins two oceans. Панамский канал соединяет два океана.

cancel ['kænsl] *v* (**cancelled**, **cancelling**) отменять, аннулировать
He cancelled his order. Он отменил свой заказ.

candidate ['kændɪdət] *n* кандидат
He offered himself as a candidate for the post. Он предложил на этот пост свою кандидатуру.

candle ['kændl] *n* свеча
Can you light a candle? Зажги, пожалуйста, свечу.

candlestick ['kændlstɪk] *n* подсвечник

candy ['kændɪ] *n амер.* сладости, конфеты; конфета
a bag of candies пакет конфет

canned [kænd] *adj* консервированный
canned fruit консервированные фрукты

cannot ['kænət] = **can not**

can't [kɑ:nt] = **cannot**

canteen [kæn'ti:n] *n* столовая

cap [kæp] *n* **1** кепка; фуражка; шапка
a baseball cap бейсболка
2 крышка, колпачок
a silver pen with a black cap серебряная ручка с чёрным колпачком

capital ['kæpɪtl] *n* **1** столица
Rome is the capital of Italy. Рим — столица Италии.
2 прописная буква

captain ['kæptɪn] *n* капитан
the captain of a football team капитан футбольной команды

car [kɑ:(r)] *n* **1** автомобиль
He bought a new car. Он купил новый автомобиль.
by car на автомобиле
We go to Paris by car. Мы едем в Париж на машине.
2 вагон (*пассажирский*)
sleeping car спальный вагон
dining car вагон-ресторан

card [kɑ:d] *n* **1** открытка, почтовая карточка
He sent me a card from Spain. Он прислал мне открытку из Испании.
Christmas card рождественская открытка
2 карта (*игральная*)
a pack of cards колода карт
They were playing cards. Они играли в карты.
3 кредитная карточка

cardboard ['kɑ:dbɔ:d] *n* картон

The box is made of cardboard. Эта коробка картонная.

Note: *не имеет мн. числа*; **some cardboard** картон; **a piece of cardboard** кусок картона

cardinal ['kɑ:dɪnl] *adj* главный, основной

cardinal numbers количественные числительные

care I [keə(r)] *n* забота; внимание

Take care when you cross the street. Будь внимателен, когда переходишь улицу.

Do your work with more care. Работай более внимательно.

to take care of заботиться, ухаживать

He took care of his mother when she was ill. Он ухаживал за матерью, когда она болела.

care II [keə(r)] *v* интересоваться; беспокоиться

He failed the examination but he didn't seem to care. Он провалился на экзамене, но похоже, что его это не очень беспокоило.

couldn't care less совершенно не беспокоиться

He couldn't care less that his jacket is torn because clothes are not important to him. Его совершенно не беспокоит, что пиджак порвался, потому что он одежде вообще не придаёт значения.

to care for любить; заботиться

I don't care for this music very much. Я не очень люблю такую музыку.

He cares for her deeply. Он очень её любит.

She is caring for her brothers. Она заботится о своих братьях.

career [kə'rɪə(r)] *n* карьера

She wants a career in sport. Она хочет сделать спортивную карьеру.

careful ['keəfl] *adj* осторожный; внимательный; аккуратный

With careful steps, the old man crossed the road. Старик осторожно перешёл дорогу.

He was careful not to make any noise. Он постарался не шуметь.

Be careful of your health. Относись повнимательнее к своему здоровью.
[*careless* небрежный]

carefully ['keəflı] *adv* осторожно
Carry the glasses carefully! Неси стаканы осторожно!

careless ['keəlıs] *adj* небрежный; невнимательный; неаккуратный
He was careless and made mistakes in his homework. Он был невнимателен и в домашнем задании наделал ошибок.
[*careful* осторожный; внимательный]

carnation [kɑː'neıʃn] *n* гвоздика
pink carnations розовые гвоздики

carpenter ['kɑːpıntə(r)] *n* плотник

carpet ['kɑːpıt] *n* ковёр
He spilled his coffee on the carpet. Он пролил кофе на ковёр.

carriage ['kærıʤ] *n* **1** карета, экипаж
2 вагон
The engine was pulling five carriages. Локомотив тащил пять вагонов.

carrier ['kærıə(r)] *n* багажник (*на велосипеде и т. п.*)

carrier bag ['kærıəbæg] *n* пластиковый *или* бумажный пакет для покупок

carrot ['kærət] *n* морковь

carry ['kærı] *v* (**carries**, **carried**, **carrying**) нести, переносить; везти, перевозить
The waiter carried the meal to the table. Официант принёс заказанные блюда.
The car will carry five people. Автомобиль вмещает пять человек.

Many serious diseases are carried by insects. Многие серьёзные болезни переносятся насекомыми.

to carry on продолжать

We'll carry on our discussion tomorrow. Мы продолжим нашу беседу завтра.

Carry on with your work. Продолжайте работать.

to carry out выполнять

He carried out his promise. Он выполнил своё обещание.

cart [kɑ:t] *n* тележка, повозка

carton ['kɑ:tn] *n* картонная *или* пластиковая коробка; пакет

a carton of cream пакет сливок

cartoon [kɑ:'tu:n] *n* **1** шарж, карикатура

cartoons *pl* комиксы

2 мультфильм

They were watching a cartoon on TV. Они смотрели по телевизору мультфильм.

cartridge ['kɑ:trɪʤ] *n* патрон

carve [kɑ:v] *v* **1** вырезать (*из дерева, кости*); высекать (*из камня*)

The artist carved an interesting decoration out of wood. Художник вырезал из дерева интересное украшение.

2 резать (*мясо за столом*)

He carved me a nice piece of chicken. Он отрезал мне хороший кусочек цыплёнка.

case[1] [keɪs] *n* **1** случай; дело

It's quite a different case. Это совсем другой случай.

in case в случае, если

Take your coat in case it is cold. Возьми пальто на случай, если будет холодно.

in any case во всяком случае, в любом случае

He's late but in any case it doesn't matter. Он опаздывает, но в любом случае это не имеет значения.

in that case в таком случае

2 *грам.* падеж

case[2] [keɪs] *n* ящик; футляр; чемодан
They bought a case of beer. Они купили ящик пива.
He was packing his case. Он упаковывал свой чемодан.

cash I [kæʃ] *n* наличные деньги
I have no cash on me — may I pay by cheque? У меня нет при себе наличных денег, могу я заплатить чеком?
Note: *не имеет мн. числа*

cash II [kæʃ] *v* получать деньги; оплачивать наличными деньгами
I cashed a cheque at the bank. Я обналичил чек в банке.

cassette [kə'set] *n* кассета
He played a cassette of Spanish music. Он поставил кассету с записью испанской музыки.

cassette tape [kə'set,teɪp] *n* магнитофонная лента

castle ['kɑ:sl] *n* замок

cat [kæt] *n* кот; кошка
What a beautiful cat! Какая красивая кошка!
The cat sat in front of the fire. Кот сидел у огня.

catch [kætʃ] *v* (*past tense и past participle* **caught**) **1** ловить; хватать; поймать
She caught the ball in her left hand. Она поймала мяч левой рукой.
He sat by the river all day but didn't catch anything. Он просидел у реки весь день, но ничего не поймал.
to catch a cold простудиться
to catch sight of увидеть, заметить
to catch hold of схватить, ухватиться
to catch on понимать
He's always the last to catch on. Он всегда понимает последним.
I didn't quite catch on. Я вас не совсем понял.
to catch up with догонять
You walk on and I'll catch up with you later. Ты иди, а я догоню тебя потом.

2 успеть (*на поезд и т. п.*)
He caught the last plane to London. Он успел на последний самолёт, вылетающий в Лондон.

caterpillar ['kætəpɪlə(r)] *n* гусеница

cathedral [kə'θi:drəl] *n* собор

cattle ['kætl] *n pl* крупный рогатый скот
They own two thousand cattle. У них две тысячи голов скота.
The cattle were grazing in the meadow. На лугу пасся скот.

caught [kɔ:t] *past tense и past participle от* **catch**

cauliflower ['kɒlɪflaʊə(r)] *n* цветная капуста

cause I [kɔ:z] *n* причина; повод; основание
What was the cause of his death? Что было причиной его смерти?
to have cause иметь причины
Your brakes are working well so you have no cause to worry. Тормоза в вашем автомобиле работают хорошо, поэтому беспокоиться причин нет.

cause II [kɔ:z] *v* вызывать, быть причиной
A cigarette caused the fire. Сигарета послужила причиной пожара.

caution I ['kɔ:ʃn] *n* осторожность, предусмотрительность
Handle with caution. Обращаться осторожно.

caution II ['kɔ:ʃn] *v* предостерегать, предупреждать
We were cautioned not to drive fast. Нас предупредили быстро не ехать.
I cautioned him against being late. Я предупредил его, что опаздывать нельзя.

cave [keɪv] *n* пещера

cease [siːs] *v* прекращать(ся)
It is quiet when we all cease talking. Когда мы перестаём разговаривать, становится тихо.

ceiling [ˈsiːlɪŋ] *n* потолок
He painted the kitchen ceiling. Он покрасил потолок на кухне.

celebrate [ˈselɪbreɪt] *v* праздновать
It's your birthday tomorrow, so we must celebrate it. Завтра твой день рождения, мы должны отметить его.

celebration [ˌselɪˈbreɪʃn] *n* празднование; торжество

celebrity [sɪˈlebrətɪ] *n* знаменитость
You can see there many celebrities. Там можно увидеть много знаменитостей.

celery [ˈselərɪ] *n* сельдерей

cell [sel] *n* **1** тюремная камера; келья
2 клетка; ячейка

cellar [ˈselə(r)] *n* погреб, подвал
a wine cellar винный погреб

cement [sɪˈment] *n* **1** цемент
He bought a bag of cement. Он купил мешок цемента.
2 клей
You will need some rubber cement to glue the pieces together. Чтобы склеить эти части, тебе нужен резиновый клей.

cemetery [ˈsemətrɪ] *n* кладбище

cent [sent] *n* цент
This book only costs twenty-five cents. Эта книжка стоит всего двадцать пять центов.

centimetre [ˈsentɪmiːtə(r)] *n* сантиметр
The table is sixty centimetres wide. Стол в ширину шестьдесят сантиметров.

central ['sentrəl] *adj* центральный

centre ['sentə(r)] *n* центр; середина
the centre of town центр города
shopping centre торговый центр
He likes to be the centre of attention. Он любит быть центром внимания.

century ['sentʃərɪ] *n* век, столетие
in the twentieth century в двадцатом веке
many centuries ago много веков тому назад

cereal ['sɪərɪəl] *n* **1** хлебный злак
The farmer grows cereals. Фермер выращивает зерновые.
2 овсяные, кукурузные, ржаные *и т. п.* хлопья (*для быстрого приготовления пищи*)
He ate a bowl of cereal. Он съел миску каши.
Put berries on your cereal. Положи в свою кашу ягоды.

ceremony ['serɪmənɪ] *n* обряд, церемония
the wedding ceremony свадебная церемония
The prize-giving ceremony will be held in the school hall. Церемония вручения призов состоится в школьном зале.

certain ['sɜ:tn] *adj* **1** уверенный, убеждённый
I'm certain she saw me yesterday. Я уверен, что она видела меня вчера.
to make certain убедиться
Make certain that you know what time the train goes. Убедись, что ты точно знаешь время отправления поезда.
2 некий, какой-то
Certain Mr Smith called while you were out. Когда вас не было, звонил какой-то мистер Смит.
3 определённый, известный, некоторый
to a certain extent в известной степени
under certain conditions при определённых условиях
[*uncertain* неопределённый]

certainly ['sɜ:tnlɪ] *adv* конечно, несомненно

The glass will certainly break if you drop it. Если уронить стекло, оно обязательно разобьётся.
Will you come with me? — Certainly. Пойдёшь со мной? — Конечно.
certainly not ни в коем случае

certificate [sə'tɪfɪkət] *n* удостоверение, свидетельство
a birth certificate свидетельство о рождении
a marriage certificate свидетельство о браке

chain [tʃeɪn] *n* цепь, цепочка
That dog should be kept on a chain. Эту собаку надо держать на цепи.

chair [tʃeə(r)] *n* стул
Won't you take a chair? Садитесь, пожалуйста.
Pull a chair and have some supper. Пододвиньте стул, садитесь и поужинайте.

chairlift ['tʃeəˌlɪft] *n* подъёмник (*для лыжников*)

chairman ['tʃeəmən] *n* председатель
He was elected the chairman of the committee. Он был избран председателем комитета.

chalk [tʃɔːk] *n* мел
a stick of chalk кусок мела
He wrote on the blackboard with coloured chalk. Он писал на доске цветным мелком.

champion ['tʃæmpɪən] *n* чемпион
a tennis champion чемпион по теннису

championship ['tʃæmpɪənʃɪp] *n* первенство, чемпионат
a swimming championship чемпионат по плаванию

chance [tʃɑːns] *n* **1** случай, случайность, везение
Let's leave it to chance. Давайте оставим это на волю случая.
by chance случайно

2 возможность, шанс

Does he have any chance of winning? У него есть шанс выиграть?

I've been waiting for a chance to speak to the manager. Я ждал случая поговорить с управляющим.

change I [tʃeɪndʒ] *v* **1** менять(ся), изменять(ся)

The weather is changing; I think it's going to rain. Погода меняется, я думаю, что пойдёт дождь.

He has changed so much since I saw him last, that I didn't recognize him. Он так сильно изменился с тех пор, как я видел его последний раз, что я не узнал его.

She has changed the colour of her hair. Она покрасила волосы.

to change one's mind передумать, изменить решение

2 переодеваться

I must change before I go to the party. Я должен переодеться, прежде чем идти в гости.

3 поменять, обменять

She changed her books at the library. Она обменяла книги в библиотеке.

Where can I change my English money for dollars? Где я могу обменять английские деньги на доллары?

4 делать пересадку

I had to change from a train to a bus for part of the journey. Часть пути я должен был ехать на автобусе, пересев с поезда.

If you want to get to the museum you have to change buses here. Чтобы добраться до музея, вам надо пересесть здесь на другой автобус.

change II [tʃeɪndʒ] *n* **1** перемена, изменение

I think it's a change for the better. Я думаю, это изменение к лучшему.

for a change для разнообразия

We usually go on vacation in August, but this year we're going in July for a change. Обычно мы ездим в отпуск в августе, но в этом году собираемся поехать в июле для разнообразия.

2 сдача

You've given me too much change. Вы дали мне очень много сдачи.

small change мелочь

I have no small change at all. У меня совсем нет мелочи.

chapter ['tʃæptə(r)] *n* глава

We start a book at chapter 1. Начнём книгу с первой главы.

character ['kærəktə(r)] *n* **1** характер, натура

She has a pleasant character. У неё хороший характер.

2 герой, персонаж

At the end of the play all the main characters are dead. В конце пьесы все главные действующие лица умирают.

3 *вчт.* символ, знак

graphic character графический символ

charge [tʃɑːʤ] *n* **1** стоимость, плата

There is no charge for service. Обслуживание бесплатно.

2 обвинение

He was kept in jail on a charge of trying to kill the President. Его держат в тюрьме по обвинению в покушении на президента.

3: to be in charge управлять, возглавлять

He is in charge of the department. Он возглавляет отдел.

Who's in charge here? Кто здесь главный?

charity ['tʃærətɪ] *n* **1** благотворительность

2 благотворительное общество, учреждение

The Red Cross is an international charity. Красный Крест — международная благотворительная организация.

charm I [tʃɑːm] *n* обаяние, очарование

He needed all his charm to persuade her he was right. Он использовал всё своё обаяние, чтобы убедить её в своей правоте.

This town has a charm you couldn't find in a big city. Этот городок обладает особой прелестью, которой вы не найдёте в большом городе.

charm II [tʃɑːm] *v* очаровывать

Her smile charmed everyone. Её улыбка очаровала всех.

charming ['tʃɑːmɪŋ] *adj* очаровательный, прелестный

What a charming young man! Какой обаятельный молодой человек!

chase [tʃeɪs] *v* гнать(ся), преследовать
He was chased by two dogs. За ним гнались две собаки.
The cat chased the mouse but could not catch it. Кот гнался за мышью, но не смог поймать её.

chat I [tʃæt] *v* (**chatted**, **chatting**) разговаривать, болтать
The two friends sat in the corner and chatted about the weather. Двое друзей сидели в уголке и болтали о погоде.

chat II [tʃæt] *n* непринуждённый разговор, беседа, болтовня
I had a long chat with him. Я долго беседовал с ним.

chatter I ['tʃætə(r)] *v* болтать, тараторить
The teacher told the children to stop chattering in class. Учитель сказал ученикам не болтать на уроке.

chatter II ['tʃætə(r)] *n* болтовня, трескотня

cheap [tʃi:p] *adj* дешёвый
Fresh vegetables are very cheap in the summer. Летом свежие овощи очень дёшевы.
[*expensive*, *dear* дорогой]

cheat [tʃi:t] *v* обманывать, мошенничать
He always cheats at cards; I never play with him. Он всегда нечестно играет в карты, я никогда не играю с ним.

check I [tʃek] *n* **1** контроль, проверка
The car has to go to the garage for a check. Автомобиль нужно поставить на техосмотр.
2 *амер.* галочка
Mark the correct answer with a check. Отметьте правильный ответ галочкой.
3 квитанция, талон
4 *амер.* чек; счёт
Can I pay for the gloves by check? Могу я заплатить за перчатки чеком?

Waiter, can I have the check, please? Официант, принесите, пожалуйста, счёт.

5 клетка, клеточка

She wore a pretty blue and white check. На ней был костюм в миленькую бело-голубую клеточку.

check II [tʃek] *v* проверять, сверять

Don't forget to check if the doors are all locked. Не забудь проверить, все ли двери заперты.

to check in поселиться, зарегистрироваться (*в гостинице*)

He has checked into room 8. Он поселился в восьмом номере.

to check out выехать (*из гостиницы*)

They checked out in the morning. Утром они расплатились и уехали из гостиницы.

checkup ['tʃekʌp] *n разг.* осмотр, проверка состояния

You look tired and ill; why don't you have a checkup? Ты выглядишь усталым и больным, почему бы тебе не показаться врачу?

cheek [tʃi:k] *n* щека

The children's cheeks were flushed with excitement. Щёки у детей раскраснелись от возбуждения.

cheeky ['tʃi:kɪ] *adj* наглый

cheer [tʃɪə(r)] *v* приветствовать одобрительными криками, подбадривать

The crowd cheered as the teams arrived. Публика криками приветствовала прибывшие команды.

to cheer up утешать, подбадривать

When I'm feeling sad my mother tells me funny stories to cheer me up. Когда мне грустно, мама рассказывает мне смешные истории, чтобы развеселить меня.

cheerful ['tʃɪəfl] *adj* бодрый, весёлый

He's always cheerful, even when things go wrong. Он никогда не унывает, даже когда дела идут неважно.

cheese [tʃi:z] *n* сыр
At the end of the meal we'll have crackers and cheese. Обед мы завершим крекерами и сыром.
cream cheese мягкий сыр
blue cheese сыр с прожилками плесени

chemist ['kemɪst] *n* химик
chemist's shop аптека

chemistry ['kemɪstrɪ] *n* химия

cheque [tʃek] *n* чек
Can I pay by cheque? Могу я заплатить чеком?

cherry ['tʃerɪ] *n* вишня
The cherries are not ripe. Вишня ещё не поспела.

chess [tʃes] *n* шахматы (*игра*)
She plays chess very well. Она очень хорошо играет в шахматы.

chessboard ['tʃesbɔ:d] *n* шахматная доска

chest [tʃest] *n* **1** ящик; сундук
a chest of drawers комод
2 грудь
He hit me in the chest. Он ударил меня в грудь.

chestnut ['tʃesnʌt] *n* каштан

chew [tʃu:] *v* жевать
He was chewing a piece of meat. Он жевал кусок мяса.

chewing gum ['tʃu:ɪŋgʌm] *n* жевательная резинка
Note: *не имеет мн. числа*; **some chewing gum** жевательная резинка; **a stick of chewing gum** пластинка жевательной резинки

chicken ['tʃɪkɪn] *n* **1** цыплёнок
The chickens were running all around the farm. На ферме всюду бегали цыплята.

2 цыплёнок, курица (*блюдо*)
We had roast chicken for dinner. На обед у нас был жареный цыплёнок.
Would you like another slice of chicken? Хотите ещё цыплёнка?
Note: *в значении 2 не имеет мн. числа*

chief I [tʃi:f] *adj* главный, основной
He is the chief engineer. Он главный инженер.
What is the chief cause of traffic accident? Какая основная причина дорожного происшествия?

chief II [tʃi:f] *n* глава; начальник, шеф

chiefly ['tʃi:flɪ] *adv* главным образом, в основном

child [tʃaɪld] *n* (*pl* **children**) ребёнок
Here is a picture of him as a child. На этой фотографии он ещё ребёнок.
How many children do they have? Сколько у них детей?
an only child единственный ребёнок
He was an only child. Он был единственным ребёнком в семье.

childhood ['tʃaɪldhʊd] *n* детство
She spent her childhood in Scotland. Она провела своё детство в Шотландии.

children ['tʃɪldrən] *pl от* **child**

chilly ['tʃɪlɪ] *adj* холодный, прохладный
It's rather chilly this morning. Утро сегодня довольно прохладное.

chimney ['tʃɪmnɪ] *n* дымовая труба
All the smoke went up the chimney. Весь дым выходил через трубу.

chin [tʃɪn] *n* подбородок
He rested his chin on his hand while he was thinking. Когда он задумывался, он подпирал рукой подбородок.

China ['tʃaɪnə] *n* Китай

Don't forget to clean your shoes. Не забудь почистить свои туфли.

to clean up убирать

It's your turn to clean the kitchen up. Сейчас твоя очередь убирать кухню.

cleaner ['kli:nə(r)] *n* уборщик; уборщица

cleaners *pl* химчистка

I'm taking my suit to the cleaners. Я несу костюм в химчистку.

clear I [klɪə(r)] *adj* **1** ясный, чистый, прозрачный

a clear blue sky чистое голубое небо

The road is clear now. Дорога сейчас свободна.

She has a clear skin. У неё чистая кожа.

2 понятный

He made it clear that he wanted us to leave. Он ясно дал понять, что хочет, чтобы мы ушли.

clear II [klɪə(r)] *v* убирать, очищать

They cleared the streets of snow. Они очистили улицы от снега.

to clear the table убирать со стола

to clear up проясняться, улучшаться (*о погоде*)

The weather cleared up when the storm was over. После грозы небо прояснилось.

clearly ['klɪəlɪ] *adv* ясно; точно, очевидно

Try to speak more clearly. Постарайся говорить яснее.

He is clearly wrong. Совершенно очевидно, что он не прав.

clerk [klɑ:k] *n* служащий, клерк

clever ['klevə(r)] *adj* умный; сообразительный; способный

He's the cleverest person in the family. Он самый одарённый в семье.

clever at способный к (*чему-л.*)

My brother is clever at maths. У моего брата способности к математике.

She's very clever at business. Она преуспевает в бизнесе.

[*stupid* глупый]

client ['klaɪənt] *n* клиент

climate ['klaɪmɪt] *n* климат
The climate here is hot and dry. Климат здесь жаркий и сухой.

climb [klaɪm] *v* взбираться; влезать
Do you think you can climb that tree? Ты думаешь, что сможешь влезть на это дерево?

cling [klɪŋ] *v* (*past tense и past participle* **clung**) липнуть; цепляться
The child was clinging to its mother. Ребёнок прижимался к матери.
The wet shirt clung to his body. Мокрая рубашка прилипла к его телу.

clinic ['klɪnɪk] *n* клиника; поликлиника
She went to the school health clinic for a blood test. Она пошла в школьную поликлинику, чтобы сделать анализ крови.

cloakroom ['kləʊkru:m] *n* **1** гардероб
2 туалет, уборная

clock [klɒk] *n* часы (*не наручные*)
The clock has stopped — it needs winding up. Часы остановились, их нужно завести.
Your clock is five minutes slow. Ваши часы на пять минут отстают.

clockwise ['klɒkwaɪz] *adv* по часовой стрелке
Turn the key clockwise to open the door. Чтобы открыть дверь, поверни ключ по часовой стрелке.
[*anticlockwise* против часовой стрелки]

close I [kləʊz] *v* **1** закрывать
Please close the window. Закройте, пожалуйста, окно.
He closed his book and turned on the TV. Он закрыл книгу и включил телевизор.
2 закрываться, прекращать работать
When does the shop close? Когда закрывается магазин?
They are going to close the factory. Фабрику собираются закрывать.
[*to open* открывать, открываться]

close II [kləʊz] *adj*, *adv* близкий; близко

The shops are close to our home. Магазины недалеко от нашего дома.

Stay close to me if you don't want to get lost. Держись рядом со мной, если не хочешь потеряться.

Don't come too close! Не подходите слишком близко!

close friends близкие друзья

close by близко, рядом

She lives close by. Она живёт неподалёку.

cloth [klɒθ] *n* ткань, материя

I need a lot of cloth if I'm going to make a long dress. Мне понадобится много ткани, если я буду шить длинное платье.

Wipe the floor with a wet cloth. Протри пол влажной тряпкой.

clothes [kləʊðz] *n pl* одежда

The policeman took off his clothes and jumped into the river. Полицейский снял одежду и прыгнул в воду.

You ought to put some clean clothes on. Тебе следует надеть чистую одежду.

They haven't had any new clothes for years. У них уже много лет не было новой одежды.

clothing ['kləʊðɪŋ] *n* одежда

People wear warm clothing in cold weather. Когда холодно, люди надевают тёплую одежду.

Note: *не имеет мн. числа*

cloud [klaʊd] *n* облако; туча

Those dark clouds will probably bring rain. Эти тёмные тучи, возможно, принесут дождь.

Clouds of smoke poured out of the house. Из дома валили клубы дыма.

cloudy ['klaʊdɪ] *adj* облачный

a cloudy sky облачное небо

The weather turned cloudy. Стало пасмурно.

clown [klaʊn] *n* клоун

club[1] [klʌb] *n* клуб
a tennis club теннисный клуб

club[2] [klʌb] *n* трефы (*карточная масть*)
the ace of clubs трефовый туз

clumsy ['klʌmzɪ] *adj* неуклюжий, неловкий
That clumsy child has just dropped the eggs! Этот неуклюжий ребёнок только что уронил яйца!

clung [klʌŋ] *past tense и past participle от* **cling**

coach[1] [kəʊtʃ] *n* **1** междугородный автобус
We went by coach. Мы поехали междугородным автобусом.
2 пассажирский вагон

coach[2] **I** [kəʊtʃ] *n* **1** репетитор
2 тренер
He's a football coach. Он футбольный тренер.

coach[2] **II** [kəʊtʃ] *v* учить; тренировать
He's coaching the college tennis team. Он тренирует теннисную команду колледжа.

coal [kəʊl] *n* уголь
The power station burns coal. Электростанция работает на угле.

coarse [kɔːs] *adj* грубый
coarse cloth грубая ткань
coarse jokes грубые шутки

coast [kəʊst] *n* берег, побережье
The south coast is the warmest part of the country. Южное побережье — самый тёплый регион страны.

coat [kəʊt] *n* **1** пальто
She was wearing a fur coat. На ней было меховое пальто.
2 мех, шкура
Our cat has a beautiful soft coat. У нашего кота прекрасная мягкая шерсть.

cobweb ['kɒbweb] *n* паутина

cock [kɒk] *n* петух

cockroach ['kɒkrəʊtʃ] *n* таракан

cocoa ['kəʊkəʊ] *n* какао
I always have a cup of cocoa in the evening. Вечером я всегда выпиваю чашку какао.

coconut ['kəʊkənʌt] *n* кокос

cod [kɒd] *n* треска

code [kəʊd] *n* **1** кодекс, правила
Before she learned to drive, she read the Highway Code. Прежде чем учиться водить машину, она изучила правила дорожного движения.
2 код, шифр
The message was written in code. Сообщение было закодировано.

coffee ['kɒfɪ] *n* кофе
Would you like a cup of coffee? Выпьете чашку кофе?
This coffee is too bitter. Этот кофе слишком горький.
Three coffees and two teas, please. Три кофе и два чая, пожалуйста.
black coffee чёрный кофе
white coffee кофе с молоком

coffee mill ['kɒfɪmɪl] *n* кофемолка

coffeepot ['kɒfɪpɒt] *n* кофейник

coffin ['kɒfɪn] *n* гроб

coin [kɔɪn] *n* монета
He gave me my change in coins. Он дал мне сдачу монетами.
I've dropped a coin. Я уронил монету.

coincidence [kəʊ'ɪnsɪdəns] *n* совпадение
What a coincidence it was to be in London just when you were! Какое совпадение! Я был в Лондоне как раз тогда, когда там были вы!

cold I [kəʊld] *adj* **1** холодный
The weather is colder than last week. Сейчас холоднее, чем на прошлой неделе.
They say it will be even colder tomorrow. Сказали, что завтра будет ещё холоднее.
You'll have to wash with cold water. Тебе придётся умываться холодной водой.
If you're cold, come and sit in the kitchen. Если тебе холодно, входи и посиди на кухне.
Start eating, or your soup will get cold. Ешь, иначе суп остынет.
[*hot* горячий]
2 неприветливый
a cold smile холодная улыбка
[*warm* тёплый]

cold II [kəʊld] *n* **1** холод
The cold makes us shiver. Мы дрожим от холода.
[*heat* жара]
2 простуда
Mother is in bed with a cold. Мама лежит в постели с простудой.
to catch a cold простудиться
He caught a cold by standing in the rain. Он простудился, вымокнув под дождём.
to have a cold быть простуженным
She has a cold, so she can't go out. У неё простуда, и она не выходит на улицу.

collage ['kɒlɑːʒ] *n* коллаж

collar ['kɒlə(r)] *n* **1** воротник
My shirt's collar's too tight. Воротник моей рубашки слишком тесный.
She turned up her coat collar because of the wind. Из-за ветра она подняла воротник пальто.

2 ошейник

Our dog has his name written on his collar. У нашего пса на ошейнике написана его кличка.

colleague ['kɒli:g] *n* коллега

When he left his job, his colleagues gave him a present. Когда он увольнялся, коллеги преподнесли ему подарок.

collect [kə'lekt] *v* **1** собирать, брать

Collect the books and put them in a pile on my desk. Собери книги и сложи их стопкой у меня на столе.

2 коллекционировать

My brother collects foreign coins. Мой брат собирает иностранные монеты.

collection [kə'lekʃn] *n* коллекция

The gallery has a fine collection of modern pictures. В этой галерее прекрасное собрание полотен современной живописи.

collective noun [kə'lektɪvˌnaʊn] *n грам.* собирательное имя существительное

college ['kɒlɪʤ] *n* колледж

to go to college учиться в колледже

colon ['kəʊlən] *n* двоеточие

colonel ['kɜ:nl] *n* полковник

colonial [kə'ləʊnɪəl] *adj* колониальный

colony ['kɒlənɪ] *n* колония

Hong Kong was a British colony. Гонконг был британской колонией.

colour ['kʌlə(r)] *n* цвет

What colour is your jacket? Какого цвета твой пиджак?

My cap is a pale blue colour. Моя кепка бледно-голубого цвета.

I don't like the colour of her dress. Мне не нравится цвет её платья.

All the pictures in the book are in colour. Все иллюстрации в этой книге цветные.

coloured ['kʌləd] *adj* цветной

a coloured postcard цветная открытка

column ['kɒləm] *n* колонна

comb I [kəʊm] *n* расчёска, гребёнка

comb II [kəʊm] *v* причёсывать, расчёсывать

She was combing her hair. Она причёсывалась.

Have you combed your hair? Ты причесался?

come [kʌm] *v* (*past tense* **came**; *past participle* **come**) приходить; приезжать

Come here! Иди сюда!

Come again. Приходите ещё.

The dog came when I called him. Я позвал пса, и он подбежал ко мне.

He came to see me yesterday. Вчера он приходил ко мне.

Hide behind the door, there's someone coming. Спрячься за дверью, кто-то идёт.

[*to leave* уходить; уезжать]

to come across наткнуться, случайно найти

I came across my old radio yesterday. Вчера я наткнулся на свой старый радиоприёмник.

to come back возвращаться

Come back here, I want to talk to you. Подойди ко мне, я хочу поговорить с тобой.

to come in входить

The teacher told him to come in. Учитель велел ему войти.

to come off оторваться

The button has come off my shirt. У меня оторвалась пуговица на рубашке.

to come on торопиться

Come on, or we'll be late. Поторопись, а то мы опоздаем.

to come out выходить
He came out of the house. Он вышел из дома.

comedy ['kɒmədɪ] *n* комедия
He prefers comedy to tragedy. Он предпочитает трагедии комедию.

comfortable ['kʌmftəbl] *adj* удобный; уютный
The seats in the theatre aren't very comfortable. Кресла в театре не очень удобные.
Are you comfortable? Вам удобно?
Make yourself comfortable. Устраивайтесь поудобнее.
[*uncomfortable* неудобный]

comics ['kɒmɪks] *n pl* комиксы

comma ['kɒmə] *n* запятая

command [kə'mɑ:nd] *n* приказ
Give your commands in a loud, confident voice. Отдавайте приказания громким, уверенным голосом.

comment I ['kɒment] *n* замечание, комментарий
He made some comments about her new hairstyle. Он сделал несколько замечаний по поводу её новой причёски.
No comment! Без комментариев!

comment II ['kɒment] *v* делать замечание, комментировать

commercial I [kə'mɜ:ʃl] *adj* коммерческий
commercial news новости торговли

commercial II [kə'mɜ:ʃl] *n* коммерческая реклама, рекламный ролик

committee [kə'mɪtɪ] *n* комитет
The tennis club committee organizes the matches. Комитет теннисного клуба организовывает соревнования.
He's on a committee. Он член комитета.

Would you like to join the committee? Не хотите ли войти в комитет?

Note: *употребляется с глаголами в ед. и мн. числе*

common ['kɒmən] *adj* **1** обычный, распространённый

That's a common mistake. Это распространённая ошибка.

Accidents are quite common on this part of the road. На этом участке дороги аварии довольно часты.

the common people простые люди

The common people in every country want peace. Простые люди в любой стране хотят мира.

2 общий

a common language общий язык

to have smth in common иметь что-л. общее

I have a lot in common with him. У нас с ним много общего.

◊ **common sense** здравый смысл

Although she's not very clever she's got lots of common sense. Хотя она не очень умна, здравого смысла у неё не отнимешь.

company ['kʌmpənɪ] *n* **1** общество, компания

I always enjoy his company. Мне всегда нравится общаться с ним.

2 предприятие, фирма, компания

a transport company транспортная компания

comparative I [kəm'pærətɪv] *adj* **1** сравнительный

comparative linguistics сравнительное языкознание

2: the comparative degree *грам.* сравнительная степень

comparative II [kəm'pærətɪv] *n грам.* сравнительная степень

"Better" is the comparative of "good". «Better» — сравнительная степень от «good».

comparatively [kəm'pærətɪvlɪ] *adv* сравнительно

Standing next to the small children, she looks comparatively tall. Рядом с маленькими детьми она казалась сравнительно высокой.

compare [kəm'peə(r)] *v* сравнивать

Try on the two pairs of shoes to compare them. Примерь две пары туфель, чтобы сравнить их.

Compared to his brother, he is not very clever. По сравнению со своим братом, он не очень умён.

comparison [kəm'pærɪsn] *n* сравнение
in comparison with в сравнении с

Our house is small in comparison with that castle. По сравнению с этим замком наш дом очень маленький.

compartment [kəm'pɑːtmənt] *n* **1** купе

The first-class compartments are in front. Купе первого класса расположены впереди.

2 отделение

My school bag has a small compartment for pens. В моём портфеле есть маленькое отделение для ручек.

compass ['kʌmpəs] *n* компас

The needle of the compass always points north. Стрелка компаса всегда указывает на север.

competition [ˌkɒmpə'tɪʃn] *n* конкурс, соревнование
a swimming competition соревнование по плаванию
to enter a competition участвовать в конкурсе

complain [kəm'pleɪn] *n* жаловаться; выражать недовольство

We have nothing to complain about. Нам не на что жаловаться.

He never complains about the pain. Он никогда не жалуется на боль.

complaint [kəm'pleɪnt] *n* жалоба

He didn't like the meal so he made a complaint to the manager of the restaurant. Ему не понравилась еда, и он пожаловался управляющему ресторана.

complete [kəm'pliːt] *adj* полный

He has read the complete works of Shakespeare. Он прочёл полное собрание сочинений Шекспира.

[*incomplete* неполный, незавершённый]

completely [kəm'pliːtlɪ] *adv* совершенно, полностью

The house was completely destroyed. Дом был полностью разрушен.
I completely forgot about her birthday. Я совершенно забыл о её дне рождения.

complicated ['kɒmplɪkeɪtɪd] *adj* трудный, сложный
a complicated plan сложный план

compliment ['kɒmplɪmənt] *n* комплимент
to pay a compliment говорить комплимент, хвалить
He paid his girlfriend a compliment on her new dress. Он похвалил новое платье своей подружки.

compose [kəm'pəʊz] *v* сочинять; составлять
to compose a poem написать стихотворение
to compose an opera написать оперу
to be composed of состоять из
The class is composed of twelve boys and seven girls. Класс состоит из двенадцати мальчиков и семи девочек.

composer [kəm'pəʊzə(r)] *n* композитор

compulsory [kəm'pʌlsərɪ] *adj* обязательный
School is compulsory for all children. Все дети должны ходить в школу.

computer [kəm'pju:tə(r)] *n* компьютер
desktop computer настольный компьютер
personal computer персональный компьютер
portable computer портативный компьютер
The list of addresses is on the computer. Список адресов заложен в компьютер.

computer centre [kəm'pju:tə͵sentə(r)] *n* вычислительный центр

computer game [kəm'pju:tə͵geɪm] *n* компьютерная игра

conceal [kən'si:l] *v* прятать, скрывать
He wears a wig to conceal his bald head. Он носит парик, чтобы скрыть лысину.

He concealed his real name. Он скрыл своё настоящее имя.

concern [kən'sɜːn] *v* касаться

This report concerns you. Этот отчёт касается вас.

It doesn't concern you. Это вас не касается.

as far as I am concerned что касается меня

concerning [kən'sɜːnɪŋ] *prep* относительно

I received a letter concerning the meeting. Я получил письмо, касающееся собрания.

I want to talk to you concerning your son's behaviour. Я хочу поговорить с вами о поведении вашего сына.

concert ['kɒnsət] *n* концерт

a charity concert благотворительный концерт

Our charity concert is tomorrow night. Наш благотворительный концерт состоится завтра вечером.

concrete ['kɒŋkriːt] *n* бетон

They made a path out of concrete. Они сделали дорожку из бетона.

Note: *не имеет мн. числа*

condition [kən'dɪʃn] *n* **1** состояние

Her teeth are in good condition. Её зубы в хорошем состоянии.

He is sick and his condition is getting worse. Он болен, и его состояние ухудшается.

2 обстоятельство, условие

I don't agree with some of the conditions in the deal. Я не согласен с некоторыми условиями сделки.

on condition that только если, при условии

I'll come on condition that my brother is invited too. Я приду при условии, что моего брата тоже пригласят.

on no condition ни при каких условиях, ни при каких обстоятельствах

You must on no condition climb that high wall! Не смей залезать на этот забор ни под каким видом!

conditions *pl* условия

Living conditions are very bad. Условия жизни очень плохие.

My father does not like driving in bad traffic conditions. Мой отец не любит ездить при неблагоприятных дорожных условиях.

conduct I ['kɒndʌkt] *n* поведение
the rules of conduct правила поведения
Our teacher praised our good conduct. Учитель похвалил нас за хорошее поведение.

conduct II [kən'dʌkt] *v* **1** вести
The guide conducted us round Westminster Abbey. Гид провёл нас по Вестминстерскому аббатству.
2 дирижировать
to conduct a choir дирижировать хором

conductor [kən'dʌktə(r)] *n* **1** дирижёр
2 кондуктор

cone [kəʊn] *n* шишка
a fir cone еловая шишка

conference ['kɒnfərəns] *n* конференция
a press conference пресс-конференция

confuse [kən'fju:z] *v* путать, запутать
They asked me so many questions that they confused me. Мне задали так много вопросов, что я запутался.
Don't confuse these two words. Не путайте эти два слова.

congratulate [kən'grætʃʊleɪt] *v* поздравлять
We want to congratulate you on winning the prize. Мы хотим поздравить тебя с получением приза.

congratulations [kənˌgrætʃʊ'leɪʃnz] *n pl* поздравления
Congratulations on your success! Поздравляем с успехом!

conjunction [kən'ʤʌŋkʃn] *n грам.* союз

connect [kə'nekt] *v* связывать, соединять

The two towns are connected by a railway. Два города связаны железной дорогой.
The stove is connected to the gas pipe. Плита подсоединена к газовой трубе.

connection [kə'nekʃn] *n* связка; связь; соединение
What is the connection between the dead man and the murderer? Какова связь между убийцей и его жертвой?
Is there any connection? Здесь есть какая-нибудь связь?
in connection with в связи с, по поводу, относительно
I want to speak to you in connection with your letter. Я хочу поговорить с вами относительно вашего письма.
in this connection в этой связи, в связи с этим

conscience ['kɒnʃəns] *n* сознание; совесть
He has a guilty conscience. У него совесть не чиста.

consider [kən'sɪdə(r)] *v* **1** обдумывать
He is considering my idea. Он обдумывает мою идею.
2 считать
They consider themselves very important. Они считают себя очень важными персонами.
3 принимать во внимание, учитывать
We must consider the feelings of the other people. Мы должны считаться с чувствами других людей.

considerable [kən'sɪdərəbl] *adj* значительный
He lost a considerable amount of money. Он потерял значительную сумму денег.
She has put considerable amount of effort into her business. Она потратила немало сил на свой бизнес.

consideration [kənˌsɪdə'reɪʃn] *n*: **to take into consideration** принимать во внимание, учитывать
We must take the cost into consideration when we are choosing a hotel. При выборе гостиницы мы должны учесть стоимость проживания.

consist [kən'sɪst] *v*: **to consist of** состоять из

The United Kingdom consists of Great Britain and Northern Ireland. Соединённое Королевство состоит из Великобритании и Северной Ирландии.
The class consists of ten boys and twenty girls. В классе десять мальчиков и двадцать девочек.

consonant ['kɒnsənənt] *n* согласный звук

constitution [ˌkɒnstɪ'tju:ʃn] *n* конституция

contact ['kɒntækt] *n* соприкосновение, контакт
to come into contact with входить в контакт с
A doctor comes into contact with many ill people. Врач соприкасается с множеством больных людей.

contain [kən'teɪn] *v* содержать, вмещать
Does this box contain biscuits? В этой коробке печенье?
This bottle contains two pints of milk. В этой бутылке две пинты молока.

container [kən'teɪnə(r)] *n* контейнер, ёмкость
Do you have a container for this soft cheese? У тебя есть во что положить этот мягкий сыр?

contents ['kɒntents] *n pl* **1** содержимое
the contents of a parcel содержимое посылки
2 содержание
She wouldn't tell me the contents of the letter. Она вряд ли расскажет мне содержание письма.

continent ['kɒntɪnənt] *n* континент

continue [kən'tɪnju:] *v* продолжать(ся)
They continued their conversation. Они продолжали разговор.
They continued eating as if nothing had happened. Они продолжали есть, как будто ничего не случилось.
The talks continued for three days. Переговоры продолжались три дня.

contract ['kɒntrækt] *n* контракт, договор
a marriage contract брачный контракт
The company won a contract to build the new road. Компания получила контракт на строительство новой дороги.

contrary ['kɒntrərɪ] *n*: **on the contrary** наоборот
I believe you like your job. — On the contrary, I hate it! Мне кажется, тебе нравится твоя работа. — Напротив, я ненавижу её!

control I [kən'trəʊl] *n* управление, контроль
He has no control over his children. Он не может справиться со своими детьми.
under control под контролем
Don't worry — everything is under control! Не беспокойся, всё под контролем!
to get out of control выйти из-под контроля
The fire got out of control. Пожар быстро распространялся.
to lose control потерять контроль
The driver lost control and the bus went into the river. Водитель потерял управление, и автобус упал в реку.

control II [kən'trəʊl] *v* (**controlled**, **controlling**) управлять
The police were controlling the traffic. Полицейские управляли дорожным движением.
Who controls the factory? Кто управляет фабрикой?

convenient [kən'vi:nɪənt] *adj* удобный, подходящий
Will it be convenient for you to come at 5 p.m.? Удобно будет для вас прийти в пять часов?
This is a convenient tool for the job. Это подходящий для работы инструмент.
[*inconvenient* неудобный, неподходящий]

conversation [ˌkɒnvə'seɪʃn] *n* беседа, разговор
I had an interesting conversation with my neighbour. У меня с соседом состоялся интересный разговор.

cook I [kʊk] *v* готовить (*пищу*)

You should learn how to cook — it's quite easy. Тебе нужно научиться готовить, это не сложно.
I'm cooking breakfast. Я готовлю завтрак.

cook II [kʊk] *n* тот, кто готовит пищу; повар
She's a very good cook. Она отлично готовит.

cooker ['kʊkə(r)] *n* кухонная плита

cookery book ['kʊkərɪˌbʊk] *n* поваренная книга

cookie ['kʊkɪ] *n* печенье
She has eaten a pack of chocolate cookies. Она съела пакет шоколадного печенья.

cooking ['kʊkɪŋ] *n* приготовление пищи
ways of cooking способы приготовления пищи

cool [ku:l] *adj* прохладный
The weather has suddenly become cooler. Внезапно похолодало.
Keep this bottle in a cool place. Держи эту бутылку в прохладном месте.

cop [kɒp] *n разг.* полицейский

copeck ['kəʊpek] *n* копейка

copper ['kɒpə(r)] *n* медь

copy I ['kɒpɪ] *n* копия; экземпляр
This isn't a real picture by Monet, it's only a copy. Это не настоящая картина Моне, это всего лишь копия.
Is this your copy of the dictionary? Это твой экземпляр словаря?

copy II ['kɒpɪ] *v* (**copies**, **copied**, **copying**) списывать, переписывать; копировать
He copies his father's way of walking. Он копирует походку своего отца.

She copied the letter. Она переписала письмо.
If you are caught copying answers from your neighbour you will be punished. Если я увижу, что ты списываешь ответы у соседа, ты будешь наказан.

cord [kɔ:d] *n* провод, шнур
The burglars cut the telephone cord. Воры перерезали телефонный провод.

cork [kɔ:k] *n* пробка
He pulled the cork out of the bottle. Он вытащил пробку из бутылки.

corkscrew ['kɔ:kskru:] *n* штопор

corn [kɔ:n] *n* **1** зерновая культура; зерновые
a field of corn поле зерновых
2 кукуруза
Note: *не имеет мн. числа*

corner ['kɔ:nə(r)] *n* угол
The store is on the corner of the street. Магазин находится на углу улицы.
Put the chair in the far corner of the room. Поставь стул в дальний угол комнаты.
He walked round the corner into the next street. Он завернул за угол и пошёл по другой улице.

cornflakes ['kɔ:nfleɪks] *n pl* кукурузные хлопья
She had cornflakes and milk for breakfast. Она съела на завтрак кукурузные хлопья с молоком.

cornflower ['kɔ:nflaʊə(r)] *n* василёк

correct I [kə'rekt] *adj* правильный, верный
a correct answer правильный ответ
[*incorrect* неправильный, неверный]

correct II [kə'rekt] *v* исправлять, поправлять

The teacher is correcting our homework. Учитель проверяет нашу домашнюю работу.
Please correct my pronunciation. Поправьте, пожалуйста, моё произношение.

corridor ['kɒrɪdɔː(r)] *n* коридор

cosmetic I [kɒz'metɪk] *n* косметическое средство, косметика
Mother has a special bag for keeping her cosmetics in. У мамы есть специальная сумочка, куда она складывает свою косметику.
Note: обыкн. употребляется во мн. числе

cosmetic II [kɒz'metɪk] *adj* косметический
a cosmetic cream косметический крем

cost [kɒst] *v* (*past tense и past participle* **cost**) стоить
How much does it cost? Сколько это стоит?
Petrol seems to cost more all the time. Такое впечатление, что бензин всё время дорожает.

costume ['kɒstjuːm] *n* костюм
historical costume исторический костюм
national costume национальный костюм

cottage ['kɒtɪʤ] *n* небольшой дом, коттедж

cotton ['kɒtn] *n* хлопок

cotton wool [ˌkɒtn'wʊl] *n* вата
The nurse cleaned the cut with cotton wool. Медсестра очистила порез ватным тампоном.

couch [kaʊtʃ] *n* кушетка, тахта

cough I [kɒf] *v* кашлять
The smoke made me cough. От дыма я закашлялся.
He has a cold and keeps on coughing and sneezing. Он простужен и постоянно чихает и кашляет.

cough II [kɒf] *n* кашель

I have a bad cough. У меня сильный кашель.

could [kʊd] *v* **1** *past tense от* **can**[1]

When my father was young he could run fast. Мой отец в молодости был хорошим бегуном.

The policeman said we could cross the street. Полицейский сказал, что мы можем перейти улицу.

He fell down and couldn't get up. Он упал и не смог подняться.

2 *модальный глагол*; *выражает возможность, вероятность*

You could still catch the train if you leave just now. Если ты выйдешь прямо сейчас, то ещё успеешь на поезд.

It could rain tomorrow. Завтра может пойти дождь.

3 *модальный глагол*; *выражает просьбу в вежливой форме*

Could I have another cup of tea, please? Дайте мне, пожалуйста, ещё чашку чаю.

Could you pass me the sugar, please? Передайте мне, пожалуйста, сахар.

couldn't ['kʊdnt] = **could not**

council ['kaʊnsl] *n* совет

a city council городской совет

Note: *употребляется с глаголами в ед. и мн. числе*

count [kaʊnt] *v* считать; подсчитывать

My little son can count from 1 to 10. Мой сынишка умеет считать до десяти.

Count to three and then start running. Сосчитайте до трёх и затем начинайте бежать.

Can you count how many books we have? Ты можешь сосчитать, сколько у нас книг?

to count on рассчитывать

Can I count on you to help? Могу я рассчитывать на вашу помощь?

counter ['kaʊntə(r)] *n* прилавок, стойка

The baker put the bread on the counter. Булочник положил хлеб на прилавок.

country ['kʌntrɪ] *n* **1** страна

Italy is a European country. Италия — европейская страна.

2 сельская местность, деревня

My uncle has a house in the country. У моего дяди дом в деревне.

We are hoping to go for a day in the country if the weather's fine tomorrow. Если завтра погода будет хорошая, поедем на день за город.

couple ['kʌpl] *n* два предмета; двое людей; пара

a couple of friends двое друзей

a married couple супружеская пара

It will take a couple of minutes. Это займёт пару минут.

There are a couple of questions I want to ask. Я хочу задать пару вопросов.

He ate a couple of sandwiches. Он съел пару сэндвичей.

courage ['kʌrɪʤ] *n* смелость, мужество

He showed great courage when he saved the child from the burning house. Он проявил большое мужество, когда спас ребёнка из горящего дома.

course [kɔ:s] *n* **1** движение, ход, течение

During the course of the flight we shall be serving meals and drinks. Во время полёта мы предложим еду и напитки.

in the course в течение, во время

In the course of our conversation the fire started. Во время нашего разговора начался пожар.

2 направление, курс

We followed the course of the river. Мы шли по течению реки.

Our course is directly south. Наш курс — прямо на юг.

3 курс (*лекций*, *занятий и т. п.*)

She's taking a painting course. Она берёт уроки живописи.

He teaches a course in French at the college. Он ведёт курс французского языка в колледже.

4 блюдо

a dinner of three courses обед из трёх блюд

the main course основное блюдо

The first course is soup, and then you can have chicken or beef. Первое блюдо — суп, затем цыплёнок или говядина.

◊ **as a matter of course** в порядке вещей, как само собой разумеющееся

Some people take my help as a matter of course. Некоторые люди принимают мою помощь как нечто само собой разумеющееся.

of course конечно, естественно

He is rich, so of course he has a big car. Он богат, и, естественно, у него большой автомобиль.

Are you coming with us? — Of course! Ты идёшь с нами? — Конечно!

court [kɔ:t] *n* **1** суд

The case was settled out of court. Дело было улажено без суда.

2 корт

a tennis court теннисный корт

cousin ['kʌzn] *n* двоюродный брат; двоюродная сестра

He went to stay with his cousin. Он поехал к своему двоюродному брату.

cover I ['kʌvə(r)] *n* крышка; чехол; обложка

Keep a cover over your typewriter when you are not using it. Когда не пользуешься пишущей машинкой, накрывай её чехлом.

cover II ['kʌvə(r)] *v* покрывать, прикрывать

You should cover the floor with newspapers before you start painting the ceiling. Перед тем как красить потолок, накрой пол газетами.

She covered her face with her hands. Она закрыла лицо руками.

to be covered быть покрытым

A bear is covered with fur. Медведь весь покрыт шерстью.

to cover up спрятать, тщательно прикрыть

He covered up the mark on the wall with white paint. Он закрасил пятно на стене белой краской.

She covered up the baby with a shawl. Она накрыла ребёнка пледом.

cow [kaʊ] *n* корова

The farmer was milking a cow. Фермер доил корову.

coward ['kaʊəd] *n* трус
Don't be a coward. Не будь трусом.

cowboy ['kaʊbɔɪ] *n* ковбой

crack I [kræk] *n* трещина
cracks in a wall трещины на стене
We looked through a crack in the fence. Мы смотрели сквозь щель в заборе.

crack II [kræk] *v* **1** разбить, расколоть
The ball cracked the window. Мячом разбили окно.
2 треснуть, лопнуть
He dropped the cup and it cracked. Он уронил чашку, и она треснула.

cracker ['krækə(r)] *n* крекер
He had crackers with his soup. Он ел суп с крекерами.

cradle ['kreɪdl] *n* колыбель

crane [kreɪn] *n* подъёмный кран

crash [kræʃ] *n* **1** столкновение, катастрофа
a train crash железнодорожная катастрофа
2 треск
I heard a crash as the tree fell. Я услышал треск упавшего дерева.

crawl [krɔːl] *v* ползать, ползти
Babies crawl before they walk. Дети сначала ползают, а потом начинают ходить.
He crawled through the hole in the fence. Он прополз через дыру в заборе.

crazy ['kreɪzɪ] *adj* полоумный, сумасшедший
What a crazy thing to do! То, что ты сделал, настоящее безумие!
That loud music is driving me crazy. Эта громкая музыка сводит меня с ума.

cream [kri:m] *n* **1** сливки
I like fruit with cream. Я люблю фрукты со сливками.
Will you take cream in your coffee? Налейте в кофе сливок.
2 крем
face cream крем для лица

create [kri:'eɪt] *v* создавать, производить
We've created a beautiful new house from out of an old ruin. Мы построили красивый новый дом из этих старых развалин.

creature ['kri:tʃə(r)] *n* создание, существо
a lovely creature прелестное создание
a poor creature бедняжка

credit card ['kredɪtkɑ:d] *n* кредитная карточка

crescent ['kresnt] *n* полумесяц

crew [kru:] *n* команда, экипаж
The plane had twenty passengers and a crew of six. На борту самолёта было двадцать пассажиров и шесть членов экипажа.
Note: *употребляется с глаголами в ед. и мн. числе*

cried [kraɪd] *past tense и past participle от* **cry** I

crime [kraɪm] *n* преступление; преступность
It is a crime to steal someone's money. Красть деньги — преступление.

crisp [krɪsp] *adj* хрустящий
The snow is crisp. Снег хрустит.
The crackers aren't crisp — they must have got wet. Крекеры не хрустят; должно быть, они подмокли.

crisps [krɪsps] *n pl* чипсы (*картофельные*)
a packet of crisps пакет картофельных чипсов

crocodile ['krɒkədaɪl] *n* крокодил

crop [krɒp] *n* урожай

a crop of potatoes урожай картофеля

We have a good crop of tomatoes this year. В этом году у нас хороший урожай помидоров.

cross[1] [krɒs] *adj* сердитый

Mother is cross with you for drawing on the kitchen wall. Мама сердится на тебя за то, что ты разрисовал стену на кухне.

cross[2] **I** [krɒs] *n* крест

There is a cross on the top of the church. На куполе церкви — крест.

the Red Cross Красный Крест

cross[2] **II** [krɒs] *v* пересекать(ся)

Cross the road only at the crossing. Переходи дорогу только по переходу.

He crossed the river in a small boat. Он переплыл реку в маленькой лодке.

The railway crosses the road. Шоссе пересекает железная дорога.

She sat down and crossed her legs. Она села, положив ногу на ногу.

to cross off, to cross out зачёркивать, вычёркивать

He was sick, so we crossed his name off the list. Он заболел, и мы вычеркнули его из списка.

I can't read her letter — she has crossed out so many words. Она позачёркивала так много слов, что я не могу прочесть её письмо.

crossing ['krɒsɪŋ] *n* перекрёсток; переход (*пешеходный*)

crossword puzzle ['krɒswɜ:dpʌzl] *n* кроссворд

I finished the crossword puzzle in 25 minutes. Я разгадал кроссворд за двадцать пять минут.

crow [krəʊ] *n* ворона

crowd I [kraʊd] *n* толпа

There were crowds of people trying to do their Christmas shopping. Толпы людей делали покупки к Рождеству.

crowd II [kraʊd] *v* толпиться; тесниться
People crowded in the stores. В магазинах толпились люди.
The train was crowded. Поезд был переполнен.

crown [kraʊn] *n* корона

cruel [krʊəl] *adj* жестокий
It is cruel to hit your dog with a stick. Жестоко бить пса палкой.
How could you be so cruel to him? Как ты можешь так жестоко поступать с ним?

cruise [kru:z] *n* круиз
to go on a cruise отправиться в круиз

crumb [krʌm] *n* крошка
Sweep up the crumbs. Подмети крошки.

crush I [krʌʃ] *v* давить, сдавливать
Don't crush this box, it has flowers in it. Не дави на эту коробку, там цветы.

crush II [krʌʃ] *n* давка
There was a violent crush at the gate into the stadium. В воротах стадиона возникла жуткая давка.

crutch [krʌtʃ] *n* костыль
a pair of crutches костыли

cry I [kraɪ] *v* **(cries, cried, crying) 1** кричать
He cried out with pain. Он закричал от боли.
2 плакать
Onions make me cry. Когда я режу лук, у меня текут слёзы.
Why is the baby crying? Почему ребёнок плачет?

cry II [kraɪ] *n* крик
a cry for help крик о помощи

cube [kju:b] *n* куб

cuckoo ['kʊku:] *n* кукушка

cucumber ['kju:kʌmbə(r)] *n* огурец

culture ['kʌltʃə(r)] *n* культура
He is a man of little culture. Он малокультурный человек.
Universities should be centres of culture. Университеты должны быть центрами культуры.

cup [kʌp] *n* **1** чашка
He was drinking milk out of a cup. Он пил молоко из чашки.
Would you like a cup of tea? Выпьете чашку чаю?
2 кубок
He has won three cups in sailing. Он выиграл три кубка в парусных гонках.

cupboard ['kʌbəd] *n* буфет, шкаф
Put the flour in the cupboard. Поставь муку в буфет.
The plates are on the top shelf in the kitchen cupboard. Тарелки на верхней полке в кухонном шкафу.

cure [kjʊə(r)] *v* вылечивать
He was completely cured. Он совершенно вылечился.
This disease can't be cured. Это заболевание не лечится.

curious ['kjʊərɪəs] *adj* любопытный
He was curious to know what was in the letter. Он сгорал от любопытства узнать, что было в письме.

curl I [kɜ:l] *n* завиток, кудряшка

curl II [kɜ:l] *v* вить(ся), завивать(ся)
She curled her hair. Она завивала волосы.
The smoke curled up from the fire. Дым от костра поднимался кольцами.

currant ['kʌrənt] *n* смородина

darling ['dɑ:lɪŋ] *n* дорогой; милый
She's a little darling. Она прелесть.

darn [dɑ:n] *v* штопать
My mother is darning my socks. Мама штопает мои носки.

darts [dɑ:ts] *n* дартс, дротики (*игра*)

dash [dæʃ] *n* тире

data ['deɪtə] *n pl* данные, информация
We keep the data in a computer. Мы храним информацию в компьютере.

data bank ['deɪtəbæŋk] *n вчт.* банк данных

date [deɪt] *n* **1** дата, число
What's the date today? Какое сегодня число?
Do you remember the date of your last letter? Вы помните дату вашего последнего письма?
up to date современный
We want our methods to be up to date. Мы хотим, чтобы наши методы отвечали современным требованиям.
out of date устаревший
This old book is out of date. Эта книга устарела.
2 свидание
She has a date tonight. У неё сегодня вечером свидание.

daughter ['dɔ:tə(r)] *n* дочь
They have two sons and one daughter. У них два сына и одна дочь.

dawn [dɔ:n] *n* рассвет
We must start at dawn. Мы должны отправиться на рассвете.

day [deɪ] *n* день, сутки
There are seven days in a week. В неделе семь дней.
What day is it today? Какой сегодня день недели?
He has been working hard all day. Он целый день упорно трудился.

days *pl* дни, времена

There was no television in the days of Queen Victoria. Во времена королевы Виктории телевидения не было.

a day в день, каждый день

He eats a loaf of bread a day. Он съедает по буханке хлеба каждый день.

day after day день за днём

The rain fell day after day. День за днём всё шёл дождь.

the other day недавно, на днях

one day однажды; когда-нибудь

One day the temperature was 30°C. Однажды было тридцать градусов жары.

I'll come and see you one day. Я как-нибудь зайду к вам.

day off выходной день

Tomorrow is my day off. Завтра у меня выходной.

[*night* ночь]

daylight ['deɪlaɪt] *n* дневной свет

The picture looks different by daylight from at night. При свете дня картина смотрится не так, как вечером.

daytime ['deɪtaɪm] *n* дневное время

I cannot sleep in the daytime. Я не могу спать днём.

dead [ded] *adj* **1** мёртвый

His grandparents are both dead. Его бабушка и дедушка уже умерли.

Let's throw away those dead flowers and pick some fresh ones. Давай выбросим эти завядшие цветы и нарвём свежих.

2 полный, совершенный

dead silence полная тишина

deaf [def] *adj* глухой

You have to shout when you speak to his aunt because she's deaf. Когда разговариваешь с его тётей, приходится кричать, потому что она глухая.

deal I [di:l] *n* **1** договор, сделка

The factory has made a new deal with a buyer in France. Фабрика заключила новый договор с покупателем во Франции.

2 количество

a good deal много

We have a good deal of snow in the winter. Зимой у нас выпадает много снега.

He wasted a good deal of time. Он много времени проводит впустую.

a great deal очень много

She's fat because she eats a great deal. Она толстая, потому что очень много ест.

He made a great deal of money. Он заработал кучу денег.

deal II [di:l] *v* (*past tense и past participle* **dealt**): **to deal in** заниматься, торговать

This shop deals in electrical goods. Этот магазин торгует электротоварами.

to deal with иметь дело, вести дело

I don't like dealing with difficult people. Не люблю иметь дело с людьми, с которыми трудно договориться.

Don't worry about the passports — I will deal with them. Не беспокойся о паспортах, я займусь этим.

dealer ['di:lə(r)] *n* торговец, дилер

a car dealer торговец автомобилями

dealt [delt] *past tense и past participle от* **deal** II

dear [dɪə(r)] *adj* **1** дорогой, милый

She is very dear to me. Она мне очень дорога.

2 *обращение в начале письма* дорогой, уважаемый

Dear Sir уважаемый господин, дорогой сэр

3 дорогостоящий, дорогой

Bananas are very dear this month. В этом месяце бананы очень дорогие.

[*cheap* дешёвый]

death [deθ] *n* смерть

His sudden death surprised his friends. Его внезапная смерть потрясла его друзей.

[*life* жизнь]

debt [det] *n* долг
in debt в долгах
He's in debt to the bank because he bought that big house. Он должен банку деньги, потому что купил этот огромный дом.

deceive [dɪ'si:v] *v* обманывать
Don't try to deceive me. Не пытайся меня обмануть.

December [dɪ'sembə(r)] *n* декабрь
Her birthday is in December. Её день рождения в декабре.
We went on holiday last December. В прошлом декабре мы ездили в отпуск.

decent ['di:snt] *adj* приличный, подходящий
decent behaviour приличное поведение
decent clothing подходящая одежда

decide [dɪ'saɪd] *v* решать
I decided against inviting him. Я решил не приглашать его.
Have you decided where to go for your holidays? Вы уже решили, куда поедете в отпуск?
In the end she decided not to go away. В конце концов она решила не уезжать.

decision [dɪ'sɪʒn] *n* решение
What is your decision? Каково ваше решение?
His decision to leave school was a surprise to his parents. Его решение бросить школу было для родителей потрясением.
to come to a decision решить

deck [dek] *n* палуба
The restaurant is on the third deck. Ресторан находится на третьей палубе.

deckchair ['dektʃeə(r)] *n* складной стул, шезлонг

declare [dɪ'kleə(r)] *v* **1** заявлять
The man declared that he was not the thief. Мужчина заявил, что вор не он.

2 указывать в таможенной декларации, декларировать
When you come into England with a lot of wine, you must declare it. Если вы везёте в Англию много вина, вы обязаны сообщить об этом в таможенной декларации.

decorate ['dekəreɪt] *v* украшать
The children decorated the Christmas tree with glass balls and lights. Дети украсили рождественскую ёлку стеклянными шарами и гирляндами лампочек.

decoration [ˌdekə'reɪʃn] *n* украшение
Christmas decorations рождественские украшения

deep I [di:p] *adj* **1** глубокий
Be careful — the water is very deep here. Осторожно, здесь очень глубоко.
This is the deepest mine. Это самая глубокая шахта.
[*shallow* мелкий]
2 тёмный
The carpet is a deep brown colour. Ковёр тёмно-коричневого цвета.
[*light* светлый]
3 сильный
a deep sleep глубокий сон
a deep interest большой интерес

deep II [di:p] *adv* глубоко
Don't go in too deep. Не заходи слишком глубоко.

deeply ['di:plɪ] *adv* глубоко
She feels the offence deeply. Она глубоко переживает обиду.

deer [dɪə(r)] *n* (*pl* **deer**) олень

defeat I [dɪ'fi:t] *n* проигрыш, поражение
Many people were surprised by his defeat in the election. Многие были удивлены его поражением на выборах.

defeat II [dɪ'fi:t] *v* побеждать

We cheered when our team defeated the other team. Мы радостно закричали, когда наша команда победила.

defence [dɪ'fens] *n* защита, оборона
Most countries have armies for their defence. Большинство стран для своей защиты имеют армии.

defend [dɪ'fend] *v* защищать, оборонять
The town was defended by a large army. Город защищала большая армия.

definite ['defɪnət] *adj* определённый, точный
I want a definite answer. Мне нужен определённый ответ.
The time is not definite yet. Время ещё не назначено.
[*indefinite* неопределённый]

definitely ['defɪnətlɪ] *adv* точно, определённо
That was definitely the best play of his. Определённо это была лучшая его пьеса.

definition [ˌdefɪ'nɪʃn] *n* определение
to give a definition of a word дать определение слова

degree [dɪ'gri:] *n* **1** градус
Water freezes at zero degrees Celsius. Вода замерзает при ноле градусов Цельсия.
There are 90 degrees in a right angle. Прямой угол имеет девяносто градусов.
2 степень
To what degree can he be trusted? До какой степени ему можно доверять?

delay I [dɪ'leɪ] *n* задержка
a delay of two hours задержка на два часа
without delay немедленно

delay II [dɪ'leɪ] *v* **1** задерживать
What delayed you so long? Что вас так задержало?
The train was delayed by snow. Поезд опоздал из-за сильного снегопада.

2 откладывать

We shall delay our holiday until the weather is better. Мы отложим отпуск, пока погода не улучшится.

delete [dɪ'li:t] *v* вычёркивать, стирать

This sentence must be deleted from the letter. Это предложение нужно вычеркнуть из письма.

delicate ['delɪkət] *adj* нежный, тонкий, хрупкий
the delicate skin of a baby нежная кожа ребёнка
delicate glass тонкое стекло

delicious [dɪ'lɪʃəs] *adj* восхитительный, превосходный, изысканный

She bakes the most delicious cakes I've ever had. Она печёт самые восхитительные торты, какие я когда-либо пробовал.

delight I [dɪ'laɪt] *n* радость, удовольствие

To his great delight his novel was accepted for publication. К его великой радости роман приняли к изданию.
I read your new book with real delight. Я действительно с удовольствием прочитал вашу новую книгу.

delight II [dɪ'laɪt] *v* радовать, доставлять удовольствие

Her singing delighted everyone. Её пение доставило всем удовольствие.
I'd be delighted to come to your party. Я был бы очень рад прийти к вам на вечеринку.

deliver [dɪ'lɪvə(r)] *v* доставлять

The postman delivers the mail to our house. Нам домой приносит почту почтальон.
The store will deliver the new table tomorrow. Стол из магазина доставят завтра.

delivery [dɪ'lɪvərɪ] *n* доставка

The next postal delivery is at two o'clock. Следующая доставка почты будет в два часа.

We guarantee prompt delivery of goods. Мы гарантируем своевременную доставку товаров.

to pay on delivery оплачивать по доставке

demand I [dɪ'mɑːnd] *v* **1** требовать

I demand an answer. Я требую ответа.

She demands to be informed of everything. Она требует, чтобы её информировали обо всём.

2 нуждаться

This work demands quick hands. Эта работа требует быстроты.

demand II [dɪ'mɑːnd] *n* требование

It's impossible to satisfy all their demands. Невозможно удовлетворить все их требования.

to be in demand пользоваться спросом

This book is in great demand. Эта книга пользуется огромным спросом.

Cold drinks are in demand in the summer. Летом пользуются спросом прохладительные напитки.

democracy [dɪ'mɒkrəsɪ] *n* демократия

democratic [ˌdemə'krætɪk] *adj* демократический

demolish [dɪ'mɒlɪʃ] *v* разрушать, сносить (*здание*)

They demolished seven houses so that they could build a supermarket. Снесли семь домов, чтобы построить супермаркет.

demonstrate ['demənstreɪt] *v* **1** показывать

Please demonstrate how the machine works. Покажите, пожалуйста, как работает эта машина.

2 устраивать демонстрацию, участвовать в демонстрации

demonstration [ˌdemən'streɪʃn] *n* **1** демонстрация, показ

a demonstration of a new car демонстрация нового автомобиля

2 выступление, демонстрация

a demonstration against the war демонстрация против войны

denim ['denɪm] *n* джинсовая ткань
denims *pl* джинсы

dense [dens] *adj* плотный
dense fog густой туман
a dense crowd плотная толпа

dentist ['dentɪst] *n* зубной врач, дантист
I must go to the dentist — I've got a toothache. Мне надо идти к зубному врачу, зуб разболелся.

deny [dɪ'naɪ] *v* (**denies**, **denied**, **denying**) отрицать
He denied that he had stolen the car. Он отрицал, что угнал автомобиль.
[*to affirm* утверждать]

deodorant [diː'əʊdərənt] *n* деодорант, дезодорант

depart [dɪ'pɑːt] *v* уезжать, отправляться
The train departs from platform 5. Поезд отправляется от пятой платформы.
[*to arrive* прибывать]

department [dɪ'pɑːtmənt] *n* отдел, отделение
If you want cheese, you must go to the food department. Если тебе нужно купить сыра, иди в продуктовый отдел.
He is the manager of the sales department. Он управляет торговым отделом.

department store [dɪ'pɑːtməntstɔː(r)] *n* большой универсальный магазин

departure [dɪ'pɑːtʃə(r)] *n* уход, отъезд, отправление
His departure was unexpected. Его уход был совершенно неожиданным.
What is the time of departure? Какое время отправления?
[*arrival* прибытие]

depend [dɪ'pend] *v*: **to depend on** зависеть от

Whether or not we go on a picnic depends on the weather. Поедем мы на пикник или нет, зависит от погоды.

it depends, that depends это не точно, это зависит от обстоятельств

I want to leave early but it depends. Я хочу уехать рано, но это зависит от обстоятельств.

dependable [dɪ'pendəbl] *adj* надёжный

It is a very dependable car. Это очень надёжный автомобиль.

dependent [dɪ'pendənt] *adj* зависимый

A baby is dependent on its mother. Младенец полностью зависит от матери.

depth [depθ] *n* глубина

What is the depth of the pool? Какова глубина бассейна?

The river is at least 12 feet in depth. Глубина реки по меньшей мере двенадцать футов.

deputy ['depjʊtɪ] *n* заместитель

The director can't come himself but will send his deputy. Директор не может прийти сам, но он пришлёт своего заместителя.

descend [dɪ'send] *v* спускаться

She descended the steps into the swimming pool. Она спустилась по ступенькам в плавательный бассейн.

to be descended from происходить

descendant [dɪ'sendənt] *n* потомок

describe [dɪ'skraɪb] *v* описывать

I have no photograph of my brother but I can describe him to you. У меня нет фотографии моего брата, но я могу описать вам его.

She described how her car suddenly hit the tree. Она рассказала, как её машина внезапно врезалась в дерево.

description [dɪ'skrɪpʃn] *n* описание

We listened to his description of the wedding. Мы слушали его рассказ, как прошла свадьба.

desert ['dezət] *n* пустыня
the Sahara Desert пустыня Сахара

deserve [dɪ'zɜ:v] *v* заслуживать
You've been working all morning — you deserve a rest. Вы работали всё утро, вы заслуживаете отдыха.

design I [dɪ'zaɪn] *n* рисунок, план, дизайн
She attended a school of dress design. Она посещала школу моделирования одежды.

design II [dɪ'zaɪn] *v* рисовать план, модель, моделировать
She designed her coat herself. Она сама придумала фасон своего пальто.
He is designing all the furniture for his house. Вся мебель в его доме делается по его рисункам.

desire I [dɪ'zaɪə(r)] *n* сильное желание

desire II [dɪ'zaɪə(r)] *v* сильно желать, жаждать

desk [desk] *n* письменный стол
Put papers away in your desk. Уберите бумаги в стол.
He was sitting at his desk when the telephone rang. Когда зазвонил телефон, он сидел за письменным столом.

despair [dɪ'speə(r)] *n* отчаяние
He was in despair when he spent the last of his money. Он был в отчаянии, когда истратил последние деньги.

despite [dɪ'spaɪt] *prep* несмотря на
I think he is sad, despite his smiles. Я думаю, что, несмотря на его улыбку, он чем-то расстроен.

dessert [dɪ'zɜ:t] *n* десерт
What's for dessert? А что на десерт?
We'll have ice cream for dessert. На десерт у нас будет мороженое.

destroy [dɪ'strɔɪ] *v* разрушать, уничтожать

The house was destroyed by fire. Здание было уничтожено пожаром.

She destroyed all his letters. Она уничтожила все его письма.

destruction [dɪ'strʌkʃn] *n* уничтожение

The destruction of the rainforests has killed a large number of animals and plants. Уничтожение дождевых лесов убивает большое количество животных и растений.

detail ['di:teɪl] *n* деталь, подробность

I like your plan, now tell me all the details. Мне нравится твой план, расскажи мне все детали.

He went into a lot of detail when describing the accident. Рассказывая о случившемся, он слишком вдавался в подробности.

in detail подробно, в деталях

He told us about his work in detail. Он очень подробно рассказал нам о своей работе.

detergent [dɪ'tɜ:ʤənt] *n* стиральный порошок, моющее средство

develop [dɪ'veləp] *v* **1** развиваться, расти

Plants develop from seeds. Растения развиваются из семян.

Events developed fast. События развивались быстро.

2 развивать

He developed the little shop into a big store. Из маленькой лавки он со временем сделал большой магазин.

development [dɪ'veləpmənt] *n* развитие

Parents watch the development of a baby with interest. Родители с интересом наблюдают за развитием ребёнка.

developments *pl* события

Tell me the latest developments in the strike. Расскажи мне последние новости о забастовке.

devote [dɪ'vəʊt] *v* посвящать

My little brother devotes all his free time to playing football. Мой младший брат всё своё свободное время посвящает игре в футбол.

dew [djuː] *n* роса
In the morning the grass was wet with dew. По утрам трава была мокрая от росы.

dial I ['daɪəl] *n* **1** циферблат
2 телефонный диск

dial II ['daɪəl] *v* **(dialled, dialling)** набирать телефонный номер
He dialled the number of the police station. Он набрал номер полицейского участка.

dialogue ['daɪəlɒg] *n* диалог

diamond ['daɪəmənd] *n* **1** алмаз
The ring has a diamond in it. Это кольцо с алмазом.
2 бубны (*карточная масть*)
the ten of diamonds бубновая десятка

diary ['daɪərɪ] *n* дневник
to keep a diary вести дневник

dictate [dɪk'teɪt] *v* диктовать
The manager dictated a letter to his secretary. Директор продиктовал письмо своему секретарю.

dictator [dɪk'teɪtə(r)] *n* диктатор

dictionary ['dɪkʃənrɪ] *n* словарь
If you don't understand the word, look it up in a dictionary. Если слово непонятно, посмотри в словаре.

did [dɪd] *past tense от* **do**

didn't ['dɪdnt] = **did not**

die [daɪ] *v* **(dies, died, dying) 1** умирать, гибнуть
His father died last year. Его отец умер в прошлом году.
She died in a car crash. Она погибла в автомобильной катастрофе.

[*to live* жить]
2: to be dying for очень хотеть
I'm dying for a cup of coffee. До смерти хочется кофе.

diesel ['di:zl] *n* дизель

diesel oil ['di:zlɔɪl] *n* дизельное топливо

diet ['daɪət] *n* **1** питание
2 диета
to go on a diet придерживаться диеты
You must go on a diet because you are too fat. Тебе необходима диета, ты слишком толстый.

differ ['dɪfə(r)] *v* отличаться, различаться
Butter and margarine differ. Масло отличается от маргарина.
Nylon differs from silk. Нейлон отличается от шёлка.

difference ['dɪfrəns] *n* разница, различие
There is a difference between winter and summer weather. Летом погода не такая, как зимой.
Can you tell the difference between them? Ты можешь сказать, в чём между ними разница?
it makes no difference неважно, безразлично, всё равно

different ['dɪfrənt] *adj* различный, разный
There were seven different sorts of ice cream. Там было семь разных сортов мороженого.
He looks different — I think he has had his hair cut. Он выглядит как-то по-другому, по-моему, он подстригся.

difficult ['dɪfɪkəlt] *adj* трудный
He was placed in difficult circumstances. Он попал в трудные обстоятельства.
The examination was very difficult. Экзамен был очень трудный.
It is difficult to get there without a car. Без машины туда трудно добраться.
a difficult child трудный ребёнок
[*easy* лёгкий]

difficulty ['dɪfɪkəltɪ] *n* трудность

The difficulty is how to start the car. Трудность в том, чтобы завести автомобиль.

to have difficulty иметь трудности, испытывать затруднения

I'm having difficulty with this work. У меня трудности с этой работой.

with difficulty с трудом

A small child writes with difficulty. Маленький ребёнок пишет с трудом.

dig [dɪg] *v* (**digging**; *past tense и past participle* **dug**) копать, рыть

You must dig the garden before you can plant the seeds. Прежде чем посеять семена, надо вскопать землю.

to dig up откапывать

We dug up an old coin. Мы нашли старую монету, когда копали.

dining car ['daɪnɪŋkɑ:(r)] *n* вагон-ресторан

dining room ['daɪnɪŋru:m] *n* столовая

We were sitting in the dining room having supper. Мы ужинали в столовой.

dinner ['dɪnə(r)] *n* обед

It's time for dinner. Пора обедать.

We are having fish for our dinner. Сегодня у нас на обед рыба.

Would you like to come to dinner next week? Приходите к нам на обед на следующей неделе.

diploma [dɪ'pləʊmə] *n* диплом

a teaching diploma диплом преподавателя

diplomat ['dɪpləmæt] *n* дипломат

diplomatic [ˌdɪplə'mætɪk] *adj* дипломатический

diplomatic talks дипломатические переговоры

direct I [dɪ'rekt] *adj* прямой, непосредственный

If you are in a hurry, take the most direct road. Если вы спешите, идите прямой дорогой.

He gave a direct answer to my question. Он дал прямой ответ на мой вопрос.
The Prime Minister is in direct contact with the President. У премьер-министра с президентом прямая связь.
[*indirect* косвенный]

direct II [dɪ'rekt] *adv* прямо
He flew direct from Paris to New York. Он летел прямо из Парижа в Нью-Йорк.

direction [dɪ'rekʃn] *n* направление
You must turn back because you are going in the wrong direction. Вам нужно повернуть назад, потому что вы идёте не в том направлении.
directions *pl* указания, инструкция
Before she made the cake she read the directions on the packet. Перед тем как начать делать торт, она прочитала на пакете инструкцию.

directly [dɪ'rektlɪ] *adv* **1** прямо
The teacher looked directly at him. Учитель смотрел прямо на него.
2 сразу, немедленно
He left directly after the meeting. Он ушёл сразу после собрания.

director [dɪ'rektə(r)] *n* директор

directory [dɪ'rektərɪ] *n* справочник
I can find his telephone number in the telephone directory. Я могу найти номер его телефона в телефонном справочнике.

dirt [dɜ:t] *n* грязь
His boots were covered with dirt. Его сапоги были покрыты грязью.
Wash the dirt off your hands. Смой грязь с рук.

dirty ['dɜ:tɪ] *adj* грязный
We must wash all these dirty plates. Мы должны вымыть всю эту грязную посуду.

Wash those dirty hands! Скорее вымой свои грязные руки!
[*clean* чистый]

disagree [ˌdɪsəˈgriː] *v* не соглашаться, расходиться во мнениях
I disagreed with my brother — he said the picture was good and I said it was bad. Мы с моим братом разошлись во мнениях: он сказал, что картина хорошая, а я — что плохая.
[*to agree* сходиться во взглядах, соглашаться]

disappear [ˌdɪsəˈpɪə(r)] *v* исчезать, пропадать
The sun disappeared behind the clouds. Солнце исчезло за тучами.
Let's hope our difficulties will soon disappear. Давайте надеяться, что наши трудности вскоре исчезнут.
[*to appear* появляться]

disappoint [ˌdɪsəˈpɔɪnt] *v* огорчать, разочаровывать
Our football team disappointed us when they lost the match. Наша футбольная команда разочаровала нас, когда проиграла матч.
I'm sorry to disappoint you, but I can't come after all. Мне жаль огорчать вас, но я действительно не смогу прийти.
to be disappointed быть огорчённым, быть разочарованным
My parents will be disappointed with me if I fail the examination. Мои родители огорчатся, если я не сдам экзамен.

disappointment [ˌdɪsəˈpɔɪntmənt] *n* огорчение, разочарование
To her great disappointment, she did not get a letter from him. К её большому огорчению, она не получила от него письма.

disarm [dɪsˈɑːm] *v* разоружать
The terrorists were captured and disarmed. Террористы были захвачены и разоружены.
[*to arm* вооружать]

disaster [dɪˈzɑːstə(r)] *n* бедствие, несчастье
The loss of a large sum of money was a real disaster for him. Потеря крупной суммы денег была для него настоящим несчастьем.

disc [dɪsk] *n* **1** диск, круг
2 грампластинка; компакт-диск
3 *вчт.* магнитный диск

discipline ['dɪsɪplɪn] *n* дисциплина
school discipline школьная дисциплина
military discipline военная дисциплина

disc jockey ['dɪsk,ʤɒkɪ] *n* диск-жокей

disco ['dɪskəʊ] *разг.* = **discotheque**

discotheque ['dɪskətek] *n* дискотека

discourage [dɪ'skʌrɪʤ] *v* обескураживать, лишать уверенности
Don't let one failure discourage you, try again. Не давай одной неудаче сломить себя, попытайся снова.
[*to encourage* ободрять, поощрять]

discover [dɪ'skʌvə(r)] *v* обнаруживать, делать открытие
Scientists are trying to discover a cure for this disease. Учёные пытаются найти лекарство от этой болезни.
He discovered a hole in the floor under his bed. Он обнаружил дыру в полу под кроватью.

discovery [dɪ'skʌvərɪ] *n* открытие
the discovery of new chemical elements открытие новых химических элементов
He told me about his latest discoveries. Он рассказал мне о своих последних открытиях.

discuss [dɪ'skʌs] *v* обсуждать
They started discussing politics. Они начали обсуждать политику.
We were discussing how to get there. Мы обсуждали, как туда добраться.
Shall we discuss where we are going for our holiday? Обсудим, куда поедем в отпуск?

discussion [dɪ'skʌʃn] *n* обсуждение

The discussion went on for hours, but no decision was made. Обсуждение продолжалось несколько часов, но решение так и не было принято.

disease [dɪ'zi:z] *n* болезнь

She is suffering from a very serious disease. Она страдает очень тяжёлым заболеванием.

He caught a disease while in Africa. Он заразился какой-то болезнью, когда был в Африке.

disgust I [dɪs'gʌst] *n* отвращение

He turned away in disgust. Он с отвращением отвернулся.

disgust II [dɪs'gʌst] *v* вызывать отвращение

His behaviour disgusted everybody. Его поведение всех возмутило.

We were disgusted at what we saw. То, что мы увидели, вызвало у нас отвращение.

dish [dɪʃ] *n* **1** тарелка, блюдо

a glass dish стеклянное блюдо

dishes *pl* посуда

Shall I wash all these dirty dishes? Вымыть эту грязную посуду?

2 блюдо (*кушанье*)

You ought to have a meat dish to start with. Начни с мясного блюда.

dishcloth ['dɪʃklɒθ] *n* **1** тряпка для мытья посуды

2 посудное полотенце

dishwasher ['dɪʃˌwɒʃə(r)] *n* посудомоечная машина

disk [dɪsk] *амер.* = **disc**

disk drive ['dɪskdraɪv] *n вчт.* дисковод

diskette [dɪ'sket] *n вчт.* дискета

dislike [dɪs'laɪk] *v* не нравиться, не любить
I don't eat nuts because I dislike them. Я не ем орехи, потому что не люблю их.
[*to like* нравиться]

dismiss [dɪs'mɪs] *v* отпускать
The teacher dismisses the class when the bell rings. Учитель отпускает класс, как только зазвенит звонок.

disobedient [ˌdɪsə'bi:dɪənt] *adj* непослушный
a disobedient child непослушный ребёнок
[*obedient* послушный]

disobey [ˌdɪsə'beɪ] *v* не слушаться
Don't dare to disobey! Не вздумай ослушаться!
[*to obey* слушаться]

disorder [dɪs'ɔ:də(r)] *n* беспорядок
A house was in disorder because of the young children. Из-за маленьких детей в доме царил беспорядок.
[*order* порядок]

display I [dɪ'spleɪ] *v* демонстрировать, показывать
Department stores display their goods in the windows. Универмаги демонстрируют свой товар в витринах.

display II [dɪ'spleɪ] *n* **1** показ, демонстрация
a fashion display показ мод
2 *вчт.* дисплей

distance ['dɪstəns] *n* расстояние
The distance from my house to the station is two kilometres. Расстояние от моего дома до станции — два километра.
What is the distance between the police station and the post office? Какое расстояние между полицейским участком и почтой?
His house can be seen from a distance of one kilometre. Его дом видно на расстоянии километра.
The river is some distance away. Река находится на некотором расстоянии отсюда.

in the distance вдали

Can you see that old oak in the distance? Ты видишь там вдали старый дуб?

distinct [dɪ'stɪŋkt] *adj* отчётливый, ясный; определённый

a distinct pronunciation чёткое произношение

There is a distinct smell of oranges in this room. В этой комнате определённо пахнет апельсинами.

distinguish [dɪ'stɪŋgwɪʃ] *v* отличать, различать

I can distinguish objects at a great distance. Я могу различить предметы на большом расстоянии.

He can distinguish right from wrong. Он в состоянии отличить хорошее от дурного.

district ['dɪstrɪkt] *n* район

the southern districts of the city южные района города

What district do you live in? В каком районе ты живёшь?

disturb [dɪ'stɜ:b] *v* мешать, беспокоить

The music disturbs me when I am working. Музыка мешает мне, когда я работаю.

ditch [dɪtʃ] *n* канава, ров

to dig a ditch рыть канаву

dive [daɪv] *v* нырять

He dived into the lake. Он нырнул в озеро.

Can you dive? Ты умеешь нырять?

diver ['daɪvə(r)] *n* водолаз

divide [dɪ'vaɪd] *v* делить

He divided the cake up between the children. Он разделил пирог между детьми.

Can you divide 27 by 9? Раздели двадцать семь на девять.

division [dɪ'vɪʒn] *n* деление

the division of labour разделение труда

I'm good at multiplication but not at division. У меня хорошо получается умножение, а вот деление плохо.

dizzy ['dɪzɪ] *adj*: **a dizzy height** головокружительная высота
to feel dizzy чувствовать головокружение
He felt dizzy and had to sit down. Он почувствовал головокружение и был вынужден сесть.

do [du:] *v* (*past tense* **did**; *past participle* **done**) **1** делать, выполнять
What are you doing? Что ты делаешь?
I will do what I can. Сделаю, что смогу.
Are you doing anything tomorrow? Что ты завтра делаешь?
I have nothing to do. Мне нечего делать.
I have done seven copies. Я сделал семь копий.
I will do a translation for you. Я сделаю для тебя перевод.
to do one's best сделать всё возможное
He did his best to help us. Он сделал всё возможное, чтобы помочь нам.
to do a sum решить задачу
I can't do this difficult sum. Не могу решить эту трудную задачу.
to do one's hair причёсываться, делать причёску
I must do my hair. Мне надо причесаться.
to have smth to do with smth иметь отношение к чему-л.
This letter has nothing to do with me. Это письмо не имеет ко мне никакого отношения.
to do up застёгивать
Do up the buttons on your shirt. Застегни пуговицы на рубашке.
to do without обходиться без
Can't you do without a car? Ты не можешь обойтись без автомобиля?
We had to do without coffee. Пришлось нам обойтись без кофе.
2 годиться, подходить
This will never do. Это не годится.
This sum will do. Этой суммы хватит.
This soup will do for six people. Супа хватит на шестерых.
That will do. Хватит, довольно.
3 *употребляется вместо смыслового глагола*

I don't eat as much as she does. Я не ем так много, как она.
He speaks French better than I do. Он говорит по-французски лучше, чем я.
Does it matter? — Yes, it does. Это имеет значение? — Да, имеет.

4 *употребляется как вспомогательный глагол для образования вопросительных и отрицательных форм*
Did she go with them? Она ходила с ними?
It doesn't matter. Это не имеет значения.
Do you like it? Тебе это нравится?
Don't play in the road! Не играй на дороге!

5 *употребляется для усиления смыслового глагола*
He does like ice cream! Он очень любит мороженое!
Please do sit down. Пожалуйста, садитесь.

◊ **how do you do!** здравствуйте!

doctor ['dɒktə(r)] *n* врач, доктор
If you have a pain in your chest, you ought to see a doctor. Если у вас боли в груди, вам нужно обратиться к врачу.
I have an appointment with the doctor. У меня назначен приём к врачу.

document ['dɒkjʊmənt] *n* документ

doesn't ['dʌznt] = **does not**

dog [dɒg] *n* собака
I must take the dog out for a walk. Мне надо пойти погулять с собакой.

doll [dɒl] *n* кукла

dollar ['dɒlə(r)] *n* доллар

domestic [də'mestɪk] *adj* домашний
Cooking and cleaning are domestic jobs. Уборка и приготовление пищи — домашняя работа.
Dogs and cats are domestic animals. Собаки и кошки — домашние животные.

done [dʌn] *past participle от* **do**

donkey ['dɒŋkɪ] *n* осёл

don't [dəʊnt] = **do not**

door [dɔː(r)] *n* дверь

Shut the door. Закрой дверь.

He opened the door with his key. Он открыл дверь своим ключом.

The back door leads out into the yard. Задняя дверь ведёт во двор.

Someone is knocking at the door. Кто-то стучит в дверь.

next door рядом, по соседству

They live next door to us. Они живут по соседству с нами.

out of doors на улице

It's too cold to sit out of doors in the winter. Зимой сидеть на улице слишком холодно.

doorbell ['dɔːbel] *n* дверной звонок

doorstep ['dɔːstep] *n* порог

doorway ['dɔːweɪ] *n* дверной проём

She was standing in the doorway when the taxi arrived. Она стояла в дверях, когда подъехало такси.

dose [dəʊs] *n* доза (*лекарства*)

Take three doses every day. Принимайте по три дозы ежедневно.

dot [dɒt] *n* точка, горошинка

Her dress is blue with white dots. У неё голубое платье в белый горошек.

double ['dʌbl] *adj* двойной

double doors двойные двери

a double bed двуспальная кровать

The word 'door' is spelled with a double 'o'. Слово «door» пишется с двумя «о».

Your pay is double my pay. Твоя зарплата больше моей в два раза.

doubt I [daʊt] *n* сомнение

There is some doubt whether the film start at 7 or 8. Не знаю точно, начинается фильм в семь или в восемь.

There's no doubt he'll come. Нет никакого сомнения, что он придёт.

to be in doubt сомневаться

When I am in doubt about the way, I look at a map. Когда я не уверен, правильно ли я иду, я смотрю по карте.

no doubt несомненно, конечно

You no doubt know what's happened. Вы, конечно же, знаете, что произошло.

doubt II [daʊt] *v* сомневаться

I doubt whether it's true. Не уверен, что это правда.

I still doubt him. Я всё ещё сомневаюсь в нём.

I doubt that she will come in time. Сомневаюсь, что она придёт вовремя.

dove [dʌv] *n* голубь

down I [daʊn] *adv* вниз

Put your case down on the floor. Поставьте свой чемодан на пол.

He sat down on the sofa. Он сел на диван.

She lay down. Она легла.

I bent down to pick up the book. Я наклонился, чтобы поднять книгу.

up and down вверх и вниз, взад и вперёд, туда и сюда

[*up* вверх]

down II [daʊn] *prep* вниз по

The ball is rolling down the road. Мяч катился по дороге вниз.

She fell down the ladder. Она упала с лестницы.

They ran down the hill. Они сбежали с горки.

[*up* вверх по]

downstairs [ˌdaʊn'steəz] *adv* вниз (*по лестнице*), внизу

He went downstairs to breakfast. Он спустился к завтраку.

Our neighbours downstairs are very noisy. Наши соседи внизу очень шумные.
Your brother is waiting downstairs. Твой брат ждёт внизу.
[*upstairs* вверх (*по лестнице*), наверху]

dozen ['dʌzn] *n* дюжина
two dozen eggs две дюжины яиц
a dozen bottles of beer дюжина пива
dozens *pl* множество
I've been there dozens of times. Я был там много раз.

drama ['drɑːmə] *n* драма

drank [dræŋk] *past tense от* **drink** II

draughts [drɑːfts] *n* шашки
Can you play draughts? Ты умеешь играть в шашки?

draw [drɔː] *v* (*past tense* **drew**; *past participle* **drawn**) **1** рисовать; чертить
He drew a picture of a church. Он нарисовал картину с церковью.
The boy drew a line. Мальчик начертил линию.
2 тянуть, тащить
Two horses were drawing the cart. Две лошади тянули повозку.
Can you draw the curtains? Задёрни занавески.
to draw smb's attention to привлекать чьё-л. внимание к, обратить чьё-л. внимание на

drawer [drɔː(r)] *n* ящик (*выдвижной*)
My desk has three drawers. В моём столе три ящика.

drawing ['drɔːɪŋ] *n* **1** рисование; черчение
Do you study drawing at college? Ты занимаешься рисованием в колледже?
2 рисунок
a fine drawing отличный рисунок

drawn [drɔːn] *past participle от* **draw**

dreadful ['dredfl] *adj* страшный, ужасный
a dreadful disaster страшное несчастье

dream I [dri:m] *n* сон
I had a bad dream. Я видел ужасный сон.

dream II [dri:m] *v* (*past tense и past participle* **dreamed** *или* **dreamt**)
1 видеть во сне; сниться
She dreamt she was swimming. Ей приснилось, что она плавала.
2 мечтать
She dreams she will marry a rich man. Она мечтает выйти замуж за богача.

dreamt [dremt] *past tense и past participle от* **dream** II

dress I [dres] *n* **1** платье
She was wearing a green dress. На ней было зелёное платье.
The dress looks nice on her. Это платье ей идёт.
2 одежда, платье
He was wearing evening dress. Он был в вечернем костюме.
The group of dancers wore national dress. Танцоры были в национальных костюмах.

dress II [dres] *v* **1** одеваться
Dress quickly or you'll be late for school. Одевайся быстрее или опоздаешь в школу.
2 одевать
The girl was dressing her doll. Девочка одевала свою куклу.
He isn't old enough to dress himself. Он ещё маленький, чтобы одеваться самостоятельно.
to be dressed быть одетым
She was dressed in white. Она была в белом.

dressing ['dresɪŋ] *n* соус, приправа (*к салату и т. п.*)

dressing table ['dresɪŋˌteɪbl] *n* туалетный столик

dressmaker ['dresˌmeɪkə(r)] *n* портниха

drew [druː] *past tense от* **draw**

dried [draɪd] *past tense и past participle от* **dry** II

drill I [drɪl] *n* сверло
a dentist's drill стоматологический бор
an electric drill электродрель

drill II [drɪl] *v* сверлить
to drill teeth сверлить зубы
He drilled a hole in the wall. Он просверлил дырку в стене.

drink I [drɪŋk] *n* **1** напиток; питьё
Have a drink of water. Выпей воды.
soft drinks безалкогольные напитки
2 алкогольный напиток
Would you like a drink? Выпьете чего-нибудь?
I'll order the drinks. Я закажу спиртное.

drink II [drɪŋk] *v* (*past tense* **drank**; *past participle* **drunk**) **1** пить
He drank two cups of coffee. Он выпил две чашки кофе.
What would you like to drink? Что будете пить?
Someone has drunk my beer! Кто-то выпил моё пиво!
2 выпивать, пить (*спиртное*), пьянствовать
He never drinks. Он вообще не пьёт.
He has drunk so much that he cannot stand. Он так много выпил, что не мог стоять.

drinking fountain [ˈdrɪŋkɪŋˌfaʊntɪn] *n* питьевой фонтанчик

drive I [draɪv] *n* поездка, езда (*в автомобиле*)
I don't like long drives. Я не люблю долго ехать в автомобиле.
to go for a drive поехать кататься
Let's go for a drive. Поедем кататься.

drive II [draɪv] *v* (*past tense* **drove**; *past participle* **driven**) **1** управлять (*автомобилем и т. п.*)
Can you drive a car? Ты умеешь водить машину?
He's taking driving lessons. Он учится водить машину.

He was driving a tractor. Он ехал на тракторе.

2 ехать (*на автомобиле*); везти

Shall we walk or drive? Пойдём пешком или поедем (на машине)?

We drove to my grandmother's house for lunch. Мы поехали к моей бабушке на обед.

Can you drive me to the station? Сможешь отвезти меня на станцию?

driven ['drɪvn] *past participle от* **drive** II

driver ['draɪvə(r)] *n* **1** водитель, шофёр

He's a bus driver. Он водитель автобуса.

The driver of the car was hurt in the accident. Водитель автомобиля пострадал в аварии.

2 *вчт.* драйвер

driving licence ['draɪvɪŋˌlaɪsns] *n* водительские права

driving test ['draɪvɪŋtest] *n* экзамен по вождению автомобиля, экзамен на получение водительских прав

He has just passed his driving test. Он только что сдал экзамен по вождению.

She is taking her driving test tomorrow. Она завтра будет сдавать экзамен по вождению.

drop I [drɒp] *n* капля

A drop of water fell on my head. Мне на голову капнула вода.

Would you like a drop of wine? Выпьешь глоток вина?

drop II [drɒp] *v* (**dropped**, **dropping**) **1** ронять

He dropped the cup and broke it. Он уронил чашку, и она разбилась.

2 падать

The apple dropped from the tree to the ground. Яблоко упало с дерева на землю.

The water dropped down slowly. Медленно капала вода.

to drop in зайти в гости, навестить

He dropped in to have a cup of tea. Он зашёл в гости выпить чашку чая.

drove [drəʊv] *past tense от* **drive** II

drown [draʊn] *v* тонуть

He fell into the sea and drowned. Он упал в море и утонул.

The drowning man shouted for help. Тонущий звал на помощь.

drug [drʌg] *n* **1** лекарство

The doctors are trying to cure him with a new drug. Врачи пытались вылечить его с помощью нового лекарства.

2 наркотик

He takes drugs. Он принимает наркотики.

drum [drʌm] *n* барабан

He plays the drums in a band. В оркестре он играет на ударных.

drummer ['drʌmə(r)] *n* барабанщик

drunk [drʌŋk] *past participle от* **drink** II

dry I [draɪ] *adj* сухой

Don't sit on that chair — the paint isn't dry yet. Не садись на тот стул: краска ещё не высохла.

It hasn't rained for weeks so the earth is very dry. В течение нескольких недель не было дождя, и поэтому земля очень сухая.

[*wet* мокрый]

dry II [draɪ] *v* **(dries, dried, drying) 1** сохнуть

The clothes are drying in the sun. Одежда сохнет на солнце.

2 сушить, осушать

Dry your wet hands. Вытри свои мокрые руки.

She dries her hair in front of the fire. Она сушит волосы у костра.

Can you dry the dishes for me? Вытри, пожалуйста, посуду.

duck [dʌk] *n* утка

We're going to feed the ducks. Мы идём кормить уток.

We're having roast duck for dinner. У нас на обед жареная утка.

duckling ['dʌklɪŋ] *n* утёнок

due I [djuː] *adj*: **due to** из-за, благодаря
The accident was due to bad driving. Авария случилась из-за плохого вождения.
The plane was late due to fog. Самолёт опоздал из-за тумана.

due II [djuː] *adv* прямо
The boat sailed due west. Лодка плыла прямо на запад.

dug [dʌg] *past tense и past participle от* **dig**

dull [dʌl] *adj* скучный, неинтересный
The book is so dull that I didn't finish it. Книга настолько скучная, что я не дочитал её.

dumb [dʌm] *adj* немой
She's deaf and dumb. Она глухонемая.

during ['djʊərɪŋ] *prep* в течение, во время
He went to sleep during the TV show. Он уснул во время телешоу.
He swims every day during the summer. Летом он плавает каждый день.

dusk [dʌsk] *n* сумерки; сумрак

dust I [dʌst] *n* пыль
There was half an inch of dust on the books. Книги были покрыты толстым слоем пыли.
The table is covered with dust. Стол покрыт пылью.

dust II [dʌst] *v* вытирать пыль
Have you dusted the chairs? Ты вытер со стульев пыль?

duster ['dʌstə(r)] *n* салфетка для стирания пыли

duty ['djuːtɪ] *n* долг, обязанность
A man has a duty to earn money for his family. Долг мужчины — зарабатывать деньги для семьи.

It's my duty to help you. Мой долг помочь вам.
What are your duties as manager of the sale department? Каковы ваши обязанности как заведующего отделом продаж?

on duty на работе, на дежурстве
Who is on duty today? Кто сегодня дежурный?
Some nurses at the hospital are on duty all night. Несколько сестёр в больнице дежурят всю ночь.

off duty не на работе
Come and visit us when you're off duty. Приходите к нам, когда будете свободны.

dying ['daɪɪŋ] *present participle от* **die**

dynamite ['daɪnəmaɪt] *n* динамит
The terrorists blew up the bridge with dynamite. Террористы взорвали динамитом мост.

E

E, e [iː] *5-я буква английского алфавита*

each I [iːtʃ] *adj* каждый
Each house has a number. У каждого дома есть номер.
On each occasion I just missed the target. Каждый раз я промахивался.

each II [iːtʃ] *pron* каждый
Each of them wants to try. Каждый из них хочет попробовать.
She gave them a cake each. Она дала каждому из них по пирожку.
He had good advice for each of us. Для каждого из нас у него нашёлся хороший совет.

each other друг друга
They write letters to each other. Они друг другу пишут письма.
We always send each other Christmas cards. Мы всегда посылаем друг другу открытки на Рождество.

eager ['iːgə(r)] *adj*: **to be eager** очень хотеть, жаждать

He is eager to ride his new bicycle. Ему не терпится покататься на новом велосипеде.

She was eager to start work as soon as possible. Она жаждала начать работу как можно скорее.

eagle ['i:gl] *n* орёл

ear[1] [ɪə(r)] *n* **1** ухо

She put her hands over her ears because the music was too loud. Она закрыла уши руками, потому что музыка была слишком громкой.

2 слух

He has a good ear for music. У него хороший музыкальный слух.

ear[2] [ɪə(r)] *n* колос

earache ['ɪəreɪk] *n* ушная боль

early I ['ɜ:lɪ] *adj* ранний

in early spring ранней весной

in the early part of this century в начале этого столетия

early vegetables ранние овощи

I caught an early train. Я сел на ранний поезд.

She returned in the early morning. Она вернулась ранним утром.

[*late* поздний]

to be early приходить рано, приходить заблаговременно

It's better to be early than late. Лучше прийти рано, чем поздно.

[*to be late* опаздывать]

early II ['ɜ:lɪ] *adv* рано

The train arrived five minutes early. Поезд прибыл на пять минут раньше.

We must get up early tomorrow as we have a lot of work to do. Мы должны завтра встать рано, так как у нас много работы.

Can you come earlier next time? Сможешь в следующий раз прийти пораньше?

[*late* поздно]

earn [ɜ:n] *v* зарабатывать
to earn one's living зарабатывать на жизнь
How much does he earn? Сколько он зарабатывает?
He earns 150 dollars a week. Он зарабатывает сто пятьдесят долларов в неделю.
You've earned a holiday! Вы заработали выходной!

earring ['ɪərɪŋ] *n* серьга, серёжка
She wore a pair of gold earrings. На ней были золотые серёжки.

earth [ɜ:θ] *n* **1** Земля (*планета*)
The moon goes round the earth. Луна вращается вокруг Земли.
2 земля, почва
Flowers will not grow well in poor earth. Цветы не вырастут на плохой почве.
The balloon burst and fell to earth. Шарик лопнул и упал на землю.
◊ **on earth** *употребляется в вопросах для усиления*
Why on earth did you do that? Почему же ты это сделал?
Who on earth is going to read this book? Да кто будет читать эту книгу?

earthquake ['ɜ:θkweɪk] *n* землетрясение

easily ['i:zəlɪ] *adv* легко
He is a good runner and will easily win the race. Он хороший бегун и без труда победит в забеге.

east I [i:st] *n* восток
in the east на востоке
to the east к востоку
The sun rises in the east. Солнце восходит на востоке.
The forest is to the east of the town. К востоку от города — лес.
the Far East Дальний Восток
the Middle East Средний Восток
the Near East Ближний Восток
[*west* запад]

east II [i:st] *adj* восточный

the east coast восточное побережье

There was an east wind blowing. Дул восточный ветер.

[*west* западный]

east III [i:st] *adv* на восток

Go due east for ten minutes. Иди в течение десяти минут прямо на восток.

[*west* на запад]

Easter ['i:stə(r)] *n* Пасха

We have two days off at Easter. На Пасху у нас два выходных дня.

We went to Paris last Easter. На прошлую Пасху мы были в Париже.

eastern ['i:stən] *adj* восточный

The capital is in the eastern part of the country. Столица находится в восточной части страны.

[*western* западный]

easy ['i:zɪ] *adj* лёгкий, нетрудный

The test is too easy — everyone passed. Экзамен слишком лёгкий: все его сдали.

It's easy to understand why he did that. Легко понять, почему он сделал это.

She is easy to please. Ей легко угодить.

He has stopped working now and leads a very easy life. Он сейчас перестал работать и ведёт праздную жизнь.

[*difficult*, *hard* трудный]

eat [i:t] *v* (*past tense* **ate**; *past participle* **eaten**) есть

Can I have something to eat? Могу я что-нибудь поесть?

I haven't eaten anything since breakfast. После завтрака я ничего не ел.

He ate all my cookies. Он съел всё моё печенье.

eaten ['i:tn] *past participle от* **eat**

echo ['ekəʊ] *n* эхо

ecology [iːˈkɒlədʒɪ] *n* экология

economics [ˌiːkəˈnɒmɪks] *n* экономика

economist [ɪˈkɒnəmɪst] *n* экономист

edge [edʒ] *n* край

If you put that pot on the edge of the table it will fall off. Если ты поставишь эту кастрюлю на край стола, она может упасть.
She stood the coin on its edge. Она поставила монетку на ребро.
The knife has a very sharp edge. У ножа очень острое лезвие.
The house is built on the edge of the wood. Дом построен на краю леса.

edible [ˈedɪbl] *adj* съедобный

editor [ˈedɪtə(r)] *n* редактор

educate [ˈedʒʊkeɪt] *v* учить (*кого-л.*)

He was educated at a good school. Он учился в хорошей школе.

education [ˌedʒʊˈkeɪʃn] *n* образование

She has had a good education. Она получила хорошее образование.
Is education compulsory in your country? В вашей стране обязательное образование?

effect [ɪˈfekt] *n* воздействие, эффект
to have an effect on влиять, воздействовать

Her illness has had a bad effect on her work. Болезнь повлияла на её работу.
Our arguments had no effect on them. Наши аргументы на них никак не подействовали.

effective [ɪˈfektɪv] *adj* эффективный
effective measures эффективные меры

His efforts to improve the school have been very effective. Его усилия по выведению школы на более высокий уровень оказались эффективными.

effort ['efət] *n* усилие

He made a big effort to move the cupboard. Он напряг все силы, чтобы сдвинуть шкаф.

He is strong enough to lift the heavy box without effort. Он достаточно силён, чтобы поднять этот тяжёлый ящик без особых усилий.

egg [eg] *n* яйцо

The hen laid an egg. Курица снесла яйцо.

Will you have your egg boiled or fried? Ты будешь есть варёное яйцо или яичницу?

Can I have bacon and eggs for breakfast? Можно мне на завтрак яичницу с ветчиной?

Do you prefer hard-boiled eggs or soft-boiled eggs? Ты предпочитаешь яйца вкрутую или всмятку?

eight [eɪt] *num* восемь

Three and five make eight. Три плюс пять равно восьми.

eighteen [ˌeɪ'ti:n] *num* восемнадцать

There are eighteen children in the class. В классе восемнадцать учеников.

eighteenth [ˌeɪ'ti:nθ] *adj* восемнадцатый

It's her eighteenth birthday tomorrow. Завтра ей восемнадцать.

eighth [eɪtθ] *adj* восьмой

eightieth ['eɪtɪəθ] *adj* восьмидесятый

eighty ['eɪtɪ] *num* восемьдесят

You need more than eighty bricks to build a wall. Тебе потребуется больше восьмидесяти кирпичей, чтобы построить забор.

either I ['aɪðə(r)] *adj* **1** один из двух, любой

You can use either pen — it doesn't matter which. Ты можешь взять любую ручку, неважно какую.

Sit on either chair. Садись на любой стул.

2 каждый (*из двух*); оба

There is a path on either side of the road. По обе стороны дороги идут тропинки.
[*neither* ни тот, ни другой; ни один]

either II ['aɪðə(r)] *pron* один из двух, любой
I don't believe either of them. Я не верю никому из них.
There were two roses on the bush, but I did not pick either. На кусте было две розы, но я не сорвал ни одной.
[*neither* ни тот, ни другой]

either III ['aɪðə(r)] *adv* тоже, также
You don't want to go, and I don't want to either. Ты не хочешь идти, и я тоже не хочу.
It wasn't on the TV news, and it wasn't on the radio either. Об этом не говорили ни в телевизионных новостях, ни по радио.
[*neither* тоже не]
Note: употребляется при отрицании

either IV ['aɪðə(r)] *conj*: **either... or** или... или
Either you come to see us or we'll go to see you. Или ты приходи к нам, или мы придём к тебе.
He's either sick or he doesn't want to come. Он или болен, или не хочет приходить.
[*neither... nor* ни... ни]

elbow ['elbəʊ] *n* локоть
Don't put your elbows on the table. Не ставь локти на стол.
He pushed me with his elbow. Он толкнул меня локтем.

elder ['eldə(r)] *adj* старший (*о родственниках*)
My elder brother is an economist. Мой старший брат — экономист.
Note: употребляется только в качестве определения

eldest ['eldɪst] *adj* самый старший (*о родственниках*)
My eldest son is a student of the university. Мой старший сын — студент университета.
Note: употребляется только в качестве определения

elect [ɪ'lekt] *v* избирать, выбирать
to elect a chairman выбирать председателя
He was elected President. Он был избран президентом.

election [ɪ'lekʃn] *n* выборы
presidential election президентские выборы
He was elected to the Senate in the last election. На последних выборах его избрали в сенат.

electric [ɪ'lektrɪk] *adj* электрический
electric light электрический свет
an electric guitar электрогитара
an electric heater электрообогреватель
Don't touch that electric cord. Не трогай этот электрический шнур.

electricity [ɪˌlek'trɪsətɪ] *n* электричество
When did electricity come to the village? Когда в деревне появилось электричество?

electronic [ˌɪlek'trɒnɪk] *adj* электронный
electronic music электронная музыка

electronic mail [ˌɪlek'trɒnɪkmeɪl] *n* электронная почта

elegant ['elɪgənt] *adj* элегантный
an elegant young man элегантный молодой человек
elegant manners элегантные манеры

elementary [ˌelɪ'mentrɪ] *adj* простой, начальный, элементарный
the elementary rules основные правила
an elementary dictionary словарь для начинающих

elephant ['elɪfənt] *n* слон
You can go for a ride on an elephant. Ты можешь покататься на слоне.

elevator ['elɪveɪtə(r)] *n* **1** элеватор

2 *амер.* лифт

He took the elevator to the upper floor. Он поехал на лифте на верхний этаж.

Push the button to get the elevator. Нажми кнопку, чтобы вызвать лифт.

eleven [ɪ'levn] *num* одиннадцать

You can't eat eleven chocolates all by yourself! Ты не можешь съесть один одиннадцать конфет!

eleventh [ɪ'levnθ] *adj* одиннадцатый

He came eleventh in the race. В гонках он пришёл одиннадцатым.

else [els] *adv* ещё

Did you see anyone else? Ты кого-нибудь ещё видел?

Did anyone else come with him? С ним пришёл кто-нибудь ещё?

Who else was there? Кто ещё там был?

Can we go somewhere else? Пойдём куда-нибудь ещё.

or else иначе, если нет

You must leave now, or else you'll be late. Тебе надо идти сейчас, иначе опоздаешь.

He must have a ticket, or else he won't be able to get in. У него должен быть билет, иначе он не пройдёт.

elsewhere [ˌels'weə(r)] *adv* где-нибудь ещё

If you can't find it here, I would look elsewhere. Если ты не можешь найти это здесь, я посмотрю где-нибудь ещё.

e-mail ['i:meɪl] = **electronic mail**

embarrass [ɪm'bærəs] *v* смущать, стеснять

She was embarrassed when they asked her age. Она смутилась, когда спросили, сколько ей лет.

embarrassment [ɪm'bærəsmənt] *n* смущение, стеснение

embrace [ɪm'breɪs] *v* обнимать(ся)

They embraced. Они обнялись.

embroider [ɪm'brɔɪdə(r)] *v* вышивать
Who taught you to embroider? Кто учил тебя вышивать?

emergency [ɪ'mɜːʤənsɪ] *n* крайняя необходимость; непредвиденный случай
in case of emergency в случае крайней необходимости
on emergency на крайний случай

empire ['empaɪə(r)] *n* империя
the Roman Empire Римская империя

employ [ɪm'plɔɪ] *v* нанимать на работу
She is employed as a secretary. Её взяли на работу секретарём.

employer [ɪm'plɔɪə(r)] *n* работодатель

empty ['emptɪ] *adj* пустой
an empty box пустая коробка
empty promises пустые обещания
Find an empty bottle and fill it with water. Найди пустую бутылку и наполни её водой.
The refrigerator is empty — we must buy some more food. Холодильник пуст, нам надо купить продуктов.
[*full* полный]

encourage [ɪn'kʌrɪʤ] *v* ободрять, поддерживать; поощрять
The big crowd encouraged their football team by cheering. Большая толпа поддерживала свою футбольную команду ободряющими выкриками.
[*to discourage* обескураживать]

encyclopaedia [ɪnˌsaɪklə'piːdɪə] *n* энциклопедия

end I [end] *n* конец
the end of the road конец дороги
the end of a story конец рассказа
Tie the ends of the piece of string together. Свяжи концы верёвки.
We missed the end of the TV film, because we had to go to dinner.

Мы пропустили конец телефильма, потому что нам надо было идти обедать.

Wait until the end of the month. Подожди до конца месяца.

in the end наконец, в конце концов

We looked everywhere and, in the end, we found the key. Мы искали ключ повсюду и в конце концов нашли его.

to come to an end кончиться

He turned off the radio when the programme came to an end. Когда передача окончилась, он выключил радио.

to make ends meet сводить концы с концами

When my father died my mother had to get work to make ends meet. Когда мой отец умер, матери пришлось пойти работать, чтобы было на что жить.

to put an end to smth прекращать что-л.

The rain put an end to our game. Дождь положил конец нашей игре.

[*beginning* начало]

end II [end] *v* кончать(ся)

The film ended with the wedding of the boy and girl. Фильм закончился свадьбой парня и девушки.

He ended his letter with good wishes to the family. Он закончил письмо пожеланиями семье всего наилучшего.

[*to begin* начинать(ся)]

ending ['endɪŋ] *n* концовка, конец

The book has a happy ending. У этой книги счастливый конец.

endless ['endlɪs] *adj* бесконечный

We had endless discussions about where to go on vacation. Мы бесконечно обсуждали, куда поехать в отпуск.

enemy ['enəmɪ] *n* враг, неприятель

A successful man often has many enemies. У удачливого человека часто много врагов.

[*friend* друг]

energetic [ˌenə'ʤetɪk] *adj* энергичный

an energetic man энергичный мужчина

energy ['enəʤɪ] *n* энергия
atomic energy атомная энергия
That man has so much energy that he can work as hard as three men! У этого человека так много энергии, что он может работать за троих!

engage [ɪn'geɪʤ] *v* нанимать
The manager of the restaurant engaged a new cook yesterday. Управляющий ресторана вчера нанял нового повара.

engaged [ɪn'geɪʤd] *adj* **1** занятый
Can you come on Monday? — No, I'm engaged. Можешь прийти в понедельник? — Нет, я занят.
I couldn't telephone my uncle because his telephone line was engaged. Я не смог дозвониться своему дяде, так как линия была занята.
2 помолвленный
My daughter is engaged to a nice young doctor. Моя дочь помолвлена с очень милым молодым врачом.

engagement [ɪn'geɪʤmənt] *n* **1** помолвка
Their engagement was announced in the papers. Об их помолвке сообщалось в газетах.
2 договорённость (*о встрече и т. п.*)
I have numerous engagements for next week. На следующей неделе у меня запланировано много встреч.

engine ['enʤɪn] *n* **1** мотор, двигатель
the engine of a car мотор автомобиля
2 локомотив

engine driver ['enʤɪnˌdraɪvə(r)] *n* машинист

engineer [ˌenʤɪ'nɪə(r)] *n* инженер

England ['ɪŋglənd] *n* Англия
They went to live in England. Они уехали жить в Англию.
England is north of France. Англия находится к северу от Франции.

English I ['ɪŋglɪʃ] *n* английский язык
He speaks English very well. Он говорит по-английски очень хорошо.
the English *pl* англичане
The English like sports. Англичане любят спорт.

English II ['ɪŋglɪʃ] *adj* английский
Do you like English cheese? Тебе нравится английский сыр?
Is she English or American? Она англичанка или американка?

Englishman ['ɪŋglɪʃmən] *n* англичанин

Englishwoman ['ɪŋglɪʃwʊmən] *n* англичанка

enjoy [ɪn'ʤɔɪ] *v* получать удовольствие, наслаждаться
Did you enjoy the film on TV last night? Понравился тебе фильм по телевизору вчера вечером?
I've enjoyed talking to you about old times. Я получил удовольствие, болтая с тобой о прежних временах.
to enjoy oneself веселиться, развлекаться
The children are making a lot of noise — they must be enjoying themselves. Дети слишком шумят, должно быть, развлекаются вовсю.
Did she enjoy herself at the party? Она хорошо провела время на вечеринке?

enormous [ɪ'nɔːməs] *adj* огромный
An elephant is an enormous animal. Слон — огромное животное.

enough I [ɪ'nʌf] *adj* достаточный
We have enough seats for everyone. У нас достаточно мест для всех.
Do you have enough money to pay? У тебя достаточно денег, чтобы заплатить?
There isn't enough light to take a picture. Здесь недостаточно света, чтобы фотографировать.

enough II [ɪ'nʌf] *adv* достаточно

You are not walking quickly enough. Вы идёте недостаточно быстро.
He doesn't work hard enough. Он работает недостаточно усердно.
She cooks well enough. Она готовит достаточно хорошо.

enough III [ɪ'nʌf] *pron* достаточное количество
I have enough to do. У меня достаточно работы.
more than enough слишком много; более, чем достаточно

enter ['entə(r)] *v* **1** входить
He entered the room. Он вошёл в комнату.
The burglars entered the house through a bedroom window. Воры проникли в дом через окно в спальне.
2 вступать, поступать
to enter university поступить в университет

enterprise ['entəpraɪz] *n* смелое предприятие, проект

entertain [ˌentə'teɪn] *v* **1** угощать, принимать (*гостей*)
She is busy cooking because we are entertaining this evening. Она занята на кухне, потому что у нас сегодня вечером будут гости.
2 развлекать, веселить
Her funny stories entertained us. Её забавные рассказы смешили нас.

entertainment [ˌentə'teɪnmənt] *n* шоу, концерт, представление *и т. п.*

entrance ['entrəns] *n* **1** вход
This is the main entrance. Это главный вход.
2 право входа
Entrance — 1 dollar. Вход — один доллар.

envelope ['envələʊp] *n* конверт
Put the letter in an envelope. Положи письмо в конверт.
Don't forget to put a stamp on the envelope. Не забудь приклеить марку на конверт.

envy I ['envɪ] *n* зависть
He was filled with envy at me. Он был полон зависти ко мне.
They said such things about you out of envy. Они говорят о тебе это из зависти.

envy II ['envɪ] *v* (**envies**, **envied**, **envying**) завидовать
I envy him. Я ему завидую.
He envies her new car. Он завидует её новой машине.

equal ['i:kwəl] *adj* равный
The two pieces of string are not equal in length. Эти два куска верёвки не одинаковы по длине.
Divide the apple into four equal parts. Раздели яблоко на четыре равные части.

equipment [ɪ'kwɪpmənt] *n* оборудование, снаряжение
office equipment офисное оборудование
He brought his camping equipment with him. Он взял с собой походное снаряжение.

erase [ɪ'reɪz] *v* стирать, соскабливать
to erase pencil marks стереть карандашные пометки

eraser [ɪ'reɪzə(r)] *n* резинка, ластик
Do you have a pencil with an eraser? У тебя есть карандаш с ластиком?

error ['erə(r)] *n* ошибка
He must write the letter again because he has made some errors. Ему надо переписать письмо, потому что он наделал ошибок.

eruption [ɪ'rʌpʃn] *n* извержение
In 1928, an eruption from the volcano destroyed two villages. В 1928 году извержение вулкана уничтожило две деревни.

escalator ['eskəleɪtə(r)] *n* эскалатор

escape [ɪ'skeɪp] *v* убегать; избегать

He escaped from the jail by climbing over a wall. Он бежал из тюрьмы, перебравшись через стену.
You are lucky to escape punishment. Тебе повезло, что ты избежал наказания.

especially [ɪ'speʃəlɪ] *adv* особенно
He especially likes chocolates. Особенно он любит шоколадные конфеты.
You mustn't go out without a coat, especially when it's raining. Нельзя тебе выходить на улицу без пальто, особенно когда идёт дождь.

essay ['eseɪ] *n* сочинение
Our teacher asked us to write essays on "My Summer Holidays". Учитель дал нам задание написать сочинение на тему «Мои летние каникулы».

estimate ['estɪmeɪt] *v* оценивать
I estimate her age at 30. По моей оценке, ей лет тридцать.
It's impossible to estimate his income yet. Пока невозможно оценить его доход.
We estimate that it would take three months. Мы считаем, что это займёт три месяца.

etc. [ɪt'setərə] *adv* и так далее

Europe ['jʊərəp] *n* Европа

European [ˌjʊərə'pɪən] *adj* европейский
European countries европейские страны

even I ['i:vn] *adj* **1** ровный, гладкий; плоский
The floor must be even. Пол должен быть ровным.
2 ровный, постоянный
even breathing ровное дыхание
3 чётный
4 and 6 are even numbers. Четыре и шесть — чётные числа.
[*odd* нечётный]

even II [ˈiːvn] *adv* даже

This book is so easy that even a child can read it. Эта книга такая лёгкая для чтения, что даже ребёнок может прочитать её.

My brother can run fast but I can run even faster. Мой брат быстро бегает, а я ещё быстрее.

even if даже если

He never wears a hat, even if it's snowing. Он никогда не носит шляпу, даже если идёт снег.

even though хотя

Even though he was tired, he helped me with my work. Хотя он и устал, он всё равно помог мне с моей работой.

evening [ˈiːvnɪŋ] *n* вечер

a warm evening тёплый вечер

good evening добрый вечер

musical evenings музыкальные вечера

We always watch television on evenings. Вечерами мы всегда смотрим телевизор.

yesterday evening вчера вечером

this evening сегодня вечером

I'll meet you this evening after work. Встретимся сегодня вечером после работы.

in the evening вечером

The accident took place at nine o'clock in the evening. Несчастный случай произошёл в девять часов вечера.

on Sunday evening в воскресенье вечером

I'm going to the theatre on Sunday evening. В воскресенье вечером я иду в театр.

one evening однажды вечером

One evening he proposed to me. Однажды вечером он сделал мне предложение.

event [ɪˈvent] *n* **1** событие

The first day at school is a big event in a child's life. Первый день в школе — значительное событие в жизни ребёнка.

Strange events took place there at night. Странные вещи творились там ночью.

2 спортивное состязание

The next event will be the high jump. Следующий вид соревнований — прыжки в высоту.

ever ['evə(r)] *adv* когда-либо, когда-нибудь

Have you ever climbed a mountain? Ты когда-нибудь поднимался на гору?

Have you ever been to Paris? Ты когда-нибудь был в Париже?

I hardly ever see her. Я её практически не вижу.

ever since с тех пор как

I have liked reading ever since I was a child. С детства я люблю читать.

than ever чем раньше, чем когда-либо

This year records cost more than ever. В этом году музыкальные записи стоят дороже, чем раньше.

evergreen ['evəgri:n] *adj* вечнозелёный

The pine is evergreen. Сосна — вечнозелёное дерево.

every ['evrɪ] *adj* каждый

every day каждый день

every evening каждый вечер

We have a party every Christmas. На Рождество мы всегда приглашаем гостей.

Every time we go on a picnic it rains. Каждый раз, как мы едем на пикник, идёт дождь.

My sister wears a ring on every finger, but I wear only one. У моей сестры по кольцу на каждом пальце, я же ношу только одно кольцо.

every other day через день

everybody ['evrɪbɒdɪ] *pron* каждый, всякий; все

I sent Christmas cards to everybody at work. На Рождество я всем на работе послал поздравительные открытки.

Everybody is here, aren't they? Все здесь, так?

[*nobody* никто]

everyone ['evrɪwʌn] *pron* каждый, всякий; все

The office is empty because everyone has gone home. Офис опустел, так как все ушли домой.

[*no one* никто]

everything ['evrɪθɪŋ] *pron* всё
Have you brought everything with you? Ты всё с собой взял?
The burglars stole everything that was valuable. Воры взяли все ценные вещи.
[*nothing* ничего]

everywhere ['evrɪweə(r)] *adv* везде, всюду
There were papers everywhere. Повсюду валялись газеты.
I have looked everywhere for the key and I can't find it. Я искал ключ повсюду, но нигде не могу его найти.
[*nowhere* нигде]

evidence ['evɪdəns] *n* свидетельство, доказательство
His wet coat was an evidence that he had been outside. Его мокрое пальто свидетельствовало о том, что он выходил на улицу.

exact [ɪg'zækt] *adj* точный
Give me his exact words. Передай мне точно его слова.
This is an exact copy. Это точная копия.
The exact time is 6.25. Точное время — шесть часов двадцать пять минут.

exactly [ɪg'zæktlɪ] *adv* точно, как раз
This dress is exactly what I wanted. Это платье именно то, что я хотела.

exaggerate [ɪg'zæʤəreɪt] *v* преувеличивать
You exaggerate the difficulties. Ты преувеличиваешь трудности.

exam [ɪg'zæm] *разг.* = **examination**

examination [ɪg,zæmɪ'neɪʃn] *n* **1** экзамен
There is a written examination in French. По французскому будет письменный экзамен.
to pass an examination сдать экзамен
He passed his English examination. Он сдал экзамен по английскому.
to fail an examination провалить экзамен

She was sad when she failed her music examination. Провалив экзамен по музыке, она очень расстроилась.

2 осмотр

The doctor made an examination of the sick child. Доктор осмотрел больного ребёнка.

examine [ɪg'zæmɪn] *v* **1** экзаменовать

The teacher will examine the class on everything they have learnt this year. Учитель будет экзаменовать класс по материалу всего года.

2 осматривать

The doctor examined her carefully. Доктор внимательно её осмотрел.

The boxes were examined by the customs officials. Ящики были осмотрены таможенными служащими.

example [ɪg'zɑ:mpl] *n* пример, образец

The sentences in this dictionary give examples of how to use words. Предложения в этом словаре являются примерами употребления слов.

for example например

He likes to keep in shape — for example, he goes running every morning. Он любит быть в форме; например, он бегает по утрам.

to set an example подавать пример

He sets everyone a good example by getting up early. Он подаёт всем хороший пример, вставая рано по утрам.

to follow smb's example следовать чьему-л. примеру

excellent ['eksələnt] *adj* отличный, превосходный

excellent health отличное здоровье

an excellent film отличный фильм

an excellent wife превосходная жена

except [ɪk'sept] *prep* кроме, за исключением

You can eat anything except fish. Вам можно есть всё, кроме рыбы.

He works every day, except Saturday and Sunday. Он работает каждый день, кроме субботы и воскресенья.

exception [ɪk'sepʃn] *n* исключение

You must answer all the questions without exception. Вы должны ответить на все вопросы без исключения.

with the exception of без; не считая; исключая

exchange I [ɪk'stʃeɪnʤ] *v* менять

Where can I exchange my dollars for pounds? Где я могу поменять доллары на фунты?

exchange II [ɪk'stʃeɪnʤ] *n* обмен

in exchange for в обмен на

He gave me an apple in exchange for a piece of cake. Он дал мне яблоко в обмен на кусок пирога.

excite [ɪk'saɪt] *v* волновать

Don't excite yourself! Не волнуйся!

Everybody was excited. Все были взволнованы.

It's nothing to get excited about. Волноваться не из-за чего.

exciting [ɪk'saɪtɪŋ] *adj* волнующий

an exciting film захватывающий фильм

exclaim [ɪk'skleɪm] *v* восклицать

"Look — there's a fire!" exclaimed he. Смотрите, там пожар! — воскликнул он.

exclamation [ˌekskləˈmeɪʃn] *n* восклицание

exclamation mark [ˌekskləˈmeɪʃnmɑ:k] *n* восклицательный знак

exclude [ɪk'sklu:d] *v* исключать

My little sister cried because the older children excluded her from their games. Моя сестрёнка плакала, потому что старшие дети не принимали её в свои игры.

[*to include* включать]

excluding [ɪk'sklu:dɪŋ] *prep* исключая

There were 30 people in the hotel, excluding the hotel workers. В гостинице было тридцать человек, исключая служащих.

[*including* включая]

exclusive [ɪk'sklu:sɪv] *adj* особый, исключительный
exclusive privileges особые привилегии
an exclusive interview эксклюзивное интервью

excursion [ɪk'skɜ:ʃn] *n* экскурсия
to go on an excursion пойти на экскурсию

excuse I [ɪk'skju:s] *n* извинение
He made an excuse for being late. Он извинился за опоздание.

excuse II [ɪk'skju:z] *v* извинять, прощать
Please excuse me for it. Пожалуйста, извините меня за это.
Nothing can excuse such rudeness. Ничто не может оправдать такую грубость.

exercise ['eksəsaɪz] *n* упражнение; тренировка
I walk to work every day because it is good exercise. Я хожу на работу каждый день пешком, потому что это хорошая тренировка.
Have you done your exercises today? Ты делал сегодня свои упражнения?
We do English exercises to help us learn good English. Мы делаем упражнения по английскому, которые помогают нам учить язык.

exhibition [ˌeksɪ'bɪʃn] *n* выставка
an exhibition of paintings выставка живописи

exist [ɪg'zɪst] *v* быть, существовать
Don't be silly — such a thing doesn't exist. Не говори глупости, этого не существует.
Does life exist on other planets? Существует ли жизнь на других планетах?

exit ['eksɪt] *n* выход
There's another exit at the back. С другой стороны здания есть ещё один выход.

expect [ɪk'spekt] *v* ждать, ожидать; надеяться, полагать

I can't go out because I am expecting visitors. Я не могу выйти, потому что ожидаю гостей.

He's tired so I expect he will go to bed early. Он устал, и я думаю, он рано ляжет спать.

I expect it will rain. Думаю, что пойдёт дождь.

This hotel is more expensive than I expected. Эта гостиница оказалась дороже, чем я полагал.

I expect so полагаю, что да

Do you think it's going to snow? — Yes, I expect so. Как ты думаешь, снег пойдёт? — Да, думаю, пойдёт.

expedition [ˌekspɪˈdɪʃn] *n* экспедиция

expensive [ɪkˈspensɪv] *adj* дорогой

He was wearing an expensive watch. Он носил дорогие часы.

It's too expensive for me to buy. Это слишком дорого для меня, я не смогу купить.

experience [ɪkˈspɪərɪəns] *n* **1** опыт

Has he got any experience of farming? У него есть какой-нибудь опыт в фермерстве?

2 случай, событие, происшествие

an unpleasant experience неприятное происшествие

an unusual experience необычный случай

experiment [ɪkˈsperɪmənt] *n* эксперимент, опыт

to perform an experiment делать опыт, ставить эксперимент

expert [ˈekspɜːt] *n* специалист

an expert in economics специалист по экономике

explain [ɪkˈspleɪn] *v* объяснять

Can you explain why this window is broken? Ты можешь объяснить, почему это окно разбито?

This book explains the meaning of words. В этой книге объясняются значения слов.

She tried to explain what had happened, but nobody listened. Она пыталась объяснить, что случилось, но никто не слушал.

explanation [ˌekspləˈneɪʃn] *n* объяснение
We asked him for an explanation of his strange behaviour. Мы попросили его объяснить его странное поведение.
There is no explanation for this sudden cold weather. Нет никакого объяснения этому внезапному похолоданию.

explode [ɪkˈspləʊd] *v* взрывать(ся)
Bombs explode. Бомбы взрываются.

exploit [ɪkˈsplɔɪt] *v* использовать, эксплуатировать

explore [ɪkˈsplɔ:(r)] *v* исследовать
They explored the forest of West Africa. Они исследовали леса Западной Африки.

explosion [ɪkˈspləʊʒn] *n* взрыв
The explosion was heard a kilometre away. Взрыв был слышен за километр.

express[1] [ɪkˈspres] *v* выражать
She expressed her thanks. Она выразила свою благодарность.
The prices are expressed both in dollars and roubles. Цены даются и в долларах, и в рублях.

express[2] [ɪkˈspres] *n* экспресс (*поезд*)

expression [ɪkˈspreʃn] *n* **1** выражение (*лица*)
She had a sad expression. У неё было печальное лицо.
2 слово, словосочетание
Slang expressions should be avoided in an essay. Сленговые выражения не следует употреблять в сочинении.

extraordinary [ɪkˈstrɔ:dnrɪ] *adj* необычный, редкий, неординарный
a girl of extraordinary beauty девушка редкой красоты

extremely [ɪkˈstri:mlɪ] *adv* очень
This watch is extremely expensive. Эти часы баснословно дороги.

eye [aɪ] *n* **1** глаз

She has blue eyes. У неё голубые глаза.

Shut your eyes while we all hide. Закрой глаза, пока мы прячемся.

I've got something in my eye. Что-то попало мне в глаз.

2 ушко (*иглы*)

You put the thread through the eye of a needle. Нитка вдевается в ушко иголки.

eyebrow ['aɪbraʊ] *n* бровь

He raised his eyebrows. Он поднял брови.

eyelashes ['aɪlæʃɪz] *n pl* ресницы

eyelid ['aɪlɪd] *n* веко

eye shadow ['aɪʃædəʊ] *n* тени для век

F

F, f [ef] *6-я буква английского алфавита*

fable ['feɪbl] *n* басня

face I [feɪs] *n* **1** лицо

Don't forget to wash your face and hands. Не забудь вымыть лицо и руки.

She has a surprised expression on her face. У неё на лице удивлённое выражение.

face to face лицом к лицу

During the storm I came face to face with death. Во время шторма я лицом к лицу столкнулся со смертью.

to keep a straight face сдерживать смех

I couldn't keep a straight face when he dropped his watch in the soup! Я не смог сдержать смех, когда он уронил часы в суп!

to make a face строить рожи, гримасничать

She made a face when she saw the pile of work. Увидев гору работы, она поморщилась.

He was making funny faces and the children laughed. Он строил смешные рожи, а дети смеялись.

2 лицевая сторона, поверхность

a clock face циферблат

He put the picture face downwards on the table. Он положил фотографию на стол изображением вниз.

We climbed the north face of the mountain. Мы забрались на гору по северному склону.

face II [feɪs] *v* **1** стоять лицом, быть обращённым лицевой стороной (*куда-л.*)

The class faces the blackboard. Класс сидит лицом к доске.

Our house faces the street. Наш дом выходит фасадом на улицу.

Please face the camera. Повернись, пожалуйста, лицом к объективу.

2 столкнуться, смело смотреть в лицо

He faced the difficulty with courage. Он смело встретил препятствие.

fact [fækt] *n* факт, истина, действительность

Tell me all the facts so that I can decide what to do. Расскажи мне все обстоятельства, чтобы я смог решить, что делать.

It is a fact that he did well on the test. Он действительно прошёл тест.

in fact в действительности

He said he was going to the office when in fact he went to the movies. Он сказал, что идёт на работу, а на самом деле пошёл в кино.

as a matter of fact на самом деле, по правде говоря

As a matter of fact, we have just bought a new house. Собственно говоря, мы только что купили новый дом.

factory ['fæktərɪ] *n* завод, фабрика

a shoe factory обувная фабрика

He works in a car factory. Он работает на автомобильном заводе.

He runs a factory which makes furniture. Он управляет фабрикой по производству мебели.

fade [feɪd] *v* вянуть; блёкнуть

Cut flowers soon fade. Срезанные цветы быстро вянут.

fail [feɪl] *v* не суметь сделать (*что-л.*), потерпеть неудачу

The boys tried to climb the mountain, but they failed because of the bad weather. Мальчики пытались подняться на гору, но не сумели из-за плохой погоды.

The car failed to stop at the red light. Автомобиль не остановился на красный свет.

to fail an examination провалиться на экзамене

She has failed her music exams again. Она опять не сдала экзамен по музыке.

He failed his driving test three times. Он три раза провалился на экзамене по вождению.

failure ['feɪljə(r)] *n* **1** неудача, провал

Our holiday was a failure because we were all ill. Наш отпуск оказался неудачным, потому что мы все заболели.

2 неудачник; человек, у которого что-л. не получается

As a writer, he was a failure. Как писатель он не состоялся.

[*success* успех]

faint [feɪnt] *adj* слабый, нечёткий

We could hear a faint noise behind the door. За дверью мы услышали слабый шум.

There's a faint smell of paint. Здесь ощущается слабый запах краски.

The sounds of the music grew fainter in the distance. Звуки музыки затихали вдали.

fair[1] [feə(r)] *adj* **1** справедливый, честный

It isn't fair to eat all the cake yourself. Нечестно съесть весь пирог одному.

The teacher was very fair when she marked our tests. Учительница поставила нам за контрольную работу справедливые оценки.

2 посредственный, средний

Her work was only fair. Её работа не больше, чем посредственна.

3 белокурый, светлый

She has fair hair. У неё светлые волосы.

4 хороший (*о погоде*)

They say it will be fair tomorrow. Говорят, завтра будет тепло и сухо.

fair[2] [feə(r)] *n* **1** ярмарка с аттракционами

2 выставка

We saw new kinds of farm machines at the agricultural fair. Мы видели новые машины для фермерских хозяйств на сельскохозяйственной выставке.

fairly ['feəlɪ] *adv* довольно, в определённой степени

I fairly certain I have met him before. Я почти уверен, что встречал его раньше.

He has been working here a fairly short time. Он работал здесь довольно недолго.

fairy tale ['feərɪˌteɪl] *n* волшебная сказка

"Cinderella" is a fairy tale. «Золушка» — это волшебная сказка.

faith [feɪθ] *n* вера, доверие

Do you have faith in him? Ты ему доверяешь?

faithful ['feɪθfl] *adj* верный

a faithful friend верный друг

fall I [fɔ:l] *n* **1** падение

a fall from a horse падение с лошади

2 снижение

There was a fall in the price of apples after the good harvest. После хорошего урожая цены на яблоки снизились.

3 *амер.* осень

The leaves turn red in the fall. Осенью листья становятся рыжими.

I started work last fall. Прошлой осенью я начал работать.

fall II [fɔ:l] *v* (*past tense* **fell**; *past participle* **fallen**) **1** падать

He fell down the stairs. Он упал с лестницы.

Don't put the bottle on the cushion — it will fall over. Не ставь бутылку на подушку, она упадёт.

to fall asleep уснуть

He fell asleep in front of the TV. Он заснул перед телевизором.

2 снижаться

In winter the temperature falls. Зимой температура понижается.

fallen ['fɔ:lən] *past participle от* **fall** II

falls [fɔ:lz] *n pl* водопад

the Victoria Falls водопад Виктория

false [fɔ:ls] *adj* лживый, фальшивый, ненастоящий

false teeth искусственные зубы

The thief gave a false name to the police. Вор назвался в полиции ненастоящим именем.

fame [feɪm] *n* слава, известность

He hoped to find fame as a poet. Он надеялся прославиться как поэт.

familiar [fə'mɪlɪə(r)] *adj* знакомый

the familiar faces знакомые лица

Suddenly I heard a familiar voice. Неожиданно я услышал знакомый голос.

to be familiar with хорошо знать (*что-л.*)

I'm familiar with that book. Я знаю эту книгу.

I can't drive this tractor because I'm not familiar with the controls. Я не смогу вести этот трактор, потому что не знаком с его управлением.

family ['fæməlɪ] *n* семья

My brother is the youngest in our family. Мой брат самый младший в нашей семье.

They have a very big family. У них очень большая семья.

famous ['feɪməs] *adj* знаменитый

He's a famous actor. Он знаменитый актёр.

That restaurant is famous for its desserts. Этот ресторан знаменит своими десертами.

fan[1] [fæn] *n* вентилятор
Turn on the electric fan. Включи вентилятор.

fan[2] [fæn] *n* болельщик, поклонник, любитель
The football fans cheered their team. Футбольные болельщики подбадривали свою команду.

fancy ['fænsı] *v* (**fancies, fancied, fancying**) *разг.* **1** испытывать симпатию (*к кому-л.*)
2 хотеть, желать
She fancied some chocolate. Ей хотелось шоколада.

fantastic [fæn'tæstık] *adj* фантастический
He told fantastic stories of his adventures. Он рассказывал фантастические истории о своих приключениях.

fantasy ['fæntəsı] *n* воображение, фантазия
He lives in a world of fantasy. Он живёт в мире фантазий.

far I [fɑ:(r)] *adj* (*comparative* **farther** *или* **further**; *superlative* **farthest** *или* **furthest**) далёкий
a far country далёкая страна
the Far East Дальний Восток
[*near* близкий]

far II [fɑ:(r)] *adv* (*comparative* **farther** *или* **further**; *superlative* **farthest** *или* **furthest**) **1** далеко
The post office is not far from here. Почта находится недалеко отсюда.
How far did you go? Как далеко ты ходил?
They travelled far. Они ездили далеко.
He threw the ball farther than I did. Он бросил мяч дальше, чем я.
We were so tired that we could go no farther. Мы так устали, что не могли дальше идти.
[*near* близко]
far away очень далеко
Australia is far away from Europe. Австралия находится очень далеко от Европы.
far from далеко не, совсем не

I can't do this work because it is far from easy. Я не могу сделать эту работу, так как она далеко не из лёгких.

as far as до

We walked as far as the top of the hill. Мы дошли до вершины холма.

so far пока, всё ещё, до сих пор

He said he would telephone but we haven't heard from him so far. Он сказал, что позвонит, но пока мы его ещё не слышали.

2 гораздо

It is far cheaper to go by bus than to take a cab. Гораздо дешевле ехать на автобусе, чем на такси.

fare [feə(r)] *n* плата за проезд

Bus fares have increased again. Опять подорожал проезд в автобусе.

What is the fare from here to the station? Сколько стоит проезд отсюда до станции?

farm [fɑ:m] *n* ферма

He went to work on the farm during vacation. На время каникул он пошёл работать на ферму.

You can buy eggs and vegetables at the farm. Можешь купить яйца и овощи на ферме.

farmer ['fɑ:mə(r)] *n* фермер

farmyard ['fɑ:mjɑ:d] *n* двор фермы

farther I ['fɑ:ðə(r)] *adj* (*comparative от* **far** I) дальний, более далёкий

On the farther side of the street there was a large shop. На дальнем конце улицы находится большой магазин.

farther II ['fɑ:ðə(r)] *adv* (*comparative от* **far** II) дальше

We can't go any farther. Мы дальше не можем идти.

He walked two kilometres farther than I. Он прошёл на два километра дальше, чем я.

farthest I ['fɑ:ðɪst] *adj* (*superlative от* **far** I) самый дальний

farthest II ['fɑːðɪst] *adv* (*superlative от* **far** II) дальше всего
Who can swim farthest? Кто может проплыть дальше всех?

fascinate ['fæsɪneɪt] *v* завораживать, очаровывать
The monkeys in the zoo fascinated my little brother. Обезьянки в зоопарке совершенно заворожили моего братишку.

fascinating ['fæsɪneɪtɪŋ] *adj* очаровательный, обворожительный
fascinating voice завораживающий голос
fascinating story захватывающая история

fashion ['fæʃn] *n* мода
to follow the fashion следовать за модой; следить за модой
There was a fashion for painting your nails green. Одно время была мода красить ногти зелёным лаком.

fashionable ['fæʃnəbl] *adj* модный
She always wears fashionable clothes. Она всегда модно одета.

fast I [fɑːst] *adj* **1** скорый, быстрый
a fast train скорый поезд
[*slow* медленный]
2: to be fast спешить (*о часах*)
My watch is five minutes fast. Мои часы спешат на пять минут.
[*to be slow* отставать (*о часах*)]
3 крепкий, прочный
a fast colour прочная краска

fast II [fɑːst] *adv* **1** скоро, быстро
Don't speak so fast. Не говори так быстро.
He runs fast. Он быстро бегает.
[*slowly* медленно]
2 крепко, прочно
Our car was stuck fast in the mud so we had to walk home. Наш автомобиль прочно завяз в грязи, и нам пришлось возвращаться домой пешком.

fasten ['fɑːsn] *v* скреплять(ся); застёгивать(ся)

The dress is fastened with a zipper down the back. Платье застёгивается сзади на молнию.

Fasten your seat belt. Пристегни свой ремень безопасности.

Fasten these papers together. Скрепи эти бумаги.

to fasten smth to/onto прикреплять что-л. к

He fastened a lamp to his bike. Он прикрепил к велосипеду фонарь.

fat I [fæt] *adj* толстый, жирный

He's fat because he eats so much. Он толстый, потому что много ест.

[*thin* худой]

fat II [fæt] *n* жир

If you don't like the fat, cut it off. Если ты не ешь жир, срежь его.

Fry the eggs in some fat. Пожарь яйца на каком-нибудь жире.

fatal ['feɪtl] *adj* **1** смертельный, пагубный

a fatal illness смертельная болезнь

a fatal accident несчастный случай со смертельным исходом

2 роковой, неизбежный

a fatal mistake роковая ошибка

fate [feɪt] *n* судьба

father ['fɑːðə(r)] *n* отец

She is coming to dinner with her father and mother. Она придёт на обед со своими отцом и матерью.

fault [fɔːlt] *n* **1** недостаток

My secretary's only fault is being late. Единственный недостаток моей секретарши в том, что она всегда опаздывает.

2 вина, проступок

Whose fault is it? Кто в этом виноват?

It's your own fault. Ты сам виноват.

3 ошибка

She had a lot of faults in her homework because she did it too quickly. Она наделала много ошибок в домашней работе, потому что очень спешила.

favour ['feɪvə(r)] *n* **1** симпатия, предпочтение

A mother must not show favour to one child more than another. Мать не должна оказывать предпочтение кому-либо из детей.

to be in favour with пользоваться чьим-л. расположением

He works hard so he is in favour with his boss. Он очень много работает, и поэтому начальник к нему расположен.

2 одолжение, любезность, услуга

Do me a favour. Окажи мне любезность.

favourite I ['feɪvərɪt] *adj* любимый

This is my favourite TV programme. Это моя любимая телепередача.

What is your favourite ice cream? Какое у тебя самое любимое мороженое?

favourite II ['feɪvərɪt] *n* любимец

Which film star is your favourite? Какой актёр тебе больше всех нравится?

I like all flowers but roses are my favourites. Мне нравятся все цветы, но больше всего — розы.

fax [fæks] *n* факс (*аппарат и документ*)

fear I [fɪə(r)] *v* **1** бояться

Do you fear the dark? Ты боишься темноты?

2 беспокоиться, опасаться

We fear the worst. Мы боимся самого худшего.

I'll try to hurry but I fear I'll be late. Я потороплюсь, но боюсь, опоздаю.

fear II [fɪə(r)] *n* страх, боязнь

He has a fear of flying. Он боится летать на самолётах.

for fear of из страха, опасаясь

We talked softly for fear of waking the baby. Боясь разбудить ребёнка, мы говорили шёпотом.

fearless ['fɪəlɪs] *adj* бесстрашный, неустрашимый

feast [fi:st] *n* пир, пиршество
What a feast we had when we visited my aunt! Ну и пир нам закатили, когда мы приехали в гости к моей тётушке!

feather ['feðə(r)] *n* перо
A raven has black feathers. У ворона чёрные перья.

feature ['fi:tʃə(r)] *n* особенность, характерная черта
Her mouth is her worst feature. Её лицо портил рот.
features *pl* лицо, черты лица
My sister has fine features. У моей сестры красивое лицо.

February ['febrʊərɪ] *n* февраль
His birthday is in February. Его день рождения в феврале.
We are moving to a new house next February. В следующем феврале мы переезжаем в новый дом.

fed [fed] *past tense и past participle от* **feed**

federal ['fedərəl] *adj* федеральный

federation [ˌfedə'reɪʃn] *n* федерация

feed [fi:d] *v* (*past tense и past participle* **fed**) кормить
Have you fed the chickens? Ты покормил цыплят?
to feed on есть, кормиться
The sheep feed on grass. Овцы едят траву.
to be fed up быть сытым по горло
I'm fed up with listening to all this talk! Я уже не могу слушать все эти разговоры!
I'm fed up with work! Я сыт по горло этой работой!

feel [fi:l] *v* (*past tense и past participle* **felt**) **1** трогать, щупать
Feel that soft wool. Потрогай, какая мягкая шерсть.
2 давать ощущение
The knife felt cold. Нож холодный на ощупь.
My coat feels wet because it is raining outside. На улице идёт дождь, и моё пальто влажное на ощупь.
3 чувствовать, испытывать, ощущать

How are you feeling today? Как ты себя сегодня чувствуешь?

Did you feel the lift go down suddenly? Ты почувствовал, что лифт вдруг пошёл вниз?

I feel hot. Мне жарко.

I feel happy. Я счастлив.

to feel as if казаться, как будто

I'm so hungry that I feel as if I haven't eaten for years! Я такой голодный, как будто не ел целую вечность!

to feel like хотеть

I'm so hot I feel like a swim. Мне так жарко, хочется искупаться.

4 думать, полагать

I feel that I should work harder. Я думаю, мне следует работать усерднее.

The police felt that the accident was the fault of the driver of the car. Полиция считала, что в происшествии виноват водитель.

feeling ['fi:lɪŋ] *n* чувство, ощущение

a feeling of shame чувство стыда

a feeling of hunger чувство голода

I had a feeling that someone was watching me. У меня было ощущение, что кто-то за мной следит.

to hurt someone's feelings обидеть кого-л., задеть чьи-л. чувства

His unkind words hurt her feelings. Его грубые слова обидели её.

feet [fi:t] *pl от* **foot**

fell [fel] *past tense от* **fall** II

fellow ['feləʊ] *n* парень

What a nice fellow he is! Он отличный парень!

felt [felt] *past tense и past participle от* **feel**

female I ['fi:meɪl] *adj* женский

female workers работницы

female II ['fi:meɪl] *n* **1** женщина

2 самка

fence [fens] *n* забор, изгородь
The dog jumped over the fence into the garden. Пёс перепрыгнул через забор и побежал в сад.

fencing ['fensɪŋ] *n* фехтование

fern [fɜ:n] *n* папоротник

ferocious [fə'rəʊʃəs] *adj* дикий, свирепый

ferry ['ferɪ] *n* паром
You can cross the river by ferry. Через реку можно переправиться на пароме.

fertile ['fɜ:taɪl] *adj* плодородный
fertile land плодородная земля

fertilizer ['fɜ:təlaɪzə(r)] *n* удобрение
The farmer puts fertilizer on his land. Фермер на свои поля вносит удобрения.

festival ['festɪvl] *n* фестиваль, празднество

fever ['fi:və(r)] *n* жар, лихорадка
You must stay in bed until the fever has gone. Пока не пройдёт жар, оставайтесь в постели.

feverishly ['fi:vərɪʃlɪ] *adv* лихорадочно
He was feverishly looking for his lost key. Он лихорадочно искал пропавший ключ.

few I [fju:] *adj* мало, не много
He has few friends. У него не много друзей.
a few несколько
I'll be ready in a few minutes. Я буду готов через несколько минут.
Can I have a few flowers for the table? Можно мне взять немного цветов, чтобы поставить на стол?
no fewer than не меньше

There are no fewer than a thousand people at the festival. На фестиваль собралось не менее тысячи человек.

few II [fju:] *pron* не многие

Few were at the seaside because it rained. На берегу было лишь несколько человек, потому что шёл дождь.

fiancé [fɪ'ɒnseɪ] *n* жених

fiancée [fɪ'ɒnseɪ] *n* невеста

fiction ['fɪkʃn] *n* художественная литература

fiddle ['fɪdl] *n* скрипка

Can you play the fiddle? Ты умеешь играть на скрипке?

fidget ['fɪdʒɪt] *v* вертеться, ёрзать

Don't fidget! Не вертись!

field [fi:ld] *n* поле

The cows are all in the field. Все коровы пасутся в поле.

a football field футбольное поле

fierce [fɪəs] *adj* **1** свирепый

a fierce dog свирепый пёс

2 сильный

a fierce wind сильный ветер

fifteen [ˌfɪf'ti:n] *num* пятнадцать

Come and see me in fifteen minutes. Приходи ко мне через пятнадцать минут.

fifteenth [ˌfɪf'ti:nθ] *adj* пятнадцатый

That's the fifteenth phone call I've had this morning. Мне звонят уже в пятнадцатый раз за это утро.

fifth [fɪfθ] *adj* пятый

fiftieth ['fɪftɪəθ] *adj* пятидесятый

She came fiftieth in the race. Она была пятидесятой в забеге.

fifty ['fɪftɪ] *num* пятьдесят
I've made fifty jars of jam. Я сварила пятьдесят банок варенья.

fight [faɪt] *v* (*past tense и past participle* **fought**) драться; сражаться, воевать
His grandfather fought in the war. Его дед воевал.
The boys are fighting in the street. На улице дерутся мальчишки.
to fight for бороться за
They were fighting for their independence. Они боролись за свою независимость.

figure ['fɪgə(r)] *n* **1** цифра
2 фигура
She has a good figure. У неё хорошая фигура.

figure skating ['fɪgəskeɪtɪŋ] *n* фигурное катание

file[1] [faɪl] *n* **1** папка для документов
2 *вчт.* файл

file[2] [faɪl] *n* напильник
a nail file пилочка для ногтей

fill [fɪl] *v* **1** наполняться
Her eyes filled with tears. Её глаза наполнились слезами.
The hall quickly filled with people. Зал быстро наполнился людьми.
2 наполнять
The boy filled his pockets with apples. Мальчик набил карманы яблоками.
to fill in заполнять (*анкету и т. п.*)
Fill in your name and address. Впишите свою фамилию и адрес.
to fill up наполнить доверху
He filled up the bottle. Он наполнил бутылку доверху.

filling ['fɪlɪŋ] *n* **1** наполнение, начинка
This is a cake with a chocolate filling. Это пирожное с шоколадной начинкой.

2 пломба (*зубная*)

The dentist put a filling into my tooth. Доктор поставил мне пломбу.

filling station ['fɪlɪŋsteɪʃn] *n* заправочная станция

film [fɪlm] *n* **1** плёнка

My brother put a new roll of film into his camera. Мой брат зарядил фотоаппарат.

I must buy a film before I go on vacation. Перед тем как ехать в отпуск, мне нужно купить плёнку.

a colour film цветная плёнка

a black and white film чёрно-белая плёнка

2 фильм, кинофильм

We watched the film on TV. Мы смотрели по телевизору художественный фильм.

an action film боевик

a horror film фильм ужасов

film star ['fɪlmstɑ:(r)] *n* кинозвезда

filter ['fɪltə(r)] *n* фильтр

fin [fɪn] *n* плавник (*рыбы*)

final I ['faɪnl] *adj* заключительный; окончательный

What was the final score in the football game? С каким счётом закончился футбольный матч?

final II ['faɪnl] *n* финал

a football final финал чемпионата по футболу

finally ['faɪnəlɪ] *adv* наконец, в заключение, в конце концов

After a long time, they finally found the lost child. После долгих поисков они нашли наконец пропавшего ребёнка.

finance I ['faɪnæns] *n* финансы

the Minister of Finance министр финансов

finances *pl* деньги

finance II ['faɪnæns] *v* финансировать
Who finances this organization? Кто финансирует эту организацию?

financial [faɪ'nænʃl] *adj* финансовый
a financial report финансовый отчёт

find [faɪnd] *v* (*past tense и past participle* **found**) **1** находить, обнаруживать
Did you find what you were looking for? Вы нашли то, что искали?
to find out выяснять, узнавать
Please find out when the train leaves. Узнай, пожалуйста, во сколько отправляется поезд.
to find time находить время
Although he was very busy, he found time to phone his wife. Хотя он был очень занят, он всё же нашёл время позвонить жене.
[*to lose* терять]
2 думать, считать
I find it necessary. Я считаю это необходимым.
I found the film very interesting. Фильм показался мне очень интересным.

fine[1] [faɪn] *adj* **1** прекрасный, хороший, замечательный
I was sick yesterday, but I'm feeling fine today. Вчера я приболел, но сегодня я отлично себя чувствую.
It's a fine day for a picnic. Сегодня прекрасный день для пикника.
2 тонкий; мелкий
fine sand мелкий песок
fine thread тонкая нить

fine[2] **I** [faɪn] *n* штраф
a parking fine штраф за неправильную парковку
I had to pay a fine. Мне пришлось заплатить штраф.

fine[2] **II** [faɪn] *v* штрафовать
The police fined me for driving too fast. Полицейский оштрафовал меня за превышение скорости.

finger ['fɪŋgə(r)] *n* палец

She wears a ring on her little finger. Она носит на мизинце кольцо.

not to lift a finger и пальцем не пошевелить

He didn't lift a finger when I was ill. Когда я болел, он и пальцем не пошевелил.

fingernail ['fɪŋgəneɪl] *n* ноготь

She painted her fingernails red. Она накрасила ногти красным лаком.

fingerprint ['fɪŋgəprɪnt] *n* отпечаток пальца

The police found fingerprints near the broken window. Полиция нашла отпечатки пальцев возле разбитого окна.

finish I ['fɪnɪʃ] *n* заключительная часть, конец, финиш

the finish of a race финиш гонок

finish II ['fɪnɪʃ] *v* заканчивать(ся); кончать(ся)

I've finished my homework. Я уже сделал уроки.

We can't watch TV until we've finished the dishes. Мы не можем смотреть телевизор, пока не закончим мыть посуду.

The film finished at 9.30. Фильм закончился в девять тридцать.

to finish off доделать, закончить, довести до конца

Have you finished off your work? Ты уже доделал свою работу?

He finished off all the milk and I had to drink black coffee. Он выпил всё молоко, и мне пришлось пить чёрный кофе.

[*to begin*, *to start* начинать(ся)]

fir [fɜ:(r)] *n* ель

fire I ['faɪə(r)] *n* **1** огонь, пламя; костёр

The house was on fire. Дом горел.

We sat in front of a fire. Мы сидели у костра.

to catch fire загореться

He knocked over the candle and the room caught fire. Он опрокинул свечу, и комната загорелась.

to set smth on fire, **to set fire to smth** поджигать что-л.

His cigarette set fire to the chair. От его сигареты загорелся стул.

2 пожар

The fire destroyed many houses. Пожар уничтожил много домов.

3 стрельба, огонь

to cease fire прекращать огонь

The captain told his men to cease fire. Капитан приказал прекратить огонь.

fire II ['faɪə(r)] *v* **1** стрелять

The police fired at the car. Полицейские стреляли в автомобиль.

2 увольнять

The manager fired him because he was always late for work. Директор уволил его, так как он вечно опаздывал на работу.

fire alarm ['faɪərəˌlɑːm] *n* пожарная тревога

fire engine ['faɪərˌenʤɪn] *n* пожарная машина

fire extinguisher ['faɪərɪksˌtɪŋgwɪʃə(r)] *n* огнетушитель

fireman ['faɪəmən] *n* пожарный

fireplace ['faɪəpleɪs] *n* камин

fireproof ['faɪəpruːf] *adj* огнеупорный

fire station ['faɪəˌsteɪʃn] *n* пожарная станция

fireworks ['faɪəwɜːks] *n pl* фейерверк

firm¹ [fɜːm] *adj* **1** крепкий, твёрдый

You must hang the picture on a firm nail or it will fall. Повесь картину на крепкий гвоздь, иначе она упадёт.

2 решительный, настойчивый

to speak in a firm voice говорить решительным голосом

firm² [fɜːm] *n* фирма

My father works for a building firm. Мой отец работает в строительной фирме.

firmly ['fɜ:mlɪ] *adv* крепко, твёрдо; решительно

first I [fɜ:st] *adj* первый

January is the first month of the year. Январь — первый месяц года.

The post office is the first building on the left. Почта — это первое здание слева.

She was the first to come. Она пришла первой.

[*last* последний]

first II [fɜ:st] *adv* **1** вначале, сначала

He came first in the race. В гонках он был первым.

Do your homework first and then we can go out. Сначала сделай уроки, а потом пойдём на улицу.

2 впервые, (в) первый раз

When did your son first walk? Когда ваш сынок начал ходить?

I first went to Germany last year. Впервые я поехал в Германию в прошлом году.

[*last* (в) последний раз]

first of all прежде всего

I am going to the market but, first of all, I must find my purse. Я собираюсь на рынок, но прежде мне надо найти кошелёк.

first III [fɜ:st] *n*: **at first** вначале

At first she was afraid of the water, but then she soon learned to swim. Сначала она боялась воды, но потом всё же научилась плавать.

first aid [ˌfɜ:st'eɪd] *n* первая помощь

The police gave the driver first aid. Полицейские оказали водителю первую помощь.

first class [ˌfɜ:st'klɑ:s] *n* первый класс

I always travel first class. Я всегда езжу первым классом.

first-class [ˌfɜ:st'klɑ:s] *adj* первоклассный; первого класса

a first-class ticket билет первого класса

Your work is first-class. Ты отлично работаешь.

firstly ['fɜ:stlɪ] *adv* сначала, прежде всего, во-первых

first-rate [ˌfɜːstˈreɪt] *adj* превосходный, первосортный, высшего качества

to use first-rate materials использовать материалы высшего качества

fish I [fɪʃ] *n* (*pl* **fish** *или* **fishes**) рыба

I caught seven little fish. Я поймал семь маленьких рыбок.

We're having fried fish for dinner. У нас на обед жареная рыба.

fish II [fɪʃ] *v* ловить рыбу

We go fishing in the river every Sunday. Каждое воскресенье мы ходим на речку ловить рыбу.

Don't fish in that lake. Не ловите рыбу в этом озере.

fisherman [ˈfɪʃəmən] *n* рыбак

fishing [ˈfɪʃɪŋ] *n* рыбалка, рыбная ловля

He doesn't like fishing. Он не увлекается рыбалкой.

fist [fɪst] *n* кулак

He struck me with his fist. Он ударил меня кулаком.

fit I [fɪt] *adj* **1** подходящий, пригодный

That dirty dress is not fit to wear. Эту грязную одежду нельзя носить.

He is not fit to be a teacher. Он не подходит на должность учителя.

2 здоровый

He isn't fit enough to work. Он ещё не совсем здоров, чтобы работать.

fit II [fɪt] *v* (**fitted**, **fitting**) **1** годиться; подходить (*по размеру*)

This coat doesn't fit me. Это пальто мне не подходит.

These shoes don't fit me — they're too tight. Эти туфли мне не годятся: они слишком тесные.

2 ставить, вставлять

My neighbour fitted a new lock on the door. Мой сосед вставил в дверь новый замок.

I want to fit a new bathtub in the bathroom. Я хочу поставить в ванную комнату новую ванну.

five [faɪv] *num* пять

She drank five cups of coffee. Она выпила пять чашек кофе.

Come for dinner at five o'clock. Приходи на обед в пять часов.

fix [fɪks] *v* **1** укреплять, прикреплять; устанавливать

She fixed a notice to the post. Она повесила на столб объявление.

2 ремонтировать, чинить

Can you fix the car engine for me? Можете отремонтировать мне в машине мотор?

3 назначать, определять (*время и т. п.*)

The meeting has been fixed for next week. Собрание назначено на следующую неделю.

Let's fix a time for the party. Давай определим время для вечеринки.

flag [flæg] *n* флаг

flagpole ['flægpəʊl] *n* флагшток

flame [fleɪm] *n* пламя

the flame of a candle пламя свечи

in flames в огне

The house was in flames. Дом горел.

flash I [flæʃ] *n* вспышка

a flash of lightning вспышка молнии

If you want to take a picture in the dark, you should use a flash. Если хочешь фотографировать в темноте, нужно это сделать со вспышкой.

flash II [flæʃ] *v* **1** вспыхивать, освещать

The light flashed twice. Два раза вспыхнул огонёк.

2 промчаться, промелькнуть

Several motorcycles flashed by. Мимо пронеслись несколько мотоциклов.

flask [flɑːsk] *n* фляга

We brought tea in a thermos flask. Мы принесли в термосе чай.

flat I [flæt] *adj* ровный, плоский
A floor must be flat. Пол должен быть ровным.
a flat tyre спущенная шина

flat II [flæt] *n* квартира
block of flats многоквартирный дом

flatter ['flætə(r)] *v* льстить
This photograph flatters me. На этой фотографии я выгляжу лучше, чем в жизни.
to be flattered радоваться, быть польщённым
I was flattered by the invitation to speak at the dinner. Я был польщён предложением произнести речь на обеде.

flavour ['fleɪvə(r)] *n* приятный вкус, аромат
This soup has a delicious flavour. Суп бесподобен.

flea [fli:] *n* блоха

flea market ['fli:ˌmɑ:kɪt] *n* блошиный рынок, толкучка

fleet [fli:t] *n* флот

flesh [fleʃ] *n* плоть; мясо
The flesh of a cow is called beef. Коровье мясо называется говядиной.

flew [flu:] *past tense от* **fly**[2]

flicker ['flɪkə(r)] *v* мерцать
The candle flickered and went out. Огонь свечи заколебался и погас.

flight [flaɪt] *n* **1** полёт
a flight from Paris to London полёт из Парижа в Лондон
There are three flights a day to Moscow from here. Отсюда есть три рейса в Москву ежедневно.
How long is the flight to Geneva? Сколько лететь до Женевы?
The flight lasts about two hours. Полёт длится почти два часа.

2 пролёт лестницы, лестничный марш
a flight of stairs лестничный пролёт

float [fləʊt] *v* плавать на поверхности, не тонуть
Cork floats on water. Пробка не тонет в воде.
Leaves were floating on the lake. Листья плыли по поверхности озера.

flock [flɒk] *n* стадо; стая
a flock of sheep отара овец
a flock of birds стая птиц

flood I [flʌd] *n* наводнение
After the rainstorm there were floods in the valley. После ливня долину затопило.
The river is in flood. Река разлилась.

flood II [flʌd] *v* затоплять, заливать
The meadows were flooded. Луга затопило.
The river flooded the village. Река разлилась и затопила деревню.

floor [flɔ:(r)] *n* **1** пол
There were no chairs so we sat on the floor. Стульев не было, поэтому мы уселись на пол.
2 этаж
They live on the same floor. Они живут на одном этаже.
We went upstairs to the restaurant on the top floor. Мы пошли в ресторан на верхнем этаже.

flour ['flaʊə(r)] *n* мука
Mix flour and butter in a bowl. Смешай в миске масло и муку.
Note: не имеет мн. числа

flow I [fləʊ] *n* поток, течение
The doctor stopped the flow of blood from the cut. Врач остановил кровь, текущую из раны.

flow II [fləʊ] *v* течь, литься

The river flows to the sea. Эта река течёт в море.
Water began to flow from the tap. Из крана полилась вода.

flower ['flaʊə(r)] *n* цветок
She picked a bunch of flowers. Она собрала букет цветов.
in flower в цвету
The apple trees are in flower. Яблони цветут.

flowerbed ['flaʊəbed] *n* клумба

flowerpot ['flaʊəpɒt] *n* цветочный горшок

flown [fləʊn] *past participle от* **fly**[2]

flu [flu:] *n* грипп

fluent ['flu:ənt] *adj* владеющий речью; беглый (*о речи*)
He is fluent in Italian. Он бегло говорит по-итальянски.
Her speech is fluent. У неё гладкая и быстрая речь.

fluently ['flu:əntlɪ] *adv* бегло
My brother speaks French fluently. Мой брат бегло говорит по-французски.

fluid ['flu:ɪd] *n* жидкость
Water is a fluid. Вода — это жидкость.

flush [flʌʃ] *v* вспыхнуть, покраснеть
He flushed with anger. Он вспыхнул от гнева.

flute [flu:t] *n* флейта

flutter ['flʌtə(r)] *v* хлопать, развеваться
The curtains fluttered in the wind. Занавески хлопали на ветру.

fly[1] [flaɪ] *n* муха
Try to kill that fly. Убей эту муху.

fly[2] [flaɪ] *v* (**flies**, **flying**; *past tense* **flew**; *past participle* **flown**) **1** летать

In the autumn some birds fly to warmer lands. Осенью некоторые птицы улетают в тёплые края.
He is flying his own plane. Он водит собственный самолёт.
He has flown across the Atlantic twice. Он дважды перелетал Атлантику.

2 спешить
She flew to the telephone. Она бросилась к телефону.

flying saucer ['flaɪɪŋˌsɔ:sə(r)] *n* летающая тарелка

foam [fəʊm] *n* пена

fog [fɒg] *n* туман
The planes couldn't take off because of fog. Из-за тумана самолёты не могли взлететь.

foggy ['fɒgɪ] *adj* туманный
a foggy day туманный день

fold [fəʊld] *v* складывать, свёртывать
I folded the letter and then put it into the envelope. Я свернул письмо и положил в конверт.
to fold arms складывать руки на груди
He folded his arms and stared at me. Он сложил руки на груди и уставился на меня.
[*to unfold* развёртывать]

folder ['fəʊldə(r)] *n* папка для бумаг

folding ['fəʊldɪŋ] *adj* складывающийся, складной
a folding chair складной стул

folk [fəʊk] *n pl* люди
Some folk like beer and some don't. Одни люди любят пиво, а другие нет.

folk dance ['fəʊkˌdɑ:ns] *n* народный танец

folk song ['fəʊkˌsɒŋ] *n* народная песня

follow ['fɒləʊ] *v* **1** следовать, идти

Follow me! Следуйте за мной!

Monday follows Sunday. За воскресеньем следует понедельник.

Follow this path until you reach the village. Идите по этой дорожке, пока не придёте в деревню.

to follow smb's advice следовать чьему-л. совету

I followed your advice. Я последовал вашему совету.

to follow the fashion следовать моде

2 понимать

I didn't quite follow you. Я не совсем вас понял.

I couldn't follow that French film. Мне не всё было понятно в этом фильме на французском языке.

3 быть результатом

If he wrote the letter, it follows that he must have known the news. Если он написал письмо, значит он должен был знать эту новость.

as follows следующее, следующим образом

The results are as follows... Результаты следующие...

following ['fɒləʊɪŋ] *adj* следующий

On Saturday we watched tennis and on the following day we visited my grandmother. В субботу мы смотрели теннис, а на следующий день навестили мою бабушку.

fond [fɒnd] *adj*: **to be fond of** любить

I'm very fond of dancing. Я очень люблю танцевать.

He's very fond of cheese. Он обожает сыр.

food [fu:d] *n* пища, еда

This restaurant is famous for its food. Этот ресторан славится своей кухней.

We went on a picnic but forgot to bring the food. Мы отправились на пикник, но забыли взять с собой еду.

Note: *обыкн. употребляется в ед. числе*

fool I [fu:l] *n* дурак, глупец

She was fool enough to believe him. Она была достаточно глупа, чтобы поверить ему.

to make a fool of smb дурачить кого-л.; обманывать кого-л.

You made a fool of me when you took away the ladder and left me on the roof. Ты поставил меня в глупое положение, убрав лестницу и оставив меня на крыше.

to play the fool дурачиться

fool II [fu:l] *v* **1** дурачиться

Stop fooling and listen to what I am saying. Перестань дурачиться и послушай, что я говорю.

2 обманывать; дурачить

You can't fool me! I don't believe you. Тебе меня не обмануть! Я тебе не верю.

foolish ['fu:lɪʃ] *adj* глупый

How foolish of you! Как глупо с твоей стороны!

Don't be foolish! Не будь дураком!

foot [fʊt] *n* (*pl* **feet**) **1** нога, ступня

He has big feet. У него большая нога.

You stepped on my foot. Вы наступили мне на ногу.

I've been on my feet all day. Я весь день на ногах.

on foot пешком

Shall we go by car or on foot? Поедем на машине или пойдём пешком?

2 нижняя часть, основание

the foot of the mountain подножье горы

The page number is at the foot of the page. Страницы пронумерованы внизу.

3 фут (*=30,5 см*)

He is almost six feet tall. Он ростом почти шесть футов.

She is five foot six inches tall. Её рост — пять футов шесть дюймов.

This fish is one foot long. Эта рыба в фут длиной.

Note: *если указываются и дюймы*, **foot** *употребляется в ед. числе*; *e. g.* **five foot six inches tall** ростом пять футов шесть дюймов; **six feet tall** ростом шесть футов

football ['fʊtbɔ:l] *n* **1** футбольный мяч

Throw me that football. Кинь мне этот мяч.

2 футбол

They were playing football. Они играли в футбол.

footpath ['fʊtpɑ:θ] *n* тропинка

footprint ['fʊtprɪnt] *n* след, отпечаток ноги

footsteps ['fʊtsteps] *n pl* шаги

I heard footsteps, then a knock on the door. Я услышал шаги, потом стук в дверь.

for I [fɔ:(r); fə(r)] *prep* **1** для, ради

These flowers are for you. Эти цветы для вас.

What's that key for? Для чего этот ключ?

He has brought a package for you. Он принёс для тебя пакет.

books for children книги для детей

2 в течение

He has gone to Germany for a week. Он уехал на неделю в Германию.

I have been waiting for hours. Я ждал очень долго.

We walked there for two hours. Мы шли туда два часа.

3 в, по направлению

Is this the train for Paris? Это поезд в Париж?

4 за

My brother plays tennis for his school. Мой брат играет в школьной команде по теннису.

Some people were for the strike and others were against it. Некоторые были за забастовку, другие — против.

5 из-за, по причине, за, на

Thank you for your help. Спасибо вам за помощь.

What shall we buy him for his birthday? Что мы купим ему на день рождения?

He got a medal for swimming well. Он получил медаль за плавание.

6 вместо, в обмен

I bought this bag for 10 dollars. Я купил эту сумку за десять долларов.

◊ **as for** что касается

As for me, I'm going to have a dinner. Что касается меня, то я собираюсь обедать.

for II [fɔ:(r); fə(r)] *conj* потому что, так как, ибо

She went to bed for she was tired. Она отправилась спать, так как очень устала.

forbade [fə'beɪd] *past tense от* **forbid**

forbid [fə'bɪd] *v* (**forbidding**; *past tense* **forbade**; *past participle* **forbidden**) запрещать

Smoking is forbidden in the theatre. В театре курить запрещается.

He has forbidden any discussion of the plan. Он запретил какие бы то ни было обсуждения плана.

[*to allow* разрешать]

forbidden [fə'bɪdn] *past participle от* **forbid**

force I [fɔːs] *n* **1** сила

They had to use force. Им пришлось применить силу.

The tree was blown down by the force of the wind. Ветром повалило дерево.

by force силой

I lost the key so I had to open my door by force. Я потерял ключ и вынужден был взломать дверь.

2: the police force полиция

the armed forces вооружённые силы

force II [fɔːs] *v* **1** заставлять, вынуждать

He forced me to lend him my bike. Он вынудил меня дать ему велосипед.

I forced myself to listen to her. Я заставил себя выслушать её.

2 брать силой

The thief forced the window open. Вор взломал окно.

forecast ['fɔːkɑːst] *n* прогноз

The weather forecast says there will be rain. Метеопрогноз обещает дождь.

forehead ['fɒrɪd] *n* лоб

foreign ['fɒrən] *adj* иностранный

He speaks several foreign languages. Он говорит на нескольких иностранных языках.
You cannot buy things in England with foreign money. В Англии вы ничего не купите за иностранную валюту.

foreigner ['fɒrənə(r)] *n* иностранец

foresaw [fɔː'sɔː] *past tense от* **foresee**

foresee [fɔː'siː] *v* (*past tense* **foresaw**; *past participle* **foreseen**) предвидеть, ожидать
He foresaw that his journey would be delayed by bad weather. Он ожидал, что из-за плохой погоды его поездка может быть отложена.
We should have foreseen this trouble months ago. Нам следовало предвидеть эти затруднения ещё несколько месяцев назад.

foreseen [fɔː'siːn] *past participle от* **foresee**

forest ['fɒrɪst] *n* лес
We lost our way in the forest. Мы заблудились в лесу.

forgave [fə'geɪv] *past tense от* **forgive**

forge I [fɔːʤ] *n* кузница

forge II [fɔːʤ] *v* **1** ковать
2 подделывать (*деньги, документы и т. п.*)
He forged his brother's signature on a cheque. Он подделал на чеке подпись своего брата.
a forged passport фальшивый паспорт

forgery ['fɔːʤərɪ] *n* подделка
The picture was a forgery. Картина оказалась подделкой.

forget [fə'get] *v* (**forgetting**; *past tense* **forgot**; *past participle* **forgotten**) забывать
I forget the address so I must look in my address book. Я не помню адрес, мне надо посмотреть его в блокноте.

I forgot all about my appointment with the dentist. Я совершенно забыл, что мне надо к зубному врачу.
Let's forget our quarrel. Давай забудем нашу размолвку.

forget-me-not [fəˈgetmɪˌnɒt] *n* незабудка

forgive [fəˈgɪv] *v* (*past tense* **forgave**; *past participle* **forgiven**) прощать
Please forgive me for being so late. Простите меня, пожалуйста, за опоздание.
She forgave him when he said he was sorry. Когда он сказал, что очень сожалеет о случившемся, она простила его.

forgiven [fəˈgɪvn] *past participle от* **forgive**

forgot [fəˈgɒt] *past tense от* **forget**

forgotten [fəˈgɒtn] *past participle от* **forget**

fork [fɔːk] *n* вилка
Use your fork to eat your meat — don't use your fingers. Ешь мясо вилкой, а не руками.
Each person had a knife, fork and spoon. У каждого были нож, вилка и ложка.

form I [fɔːm] *n* **1** очертание, фигура
We could just see the form of a man in the darkness. В темноте мы могли лишь смутно видеть фигуру человека.
2 *грам.* форма
There are two forms of the past of 'to dream': 'dreamed' and 'dreamt'. У глагола «to dream» две формы прошедшего времени: «dreamed» и «dreamt».
3 бланк
a telegraph form бланк телеграммы
4 состояние (*физическое*)
He's in good form today. Он сегодня в хорошей форме.
5 класс (*школьный*)
She is in Form 4. Она в четвёртом классе.

form II [fɔ:m] *v* создавать, формировать

The children formed a circle around the teacher. Дети окружили учителя.

former ['fɔ:mə(r)] *adj* прежний

He went to university and forgot his former friends. Он начал учиться в университете и забыл прежних друзей.

He's a former army officer. Он бывший военный.

in former times в прежние времена

my former students мои бывшие студенты

the former первый из двух

Did he walk or swim? — The former seems more likely. Он пошёл или поплыл? — Скорее всего, первое.

[*latter* последний из двух]

formerly ['fɔ:məlɪ] *adv* раньше, прежде

This house was formerly a stable. Раньше этот дом был конюшней.

She was formerly the principal of the local school. Раньше она была директором местной школы.

fortieth ['fɔ:tɪəθ] *adj* сороковой

She came fortieth in the race. Она пришла сороковой в забеге.

fortnight ['fɔ:tnaɪt] *n* две недели

I'm going on holiday for a fortnight. Я еду в отпуск на две недели.

fortress ['fɔ:trɪs] *n* крепость

This is an ancient fortress. Это — старинная крепость.

fortunate ['fɔ:tʃənət] *adj* удачный, счастливый

How fortunate that you happened to be there! Как удачно, что ты оказался там!

[*unfortunate* неудачный]

fortunately ['fɔ:tʃənətlɪ] *adv* к счастью

His car was smashed but fortunately he wasn't killed. Его автомобиль смяло в лепёшку, но, к счастью, он остался жив.

[*unfortunately* к несчастью]

forty ['fɔːtɪ] *num* сорок

He's forty (years old). Ему сорок (лет).

She has forty pairs of shoes. У неё сорок пар обуви.

forward I ['fɔːwəd] *adv* вперёд

He went forward to get his prize. Он вышел вперёд получить свой приз.

[*backwards* назад]

forward II ['fɔːwəd] *n спорт.* нападающий, форвард

fought [fɔːt] *past tense и past participle от* **fight**

found [faʊnd] *past tense и past participle от* **find**

fountain ['faʊntɪn] *n* фонтан

There is a fountain in the middle of the square. В центре площади есть фонтан.

fountain pen ['faʊntɪnpen] *n* авторучка

Where's my fountain pen? Где моя авторучка?

four [fɔː(r)] *num* четыре

She's four years old. Ей четыре года.

A square has four corners. У квадрата четыре угла.

fourteen [ˌfɔː'tiːn] *num* четырнадцать

I have fourteen books to read for my English test. К экзамену по английскому я должен прочесть четырнадцать книг.

fourteenth [ˌfɔː'tiːnθ] *adj* четырнадцатый

fourth [fɔːθ] *adj* четвёртый

They live in the fourth house from the corner. Они живут в четвёртом доме от угла.

fox [fɒks] *n* лиса, лисица

fraction ['frækʃn] *n* дробь

1/2 and 2/3 are fractions. 1/2 и 2/3 — дроби.

fragile ['frædʒaɪl] *adj* хрупкий
fragile glass хрупкое стекло

fragment ['frægmənt] *n* кусок, обломок; фрагмент
She dropped the vase on the floor, and it broke into fragments. Она уронила вазу на пол, и та разлетелась на куски.

frame [freɪm] *n* рама
a window frame оконная рама
a picture frame рама для картины

France [frɑ:ns] *n* Франция

frank [fræŋk] *adj* откровенный, искренний
He had a frank friendly look. У него был искренний дружелюбный взгляд.
Will you be quite frank with me about this matter. Пожалуйста, будьте со мной откровенны в этом вопросе.

freckle ['frekl] *n* веснушка
People with red hair often have freckles on their faces. Рыжеволосые люди часто веснушчатые.

free [fri:] *adj* **1** незанятый, свободный
Are you free tonight? Ты свободен сегодня вечером?
There is a table free in the corner of the restaurant. В углу ресторана есть свободный столик.
[*busy* занятый, занятой]
2 бесплатный
a free ticket бесплатный билет
Anyone who buys this breakfast food gets a free gift of a small plastic toy. Те, кто покупают эти завтраки, получают в подарок маленькую пластмассовую игрушку.
3 освобождённый, вольный, свободный
He's free to do what he wants. Он волен делать то, что хочет.
She's not free; she has to look after her old father. Она не свободна: ей приходится ухаживать за старым отцом.
It's a free country. Это свободная страна.
to set free освобождать
The prisoners were set free. Заключённых выпустили на свободу.

freedom ['fri:dəm] *n* свобода

The master gave the slave his freedom. Хозяин отпустил своего раба на свободу.

During the school holidays the children enjoyed their freedom. Во время школьных каникул дети наслаждались свободой.

freeze [fri:z] *v* (*past tense* **froze**; *past participle* **frozen**) **1** морозить (*о погоде*)

It is freezing outside. На улице морозно.

They say it will freeze tomorrow. Сказали, что завтра будет мороз.

2 мёрзнуть; покрываться льдом

I'm freezing. Я замёрз.

The river has frozen over. Река замёрзла.

3 замораживать

We freeze a lot of vegetables from our farm. Мы замораживаем много овощей из собственного хозяйства.

I'll cook some frozen French beans to eat with the meat. Я потушу мороженую зелёную фасоль к мясу.

freezer ['fri:zə(r)] *n* морозильник

French I [frentʃ] *adj* французский

French wine французское вино

the French language французский язык

French II [frentʃ] *n* французский язык

I can speak French a little. Я немного говорю по-французски.

Frenchman ['frentʃmən] *n* француз

Frenchwoman ['frentʃwʊmən] *n* француженка

frequent ['fri:kwənt] *adj* частый

There are frequent trains to Tula. В Тулу часто идут поезда.

She is a frequent visitor. Она частая гостья.

My friend writes frequent letters to me. Мой друг часто пишет мне письма.

[*rare* редкий]

frequently ['fri:kwəntlı] *adv* часто
It frequently rains here. Здесь часто идут дожди.
[*rarely* редко]

fresh [freʃ] *adj* **1** свежий
fresh eggs свежие яйца
fresh bread свежий хлеб
fresh flowers свежие цветы
2 несолёный; неконсервированный
fresh meat свежее мясо
fresh butter несолёное масло
fresh water пресная вода
Fresh vegetables are expensive in winter. Свежие овощи зимой дорого стоят.
3 новый, другой, неиспользованный
Is there any fresh news? Есть свежие новости?
I'll write my letter on a fresh piece of paper. Я напишу письмо на новом листе бумаги.
4 свежий, прохладный, бодрящий
fresh air свежий воздух

Friday ['fraıdı] *n* пятница
He came to see me last Friday. Он приходил ко мне в прошлую пятницу.
We always go to the cinema on Fridays. Мы всегда по пятницам ходим в кино.
I'm leaving next Friday. Я уезжаю в следующую пятницу.

fridge [frıʤ] *n разг.* холодильник

friend [frend] *n* друг; знакомый
He is my best friend. Он мой лучший друг.
She's going on vacation with some friends from college. Она едет на каникулы с друзьями из колледжа.
He's a close friend of my brother. Он близкий друг моего брата.
She's an old friend of mine; we've known each other for twenty-two years. Она моя старая подруга; мы знаем друг друга уже двадцать два года.
to make friends with подружиться, заводить знакомство

These are the people we made friends with on our vacation. Это люди, с которыми мы познакомились во время отпуска.
[*enemy* враг]

friendly ['frendlı] *adj* дружеский
Don't be afraid of the dog — he's very friendly. Не бойтесь пса, он очень дружелюбный.
We're on friendly terms with the people who live next door. Мы в дружеских отношениях с нашими соседями.

friendship ['frendʃıp] *n* дружба
Real friendship is very valuable. Настоящая дружба очень ценна.
They have lived together in friendship all their lives. Они дружили всю жизнь.

fright [fraıt] *n* страх, испуг
She's shaking with fright. Она дрожала от страха.
I nearly died of fright at the sight of the dog. При виде собаки я испугался до смерти.

frighten ['fraıtn] *v* пугать, испугать
The noise frightened me. Шум испугал меня.
Don't shout or you'll frighten the baby. Не кричи, ты испугаешь ребёнка.

frightened ['fraıtnd] *adj*: **to be frightened** бояться
She is crying because she is frightened. Она плачет, потому что боится.
Don't leave me alone — I'm frightened in the dark. Не оставляй меня одного, я боюсь темноты.

frog [frɒg] *n* лягушка
A little green frog jumped into the river. Маленькая зелёная лягушка прыгнула в воду.

from [frɒm; frəm] *prep* **1** *указывает на отправной пункт* от
The house is two miles from the village. Дом стоит в двух милях от деревни.

She works from Monday to Friday. Она работает с понедельника по пятницу.

2 *употребляется при указании времени* с

I'll be at home from 10 o'clock in the morning. Я буду дома с десяти часов утра.

He works from nine o'clock until five o'clock. Он работает с девяти до пяти.

from morning till night с утра до ночи

from time to time время от времени

3 *указывает на источник, материал, происхождение* от, из, с

Bread is made from flour. Хлеб делают из муки.

Here's a letter from my brother. Вот письмо от моего брата.

He comes from London. Он из Лондона.

Tell him from me that... Передай ему от меня, что...

Take the book from the shelf. Возьми книгу с полки.

quotations from Shakespeare цитаты из Шекспира

to judge from appearance судить по внешности

4 *указывает на причину* от

He died from his disease. Он умер от своей болезни.

She suffers from headaches. Она страдает головной болью.

5 *употребляется при указании на различие* от

He can't tell butter from margarine. Он не может отличить масло от маргарина.

Your job is very different from mine. Твоя работа очень отличается от моей.

front I [frʌnt] *adj* передний

the front row of desks первый ряд парт

front door парадная дверь

[*back* задний]

front II [frʌnt] *n* перёд, передняя часть, передняя сторона

He spilled soup down the front of his shirt. Он пролил себе суп на рубашку.

There is a picture of the Parliament on the front of the book. На обложке книги была фотография здания парламента.

She found a seat at the front of the bus. Она нашла место в передней части автобуса.

in front of перед, впереди

There were two people in front of me in the queue. Передо мной в очереди было два человека.
My sister was sitting in front of the television. Моя сестра сидела перед телевизором.

frontier ['frʌntɪə(r)] *n* граница
We must show our passports at the frontier. На границе мы должны предъявить свои паспорта.

frost [frɒst] *n* **1** иней
The grass was covered with the frost. Трава была покрыта инеем.
2 мороз
There was a frost last night. Прошлой ночью был мороз.
It is ten degrees of frost now. Сейчас десять градусов мороза.

frown [fraʊn] *v* сдвигать брови, хмуриться
He frowned when he saw the scratch on his new car. Увидев царапину на своём новом автомобиле, он нахмурился.

froze [frəʊz] *past tense от* **freeze**

frozen ['frəʊzn] *past participle от* **freeze**

fruit [fru:t] *n* фрукт, фрукты
Can you buy me some fruit? Купи мне фруктов.
We ought to eat all the fruit quickly or it will go bad. Нам надо быстро съесть все фрукты, иначе они испортятся.

fruit tree ['fru:ttri:] *n* фруктовое дерево

fry [fraɪ] *v* (**fries**, **fried**, **frying**) жарить(ся)
He was frying fish in the kitchen. Он жарил на кухне рыбу.

frying pan ['fraɪɪŋpæn] *n* сковорода

fuel ['fju:əl] *n* топливо, горючее
The plane had to land in the field because it ran out of fuel. Самолёт был вынужден совершить посадку на поле, так как кончилось горючее.
Note: не имеет мн. числа

fulfil [fʊl'fɪl] *v* (**fulfilled, fulfilling**) выполнять, реализовывать
When my brother grew up, he fulfilled his hopes and became a doctor. Когда мой брат вырос, он реализовал свою мечту и стал врачом.

full I [fʊl] *adj* полный
The bag is full of apples. Мешок наполнен яблоками.
The bus was so full we couldn't get on. Автобус был так переполнен, что мы не смогли войти.
Please tell me the full story. Расскажи мне, пожалуйста, всю историю.
The train was travelling at full speed. Поезд мчался на полной скорости.
I'm full. Я объелся.
full moon полнолуние
full fare полная плата
Children over 12 must pay full fare. Дети старше двенадцати лет должны покупать полный билет.

full II [fʊl] *n*: **in full** полностью, целиком
Please tell me the story in full. Расскажи мне, пожалуйста, эту историю полностью.
The debt must be paid in full. Долг нужно отдать полностью.

full stop [ˌfʊl'stɒp] *n* точка

fun [fʌn] *n* веселье, забава, шутка
We had such fun at the festival! Мы так повеселились на празднике!
in fun, for fun в шутку
I didn't want to make her cry — I shut her in the cupboard for fun. Я совсем не хотел доводить её до слёз; я закрыл её в шкафу в шутку.
He said it only for fun. Он сказал это в шутку.
to make fun of дразнить, насмехаться
They made fun of his big ears. Они насмехались над его большими ушами.
Note: не имеет мн. числа

funeral ['fju:nərəl] *n* похороны

fund [fʌnd] *n* фонд
The money from the school concert will go into the swimming pool fund. Деньги от школьного концерта пойдут в фонд на строительство плавательного бассейна.

funny ['fʌnɪ] *adj* **1** смешной, забавный
We saw a funny programme on TV. Мы смотрели по телевизору смешную программу.
a funny story смешная история
2 странный; чудной
That meat has a funny smell. Это мясо странно пахнет.
He was behaving in a funny way. Он вёл себя как-то странно.

fur [fɜ:(r)] *n* мех
Our cat has soft grey fur. У нашей кошки мягкая серая шубка.

furious ['fjʊərɪəs] *adj* сердитый, взбешённый
My brother was furious with me when I broke his watch. Мой брат был вне себя, когда я разбил его часы.

furniture ['fɜ:nɪtʃə(r)] *n* мебель
They have bought some modern furniture for their living room. Они купили современную мебель для своей гостиной.
Note: *не имеет мн. числа*; **some furniture** мебель; **a lot of furniture** много мебели; **a piece of furniture** предмет мебели

further I ['fɜ:ðə(r)] *adj* (*comparative от* **far** I) дальнейший
Do you need any further help? Вам нужна ещё помощь?
We must get further information. Мы должны получить дальнейшую информацию.

further II ['fɜ:ðə(r)] *adv* (*comparative от* **far** II) дальше
I was too tired to go further so I stopped. Я слишком устал, чтобы идти дальше, поэтому я остановился.

furthest ['fɜ:ðɪst] = **farthest**

fury ['fjʊərɪ] *n* ярость, бешенство
To my fury I saw that the dog had taken our meat. Я был вне себя, когда увидел, что собака утащила наше мясо.

to be in a fury быть в ярости

future I ['fju:tʃə(r)] *n* будущее

The future is always unknown to us. Будущее всегда неизвестно.

I wish you a happy future. Я желаю тебе счастья.

in future с этого момента, впредь

In future meetings will start ten minutes earlier. В дальнейшем собрание будет начинаться на десять минут раньше.

in the future в будущем

Who can tell what will happen in the future? Кто может сказать, что произойдёт в будущем?

future II ['fju:tʃə(r)] *adj* будущий

Yesterday I met his future wife. Вчера я познакомился с его будущей женой.

the future tense *грам.* будущее время

G

G, g [ʤi:] *7-я буква английского алфавита*

gain [geɪn] *v* **1** получать, приобретать

He gained first prize for swimming. Он получил первый приз в плавании.

to gain experience приобретать опыт

to gain strength набираться сил

She was weak after her illness but is now gaining strength. После болезни она была слаба, но сейчас набирается сил.

2 спешить (*о часах*)

The clock gains three minutes a day. Часы спешат на три минуты в сутки.

gallery ['gælərɪ] *n* галерея

picture gallery картинная галерея

game [geɪm] *n* игра; партия; матч

Football is a game which doesn't interest me. Футбол меня не интересует.

Let's have a game of tennis. Давай сыграем партию в теннис.
The game was over at eight. Матч закончился в восемь.

gangster ['gæŋstə(r)] *n* бандит, гангстер

gaol [ʤeɪl] *n* тюрьма

gap [gæp] *n* **1** щель, пролом; брешь
The gate was locked but we went through a gap in the fence. Ворота были закрыты, но мы пролезли через пролом в заборе.
2 пробел; интервал; пауза
There was a long gap in their conversation. В их разговоре возникла длинная пауза.
You need fill in the gaps in your education. Тебе нужно восполнить пробелы в твоём образовании.

garage ['gærɑːʒ] *n* гараж
Put the car in the garage. Поставь машину в гараж.

garbage ['gɑːbɪʤ] *n* мусор
There was garbage all over the street after the football game. После футбольного матча на улице было много мусора.

garbage can ['gɑːbɪʤkæn] *n амер.* мусорное ведро, мусорная корзина

garden ['gɑːdn] *n* сад
We have only a small garden. У нас совсем маленький садик.
She's working in the garden. Она работает в саду.
a kitchen garden огород

gardener ['gɑːdnə(r)] *n* садовник

garlic ['gɑːlɪk] *n* чеснок
a clove of garlic долька чеснока
There is too much garlic in that salad. В этом салате слишком много чеснока.
Note: не имеет мн. числа

gas [gæs] *n* газ
Turn on the gas. Включи газ.
Turn off the gas. Выключи газ.
Put the kettle on the gas. Поставь чайник на огонь.
Take the pan off the gas. Сними кастрюлю с плиты.

gasoline ['gæsəli:n] *n амер.* бензин, горючее

gate [geɪt] *n* ворота; калитка
Please close the gate. Закрой, пожалуйста, ворота.

gather ['gæðə(r)] *v* **1** собирать
She was gathering pears. Она собирала груши.
The speaker gathered up his papers. Выступавший собрал свои бумаги.
2 собираться
The children gathered around their teacher. Дети собрались вокруг своего учителя.
3 понимать, догадываться
I gather you're leaving tomorrow. Я так понимаю, что ты завтра уезжаешь.
Did you gather what he was saying? Вы поняли, что он говорил?

gave [geɪv] *past tense от* **give**

gaze I [geɪz] *n* взгляд
She turned her gaze from one person to the other. Она переводила взгляд с одного человека на другого.

gaze II [geɪz] *v* глядеть, уставиться
We gazed at the stranger, wondering who he was. Мы уставились на незнакомца, гадая, кто он.

gear [gɪə(r)] *n авто* передача, скорость
You change gear when you want to go faster or more slowly. Чтобы ехать быстрее или медленнее, нужно менять передачу.

geese [gi:s] *pl от* **goose**

gel [ʤel] *n* гель
shower gel гель для душа

gem [ʤem] *n* драгоценный камень
Diamonds and rubies are gems. Алмаз и рубин — драгоценные камни.

general I ['ʤenrəl] *adj* общий
There was a general feeling of excitement. Всех охватило волнение.
This word is in general use. Это очень употребительное слово.
I know the general opinion on this subject. Я знаю общее мнение по этому вопросу.
a general election всеобщие выборы
in general в общем, вообще, обычно
In general, winters are wet and cold. Вообще, зимы теперь холодные и сырые.

general II ['ʤenrəl] *n* генерал

generally ['ʤenrəlɪ] *adv* вообще, обычно
I generally get up at eight o'clock. Обычно я встаю в восемь часов.

generation [ˌʤenə'reɪʃn] *n* поколение
The older generation doesn't like pop music. Старшее поколение не любит поп-музыку.

generous ['ʤenərəs] *adj* щедрый, великодушный
He is generous in giving help. Он всегда приходит на помощь.
What a generous gift! Какой щедрый подарок!

genius ['ʤi:nɪəs] *n* гений

gentle ['ʤentl] *adj* мягкий, ласковый, нежный
The doctor has gentle hands. У доктора мягкие руки.
You must be gentle when you are holding a little baby. Нужно быть нежным и ласковым, когда держишь на руках ребёнка.

gentleman ['ʤentlmən] *n* **1** человек (*вежливо о любом мужчине*)
Who's that gentleman standing by the window? Кто этот человек, что стоит у окна?

2 порядочный, воспитанный человек
He's a real gentleman. Он настоящий джентльмен.

gently ['ʤentlɪ] *adv* мягко, нежно, ласково

genuine ['ʤenjʊɪn] *adj* правдивый, подлинный, настоящий
Those aren't genuine diamonds — they're pieces of glass! Это не настоящие бриллианты, это стекло!
a genuine signature подлинная подпись
genuine sorrow настоящее горе

geography [ʤɪ'ɒgrəfɪ] *n* география

geology [ʤɪ'ɒləʤɪ] *n* геология

geometry [ʤɪ'ɒmətrɪ] *n* геометрия

German I ['ʤɜ:mən] *adj* немецкий
the German language немецкий язык

German II ['ʤɜ:mən] *n* **1** немец; немка
2 немецкий язык
I am learning French but my brother is learning German. Я учу французский язык, а мой брат — немецкий.

Germany ['ʤɜ:mənɪ] *n* Германия

gesture ['ʤestʃə(r)] *n* жест
He made a friendly gesture to her. Он дружески помахал ей.

get [get] *v* (**getting**; *past tense* и *past participle* **got**) **1** получать
I got a letter this morning. Я получил письмо утром.
I'll come as soon as I get time. Я приду, как только у меня будет время.
2 брать, доставать; покупать
I'll get you that book you wanted. Я достану ту книгу, что ты хотел.
Don't answer the telephone. I'll get it. Не бери трубку, я сам отвечу.

We must get some more butter. Нам нужно купить ещё масла.

3 становиться

He's getting old. Он стареет.

She'll soon get well. Скоро ей станет лучше.

4 достигать, добираться; двигаться

We got home late. Мы приехали домой поздно.

How can I get there? Как мне туда добраться?

5 принести, привести (*в определённое состояние*)

I can't get the car started. Я не могу завести машину.

She'll get the children ready for school. Она подготовит детей к школе.

6 добиваться; просить; заставлять

I got him to help me when I moved the furniture. Я просил его помочь мне переставить мебель.

I can't get him to move. Я не мог заставить его сдвинуться с места.

7 заболеть

I think I'm getting a cold. Мне кажется, я простудился.

to get across пересекать

They got across the river by boat. Они переплыли реку в лодке.

to get away убежать, скрыться

The thieves got away in a stolen car. Воры скрылись в угнанном автомобиле.

to get back возвращаться

We got back home very late. Мы вернулись домой очень поздно.

to get in входить, влезать, попадать (*внутрь*)

She got in and sat down. Она вошла и села.

to get off выходить (*из автобуса и т. п.*), слезать

He got off his bicycle. Он слез с велосипеда.

You'll have to get off the bus at the next stop. Вам выходить на следующей остановке.

to get on садиться (*на автобус и т. п.*)

He got on his bike and rode away. Он вскочил на велосипед и умчался.

to get out выходить, вылезать, выбираться; вынимать

Get your books out of the bag. Вынь книги из портфеля.

He was getting out of his car. Он вышел из своего автомобиля.

to get through пробираться, пролезать

The dog got through the hole in the fence. Пёс пролез через дыру в заборе.

to get to добираться

I'll call you when I get to my hotel. Я позвоню тебе из гостиницы.

to get up вставать с постели

What time did you get up? Во сколько ты встал?

ghost [gəʊst] *n* дух; привидение

Do you believe in ghosts? Вы верите в духов?

He looked as if he had seen a ghost. Он выглядел так, будто увидел привидение.

giant ['ʤaɪənt] *n* великан; гигант

giddy ['gɪdɪ] *adj* головокружительный

He looked down from a giddy height. Он смотрел вниз с головокружительной высоты.

gift [gɪft] *n* **1** подарок, дар

2 способность; талант

He has a gift for music. У него музыкальный дар.

She has a gift for languages. У неё способности к языкам.

gigantic [ʤaɪ'gæntɪk] *adj* гигантский

giggle ['gɪgl] *v* хихикать

giraffe [ʤɪ'rɑ:f] *n* жираф

girl [gɜ:l] *n* девочка; девушка

give [gɪv] *v* (*past tense* **gave**; *past participle* **given**) **1** давать

Give me another apple. Дай мне ещё одно яблоко.

I gave him a book. Я дал ему книгу.

My father gave me a piece of good advice. Отец дал мне очень хороший совет.

to give a cry вскрикнуть

to give a sigh вздохнуть

to give a look взглянуть

to give a push толкнуть
to give back возвращать, отдавать
Give me my watch back. Отдай мне мои часы.
to give up прекратить, бросить; отказаться
I've given up the idea. Я отказался от этой мысли.
The doctor told him to give up sugar. Доктор велел ему отказаться от сахара.
2 дарить
I gave her a bottle of perfume for her birthday. Я подарил ей на день рождения флакон духов.

given ['gɪvn] *past participle от* **give**

glad [glæd] *adj* довольный, радостный
to be glad радоваться
to look glad выглядеть радостным
to feel glad быть обрадованным, чувствовать себя счастливым
Glad to see you! Рад видеть вас!
We are glad you came. Мы рады, что вы пришли.

glance [glɑːns] *n* взгляд
He took a glance at the newspaper headlines. Он пробежал глазами по газетным заголовкам.

glass [glɑːs] *n* **1** стекло
These doors are made of glass. Эти двери стеклянные.
2 стакан
Put the glasses on the table. Поставь стаканы на стол.
Give her some more milk, her glass is empty. Дайте ей ещё молока, её стакан пуст.

glasses ['glɑːsɪz] *n pl* очки
She was wearing dark glasses. Она была в тёмных очках.

glide [glaɪd] *v* скользить

glider ['glaɪdə(r)] *n* планёр

glimpse [glɪmps] *n* быстрый взгляд

to catch a glimpse of увидеть мельком

I only caught a glimpse of the parcel, so I can't guess what was inside it. Я видел этот пакет только мельком и, конечно, не мог догадаться, что там внутри.

glisten ['glɪsn] *v* блестеть

I polished the furniture till it glistened. Я натирал мебель, пока она не заблестела.

Her eyes glistened with tears. Её глаза блестели от слёз.

glitter I ['glɪtə(r)] *v* блестеть, сверкать

The diamond glittered on her finger. На её пальце сверкал бриллиант.

Stars are glittering in the frosty sky. Звёзды сверкают на ясном зимнем небе.

glitter II ['glɪtə(r)] *n* блеск, сверкание

globe [gləʊb] *n* глобус

gloomy ['glu:mɪ] *adj* мрачный; угрюмый; унылый

Today is a gloomy day. Сегодня пасмурный день.

glory ['glɔ:rɪ] *n* слава

glove [glʌv] *n* перчатка

The doctor was wearing rubber gloves. Доктор был в резиновых перчатках.

I've bought a new pair of gloves. Я купил пару новых перчаток.

glue I [glu:] *n* клей

You can fix the broken cup with glue. Разбитую чашку можно склеить.

glue II [glu:] *v* клеить, склеивать

He glued the handle onto the cup. Он приклеил к чашке отбитую ручку.

She glued the pieces together. Она склеила кусочки.

gnat [næt] *n* комар

go [gəʊ] *v* (*past tense* **went**; *past participle* **gone**) **1** идти, ходить; ехать

I usually go to school at 9 o'clock. Я обычно иду в школу в девять часов.

The car is going too fast. Автомобиль едет слишком быстро.

He has gone there by plane. Он отправился туда на самолёте.

2 уходить, уезжать; отправляться

It's time for us to go. Нам пора уходить.

When does the train go? Когда отправляется поезд?

We went to France for our holidays. На каникулы мы уезжали во Францию.

3 работать, функционировать

This clock doesn't go. Эти часы не ходят.

It goes by electricity. Это работает на электричестве.

4 становиться

The milk went sour. Молоко скисло.

He went white with anger. Он побелел от гнева.

His hair went grey. Он поседел.

to go for a walk пойти погулять

We all went for a walk. Мы все вышли прогуляться.

to go swimming пойти купаться

Do they often go swimming? Они часто ходят купаться?

to go shopping пойти за покупками

She has gone shopping. Она ушла за покупками.

to be going to собираться сделать что-л., намереваться

He's going to arrive at 10 o'clock tomorrow. Он собирается приехать завтра в десять.

I'm going to read the newspaper. Я собираюсь читать газету.

to go away уходить, уезжать

They went away and we never saw them again. Они уехали, и мы никогда больше их не видели.

to go back возвращаться

He went back home. Он вернулся домой.

to go down идти вниз, спускаться

He went down the stairs. Он спустился по лестнице.

to go on продолжать(ся)

Go on, don't stop. Не останавливайся, продолжай.

He went on singing. Он продолжал петь.

Go on with your work. Продолжай работать.

to go out потухнуть, погаснуть

The lights went out and we were left in the dark. Свет погас, и мы остались в темноте.

to go up идти вверх, подниматься

They went up the mountain. Они поднялись на гору.

The temperature is going up. Температура повышается.

to go without не иметь; лишаться

He got up late and had to go without breakfast. Он встал поздно и остался без завтрака.

goal [gəʊl] *n* **1** ворота (*футбольные и т. п.*)
2 гол

Our team scored four goals. Наша команда забила четыре мяча.

goalkeeper ['gəʊlki:pə(r)] *n* вратарь

goat [gəʊt] *n* козёл; коза

gold I [gəʊld] *n* золото

My earrings are made of gold. Мои серёжки из золота.

gold II [gəʊld] *adj* золотой

She has a gold ring on her left hand. На левой руке она носит золотое кольцо.

golden ['gəʊldən] *adj* золотой; золотистый

I like her golden hair. Мне нравятся её золотистые волосы.

golden wedding золотая свадьба

goldfish ['gəʊldfɪʃ] *n* золотая рыбка

He has two goldfish in a glass bowl. У него в аквариуме две золотые рыбки.

gone [gɒn] *past participle от* **go**

good I [gʊd] *adj* (*comparative* **better**; *superlative* **best**) **1** хороший; добрый; приятный

The weather is good. Стоит хорошая погода.

We had a good meal. Мы хорошо поели.

It's a good day for a walk. Сегодня хороший день для прогулки.

She's always been very good to me. Она всегда была очень добра ко мне.

Please be good enough to close the door. Будьте добры, закройте дверь.

good for полезный

Fresh fruit is good for you. Тебе полезно есть свежие фрукты.

to be good at уметь хорошо делать (*что-л.*)

He's good at languages. У него способности к языкам.

2 хороший (*о поведении*)

Be good when we visit your aunt. Хорошо веди себя, когда мы будем в гостях у твоей тёти.

3 свежий (*о пище*)

The eggs are old. I hope they're still good. Яйца давно лежат. Я надеюсь, они ещё не испортились.

[*bad* плохой]

good II [gʊd] *n* добро, польза

to do good помогать, приносить пользу

He does a lot of good for the town. Он много делает для своего города.

The medicine will do you no good. Лекарства не помогут тебе.

goodbye I [ˌgʊd'baɪ] *n*: **to say goodbye** прощаться

Say goodbye to your uncle. Попрощайся со своим дядей.

goodbye II [ˌgʊd'baɪ] *interj* до свидания

Goodbye! We'll see you again next week. До свидания, увидимся на следующей неделе.

goods [gʊdz] *n pl* товары

The store sells goods from various countries. В магазине продаются товары из разных стран.

goose [gu:s] *n* (*pl* **geese**) **1** гусь

2 гусь (*блюдо*), гусятина

We had goose for dinner. На обед у нас был гусь.

Note: **goose** *в значении* 2 *не имеет мн. числа*

gooseberry ['gʊzbərɪ] *n* крыжовник

got [gɒt] *past tense и past participle от* **get**

government ['gʌvənmənt] *n* правительство
local government местное управление

gown [gaʊn] *n* платье (*для специальных целей*)
a ball gown бальное платье
a wedding gown свадебное платье
a surgeon's gown хирургический халат

grace [greɪs] *n* грация, изящество
She dances with grace. Она танцует с особой грацией.

grade [greɪd] *n* **1** тип, вид, ранг
This grade of house can be sold at a lower price. Дома этого типа можно продавать дешевле.
2 *амер.* класс
He's in the sixth grade. Он учится в шестом классе.

gradually ['grædʒʊəlɪ] *adv* постепенно
He gradually got better after his operation. Он постепенно поправлялся после операции.
The snow gradually melted. Снег постепенно таял.

graduate ['grædʒʊeɪt] *v* оканчивать (*учебное заведение*)
He graduated from Oxford. Он окончил Оксфордский университет.

graffiti [grə'fi:tɪ] *n pl* граффити; рисунок, надпись (*на стенах домов и т. п.*)

grain [greɪn] *n* **1** зерновая культура; зерно
The farmer plants grain. Фермер выращивает зерновые культуры.
2 зерно, зёрнышко
a grain of rice зёрнышко риса

gram [græm] *n* грамм
A thousand grams make one kilogram. Тысяча граммов составляет килограмм.

grammar ['græmə(r)] *n* грамматика

gramme [græm] = **gram**

grand [grænd] *adj* большой; важный; великий
grand piano рояль

grandchild ['grændtʃaɪld] *n* внук; внучка

granddaughter ['grændɔːtə(r)] *n* внучка

grandfather ['grænfɑːðə(r)] *n* дедушка

grandmother ['grænmʌðə(r)] *n* бабушка

grandparents ['grænpeərənts] *n pl* дедушка и бабушка

grandson ['grænsʌn] *n* внук

grape [greɪp] *n* виноград
Have another grape. Возьми ещё винограда.
What a beautiful bunch of grapes! Какая красивая виноградная гроздь!

grapefruit ['greɪpfruːt] *n* грейпфрут
We had grapefruit for breakfast. На завтрак у нас были грейпфруты.

grass [grɑːs] *n* трава
Keep off the grass! По газонам не ходить!
The little girl sat on the grass. Маленькая девочка сидела на траве.
Note: *не имеет мн. числа*

grasshopper ['grɑːshɒpə(r)] *n* кузнечик

grateful ['greɪtfl] *adj* благодарный, признательный

We are grateful to you for your help. Мы благодарны вам за помощь.

grave[1] [greɪv] *adj* серьёзный; тяжёлый; тревожный
He made a grave mistake. Он допустил серьёзную ошибку.
There were grave news in the letter. В письме были тревожные новости.

grave[2] [greɪv] *n* могила

gray [greɪ] *амер.*= **grey**

greasy ['gri:sɪ] *adj* жирный; сальный
greasy fingers жирные пальцы
greasy hair жирные волосы

great [greɪt] *adj* **1** большой
He is a great friend of mine. Он большой мой друг.
Take great care of it. Хорошо позаботься об этом.
2 важный; выдающийся; знаменитый
He was one of the great men of the past. Он один из выдающихся людей прошлого.

Great Britain [,greɪt'brɪtn] *n* Великобритания

greedy ['gri:dɪ] *adj* жадный
My greedy brother has eaten all the sweets. Мой жадный брат съел все конфеты.

green I [gri:n] *n* зелёный цвет
This picture is in greens and blues. Эта картина написана в зелёных и синих тонах.

green II [gri:n] *adj* **1** зелёный
Her hat is bright green. Её шляпка ярко-зелёная.
2 неспелый
Don't eat that green banana! Не ешь этот зелёный банан!
3 неопытный

I'm not so green as to believe that. Я не настолько наивен, чтобы поверить в это.

greenhouse ['gri:nhaʊs] *n* теплица

greet [gri:t] *v* здороваться; приветствовать
She greeted me with a smile. Она приветствовала меня улыбкой.

greeting ['gri:tɪŋ] *n* **1** приветствие
2 поздравление, пожелание
a birthday greeting поздравление с днём рождения

grenade [grɪ'neɪd] *n* граната

grew [gru:] *past tense от* **grow**

grey I [greɪ] *n* серый цвет
She was dressed in grey. Она была в сером.

grey II [greɪ] *adj* **1** серый
He's wearing dark grey trousers. На нём тёмно-серые брюки.
Look at the grey clouds — it's going to rain. Посмотри на эти серые тучи, собирается дождь.
2 седой
She's gone grey within a few weeks. Она поседела буквально за несколько недель.
3 скучный; мрачный

grin I [grɪn] *v* (**grinned**, **grinning**) усмехаться; ухмыляться
What are you grinning at? Над чем ты смеёшься?
He grinned from ear to ear. Он ухмыльнулся во весь рот.

grin II [grɪn] *n* усмешка; ухмылка

grocery ['grəʊsərɪ] *n* бакалейно-гастрономический магазин, продуктовый магазин
Go to the grocery and get me a can of coffee. Пойди в бакалею и купи банку кофе.

ground [graʊnd] *n* земля; почва

The tree must be planted in wet ground. Дерево нужно сажать во влажную почву.

The branch broke and fell to the ground. Ветка отломилась и упала на землю.

The house was burned to the ground. Дом сгорел дотла.

ground floor [ˌgraʊnd'flɔ:(r)] *n* нижний этаж

The clothing department is on the ground floor. Отдел одежды находится на первом этаже.

group [gru:p] *n* группа

A group of policemen waited at the corner of the street. Группа полицейских стояла на углу улицы.

blood group группа крови

age group возрастная группа

grow [grəʊ] *v* (*past tense* **grew**; *past participle* **grown**) **1** расти

How quickly you are growing! Как быстро ты растёшь!

Cabbages grow well in our garden. Капуста у нас растёт хорошо.

to grow up вырасти, стать взрослым

He wants to be a pilot when he grows up. Он хочет стать лётчиком, когда вырастет.

2 растить, выращивать

We are growing tomatoes. Мы выращиваем помидоры.

3 становиться, делаться

It began to grow dark. Становится темно.

He grew richer all the time. С течением времени он становился всё богаче.

grown [grəʊn] *past participle от* **grow**

grown-up [ˌgrəʊn'ʌp] *adj* взрослый

He has a grown-up son. У него взрослый сын.

guarantee I [ˌgærən'ti:] *n* обещание; гарантия

He has given me a guarantee that he will come back on Sunday. Он твёрдо пообещал мне, что вернётся в воскресенье.

This watch has a two-year guarantee. У этих часов гарантия два года.

guarantee II [ˌgærən'ti:] *v* обещать, ручаться; гарантировать
We cannot guarantee the punctual arrival of trains in foggy weather. Мы не можем гарантировать точное прибытие поездов в туманную погоду.
I'll guarantee that you'll enjoy yourself. Я ручаюсь, что ты отлично проведёшь время.

guard I [gɑ:d] *n* **1** охрана
2 охранник
Armed guards were at the door of the bank. У входа в банк были вооружённые охранники.

guard II [gɑ:d] *v* охранять
The soldiers were guarding the airbase. Солдаты охраняли авиабазу.

guess [ges] *v* отгадывать, угадывать
Can you guess my weight? Угадай, сколько я вешу?
Guess what I'm thinking. Угадай, о чём я думаю.
You've guessed right. Ты правильно отгадал.

guest [gest] *n* гость
We are expecting guests to dinner. Мы ожидаем к обеду гостей.
All the guests in the hotel had to leave because of the fire. Все гости вынуждены были покинуть гостиницу из-за пожара.

guidance ['gaɪdns] *n* руководство; наставление; совет
I need some guidance with my studies. Я нуждаюсь в некотором руководстве моими занятиями.

guide I [gaɪd] *n* **1** проводник, гид
You need a guide to show you the city. Тебе нужен гид, чтобы показать тебе город.
2 путеводитель; справочник

Read this guide to growing vegetables. Почитай этот справочник, как выращивать овощи.

guide II [gaɪd] *v* вести; показывать дорогу
He guided the visitors around the town. Он водил туристов по городу.

guide book ['gaɪdbʊk] *n* путеводитель

guilty ['gɪltɪ] *adj* виноватый; виновный
I have a guilty conscience about forgetting to post your letter. Я чувствую себя виноватым, из-за того что забыл отправить твоё письмо.
The judge decided he was guilty of murder. Судья вынес решение признать его виновным в убийстве.

guitar [gɪ'tɑ:(r)] *n* гитара
He likes to play the guitar. Он любит играть на гитаре.

gum [gʌm] *n* жевательная резинка

gun [gʌn] *n* оружие; орудие
The policeman pulled out his gun. Полицейский выхватил пистолет.

gunpowder ['gʌnˌpaʊdə(r)] *n* порох

guy [gaɪ] *n разг.* парень
She met this guy at the party. Она встретила этого парня на вечеринке.

gym [ʤɪm] *n разг.* спортивный зал
We are going to watch a basketball game in the school gym. Мы собираемся посмотреть баскетбольный матч в школьном спортзале.

gymnastics [ʤɪm'næstɪks] *n pl* гимнастика

gypsy ['ʤɪpsɪ] *n* цыган; цыганка

H

H, h [eɪtʃ] *8-я буква английского алфавита*

habit ['hæbɪt] *n* привычка
It's my habit to get up early every morning. У меня привычка вставать рано по утрам.
by habit по привычке
by force of habit в силу привычки
to get into the habit привыкать
He got into the habit of swimming every day before breakfast. Он привык плавать каждый день перед завтраком.

had [hæd; həd] *past tense и past participle от* **have**

hadn't ['hædnt] = **had not**

hair [heə(r)] *n* **1** волос, волосок
My mother has a few grey hairs. У моей мамы несколько седых волос.
2 волосы
She's got long black hairs. У неё длинные чёрные волосы.
She combed her hair. Она расчесала волосы.
to have one's hair cut стричься, подстричься
He's going to have his hair cut. Он собирается подстричься.

hairbrush ['heəbrʌʃ] *n* щётка для волос

haircut ['heəkʌt] *n* стрижка
You need a haircut. Тебе нужно подстричься.
a short haircut короткая стрижка

hairpin ['heəpɪn] *n* шпилька, заколка для волос

half I [hɑ:f] *n* (*pl* **halves**) половина
Half of six is three. Половина от шести будет три.
in half пополам
He cut the apple in half. Он разрезал яблоко пополам.

half II [hɑ:f] *adj*: **half an hour** полчаса

Be ready in half an hour. Будь готов через полчаса.
Half the car was damaged. Пол-автомобиля было повреждено.
I only want half a cup of coffee. Мне бы только полчашечки кофе.

half III [hɑ:f] *adv* **1** наполовину
This bottle is only half full. Бутылка наполнена только наполовину.
It's half past nine. Сейчас половина десятого.
2 частично
The work is only half finished. Работа сделана лишь наполовину.

hall [hɔ:l] *n* **1** прихожая, холл
I've left my umbrella in the hall. Я оставил зонтик в прихожей.
2 зал
concert hall концертный зал

halves [hɑ:vz] *pl от* **half** I

ham [hæm] *n* ветчина
Would you like another slice of ham? Хочешь ещё ветчины?
Note: *не имеет мн. числа*; **some ham** немного ветчины; **a slice of ham** ломтик ветчины

hamburger ['hæmbɜ:gə(r)] *n* гамбургер

hammer ['hæmə(r)] *n* молоток
He hit his thumb with the hammer. Он ударил себе по пальцу молотком.

hammock ['hæmək] *n* гамак

hand I [hænd] *n* **1** рука (*кисть*)
He was standing with his hands in his pockets. Он стоял, засунув руки в карманы.
She had a cup in each hand. Она держала в каждой руке по чашке.
by hand руками, без использования механизмов
He made the table by hand. Он сделал стол своими руками.

to shake hands здороваться за руку

He shook hands with me. Он поздоровался со мной за руку.

on the one hand, on the other hand с одной стороны, с другой стороны

On the one hand the hotel is near the sea, but on the other hand it costs a lot. С одной стороны, гостиница стоит близко к морю, с другой стороны, она очень дорогая.

2 стрелка (*часов*)

the hour hand часовая стрелка

the minute hand минутная стрелка

hand II [hænd] *v* давать, передавать

Can you hand me that book? Дайте мне, пожалуйста, ту книгу.

handbag ['hændbæg] *n* сумочка

handkerchief ['hæŋkətʃɪf] *n* носовой платок

Do you have a handkerchief? У тебя есть носовой платок?

He blew his nose with his handkerchief. Он высморкался в носовой платок.

handle ['hændl] *n* ручка (*двери, чашки и т. п.*)

He turned the door handle. Он повернул дверную ручку.

The handle of my suitcase is broken. Ручка у моего чемодана сломана.

handsome ['hænsəm] *adj* красивый, привлекательный

a handsome young man красивый молодой человек

Note: употребляется по отношению к мужчинам, но никогда по отношению к женщинам или детям

handwriting ['hændraɪtɪŋ] *n* почерк

Whose handwriting is this? Чей это почерк?

She has clear handwriting. У неё чёткий почерк.

handy ['hændɪ] *adj* **1** полезный; удобный

My box of tools is very handy. Мой ящик с инструментами очень удобен.

2 искусный, умелый
She is handy with her needle. Она хорошо шьёт.

hang [hæŋ] *v* (*past tense u past participle* **hung**) **1** вешать
Hang your coat on the hook. Повесь своё пальто на крючок.
She hung the photograph over her bed. Она повесила фотографию над своей кроватью.
2 висеть
I like that picture hanging over the table. Мне нравится эта картина, что висит над столом.
to hang on ждать
Hang on — don't go yet! Подожди, не уходи!
to hang up закончить телефонный разговор, повесить трубку
He hung up after saying goodbye. Попрощавшись, он повесил трубку.
I was so angry, I hung up on her. Я так разозлился на неё, что, не дослушав, бросил трубку.

hanger ['hæŋə(r)] *n* вешалка, плечики
Put your jacket on a hanger. Повесь свой пиджак на плечики.

happen ['hæpən] *v* происходить, случаться
The accident happened at the corner of the street. Несчастный случай произошёл на углу улицы.
How did it happen? Как это случилось?
She's late — something must have happened. Она опоздала: должно быть, что-то случилось.
What happened to his brother? Что случилось с его братом?
to happen to оказываться; случайно делать что-л.
I happened to be there when the fire started. Я случайно оказался там, когда начался пожар.
The house happened to be empty. Оказалось, что дом пуст.
We happened to meet him at the restaurant. Мы случайно встретили его в ресторане.

happiness ['hæpɪnɪs] *n* счастье

happy ['hæpɪ] *adj* счастливый; довольный

We're so happy to hear that you are better. Мы так рады слышать, что вам лучше.
She's not very happy at her job. Она не очень довольна своей работой.
That was the happiest day of my life. Это был самый счастливый день в моей жизни.
Happy birthday! Счастливого дня рождения!
[*unhappy* несчастный]

hard I [hɑːd] *adj* **1** твёрдый, жёсткий
This bed is too hard. Эта кровать слишком жёсткая.
The cake is so hard I can't bite into it. Пирог такой жёсткий, что я даже не могу откусить от него.
[*soft* мягкий]
2 трудный
If the test is too hard, nobody will pass. Если экзамен будет слишком трудный, никто его не сдаст.
That man is hard to please. Этому человеку трудно угодить.
It is hard to understand. Это трудно понять.
[*easy* лёгкий]
3 тяжёлый; суровый
hard times трудные времена
a hard winter суровая зима

hard II [hɑːd] *adv* усиленно; упорно
It's snowing hard. Идёт сильный снег.
Think hard! Подумай хорошенько!

hard disk ['hɑːddɪsk] *n вчт.* жёсткий диск

hardly ['hɑːdlɪ] *adv* едва, с трудом
I hardly know her. Я едва знаю её.
I'm so tired I can hardly walk. Я так устал, что едва держусь на ногах.

hardware ['hɑːdweə(r)] *n* аппаратура, аппаратное оборудование, технические средства

hare [heə(r)] *n* заяц

harm [hɑːm] *n* вред, зло
He means no harm by saying that. Говоря это, он не имел в мыслях ничего плохого.
That won't do you any harm. Это не повредит тебе.

harmful ['hɑːmfl] *adj* вредный, опасный
Bright light can be harmful to your eyes. Яркий свет может быть вреден для глаз.

harmless ['hɑːmlɪs] *adj* безобидный, безвредный
The dog seems fierce, but he's harmless. Пёс выглядит свирепым, но он совершенно безобидный.
It was a harmless question. Это был совершенно безобидный вопрос.

harsh [hɑːʃ] *adj* резкий, суровый
This cloth is harsh to the touch. Эта ткань жёсткая на ощупь.
He has a harsh voice. У него грубый голос.

harvest ['hɑːvɪst] *n* урожай
The apple harvest has begun. Начался сбор яблок.
The harvest starts in September. Сбор урожая начинается в сентябре.

has [hæz; həz] *3-е лицо ед. ч. наст. времени глагола* **to have**

hasn't ['hæznt] = **has not**

hat [hæt] *n* шляпа
a straw hat соломенная шляпа
a felt hat фетровая шляпа
She put on her new hat. Она надела свою новую шляпку.

hate [heɪt] *v* ненавидеть, не выносить
She hates getting up early. Она терпеть не может рано вставать.
I hate to trouble you. Мне очень не хочется вас беспокоить.

have [hæv; həv] *v* (*3rd sing present* **has**; *past tense и past participle* **had**) **1** иметь

The little girl has two brothers. У этой девочки два брата.
He has a new white car. У него новый белый автомобиль.
She has red hair. У неё рыжие волосы.
Have you any idea where he lives? Ты имеешь представление, где он живёт?

to have a swim плавать
to have a look посмотреть
to have a rest отдохнуть

We had a short rest. Мы немного отдохнули.
They had a quarrel yesterday. Они вчера поссорились.

2 принимать пищу

Do you have tea or coffee in the morning? Ты пьёшь утром чай или кофе?

3 чувствовать

I have a bad pain in my back. У меня болит спина.

4: to have to быть должным, быть обязанным

We had to leave early. Мы должны были рано уехать.
Do you often have to go to the dentist's? Тебе часто приходится обращаться к зубному врачу?

5 *вспомогательный глагол; служит для образования перфектной формы*

He has eaten his breakfast. Он уже съел завтрак.
Have you finished your work? Вы уже закончили свою работу?
She hadn't seen him for two days. Она не видела его уже два дня.

haven't ['hævnt] = **have not**

hawk [hɔ:k] *n* ястреб

hay [heɪ] *n* сено
to make hay косить и сушить сено

hazel nut ['heɪzlnʌt] *n* фундук, лесной орех

he [hi:] *pron* (*косв. падеж* **him**) он

He's my brother. Он мой брат.
He and I went there together. Мы с ним туда ходили вместе.

head [hed] *n* **1** голова
He shook his head. Он покачал головой.
I turned my head and saw him. Я обернулся и увидел его.
She tried to do the sum in her head. Она попыталась решить задачу в уме.
2 передняя часть, головная часть
He stood at the head of the line. Он стоял во главе строя.
3 глава
He's the head of the sales department. Он заведует торговым отделом.

headache ['hedeɪk] *n* головная боль
I have a bad headache. У меня очень болит голова.

headline ['hedlaɪn] *n* (газетный) заголовок
Did you see the headlines about the President? Вы видели заголовки статей о президенте?

headphones ['hedfəʊnz] *n pl* наушники

heal [hi:l] *v* затягиваться, заживать (*о ране*)
The wound is not yet healed. Рана ещё не затянулась.
The wound healed slowly. Рана заживала медленно.

health [helθ] *n* здоровье
Fresh air and exercise are good for the health. Свежий воздух и физические упражнения очень полезны для здоровья.
to be in good health быть здоровым

healthy ['helθɪ] *adj* здоровый; полезный
The children look very healthy. У детей очень здоровый вид.
a healthy climate здоровый климат
a healthy way of living здоровый образ жизни
a healthy appetite здоровый аппетит
[*unhealthy* нездоровый, вредный]

heap [hi:p] *n* куча, груда
Building materials lie about in heaps. Строительные материалы грудами лежат повсюду.

heaps of большое количество, множество
We have heaps of books and toys. У нас множество книг и игрушек.

hear [hɪə(r)] *v* (*past tense и past participle* **heard**) **1** слышать
I don't hear you. Я не слышу тебя.
I can hear the neighbour's radio because it is so loud. Мне слышно радио соседей, потому что они громко его включили.
2 узнавать
Have you heard the news? Вы слышали новость?
to hear of знать о
Who is he? I've never heard of him. Кто он? Я никогда о нём не слышал.

heard [hɜ:d] *past tense и past participle от* **hear**

heart [hɑ:t] *n* **1** сердце
She has a weak heart. У неё слабое сердце.
The doctor listened to his heart. Доктор прослушал его сердце.
2 сердце, душа
He has a kind heart. У него доброе сердце.
by heart наизусть
I have learned this poem by heart. Я выучил это стихотворение наизусть.
3 центр, сердцевина
She has a house in the heart of the city. У неё дом в самом центре города.
4 черви (*карточная масть*)
the queen of hearts дама червей

heat I [hi:t] *n* жара, тепло
She's suffering from the heat. Она страдает от жары.
I like the heat. Мне нравится жара.
[*cold* холод]

heat II [hi:t] *v* нагревать, согревать
Heat up the soup while I set the table. Подогрей суп, пока я накрою на стол.

heater ['hi:tə(r)] *n* обогреватель

heating ['hi:tɪŋ] *n* отопление

All modern houses have central heating. Во всех современных домах есть центральное отопление.

heavy ['hevɪ] *adj* **1** тяжёлый

This box is so heavy I can hardly lift it. Этот ящик такой тяжёлый, что я едва смог его поднять.

[*light* лёгкий]

2 сильный

There has been a heavy snowfall during the night. Ночью прошёл сильный снегопад.

There was heavy traffic in the centre of town. В центре города было сильное движение.

he'd [hi:d] = **he had; he would**

hedge [heʤ] *n* (живая) изгородь

hedgehog ['heʤhɒg] *n* ёж

heel [hi:l] *n* **1** пятка

You have a hole in the heel of your stocking. У тебя дырка на пятке чулка.

2 каблук

She wore shoes with very high heels. Она носила туфли на очень высоких каблуках.

height [haɪt] *n* высота

What is the height of this mountain? Какова высота этой горы?

What is your height? Какой у тебя рост?

held [held] *past tense и past participle от* **hold** I

helicopter ['helɪkɒptə(r)] *n* вертолёт

I've flown in a helicopter. Я летал на вертолёте.

he'll [hi:l] = **he will**

hello [hə'ləʊ] *interj* алло!, привет!

helmet ['helmɪt] *n* шлем

help I [help] *v* помогать
Can you help me? Не могли бы вы мне помочь?
I helped him to find his things. Я помог ему найти его вещи.
cannot help smth не смочь удержаться от чего-л.
I cannot help laughing. Я не могу удержаться от смеха.
She burst out crying; she couldn't help it. Она не удержалась и расплакалась.
It can't be helped. Ничего не поделаешь.
to help smb to smth угощать
I helped her to a cup of tea. Я угостил её чаем.
to help oneself to smth угощаться, брать еду
She helped herself to a sandwich. Она взяла бутерброд.
Help yourself! Угощайтесь!

help II [help] *n* помощь
Do you need any help? Вам нужна помощь?
She was calling for help. Она звала на помощь.
with the help of с помощью, при помощи
He cleaned the car with the help of a big brush. Он чистил автомобиль с помощью большой щётки.

helpful ['helpfl] *adj* полезный
Our English teacher Mr Finlay is very friendly and helpful. Наш учитель английского языка мистер Финли очень дружелюбный и всегда готов помочь.

helpless ['helplɪs] *adj* беспомощный

hen [hen] *n* курица

her I [hɜ:(r)] *косв. падеж от* **she**

her II [hɜ:(r)] *adj* её, свой, своя, своё
Her father is in London. Её отец в Лондоне.
It is not her book. Это не её книга.
There's her letter. Вот её письмо.

herb [hɜ:b] *n* трава

herd [hɜ:d] *n* стадо

here [hɪə(r)] *adv* здесь; сюда
Can you come here, please? Подойдите сюда, пожалуйста.
I live here. Я живу здесь.
Here's the newspaper. Вот газета.
Here he comes. Вот и он.
[*there* там; туда]
here you are вот, пожалуйста, возьмите
Where is my pen? — Here you are! Где моя ручка? — Вот она!
Note: когда предложение начинается с **here**, *подлежащее ставится после сказуемого, если оно выражено существительным, а не местоимением; e. g.* **here comes the bus** вот и автобус; **here she comes** вот и она

hero ['hɪərəʊ] *n* герой

heroine ['herəʊɪn] *n* героиня

hers [hɜ:z] *pron* её
It is not his book, it's hers. Это не его книга, а её.
She introduced me to a friend of hers. Она представила меня своему другу.
Note: в качестве определения не употребляется

herself [hɜ:'self] *pron* **1** себе, себя; -ся, -сь
She hurt herself. Она ушиблась.
She ought to be ashamed of herself. Ей должно быть стыдно (за себя).
2 сама
She made the cake herself, without mother's help. Она испекла пирог сама, без помощи матери.
(all) by herself сама, одна
Can she do it by herself? Может она это сделать сама?
My sister is playing by herself in the garden. Моя сестрёнка одна играет в саду.

he's [hi:z] = **he is, he has**

hesitate ['hezɪteɪt] *v* колебаться
He hesitated for a few seconds. Он колебался несколько секунд.
He hesitated what to do next. Он не мог решить, что делать дальше.

hid [hɪd] *past tense от* **hide**

hidden ['hɪdn] *past participle от* **hide**

hide [haɪd] *v* (*past tense* **hid**; *past participle* **hidden**) **1** прятать, скрывать
I hid the broken plate. Я спрятал разбитую тарелку.
You're hiding some inportant facts. Ты скрываешь некоторые важные факты.
Don't hide your feelings, say what you think! Не скрывай своих чувств, скажи, что думаешь!
2 прятаться, скрываться
Where is he hiding? Где он прячется?
He is hiding from the police. Он скрывается от полиции.

hide-and-seek [ˌhaɪdn'si:k] *n* прятки (*игра*)

high I [haɪ] *adj* **1** высокий
The room has a high ceiling. В этой комнате высокий потолок.
What is the highest mountain in Europe? Какая самая высокая гора в Европе?
2 большой
high temperature высокая температура
high prices высокие цены
The car runs at high speed. Автомобиль несётся на высокой скорости.
3 высший, лучший
high quality высшее качество
[*low* низкий]

high II [haɪ] *adv* высоко
The balloon flew high up into the sky. Воздушный шарик улетел высоко в небо.
[*low* низко]

high school ['haɪsku:l] *n* средняя школа

highway ['haɪweɪ] *n* шоссе, автомагистраль

hijack ['haɪʤæk] *v* угонять (*самолёт и т. п.*)

hike [haɪk] *n* прогулка, поход

hill [hɪl] *n* холм, горка
His house is on top of a hill. Его дом стоит на вершине холма.
We went up the hill. Мы поднялись на горку.

him [hɪm] *косв. падеж от* **he**

himself [hɪm'self] *pron* **1** себе, себя; -ся, -сь
He cut himself. Он порезался.
2 сам
He himself says so. Он сам так говорит.
Did you see the manager himself? Вы видели самого директора?
(all) by himself сам, один
He's done it by himself. Он сам это сделал.

hint I [hɪnt] *n* намёк
She gave him a hint that she would like him to leave. Она дала ему понять, что хотела бы, чтобы он ушёл.

hint II [hɪnt] *v* намекать
She closed her eyes to hint that she was tired. Она закрыла глаза, желая показать, что устала.

his I [hɪz] *adj* его, свой
Do you know his sister? Ты знаешь его сестру?
He hurt his hand. Он ушиб руку.

his II [hɪz] *pron* его
That book is his, not yours. Это его книга, а не ваша.
I'm a friend of his. Я его друг.
Note: *в качестве определения не употребляется*

historian [hɪ'stɔːrɪən] *n* историк

history ['hɪstrɪ] *n* история
ancient history история античности
medieval history история средневековья
modern history история нового времени

hit I [hɪt] *n* **1** удар
a good hit хороший удар
2 популярная песня, хит
That pop group has had many hits. У этой поп-группы было много хитов.

hit II [hɪt] *v* (**hitting**; *past tense и past participle* **hit**) ударить; нанести удар; поразить (*цель*)
He hit his forehead when he fell. Он ударился лбом, когда упал.
He hit a man on the head. Он ударил человека по голове.

hoarse [hɔːs] *adj* грубый, хриплый
in a hoarse voice хриплым голосом

hobby ['hɒbɪ] *n* увлечение, хобби
Do you have any hobbies? Есть у тебя какое-нибудь любимое занятие?
His hobby is collecting stamps. Его хобби — коллекционирование марок.

hockey ['hɒkɪ] *n* хоккей
ice hockey хоккей на льду
to play hockey играть в хоккей

hold I [həʊld] *v* (*past tense и past participle* **held**) **1** держать
The girl was holding her father's hand. Девочка держалась за руку отца.
She held me by the sleeve. Она держала меня за рукав.
He was holding a letter in his hand. Он держал в руке письмо.
to hold on держаться
Hold on, we're turning. Держись, сейчас поворот.
Hold on to the handle. Держитесь за поручень.

to hold up задерживать

The train was held up by the snow. Поезд опоздал из-за снегопада.

Rain held up the match. Из-за дождя начало матча задержали.

2 вмещать

Will the car hold six people? В этот автомобиль поместятся шесть человек?

How much water will that bucket hold? Сколько воды вмещает это ведро?

3 устраивать, проводить (*собрание и т. п.*)

We are holding the flower show next week. На следующей неделе мы проводим выставку цветов.

4 сдерживать, контролировать

Can you hold your breath under water? Ты можешь задержать дыхание под водой?

hold II [həʊld] *n*: **to take hold of** браться, хватать

to lose hold of не удержать, выпустить

He lost hold of the rope and fell. Он выпустил верёвку и упал.

hole [həʊl] *n* дыра, дырка; яма; отверстие; нора

I have a hole in my sock. У меня на носке дырка.

The rat ran down its hole. Крыса шмыгнула в свою нору.

holiday ['hɒlɪdeɪ] *n* **1** праздник; выходной день

public holiday общенародный, государственный праздник

2 каникулы, отпуск

She's coming home for the Christmas holidays. Она приезжает домой на рождественские каникулы.

Take a month's holiday in summer. Возьми отпуск летом.

on holiday в отпуске

hollow ['hɒləʊ] *adj* пустой, полый

A drum is hollow. Барабан внутри пустой.

holy ['həʊlɪ] *adj* святой, священный

the Holy Bible Священное Писание

home I [həʊm] *n* дом, домашний очаг

When do you leave home in the morning? В котором часу ты уходишь утром из дома?

at home дома

Are you going to be at home tomorrow? Ты завтра будешь дома?

She stayed at home because she was tired. Она осталась дома, потому что устала.

home II [həʊm] *adv* домой

Go home quickly! Быстро иди домой!

He's going home. Он идёт домой.

I'll take it home with me. Я возьму это с собой домой.

homeless ['həʊmlɪs] *adj* бездомный

The floods made many people homeless. В результате наводнения много людей осталось без крова.

homemade [ˌhəʊm'meɪd] *adj* домашний, домашнего изготовления; кустарный

homework ['həʊmwɜ:k] *n* домашняя работа, домашнее задание

Have you done your maths homework? Ты сделал задание по математике?

Note: *не имеет мн. числа*

honest ['ɒnɪst] *adj* честный

honestly ['ɒnɪstlɪ] *adv* честно

Tell me honestly if you like my new dress. Скажи мне честно, нравится тебе моё новое платье?

honey ['hʌnɪ] *n* мёд

honeymoon ['hʌnɪmu:n] *n* медовый месяц

honour ['ɒnə(r)] *n* уважение; честь, достоинство

in honour of в честь

There is a party tonight in honour of the new chairman. Сегодня вечером состоится приём в честь нового председателя.

hood [hʊd] *n* капюшон

Does your coat have a hood? Твоё пальто с капюшоном?

hoof [hu:f] *n* (*pl* **hoofs** *или* **hooves**) копыто

hook [hʊk] *n* крючок

Hang your coat on the hook behind the door. Повесь своё пальто на крючок за дверью.

He caught a fish on his hook. Он поймал рыбу на крючок.

hooves [hu:vz] *pl om* **hoof**

hop [hɒp] *v* (**hopped**, **hopping**) прыгать, скакать

Sparrows were hopping about on the grass. Воробьи прыгали по газону.

hope I [həʊp] *n* надежда, вера

Do you have any hope that he'll come? У тебя есть хоть какая-нибудь надежда, что он придёт?

He's full of hope. Он полон надежд.

He has not worked so there is not much hope that he will pass the exam. Он совсем не занимался, поэтому мало надежды, что он сдаст экзамен.

hope II [həʊp] *v* надеяться

We hope to be back home at 7 o'clock. Мы надеемся к семи часам вернуться домой.

I hope our team wins. Я надеюсь, наша команда победит.

We hope to see you again. Надеемся увидеть вас снова.

I hope so надеюсь, что да

I hope not надеюсь, что нет

Will you come to the party? — Yes, I hope so. Придёшь на вечеринку? — Надеюсь, что да.

Will it rain tomorrow? — I hope not. Завтра будет дождь? — Надеюсь, что нет.

hopeless ['həʊplɪs] *adj* безнадёжный

horizon [hə'raɪzn] *n* горизонт

The sun sank below the horizon. Солнце опустилось за горизонт.

horn [hɔːn] *n* **1** рог
The cow tried to push him with its horns. Корова пыталась боднуть его рогами.
2 горн; рожок
a hunting horn охотничий рог
3 гудок (*автомобильный*)
The taxi driver blew his horn to tell us that he had arrived. Такси подъехало, и таксист посигналил нам.

horrible ['hɒrəbl] *adj* ужасный, плохой
I had a horrible dream last night. Я видел ужасный сон прошлой ночью.
The dinner I had in the restaurant was horrible. Обед в ресторане был ужасный.
What horrible weather! Какая ужасная погода!

horror ['hɒrə(r)] *n* ужас
She ran away in horror from the snake. Увидев змею, она в ужасе убежала.

horse [hɔːs] *n* лошадь
She rides her horse every morning. Каждое утро она ездит верхом.

horseback ['hɔːsbæk] *n*: **on horseback** верхом
There were three policemen on horseback. Там было трое конных полицейских.

horseshoe ['hɔːsʃuː] *n* подкова

hose [həʊz] *n* шланг, рукав, кишка
He was watering his garden with a hose. Он из шланга поливал сад.

hospital ['hɒspɪtl] *n* больница
He's still in hospital. Он ещё в больнице.

I'm going to the hospital to see my brother. Я собираюсь в больницу навестить брата.
He's been in the hospital for several days. Он несколько дней лежал в больнице.

host [həʊst] *n* хозяин

hostess ['həʊstɪs] *n* хозяйка

hot [hɒt] *adj* горячий, жаркий
I can't drink the tea, it's too hot. Я не могу пить этот чай, он слишком горячий.
I like my coffee hot. Я люблю, чтобы кофе был горячий.
What hot weather we're having! Что за жарища!
If you're hot, take your coat off. Если тебе жарко, сними пальто.
[*cold* холодный]

hot dog ['hɒtdɒg] *n* хот-дог, булочка с горячей сосиской

hotel [həʊ'tel] *n* гостиница, отель
All the rooms in the hotel are booked. Все номера в гостинице заказаны.
Which is the best hotel in the city? Какая гостиница самая лучшая в городе?
Aren't there any hotels near the sea? Есть здесь гостиницы поближе к морю?

hour ['aʊə(r)] *n* час
I'll be ready in a quarter of an hour. Я буду готов через четверть часа.
This work took me half an hour. Эта работа заняла у меня полчаса.
He is paid by an hour. У него почасовая оплата.
hours *pl* часы, время
school hours время школьных занятий

house [haʊs, *pl* 'haʊzɪz] *n* дом, жилое здание
He has an apartment in the city and a house in the country. У него есть квартира в городе и дом в деревне.

All the houses on our street look the same. Все дома на нашей улице выглядят одинаково.

housewife ['haʊswaɪf] *n* домашняя хозяйка

housework ['haʊswɜ:k] *n* домашняя работа, работа по дому

I have some housework to do. Мне надо кое-что сделать по хозяйству.

Note: не имеет мн. числа

how [haʊ] *adv* **1** как, каким образом

She doesn't know how to make tea. Она даже не знает, как заварить чай.

How can I get there? Как мне туда добраться?

I told him how to find me. Я сказал ему, как меня найти.

2 как, как много, до какой степени

How much does this cost? Сколько это стоит?

How old are you? Сколько тебе лет?

How much sugar do you want in your coffee? Сколько сахара вам положить в кофе?

3 *в восклицании* как

How blue the sky is! Какое голубое небо!

How beautiful she is! Как она красива!

◊ **how do you do?** здравствуйте!

how are you? как поживаете?

however [haʊ'evə(r)] *adv* однако, тем не менее

Later, however, he decided to go. Позже, однако, он решил идти.

He was mistaken, however. Тем не менее, он ошибся.

howl [haʊl] *v* выть, завывать

huge [hju:ʤ] *adj* огромный, крупный

A huge dog came running to meet us. Нам навстречу выбежал огромный пёс.

human ['hju:mən] *adj* человеческий

human being человек, человеческое существо

humble ['hʌmbl] *adj* скромный, смиренный; простой
He made a humble apology. Он смиренно просил прощения.

humorist ['hju:mərɪst] *n* юморист

humorous ['hju:mərəs] *adj* юмористический

humour ['hju:mə(r)] *n* юмор
to have a sense of humour иметь чувство юмора
He has no sense of humour. У него нет чувства юмора.

hump [hʌmp] *n* горб

hundred ['hʌndrəd] *num*, *n* сто, сотня
He's over a hundred years old. Ему больше ста лет.
The house was built several hundred years ago. Этот дом был построен несколько сотен лет назад.
Hundreds of people caught the flu. Сотни людей заболели гриппом.

hung [hʌŋ] *past tense и past participle от* **hang**

hunger ['hʌŋgə(r)] *n* голод
He was weak with hunger. Он ослабел от голода.

hungry ['hʌŋgrɪ] *adj* голодный
a hungry child голодный ребёнок
to be hungry быть голодным, хотеть есть
I'm hungry. Я хочу есть.
Hurry up with the dinner; we're getting hungry. Поторопись с обедом: мы уже хотим есть.

hunt [hʌnt] *v* охотиться, ходить на охоту
The cat went out hunting mice. Кот отправился ловить мышей.
to hunt for искать
He hunted everywhere for his lost cap. Он повсюду искал свою кепку.

hunter ['hʌntə(r)] *n* охотник

hurrah [hʊ'rɑː] *interj* ура

hurricane ['hʌrɪkən] *n* ураган
Hurricane Dolly is on its way and has already caused a lot of problems! Приближающийся ураган Долли уже принёс много бед.

hurry I ['hʌrɪ] *v* (**hurries**, **hurried**, **hurrying**) торопить(ся)
Don't hurry, there's plenty of time. Не торопись, ещё очень много времени.
Don't hurry me! Не торопи меня!
She hurried along the street. Она торопливо шла по улице.
Hurry up! Поторопись!

hurry II ['hʌrɪ] *n* спешка, поспешность
What's the hurry? Что за спешка?
to be in a hurry торопиться, спешить
He's always in a hurry. Он вечно спешит.

hurt [hɜːt] *v* (*past tense и past participle* **hurt**) **1** ушибить; повредить
I've hurt my leg. Я ушиб ногу.
She fell down and hurt herself. Она упала и ушиблась.
2 болеть
My arm hurts. У меня болит рука.
3 обижать
Her words have hurt him deeply. Её слова больно ранили его.

husband ['hʌzbənd] *n* муж
He's my sister's husband. Он муж моей сестры.
I know her, but I have never met her husband. Я знаю её, но никогда не видел её мужа.

hut [hʌt] *n* хижина; домик

hyphen ['haɪfn] *n* дефис

I

I, i [aɪ] *9-я буква английского алфавита*

I [aɪ] *pron* (*косв. падеж* **me**) я

He and I are great friends. Мы с ним большие друзья.
I'm cold. Мне холодно.
I've no time. У меня нет времени.
Give it to me. Дай это мне.
Can you hear me? Вы слышите меня?
Who is it? — It's me. Кто там? — Это я!

ice [aɪs] *n* **1** лёд

In winter there is ice on the river. Зимой река покрывается льдом.

2 мороженое

He ordered two strawberry ices. Он заказал две порции клубничного мороженого.

iceberg ['aɪsbɜ:g] *n* айсберг

ice cream [ˌaɪs'kri:m] *n* мороженое

I like ice cream very much. Я очень люблю мороженое.
What kind of ice cream do you want — lemon or chocolate? Какое мороженое ты хочешь: лимонное или шоколадное?

ice skate ['aɪsskeɪt] *n* конёк

She was putting on her ice skates. Она надела коньки.

icicle ['aɪsɪkl] *n* сосулька

icy ['aɪsɪ] *adj* **1** очень холодный, ледяной

The icy wind was blowing all day long. Целый день дул ледяной ветер.

2 покрытый льдом

Be careful, the roads are icy. Будь осторожен, на дорогах гололёд.

I'd [aɪd] = **I had; I should; I would**

idea [aɪˈdɪə] *n* мысль, идея, понятие

What a good idea! Прекрасная мысль!

I have no idea. Я не знаю.

He is full of new ideas. Он полон новых идей.

I have an idea that she will be late. Я думаю, что она опоздает.

ideal [aɪˈdɪəl] *adj* идеальный

This place is ideal for a picnic. Это место идеально подходит для пикника.

idle [ˈaɪdl] *adj* **1** неработающий; бездействующий

We spent many idle hours during the holidays. Во время праздников мы часами ничего не делали.

2 праздный, ленивый

an idle student ленивый студент

3 пустой, бесполезный

Don't listen to idle tales. Не слушай пустые разговоры.

if [ɪf] *conj* **1** если

If I'm free, I'll come to the party. Если я буду свободен, то приду на вечеринку.

If you had told me you were sick, I would have come to see you. Если бы ты сказал мне, что заболел, я бы навестил тебя.

If you ask him, he will help you. Если ты попросишь его, он тебе поможет.

2 когда

If I am ill, I stay in bed. Когда я болею, то лежу в постели.

3 ли

I wonder if he has ever been to London? Интересно, был ли он в Лондоне?

Do you know if she is at home? Ты не знаешь, она дома?

as if как будто

She is walking slowly as if she were tired. Она шла медленно, как будто устала.

if only если бы только

If only we could go to the festival today! Вот если бы мы могли пойти на праздник сегодня!

ignition [ɪgˈnɪʃn] *n авто* зажигание

Switch on the ignition. Включи зажигание.

ignorant ['ɪgnərənt] *adj* невежественный, необразованный; несведущий
That ignorant girl doesn't know where Scotland is. Эта невежественная девчонка даже не знает, где находится Шотландия.

ignore [ɪg'nɔ:(r)] *v* не замечать, игнорировать
I ignored her rude remarks. Я не обращал внимания на её грубые замечания.
He ignored the warning. Он проигнорировал предостережение.

I'll [aɪl] = **I shall**; **I will**

ill [ɪl] *adj* больной
If you feel ill, you ought to see a doctor. Если ты нехорошо себя чувствуешь, надо показаться врачу.
He's not as ill as he was last week. Ему уже не так плохо, как было на прошлой неделе.
to be ill быть больным, болеть
She was ill. Она была больна.
to fall ill заболеть
He fell ill on holiday. Во время каникул он заболел.

illegal [ɪ'li:gl] *adj* незаконный, противозаконный, нелегальный

illness ['ɪlnɪs] *n* болезнь

I'm [aɪm] = **I am**

image ['ɪmɪʤ] *n* **1** образ; подобие
She is the image of her mother. Она копия своей матери.
2 впечатление, имидж
How can we improve our image? Как нам улучшить наш имидж?

imaginary [ɪ'mæʤɪnərɪ] *adj* воображаемый, мнимый
an imaginary illness мнимая болезнь

imagination [ɪˌmæʤɪ'neɪʃn] *n* воображение; фантазия
He hasn't much imagination. У него мало воображения.
You didn't really see a ghost — it was only imagination. В дей-

ствительности вы не видели привидение — это всё плод вашего воображения.

imagine [ɪ'mædʒɪn] *v* представлять себе, воображать

Imagine yourself sitting on the beach in the sun. Представь себе, как будто ты сидишь на пляже на солнышке.

You can't imagine how difficult it is for me to study a foreign language. Ты не можешь себе представить, как мне трудно учить иностранный язык.

imitate ['ɪmɪteɪt] *v* подражать; копировать, имитировать

You shouldn't imitate your brother's manners. Тебе не следует подражать своему брату.

This material is made to imitate leather. Этот материал имитирует кожу.

immediate [ɪ'mi:dɪət] *adj* немедленный

This letter needs an immediate reply. На это письмо нужно дать ответ немедленно.

immediately [ɪ'mi:dɪətlɪ] *adv* сразу, немедленно

Take off your muddy shoes immediately! Немедленно сними свои грязные ботинки!

impatience [ɪm'peɪʃns] *n* нетерпение

[*patience* терпение]

impatient [ɪm'peɪʃnt] *adj* нетерпеливый

She was impatient to see her brother. Она не могла дождаться, когда увидит своего брата.

[*patient* терпеливый]

impatiently [ɪm'peɪʃntlɪ] *adv* нетерпеливо

[*patiently* терпеливо]

impolite [ˌɪmpə'laɪt] *adj* невежливый

It is impolite to read while I'm talking to you. Невежливо читать, в то время как я говорю с тобой.

[*polite* вежливый]

importance [ɪm'pɔːtns] *n* важность, значительность

He spoke with an air of importance. Он говорил со значительным видом.

The matter is of great importance to us. Это дело для нас очень важно.

It is of no importance to me. Для меня это совсем неважно.

important [ɪm'pɔːtnt] *adj* важный

I must go, because I have an important meeting. Я должен идти, потому что у меня важная встреча.

impossible [ɪm'pɒsəbl] *adj* невозможный, невыполнимый

It is impossible to get tickets for the concert. Совершенно невозможно достать билеты на концерт.

[*possible* возможный, выполнимый]

impression [ɪm'preʃn] *n* впечатление

What was your first impression of London? Какое у тебя первое впечатление от Лондона?

to make an impression производить впечатление

He made a good impression so the manager gave him the job. Он произвёл на управляющего хорошее впечатление и получил работу.

improve [ɪm'pruːv] *v* улучшать(ся)

Your pronunciation is improving. Твоё произношение улучшается.

You must improve your cooking before you invite him to dinner. Тебе надо научиться получше готовить, прежде чем пригласить его на обед.

improvement [ɪm'pruːvmənt] *n* улучшение

The teacher is pleased with the improvement in my work. Учитель был доволен, что я стал лучше учиться.

There is no improvement in the weather. Погода не улучшается.

in I [ɪn] *prep* **1** *указывает на место* в; на

I live in the country. Я живу в деревне.

He's in school. Он в школе.

The key is in the lock. Ключ в замке.
Throw it in the fire. Брось это в огонь.
There were no people in the street. На улице никого не было.

2 *указывает на время* в
He was born in 1985. Он родился в 1985 году.
She came in my absence. Она пришла в моё отсутствие.
It was in his youth. Это было в его юности.
My brother's leaving in March. Мой брат уезжает в марте.
I'll be back in a minute. Я вернусь через минуту.
She should be here in half an hour. Она должна быть здесь через полчаса.

3 *указывает на состояние* в
She was dressed in white. Она была в белом.
The dictionary is in alphabetical order. Словарь сделан по алфавитному принципу.
He was in trouble. У него были неприятности.
The letter was written in pencil. Письмо было написано карандашом.
Write it in French. Напиши это по-французски.

in II [ɪn] *adv* внутри
to be in быть (*дома*, *на работе и т. п.*)
Is there anyone in? Есть кто-нибудь дома?

inability [ˌɪnəˈbɪlətɪ] *n* неспособность
She doesn't learn much because of her inability to listen. Она не многому научилась из-за своего неумения слушать.
[*ability* способность]

inch [ɪntʃ] *n* дюйм (*=2,54 см*)

include [ɪnˈkluːd] *v* включать, учитывать
Did you include me when you made the list? Вы включили меня, когда составляли список?
There were ten of us, if you include the children. Нас было десять, включая детей.
[*to exclude* исключать]

including [ɪnˈkluːdɪŋ] *prep* включая

I have seen all his films, including the last. Я видел все его фильмы, включая последний.
[*excluding* исключая]

income ['ɪŋkəm] *n* доход
His income changes from year to year. С каждым годом его доходы меняются.
She has a very low income. Её доход очень низкий.

incomplete [ˌɪnkəm'pli:t] *adj* неполный; незавершённый
The artist's picture is incomplete. Эта картина художника не завершена.
This set of plates is incomplete. Этот набор тарелок неполный.
[*complete* полный]

inconvenience [ˌɪnkən'vi:nɪəns] *n* неудобство
The deep snow made a lot of inconvenience for drivers. Глубокий снег причиняет много неудобств водителям.

inconvenient [ˌɪnkən'vi:nɪənt] *adj* неудобный, неподходящий
He came at an inconvenient time. Он пришёл в неподходящее время.
[*convenient* удобный, подходящий]

incorrect [ˌɪnkə'rekt] *adj* неверный, с ошибками
This address is incorrect. Этот адрес неверный.
[*correct* верный, правильный]

increase I ['ɪŋkri:s] *n* рост, увеличение
He asked for a salary increase. Он просил о повышении заработной платы.

increase II [ɪn'kri:s] *v* увеличивать(ся), повышать(ся)
The driver increased speed. Водитель увеличил скорость.
The population has increased. Население возросло.

indeed [ɪn'di:d] *adv* **1** действительно
I was very glad indeed to hear the news. Я действительно был очень рад услышать эту новость.

2 *выражает интерес, удивление и т. п.*
He told me about your success. — Oh, indeed! Он рассказал мне о твоём успехе. — В самом деле?

indefinite [ɪn'defɪnət] *adj* неопределённый
He gave me an indefinite answer. Он дал мне неопределённый ответ.
[*definite* определённый]

independence [ˌɪndɪ'pendəns] *n* независимость

independent [ˌɪndɪ'pendənt] *adj* независимый
She's a very independent girl. Она очень независимая девушка.
The country became independent two years ago. Страна обрела независимость два года назад.

India ['ɪndɪə] *n* Индия

Indian ['ɪndɪən] *adj*: **the Indian Ocean** Индийский океан

indicate ['ɪndɪkeɪt] *v* указывать, показывать
He indicated the door with his finger. Он пальцем указал на дверь.

indirect [ˌɪndɪ'rekt] *adj* непрямой, косвенный
indirect speech *грам.* косвенная речь
[*direct* прямой]

individual [ˌɪndɪ'vɪʤʊəl] *adj* индивидуальный, личный
She didn't read well so her teacher gave her individual help. Она плохо читала, поэтому учитель занимался с ней отдельно.

indoors [ˌɪn'dɔːz] *adv* внутри дома, в помещении
We stayed indoors because it was raining. Шёл дождь, и мы остались дома.
[*outdoors* на открытом воздухе]

industrial [ɪn'dʌstrɪəl] *adj* промышленный, индустриальный
industrial city промышленный город

industry ['ɪndəstrɪ] *n* промышленность, индустрия
the car industry автомобильная промышленность
heavy industry тяжёлая промышленность
light industry лёгкая промышленность

infinitive [ɪn'fɪnətɪv] *n грам.* инфинитив, неопределённая форма глагола

influence I ['ɪnflʊəns] *n* влияние
Television has a strong influence on people. Телевидение имеет огромное влияние на людей.

influence II ['ɪnflʊəns] *v* влиять, воздействовать
The government has tried to influence the voters. Правительство пыталось повлиять на избирателей.

influenza [ˌɪnflʊ'enzə] *n* грипп

inform [ɪn'fɔ:m] *v* сообщать, информировать
Have you informed your boss that you will not be at work tomorrow? Вы поставили в известность начальника, что вас не будет завтра на работе?

informatics [ɪnfə'mætɪks] *n* информатика

information [ˌɪnfə'meɪʃn] *n* информация, сведения
Do you have any information on this matter? Вы располагаете какой-либо информацией по этому делу?
That's a very useful piece of information. Это очень нужная информация.
Note: *не имеет мн. числа*

initial [ɪ'nɪʃl] *adj* первый, начальный
What is the initial letter in his name? С какой буквы начинается его имя?

initials [ɪ'nɪʃlz] *n pl* инициалы

ink [ɪŋk] *n* чернила

She wrote her name in red ink. Она написала своё имя красными чернилами.

input ['ɪnpʊt] *n вчт.* ввод
data input ввод данных

inquire [ɪn'kwaɪə(r)] *v* спрашивать, справляться
At the station my father inquired what time the train left. На вокзале отец узнал, во сколько отправился поезд.

inquiry [ɪn'kwaɪərɪ] *n* вопрос, справка
He wrote in answer to my inquiry about his new book. Он написал мне в ответ на мой вопрос о его новой книге.
to make an inquiry расспрашивать, наводить справки
She's making inquiries about her cat which is missing. Она везде расспрашивает о своём пропавшем коте.

insect ['ɪnsekt] *n* насекомое

inside I [ɪn'saɪd] *adv* внутри
Come inside because it's raining. Зайди в дом, на улице дождь.
The house is dark inside. В доме темно.
inside out наизнанку
He put his socks on inside out. Он надел носки наизнанку.
[*outside* снаружи]

inside II [ɪn'saɪd] *prep* в, внутри
Don't let the dog come inside the house. Не разрешай собаке заходить в дом.
[*outside* снаружи, вне]

inside III ['ɪnsaɪd] *n* внутренняя сторона, внутренняя часть
The inside of this cake is quite hard. А внутри это пирожное довольно твёрдое.
[*outside* наружная сторона]

insist [ɪn'sɪst] *v* настойчиво утверждать
He insisted that he had seen a ghost. Он всё повторял, что видел привидение.

to insist on настаивать на (*чём-л.*)

I said I'd walk to the station, but he insisted on driving me there. Я сказал, что дойду до станции пешком, но он настаивал на том, чтобы отвезти меня на машине.

instance ['ɪnstəns] *n* пример
for instance например

instant I ['ɪnstənt] *adj* быстрый, моментальный

He gave an instant answer to my question. Он тут же ответил на мой вопрос.

instant coffee растворимый кофе

instant II ['ɪnstənt] *n* секунда, момент

I'll be with you in an instant. Через секунду я буду с тобой.

instead [ɪn'sted] *adv* вместо, взамен

I couldn't find a nice dress so I bought a blouse and skirt instead. Я не смогла найти хорошее платье и взамен купила юбку и блузку.

instead of вместо, вместо того чтобы

He'll go instead of me. Он пойдёт вместо меня.

He has been playing all afternoon instead of studying. Вместо того чтобы заниматься, он весь день играл.

instinct ['ɪnstɪŋkt] *n* инстинкт

institute ['ɪnstitju:t] *n* институт

instruct [ɪn'strʌkt] *v* **1** учить, обучать

My uncle instructs people how to drive cars. Мой дядя учит людей водить машину.

2 инструктировать, давать указания

My boss instructed me to send the letters quickly. Начальник велел мне отправить письма побыстрее.

instrument ['ɪnstrʊmənt] *n* инструмент; прибор
a box of instruments ящик с инструментами

insufficient [ˌɪnsəˈfɪʃnt] *adj* недостаточный
One sandwich is unsufficient for a hungry man. Одного сэндвича недостаточно для голодного человека.

insult I [ɪnˈsʌlt] *v* оскорблять
You insulted my brother when you called him a pig. Ты оскорбил моего брата, обозвав его свиньёй.

insult II [ˈɪnsʌlt] *n* оскорбление

insurance [ɪnˈʃʊərəns] *n* страховка, страхование
life insurance страхование жизни
auto insurance страхование автомобиля

insure [ɪnˈʃʊə(r)] *v* страховать
Have you insured your house against fire? Вы застраховали дом на случай пожара?

intelligent [ɪnˈtelɪʤənt] *adj* умный; понятливый, смышлёный
an intelligent child смышлёный ребёнок

intend [ɪnˈtend] *v* намереваться
What do you intend to do? Что вы намерены делать?
to be intended for предназначаться
This dictionary is intended for beginners. Этот словарь предназначен для начинающих.

intention [ɪnˈtenʃn] *n* намерение
He went to Paris with the intention of learning French. Он поехал в Париж с намерением учить французский язык.

interactive [ˌɪntərˈæktɪv] *adj* интерактивный, диалоговый

interest I [ˈɪntrəst] *n* **1** интерес
to take an interest in интересоваться
Farmers always take an interest in the weather. Фермеры всегда интересуются прогнозами погоды.
2 увлечение

Do you have any special interests apart from your work? Вы занимаетесь ещё чем-нибудь помимо работы?

interest II ['ɪntrəst] *v* интересовать

I talked to the pilot for a long time because he interested me. Я долго разговаривал с лётчиком, потому что он заинтересовал меня.

to be interested in интересоваться, увлекаться

He is interested in aeroplanes. Он увлекается самолётами.

interesting ['ɪntrəstɪŋ] *adj* интересный

How interesting it is! Как интересно!

interface ['ɪntəfeɪs] *n вчт.* интерфейс, стык

interfere [ˌɪntə'fɪə(r)] *v* вмешиваться

Please don't interfere in my business. Пожалуйста, не вмешивайтесь в мои дела.

interjection [ˌɪntə'ʤekʃn] *n грам.* междометие

intermediate [ˌɪntə'mi:dɪət] *adj* промежуточный

at an intermediate stage на промежуточной стадии

internal [ɪn'tɜ:nl] *adj* внутренний

internal memory *вчт.* собственная память

international [ˌɪntə'næʃnəl] *adj* международный, интернациональный

I have to make an international phone call. Мне необходимо позвонить за границу.

international trade международная торговля

interpret [ɪn'tɜ:prɪt] *v* переводить (*устно*)

I coudn't speak Italian so I asked my sister to interpret for me in the shop. Я не говорю по-итальянски, поэтому я просил сестру переводить мне в магазине.

interpreter [ɪn'tɜ:prɪtə(r)] *n* переводчик (*устный*)

My brother was my interpreter during the trip. Во время путешествия брат был моим переводчиком.

interrogative [ˌɪntəˈrɒgətɪv] *adj* вопросительный
an interrogative sentence вопросительное предложение

interrupt [ˌɪntəˈrʌpt] *v* прерывать, перебивать
She interrupted me to ask a question. Она перебила меня, чтобы задать вопрос.

interval [ˈɪntəvl] *n* **1** промежуток, интервал
at intervals с промежутками
Seeds are planted at intervals of 3 inches. Семена сеют с промежутками в три дюйма.
2 перерыв, антракт
I like to eat ice cream in the interval. Мне нравится в антракте есть мороженое.

interview [ˈɪntəvjuː] *n* интервью, беседа
I have an interview for a new job tomorrow. Завтра у меня собеседование на новой работе.

into [ˈɪntuː; ˈɪntə] *prep* **1** *указывает на движение или направление внутрь* в
Come into the house. Войди в дом.
She fell into the swimming pool. Она упала в бассейн.
2 *указывает на изменение формы, состояния и т. п.* в, на
She burst into tears. Она расплакалась.
The rain changed into snow. Дождь перешёл в снег.
Translate it from English into Russian. Переведите это с английского на русский.

introduce [ˌɪntrəˈdjuːs] *v* представлять, знакомить
He introduced his new girlfriend to his mother. Он познакомил мать со своей новой подружкой.
Can I introduce my new assistant? Позвольте представить вам моего нового помощника.

introduction [ˌɪntrəˈdʌkʃn] *n* **1** представление, знакомство

It was necessary to make introductions all around. Всех присутствующих необходимо было представить друг другу.

2 вступление, введение (*в книге и т. п.*)

First of all read the introduction. Прежде всего прочтите введение.

invalid[1] ['ɪnvəlɪd] *n* больной; инвалид

invalid[2] [ɪn'vælɪd] *adj* **1** недействительный

Your ticket is invalid. Ваш билет недействителен.

2 *вчт.* недопустимый; ошибочный

[*valid* допустимый; правильный]

invent [ɪn'vent] *v* **1** изобретать

Who invented the radio? Кто изобрёл радио?

2 выдумывать, придумывать

The whole story was invented. Вся эта история была выдумана от начала до конца.

invention [ɪn'venʃn] *n* изобретение

Yesterday we saw his latest invention. Вчера мы видели его последнее изобретение.

inventor [ɪn'ventə(r)] *n* изобретатель

Who was the inventor of the telephone? Кто изобретатель телефона?

inverted commas [ɪnˌvɜ:tɪd'kɒməz] *n pl* кавычки

investigate [ɪn'vestɪgeɪt] *v* расследовать; изучать, исследовать

The police are investigating the fire. Полиция расследует причины пожара.

invisible [ɪn'vɪzəbl] *adj* невидимый

Wind is invisible. Ветер невидим.

invitation [ˌɪnvɪ'teɪʃn] *n* приглашение

They sent me an invitation to their party. Они прислали мне приглашение на вечеринку.

invite [ɪn'vaɪt] *v* приглашать

We invited them to come in. Мы пригласили их войти.

He has been invited to speak at the meeting. Его пригласили выступить на собрании.

iron I ['aɪən] *n* **1** железо

sheets of iron листы железа

2 утюг

She has two irons — but only one of them works. У неё два утюга, но работает только один.

iron II ['aɪən] *v* гладить

Mother is ironing father's shirts. Мама гладит папины рубашки.

ironing board ['aɪənɪŋbɔ:d] *n* гладильная доска

irritate ['ɪrɪteɪt] *v* **1** сердить, раздражать

Her stupid talking irritated me. Её глупая болтовня раздражала меня.

2 вызывать раздражение, воспаление

Wool irritates my skin. От шерсти у меня на коже раздражение.

is [ɪz] *3-е лицо ед. ч. настоящего времени глагола* **to be**

island ['aɪlənd] *n* остров

He lives on a little island in the middle of the river. Он живёт на маленьком острове посередине реки.

isn't ['ɪznt] = **is not**

it [ɪt] *pron* (*pl* **they**; *косв. падеж* **it**) **1** он, она, оно (*о предметах и животных*)

Where is my book? — It's on the table. Где моя книга? — Она на столе.

Where is the cat? — It's in the garden. Где кошка? — Она в саду.

2 *в безличных предложениях*

It's raining. Идёт дождь.

It is said that... Говорят, что...

3 *в качестве подлежащего заменяет какое-л. понятие*
It is difficult to learn Chinese. Китайский язык учить трудно.
It is Monday today. Сегодня понедельник.
It's a long way from here to the post office. Отсюда до почты далеко.
4 это
Who's at the door? — It's your mother. Кто там? — Это твоя мать.
What's that? — It's a radio. Что это? — Это радиоприёмник.

Italy ['ɪtəlɪ] *n* Италия

it'll ['ɪtl] = **it will**

it's [ɪts] = **it is; it has**

its [ɪts] *adj* его, её (*о предметах и животных*)
The cat drank its milk. Кошка лакала молоко.

itself [ɪt'self] *pron* **1** себе, себя; -ся, -сь
The horse seems to have hurt itself. Кажется, лошадь ушиблась.
The cat's washing itself. Кошка умывается.
2 сам, сама, само
Did you see the explosion itself? Вы видели сам взрыв?
(all) by itself сам, сама, само; один, одна, одно
The car started to move all by itself. Автомобиль начал двигаться сам по себе.
The house stands by itself in the forest. Дом одиноко стоит в лесу.

I've [aɪv] = **I have**

ivy ['aɪvɪ] *n* плющ

J

J, j [ʤeɪ] *10-я буква английского алфавита*

jacket ['ʤækɪt] *n* куртка; пиджак

He took his jacket off because it was hot. Он снял куртку, потому что было жарко.

jail [ʤeɪl] *n* тюрьма

He was sent to jail for four years. Его посадили в тюрьму на четыре года.

jam[1] [ʤæm] *n* варенье, джем

a jar of jam банка варенья

I'd like some jam on my bread, please. Мне, пожалуйста, хлеб с джемом.

jam[2] [ʤæm] *n* скопление; затор; пробка

traffic jam автомобильная пробка

in a jam в трудном положении, в беде

We must help him because he is in a jam. Мы должны помочь ему, у него неприятности.

January ['ʤænjʊərɪ] *n* январь

Her birthday is in January. Её день рождения в январе.

We never go on vacation in January. Мы никогда не ездим в отпуск в январе.

Japan [ʤə'pæn] *n* Япония

jar [ʤɑ:(r)] *n* банка

a jar of honey банка мёда

jaw [ʤɔ:] *n* челюсть

the upper jaw верхняя челюсть

the lower jaw нижняя челюсть

jaws *pl* рот, челюсти, пасть

The dog had a bird in its jaws. Собака держала в зубах птицу.

jazz [ʤæz] *n* джаз

jealous ['ʤeləs] *adj* завистливый; ревнивый

We are all jealous of the long vacations he takes. Мы все завидуем ему, что у него такой большой отпуск.

She is jealous when her boyfriend talks to other girls. Она испытывает ревность, когда её парень заговаривает с другими девушками.

jeans [ʤi:nz] *n pl* джинсы
I bought a new pair of jeans. Я купил новые джинсы.
She was wearing jeans. На ней были джинсы.

jeep [ʤi:p] *n* джип

jelly ['ʤelɪ] *n* желе
He put grape jelly on his bread. Он намазал на хлеб виноградное желе.

jellyfish ['ʤelɪfɪʃ] *n* медуза

jerk [ʤɜ:k] *n* резкое движение, толчок
The train stopped with a jerk. Поезд резко остановился.

jet [ʤet] *n* **1** струя (*воды*, *газа и т. п.*)
The firemen directed jets of water at the burning house. Пожарные направили струи воды на горящий дом.
2 реактивный самолёт

jet engine [ˌʤet'enʤɪn] *n* реактивный двигатель

jewel ['ʤu:əl] *n* драгоценный камень, драгоценность
She had jewels in her hair. В её волосах сверкали бриллианты.

jeweller ['ʤu:ələ(r)] *n* ювелир

jewellery ['ʤu:əlrɪ] *n* драгоценности, ювелирные изделия

jigsaw puzzle ['ʤɪgsɔ:ˌpʌzl] *n* составная картинка, картинка-мозаика

jingle ['ʤɪŋgl] *v* звенеть, звякать
The money jingled in his pocket. Монеты позвякивали у него в кармане.

job [ʤɒb] *n* **1** работа, занятие
I have some jobs to do before we go out. Прежде чем мы уйдём, мне нужно кое-что сделать.
odd jobs случайные заработки
2 постоянная работа, место работы
He lost his job. Его уволили.
He has a job in a factory. Он работает на фабрике.
She has applied for a job as a teacher. Она искала место преподавателя.
to be out of a job быть безработным
I'm out of a job now. Я сейчас без работы.

join [ʤɔɪn] *v* **1** соединять(ся), скреплять(ся)
You must join the two wires together. Вы должны соединить эти два провода.
The two roads join about three miles further on. Эти две дороги сливаются примерно через три мили.
2 присоединяться; вступать, становиться членом (*клуба и т. п.*)
I'll join you in a few minutes. Я присоединюсь к вам через несколько минут.
He joined the army. Он пошёл служить в армию.
She has joined the tennis club. Она стала членом теннисного клуба.

joint [ʤɔɪnt] *n* **1** место соединения, стык
2 сустав

joke I [ʤəʊk] *n* шутка
He was cracking jokes all the time. Он всё время отпускал шутки.
She made jokes about his hat. Она пошутила по поводу его шляпы.
It's no joke. Дело серьёзное.

joke II [ʤəʊk] *v* шутить
I was only joking. Я только пошутил.

journal ['ʤɜ:nl] *n* газета; журнал

journalist ['ʤɜ:nəlɪst] *n* журналист

journey ['ʤɜ:nɪ] *n* поездка, путешествие
He went on a journey across Russia. Он отправился в путешествие по России.
Is it a long journey from here to London? Далеко ли отсюда до Лондона?

joy [ʤɔɪ] *n* радость, удовольствие
She jumped for joy. Она прыгала от радости.

jubilee ['ʤu:bɪli:] *n* юбилей

judge I [ʤʌʤ] *n* судья
The judge sent him to prison for two years. Судья отправил его в тюрьму на два года.
She's the judge in the flower show. Она входит в жюри на конкурсе цветов.

judge II [ʤʌʤ] *v* оценивать; судить
I can't judge which picture is best. Я не могу решить, какая картина лучше.

judo ['ʤu:dəʊ] *n* дзюдо

jug [ʤʌg] *n* кувшин
a milk jug молочный кувшин

juice [ʤu:s] *n* сок
a glass of tomato juice стакан томатного сока
a can of orange juice банка апельсинового сока

juicy ['ʤu:sɪ] *adj* сочный
a juicy grapefruit сочный грейпфрут

July [ʤʊ'laɪ] *n* июль
He was born in July. Он родился в июле.
We are going to Spain next July. В следующем году в июле мы собираемся в Испанию.

jump I [ʤʌmp] *v* прыгать

The cat jumped from the wall. Кошка спрыгнула с забора.
Can you jump across this stream? Ты можешь перепрыгнуть через этот ручей?

to jump at сразу согласиться
He jumped at the invitation to watch tennis at Wimbledon. Он с радостью ухватился за приглашение посмотреть теннисный турнир в Уимблдоне.

jump II [ʤʌmp] *n* прыжок
long jump прыжки в длину
high jump прыжки в высоту

junction [ˈʤʌŋkʃn] *n* стык дорог; перекрёсток; место соединения
Turn right at the next junction. На следующем перекрёстке поверните направо.

June [ʤuːn] *n* июнь
Last June we went to Paris. В июне прошлого года мы были в Париже.

jungle [ˈʤʌŋgl] *n* джунгли

junior [ˈʤuːnɪə(r)] *adj* младший
a junior class младший класс

jury [ˈʤʊərɪ] *n* присяжные
The jury decided that the man was guilty. Присяжные пришли к заключению, что обвиняемый виновен.

just [ʤʌst] *adv* **1** точно, ровно
It's just two o'clock. Сейчас ровно два часа.
She's just sixteen — her birthday was yesterday. Ей ровно шестнадцать лет: вчера был её день рождения.
2 только что, недавно
They've just arrived from London. Они только что приехали из Лондона.
He's just leaving for the office. Он как раз идёт на работу.
I was just going to call her, when she called me. Я только собирался ей позвонить, как она сама позвонила мне.

3 только

I've been there just once. Я был там только один раз.

Wait just a minute! Подождите минуту!

just as в то же самое время

Just as I got into the bathroom the phone rang. Как только я пошёл в ванную, зазвонил телефон.

just now недавно

I saw him just now in the bank. Я только что видел его в банке.

justice ['ʤʌstɪs] *n* справедливость

K

K, k [keɪ] *11-я буква английского алфавита*

kangaroo [ˌkæŋgə'ruː] *n* кенгуру

keen [kiːn] *adj* **1** острый

Be careful with that knife: it's got a keen edge. Осторожно с этим ножом: он очень острый.

2 холодный, жгучий

There was a keen wind blowing from the east. С востока дул холодный ветер.

3 энергичный; стремящийся; жаждущий

a keen student энергичный студент

Her father wants her to go to university, but she is not keen. Её отец хочет, чтобы она поступила в университет, но она не очень-то стремится.

keen on увлекающийся, интересующийся

Most girls aren't keen on football. Большинство девочек футболом не интересуется.

keep [kiːp] *v* (*past tense и past participle* **kept**) **1** держать, хранить

Don't keep your hands in your pockets! Не держи руки в карманах!

Where do you keep your books? Где ты держишь свои книги?

Can I keep the book I borrowed from you? Можно мне ещё подержать книгу, что я взял у вас?

I don't want that paper any more — you can keep it. Мне больше не нужна эта газета, можешь оставить её себе.
Keep this seat for me, will you? Скажите, что это место занято, хорошо?

to keep silence молчать
to keep a secret хранить тайну

2 задерживать
What kept you? Что вас задержало?
I'll only keep you for a few minutes. Я задержу вас всего на несколько минут.

3 удерживать (*в каком-л. состоянии*)
Put on your apron to keep your dress clean. Надень фартук, чтобы не запачкать платье.
This coat will keep you warm. В этом пальто вам будет тепло.

to keep smb waiting заставлять кого-л. ждать
He kept us waiting for forty minutes. Он заставил нас ждать сорок минут.

4 держать (*слово*, *обещание*)
He always keeps his promise. Он всегда выполняет своё обещание.
I kept my word and wrote that letter. Я сдержал слово и написал это письмо.

5 продолжать находиться, держаться (*в каком-л. состоянии*)
The weather kept fine. Стояла хорошая погода.
Keep still when I photograph you. Не двигайся, я сфотографирую тебя.
She kept studying. Она продолжала заниматься.

kennel ['kenl] *n* конура
The dog lives in a kennel. Собака живёт в конуре.

kept [kept] *past tense и past participle от* **keep**

ketchup ['ketʃəp] *n* кетчуп

kettle ['ketl] *n* чайник (*для кипячения воды*)
The kettle is boiling. Чайник кипит.
Put the kettle on the fire and make some tea. Поставь чайник на огонь и завари чай.

key I [ki:] *n* ключ
I locked the door with a key. Я запер дверь на ключ.
She turned the key and opened the door. Она повернула ключ и открыла дверь.

key II [ki:] *v* (**keys**, **keyd**, **keying**): **to key in** печатать, набирать (*текст на компьютере*)

keyboard ['ki:bɔ:d] *n* клавиатура (*фортепиано*, *пишущей машинки*, *компьютера и т. п.*)

keyhole ['ki:həʊl] *n* замочная скважина
The key is in the keyhole. Ключ в замочной скважине.

kick [kɪk] *v* **1** ударить ногой
He kicked the ball into the goal. Он ногой отправил мяч в ворота.
2 брыкаться, лягаться
The baby was kicking and screaming. Ребёнок сучил ножками и кричал.

kid [kɪd] *n* **1** козлёнок
2 *разг.* ребёнок
Come on, kids, let's play ball. Ну, дети, давайте поиграем в мяч.

kill [kɪl] *v* убивать
The dry weather has killed all my flowers. Засуха погубила все мои цветы.
He was killed in a plane crash. Он погиб в авиакатастрофе.

kilo ['ki:ləʊ] = **kilogram**

kilogram ['kɪləgræm] *n* килограмм
two kilograms of sugar два килограмма сахара
He weighs 62 kg. Он весит шестьдесят два килограмма.

kilometre ['kɪləmi:tə(r)] *n* километр

It is about twenty kilometres from here to the railway station. Отсюда до станции почти двадцать километров.
It takes me ten minutes to walk a kilometre. Я прохожу километр за десять минут.
The speed limit is 80 kilometres per hour. Ограничение скорости — восемьдесят километров в час.

kind[1] [kaɪnd] *n* род, сорт, вид
A butterfly is a kind of insect. Бабочка — это вид насекомого.
How many kinds of apples do you know? Сколько сортов яблок ты знаешь?
We were talking about all kinds of things. Мы говорили о разных вещах.
What kind of books do you like best of all? Какие книги тебе нравятся больше всего?
What kind of person is he? Что он за человек?
◊ **nothing of the kind** ничего подобного

kind[2] [kaɪnd] *adj* добрый, доброжелательный; любезный
It was very kind of you to help us. Было очень любезно с вашей стороны помочь нам.
How kind of him to ask you to dinner. Как любезно было с его стороны пригласить вас на обед.
Will you be so kind as to close the door? Будьте добры, закройте, пожалуйста, дверь.
You always should be kind to animals. Надо хорошо обращаться с животными.
She's the kindest person I know. Более доброго человека, чем она, я не знаю.
[*unkind* недобрый]

kindergarten ['kɪndəgɑ:tn] *n* детский сад

kindness ['kaɪndnɪs] *n* доброта; любезность
Please do me the kindness to answer this letter quickly. Пожалуйста, ответьте как можно скорее на это письмо.

king [kɪŋ] *n* король
the King of Spain король Испании
King Edward король Эдуард

The King and Queen came to visit the city. Король и королева прибыли в город с визитом.
The lion is the king of animals. Лев — царь зверей.

kiss I [kɪs] *v* целовать
He kissed his daughter and went to his work. Он поцеловал дочь и ушёл на работу.
They kissed each other good-bye. Они поцеловались на прощанье.

kiss II [kɪs] *n* поцелуй
She gave her mother a kiss. Она поцеловала мать.

kitchen ['kɪtʃɪn] *n* кухня
Don't come into the kitchen with your dirty shoes on. Не ходи на кухню в этой своей грязной обуви.
The ice cream is in the refrigerator in the kitchen. Мороженое в холодильнике на кухне.

kitchen garden [ˌkɪtʃɪn'gɑːdn] *n* огород
We grow vegetables in the kitchen garden. Мы выращиваем в огороде овощи.

kite [kaɪt] *n* (воздушный) змей
The boy is flying a kite. Мальчик пускает змея.

kitten ['kɪtn] *n* котёнок

knee [niː] *n* колено
He was on his knees looking for something under the bed. Стоя на коленях, он искал что-то под кроватью.
There are big holes in the knees of his old trousers. На коленях его старых брюк были огромные дыры.

knew [njuː] *past tense от* **know**

knife [naɪf] *n* (*pl* **knives**) нож
Cut up your meat with the knife. Порежь мясо ножом.
bread knife нож для резки хлеба, хлебный нож

knight [naɪt] *n* рыцарь

knit [nɪt] *v* (**knitted**, **knitting**) вязать

She's knitting a pair of socks. Она вяжет носки.

My mother knitted this scarf for me. Этот шарф связала мне мама.

knitting ['nɪtɪŋ] *n* вязанье

Her knitting fell from her lap to the floor. Вязанье упало с её колен на пол.

knives [naɪvz] *pl om* **knife**

knob [nɒb] *n* круглая (дверная) ручка

He opened the door by turning the knob. Он открыл дверь, повернув ручку.

knock I [nɒk] *n* стук; удар

There was a knock at the door. Раздался стук в дверь.

He got a nasty knock on the head when he fell. Он упал и сильно ударился головой.

knock II [nɒk] *v* стучать; ударять

He knocked on the door before going in. Он постучал в дверь, прежде чем войти.

Don't knock so loudly. Не стучи так громко.

You need a hammer to knock that nail in. Нужен молоток, чтобы забить этот гвоздь.

to knock smb down сбивать кого-л. с ног

He was knocked down by a bus. Его сбил автобус.

to knock smth down сносить что-л.

These old houses are to be knocked down. Эти старые дома нужно снести.

knot [nɒt] *n* узел

He tied a knot. Он завязал узел.

Tie the two ropes together in a knot. Свяжи узлом эти две верёвки.

know [nəʊ] *v* (*past tense* **knew**; *past participle* **known**) **1** знать, иметь сведения

Do you know his address? Ты знаешь его адрес?

Do you know how to get there? Ты знаешь, как добраться туда?

I didn't know she was married. Я не знал, что она замужем.

No one knew where he lived. Никто не знал, где он живёт.

He doesn't know where she has gone. Он не знает, куда она ушла.

as far as I know насколько мне известно

As far as I know he is still here. Насколько мне известно, он ещё здесь.

2 быть знакомым; узнавать

I know your brother — we were at school together. Я знаю твоего брата, мы вместе учились в школе.

I know Moscow very well. Я знаю Москву очень хорошо.

I've known him for years. Я знаю его много лет.

I've a bad memory for faces and might not know her again. Я плохо запоминаю лица и, возможно, не узнаю её при встрече.

know-how ['nəʊhaʊ] *n* практические знания; технология, «ноу-хау»

knowledge ['nɒlɪʤ] *n* знание, знания

She has a good knowledge of French. Она хорошо знает французский.

He has no knowledge of what is happening. Он не имеет понятия о том, что происходит.

Note: *не имеет мн. числа и не употребляется с неопределённым артиклем*; *e.g.* **a very important piece of knowledge** очень существенное знание

known [nəʊn] *past participle от* **know**

Kremlin ['kremlɪn] *n* кремль

kung fu [ˌkʊŋ'fu:] *n* кунфу

L

L, l [el] *12-я буква английского алфавита*

lab [læb] *разг.* = **laboratory**

label ['leɪbl] *n* ярлык; этикетка; наклейка; нашивка
I don't know what is in this tin because it has no label. Я не знаю, что в этой банке, на ней нет этикетки.
Please put labels on your luggage. Пожалуйста, прикрепите ярлыки к своему багажу.

laboratory [lə'bɒrətrɪ] *n* лаборатория

labour ['leɪbə(r)] *n* труд

lace I [leɪs] *n* **1** кружево
I have lace on my collar. У меня кружевной воротничок.
2 шнурок
She bent down to tie her shoe laces. Она нагнулась завязать шнурки.

lace II [leɪs] *v* шнуровать
to lace (up) one's shoes зашнуровать ботинки

ladder ['lædə(r)] *n* лестница
He went up the ladder to mend the roof. Он влез на лестницу, чтобы заделать крышу.
Stand the ladder against the wall. Приставь лестницу к стене.

laid [leɪd] *past tense и past participle от* **lay**[1]

lain [leɪn] *past participle от* **lie**[2]

lake [leɪk] *n* озеро
He swam across the lake. Он переплыл озеро.
They went out in a boat on the lake. Они поплыли по озеру в лодке.

lamb [læm] *n* **1** ягнёнок, барашек

He saw hundreds of lambs in the fields. На полях мы видели стада барашков.

2 ягнятина, баранина

They had roast lamb for dinner. На обед у них был жареный барашек.

Note: **lamb** *в значении 2 во мн. числе не употребляется*; *e. g.* **some lamb** немного баранины; **a slice of lamb** кусок баранины

lame [leɪm] *adj* хромой

He walks with a stick because he is lame. Он ходит с палкой, потому что хромает.

lamp [læmp] *n* лампа

a desk lamp настольная лампа

a floor lamp торшер

She switched on the lamp because it was dark. Она включила лампу, потому что было темно.

lampshade ['læmpʃeɪd] *n* абажур

land I [lænd] *n* **1** земля, суша

I'm glad to be on land again after ten days at sea. Я рад снова оказаться на суше после десяти дней, проведённых на море.

2 страна

Japan is an eastern land. Япония — восточная страна.

3 участок земли, территория

I have bought a piece of land to build a house on. Я купил землю, чтобы построить дом.

land II [lænd] *v* высаживаться на берег; приземляться

The aeroplane landed at the airport. Самолёт приземлился в аэропорту.

landing ['lændɪŋ] *n* приземление, посадка

The plane made a good landing. Самолёт благополучно приземлился.

lane [leɪn] *n* тропинка, дорожка

language [ˈlæŋgwɪʤ] *n* язык

What foreign language do you speak? Каким иностранным языком вы владеете?

What language do you study? Какой язык вы изучаете?

English is a language which is used everywhere. Английский — это язык, которым пользуются повсюду.

dead language мёртвый язык
native language родной язык
bad language ругательства, брань
computer language компьютерный язык

lantern [ˈlæntən] *n* фонарь (*не электрический*)

large [lɑːʤ] *adj* большой

A man with a large family needs a large house. Человеку с большой семьёй нужен большой дом.

I want a large cup of coffee, please. Мне, пожалуйста, большую чашку кофе.

Our house is larger than yours. Наш дом больше вашего.

[*small* маленький]

lark [lɑːk] *n* жаворонок

laser [ˈleɪzə(r)] *n* лазер

last I [lɑːst] *adj* **1** последний

They live in the last house on the right. Они живут в крайнем доме по правой стороне.

December is the last month of the year. Декабрь — последний месяц года.

He was the last to arrive. Он прибыл последним.

[*first* первый]

2 прошлый

last week на прошлой неделе
last Monday в прошлый понедельник
last year в прошлом году
last night вчера вечером

◊ **at last** наконец

The holidays came at last. Наконец наступили каникулы.

last II [lɑ:st] *adv* (в) последний раз

She was not looking well when I saw her last. Она неважно выглядела, когда я видел её последний раз.

[*first* (в) первый раз]

last III [lɑ:st] *v* продолжаться

The good weather won't last. Хорошая погода не продержится.

The storm lasted all night. Буря продолжалась всю ночь.

The film lasted for three hours. Фильм шёл три часа.

late I [leɪt] *adj* поздний

In summer the sun goes down in late evening. Летом солнце заходит поздно вечером.

There was no food left for the late arrivals. Для тех, кто поздно прибыл, не осталось еды.

It's late — I'm going to bed. Уже поздно, я иду спать.

[*early* ранний]

to be late опаздывать

The train is ten minutes late. Поезд опаздывает на десять минут.

If you don't hurry you'll be late. Если вы не поторопитесь, то опоздаете.

[*to be early* приходить рано]

late II [leɪt] *adv* поздно

The train arrived late. Поезд прибыл с опозданием.

Last night we went to bed late. Вчера мы легли спать поздно.

He came a month later. Он приехал месяцем позже.

Can I see you later this afternoon? Могу я увидеться с вами сегодня, ближе к вечеру?

See you later! Увидимся!

[*early* рано]

◊ **later on** потом, позже, в другой раз

I'll see you later on. Увидимся позже.

sooner or later как-нибудь, когда-нибудь, рано или поздно

lately ['leɪtlɪ] *adv* недавно; за последнее время

Have you seen him lately? Ты видел его в последнее время?

latter ['lætə(r)] *adj* последний, второй (*из двух названных*)
the latter years of his life последние годы его жизни
Of these two men the former is dead, but the latter is still alive. Из этих двух мужчин первый уже умер, а второй ещё жив.
[*former* предыдущий; первый (*из двух*)]

laugh I [lɑ:f] *v* смеяться
They all laughed at his jokes. Они все смеялись над его шутками.
Don't laugh at him. Не смейся над ним.
His story made everyone laugh. Его рассказ всех рассмешил.
What were you laughing at? Над чем вы смеялись?

laugh II [lɑ:f] *n* смех
She's got a loud laugh. У неё громкий смех.
He said it with a laugh. Он сказал это со смехом.

laundry ['lɔ:ndrɪ] *n* прачечная
You'd better send your shirts to the laundry. Лучше сдай рубашки в прачечную.

lavatory ['lævətrɪ] *n* туалет

law [lɔ:] *n* **1** закон
You must always obey the law. Закон нужно всегда соблюдать.
There is a law against murder. Убийство преследуется по закону.
2 правило (*игры*)
the laws of football правила игры в футбол

lawn [lɔ:n] *n* газон, лужайка
The lawn needs cutting. Газон необходимо подстригать.

lawnmower ['lɔ:nməʊə(r)] *n* газонокосилка

lawyer ['lɔ:jə(r)] *n* юрист; адвокат

lay[1] [leɪ] *v* (*past tense и past participle* **laid**) **1** класть, положить
He laid the book down on the table. Он положил книгу на стол.
They are laying a new carpet in the dining room. Они расстилают в столовой новый ковёр.

to lay the table накрывать на стол

The table is laid for six people. Стол накрыт на шесть человек.

2 нести (*яйца*)

The hen has laid an egg. Курица снесла яйцо.

Are your hens laying yet? Ваши куры ещё несутся?

lay² [leɪ] *past tense от* **lie²**

lazy ['leɪzɪ] *adj* ленивый

He's too lazy to study. Он слишком ленив, чтобы учиться.

She's the laziest girl in the school. Она самая большая лентяйка в школе.

lead [li:d] *v* (*past tense и past participle* **led**) **1** вести

He led us through the wood. Он вёл нас через лес.

She led us to our seats. Она провела нас к нашим местам.

The secretary led the visitors out. Секретарь проводила посетителей до выхода.

The dog led the blind man across the road. Собака перевела слепого через дорогу.

2 вести (*о дороге*); приводить

The path leads to the top of the hill. Тропинка ведёт к вершине холма.

Where does this road lead? Куда ведёт эта дорога?

3 возглавлять, руководить

The captain leads his team. Капитан руководит своей командой.

He is leading a group of businessmen on a tour. Он возглавляет группу бизнесменов во время поездки.

leader ['li:də(r)] *n* глава, вождь, руководитель

the leader of an expedition руководитель экспедиции

leaf [li:f] *n* (*pl* **leaves**) лист

In the autumn the leaves fall off the trees. Осенью листья с деревьев облетают.

Insects have eaten the leaves of the cabbages. Насекомые поели листья капусты.

lean [li:n] *v* (*past tense и past participle* **leaned** *или* **leant**) наклоняться; прислонять(ся); облокачиваться
He leaned over to hear what she said. Он наклонился, чтобы услышать, что она говорит.
Don't lean your elbows on the table. Не ставь локти на стол.
He was leaning out of the window. Он высунулся из окна.

leant [lent] *past tense и past participle от* **lean**

leap [li:p] *v* (*past tense и past participle* **leapt** *или* **leaped**) прыгать
They leaped over the stream. Они перепрыгнули через ручей.
The cat leapt from the wall to the tree. Кошка прыгнула с ограды на дерево.

leapt [lept] *past tense и past participle от* **leap**

leap year ['li:pjз:(r)] *n* високосный год
Leap year is a year in which February has 29 days instead of 28 days. Високосным называется год, в котором февраль насчитывает двадцать девять дней, а не двадцать восемь.

learn [lз:n] *v* (*past tense и past participle* **learned** *или* **learnt**) **1** учить(ся), научиться
The child is learning quickly. Ребёнок быстро учится.
We learn English at school. Мы учим английский язык в школе.
She's learning to swim. Она учится плавать.
Have you learned how to drive yet? Ты уже научился водить машину?
You should learn this list of words by tomorrow. Ты должен выучить этот список слов к завтрашнему дню.
2 узнавать (*новости*)
I learnt that they were leaving. Я узнал, что они уезжают.
I learnt from her letter that she was ill. Из её письма я узнал, что она болеет.

learnt [lз:nt] *past tense и past participle от* **learn**

least I [li:st] *adj* (*superlative от* **little** I) наименьший, малейший

That's the least of my problems. Это наименьшая из моих проблем.

least II [li:st] *adv* (*superlative от* **little** II) меньше всего

It happened just when we least expected it. Это случилось как раз тогда, когда мы меньше всего этого ожидали.

least of all меньше всех, меньше всего

None of you can complain, he least of all. Никто из вас не может пожаловаться, а уж он в особенности.

least III [li:st] *n* самое малое; наименьшее количество; наименьшая степень

It was the least we could do for him. Это самое малое, что мы могли для него сделать.

in the least совсем

It doesn't matter in the least. Это совершенно не имеет значения.

Nobody would worry in the least. Совершенно никто не будет беспокоиться.

at least по крайней мере

The food wasn't good, but at least it was cheap. Еда была так себе, но, по крайней мере, недорого стоила.

leather ['leðə(r)] *n* кожа (*материал*)

Her jacket is made of leather. Её пиджак сшит из кожи.

leave [li:v] *v* (*past tense и past participle* **left**) **1** уезжать, уходить, отправляться

We must leave early. Мы должны уехать рано.

When did you leave London? Когда вы уехали из Лондона?

It's time for us to leave. Нам пора уходить.

He left the house a few minutes ago. Он ушёл несколько минут назад.

The train leaves at 10. Поезд отправляется в десять.

[*to come* приходить; приезжать; *to arrive* приезжать, прибывать]

2 оставлять

The postman left a letter for us. Почтальон оставил письмо для нас.

Did you leave the door locked? Ты замкнул дверь?

The window was left open. Окно оставили открытым.

Has she left me anything? Она мне ничего не оставляла?

Leave a piece of cake for your brother. Оставь кусок торта брату.

He left his wife 3 years ago. Он оставил свою жену три года назад.

He left his job in May. Он оставил свою работу в мае.

to leave alone оставить в покое, не трогать

Please leave me alone. Оставь, пожалуйста, меня в покое.

Leave my sewing alone. Не трогай моё шитьё.

to leave behind забывать, оставлять

He left his money behind when he went shopping. Он пошёл в магазин, но забыл деньги.

We had to leave the dog behind when we went on vacation. Когда мы поехали в отпуск, мы не смогли взять собаку с собой.

to leave out пропускать, не включать

I left out the important point. Я пропустил важный пункт.

We left him out of the team because he is ill. Мы не включили его в команду, потому что он болеет.

leaves [li:vz] *pl от* **leaf**

lecture ['lektʃə(r)] *n* лекция

a course of lectures on phylosophy курс лекций по философии

to give a lecture читать лекцию

lecturer ['lektʃərə(r)] *n* лектор

led [led] *past tense и past participle от* **lead**

left[1] I [left] *adj* левый

the left bank of the stream левый берег реки

Not many people write with the left hand. Не очень много людей пишут левой рукой.

His house is on the left side of the street. Его дом стоит на левой стороне улицы.

[*right* правый]

left[1] II [left] *n* левая сторона

on the left слева

Come and sit on my left. Иди сюда и садись слева от меня.
Keep to the left. Держись левой стороны.
[*right* правая сторона]

left[1] III [left] *adv* налево
Go down the street and turn left at the traffic light. Идите вниз по улице и у светофора поверните налево.
[*right* направо]

left[2] [left] *past tense и past participle от* **leave**

left-hand ['lefthænd] *adj* левый
Look in the left-hand drawer. Посмотри в левом ящике.
They live on the left-hand side of the street. Они живут на левой стороне улицы.
[*right-hand* правый]

leg [leg] *n* **1** нога
She fell off the ladder and broke her leg. Она упала с лестницы и сломала ногу.
He's standing on one leg. Он стоит на одной ноге.
2 ножка (*стола и т. п.*)
The table has four legs. У стола четыре ножки.

legal ['li:gl] *adj* юридический, правовой; законный

legend ['leʤənd] *n* легенда

lemon ['lemən] *n* лимон
Do you want a piece of lemon in your tea? Хотите в чай кусочек лимона?

lend [lend] *v* (*past tense и past participle* **lent**) одолжить, дать взаймы
Can you lend me your dictionary till Monday? Можешь дать мне свой словарь до понедельника?
As the shops are shut I'll lend you some bread. Поскольку магазины закрыты, я дам тебе немного хлеба.
I can't lend money to everyone. Я не могу всем одалживать деньги.

length [leŋθ] *n* длина

The garden is twenty-five metres in length. Этот сад имеет двадцать пять метров в длину.

lent [lent] *past tense и past participle от* **lend**

leopard ['lepəd] *n* леопард

leotard ['li:ətɑ:d] *n* трико, гимнастический костюм

less I [les] *adj* (*comparative от* **little** I) меньше, менее

You ought to eat less bread. Тебе надо есть меньше хлеба.

I have less money than you. У меня меньше денег, чем у тебя.

Note: употребляется с неисчисляемыми существительными

less II [les] *adv* (*comparative от* **little** II) меньше, менее

Eat less, drink less and sleep more. Меньше ешь, меньше пей и больше спи.

Please behave less foolishly. Пожалуйста, поменьше глупостей.

I want a suitcase which is less heavy than this one. Мне нужен чемодан не такой тяжёлый, как этот.

lesson ['lesn] *n* урок

We have an English lesson every day. У нас урок английского каждый день.

He went to sleep during the maths lesson. Он заснул на уроке математики.

lessons *pl* занятия

He's taking driving lessons. Он берёт уроки вождения.

She gives French lessons in the evenings. По вечерам она даёт уроки французского.

let [let] *v* (**letting**; *past tense и past participle* **let**) позволять, разрешать; пускать; давать

Let me pass. Дайте мне пройти.

He's letting his beard grow. Он отращивает бороду.

He let a week go by before answering the letter. Прошла неделя, прежде чем он ответил на письмо.

Let them come in — it's raining hard. Впусти их, на улице сильный дождь.

Let him try once more. Пусть он ещё раз попробует.

to let alone не упоминать, не говорить

The baby can't even walk, let alone run. Малыш даже ещё не ходит, не говоря уже о том, чтобы бегать.

to let smb/smth alone оставить в покое, не трогать

Let me alone — I'm reading. Не трогай меня: я читаю.

to let in впускать

Don't let the dog in. Не впускай собаку.

Windows let in light and air. Окна пропускают свет и воздух.

to let know давать знать, сообщать

If he wants to see me before Christmas perhaps he'll let me know. Если он захочет увидеть меня до Рождества, он, вероятно, сообщит мне об этом.

Can you let me know as soon as possible. Дайте мне знать как можно скорее.

to let out выпускать

Let the water out of the bath. Спусти воду в ванне.

Don't let the dog out when she is coming. Не выпускай собаку, когда она придёт.

let's, let us давай, давайте

Let's all go to the cinema. Давайте все пойдём в кино.

Let's not start yet. Давайте пока не начинать.

letter ['letə(r)] *n* **1** буква

Z is the last letter in the English alphabet. Z — последняя буква английского алфавита.

capital letters прописные буквы

small letters строчные буквы

2 письмо

I must write a letter to my sister. Мне надо написать письмо сестре.

Inform me by letter of your plans. Сообщи мне о своих планах письмом.

Put the letter into the envelope. Положи письмо в конверт.

letterbox ['letəbɒks] *n* почтовый ящик

The package is too thick to go into the letterbox. Пакет слишком толстый и не проходит в почтовый ящик.

lettuce ['letɪs] *n* салат-латук

Lettuce is used in salads. Листья латука используют для салатов.

level ['levl] *n* уровень

The river level rose after rain. После дождя уровень воды в реке поднялся.

The room is on the same level as the yard. Комната расположена на том же уровне, что и двор.

The town is 1000 metres above sea level. Город находится на высоте тысяча метров над уровнем моря.

liar ['laɪə(r)] *n* лгун, врун

Don't believe him — he's a liar. Не верь ему, он лгун.

liberty ['lɪbətɪ] *n* свобода

They fought to defend their liberty. Они сражались за свою свободу.

at liberty свободно, по своему усмотрению

I'm not at liberty to decide. Я не волен решать.

You are at liberty to use my bicycle. Ты можешь брать мой велосипед, когда захочешь.

library ['laɪbrərɪ] *n* библиотека

the public library публичная библиотека

lick [lɪk] *v* лизать

She was licking an ice cream. Она лизала мороженое.

The cat was licking its paws. Кошка лизала свои лапы.

lid [lɪd] *n* крышка

Put the lid on the pot. Накрой кастрюлю крышкой.

Where is the lid of the teapot? Где крышка от чайника?

lie[1] **I** [laɪ] *n* ложь, неправда

to tell lies лгать

He told me a lie. Он мне солгал.

lie[1] **II** [laɪ] *v* (**lies**, **lied**, **lying**) лгать

Don't believe her because she always lies. Не верь ей, она вечно врёт.

He was lying when he said he hadn't touched money. Он солгал, когда сказал, что не брал денег.

lie[2] [laɪ] *v* (**lying**; *past tense* **lay**; *past participle* **lain**) лежать

She lay on the bed and read. Она лежала на кровати и читала.

We lay in the sun all afternoon. После обеда мы загорали.

In the autumn, leaves lie on the ground. Осенью листья лежат на земле.

The town lies to the east of this place. Город находится к востоку от этого места.

to lie down ложиться, прилечь

Just as I was lying down the telephone rang. Как раз когда я ложился, зазвонил телефон.

I'm tired; I must lie down. Я устал; мне надо прилечь.

Lie down for half an hour and rest a bit. Приляг на полчасика и отдохни.

life [laɪf] *n* (*pl* **lives**) жизнь

There is no life on the moon. На луне нет жизни.

He spent his whole life working on the farm. Всю свою жизнь он проработал на ферме.

This book is about the life of bees. Эта книга о жизни пчёл.

There's no sign of life in the house. В доме не видно никаких признаков жизни.

[*death* смерть]

lift I [lɪft] *n* лифт

Shall we go up the stairs or take the lift? Поднимемся по лестнице или воспользуемся лифтом?

lift II [lɪft] *v* поднимать

He lifted the lid and looked into the box. Он поднял крышку и заглянул в ящик.

The dog lifted its ears. Пёс поднял уши.

He helped me to lift my suitcase. Он помог мне поднять чемодан.

light[1] [laɪt] *n* **1** свет, освещение

The sun gives us light. Солнце даёт нам свет.

You can't read by the light of the moon. Невозможно читать при свете луны.

There's not enough light in here to take a picture. Здесь недостаточно света, чтобы фотографировать.

2 лампочка, фонарь

Turn on the lights — it's getting dark. Включи свет, становится темно.

I could see the red lights of the car in front of me. Я видел красные огни автомобиля впереди.

I'm going to put a light on the wall so that I can read in bed. Я собираюсь повесить на стену бра, чтобы можно было читать в постели.

3 огонь (*спички и т. п.*)

Can you give me a light for my cigarette? Не найдётся ли у вас огня прикурить сигарету?

light[2] [laɪt] *adj* светлый

This room has a lot of windows and is very light. В этом помещении много окон, и здесь очень светло.

She has light hair. У неё светлые волосы.

At six o'clock in the morning it was just getting light. В шесть часов утра начало светать.

Our house has a light green door. Наша входная дверь светло-зелёного цвета.

[*dark* тёмный]

light[3] [laɪt] *adj* **1** лёгкий

a light meal лёгкая пища

She was only wearing a light coat. На ней было только лёгкое пальто.

He's not healthy, and so can only do light work. Он не совсем здоров, поэтому может выполнять лишь лёгкую работу.

[*heavy* тяжёлый]

2 слабый, несильный

light rain небольшой дождь, дождик

light wind лёгкий ветерок

Your footsteps were so light I didn't hear them. Ты так тихо вошёл, я даже не слышал.

3 несерьёзный
light music лёгкая музыка
light reading развлекательное чтиво

light[4] [laɪt] *v* (*past tense и past participle* **lit** *или* **lighted**) **1** зажигать
Light a match — we can't see in the dark. Зажги спичку: в темноте ничего не видно.
Can you light the burner under the kettle? Сможешь зажечь конфорку, чтобы поставить чайник?
He lit (up) a cigarette. Он закурил сигарету.
2 освещать
He carried a torch to light the way. Он нёс фонарик, чтобы освещать путь.
Note: *как past participle обыкн. употребляется* **lit**, *кроме тех случаев, когда оно стоит перед существительным в качестве прилагательного*; *e. g.* **he's lit a match** он зажёг спичку; **the match is lit** спичка зажжена; **a lighted match** горящая спичка

lighter ['laɪtə(r)] *n* зажигалка
Can I borrow your lighter? Можно я возьму твою зажигалку?

lighthouse ['laɪthaʊs] *n* маяк

lightning ['laɪtnɪŋ] *n* молния
A flash of lightning lit the sky. Вспышка молнии осветила небо.

like[1] [laɪk] *v* **1** нравиться, любить
I like my new teacher. Мне нравится новый учитель.
Do you like butter? Ты любишь масло?
She likes him but she doesn't love him. Он ей нравится, но она не любит его.
He doesn't like fish. Он не любит рыбу.
I like to sit and read quietly in the evening. Мне нравится вечерком спокойно посидеть и почитать.
[*to dislike* не нравиться]
2 предпочитать; выбирать; желать
I like this more than that. Мне больше нравится это, чем то.
I don't like that you smoke. Мне не нравится, что ты куришь.

Take as much sugar, as you like. Бери столько сахара, сколько хочешь.

You may take any book you like. Вы можете взять любую книгу, которую пожелаете.

I'd like, I should like мне хотелось бы

I'd like you to meet my brother. Мне хотелось бы, чтобы ты познакомился с моим братом.

I'd like him to come. Мне хотелось бы, чтобы он пришёл.

like² I [laɪk] *adj* похожий, подобный

She and her sister are very like. Они с сестрой очень похожи.

Like thinking produces like ideas. Похожие умы порождают похожие идеи.

like² II [laɪk] *prep* так, подобно

You must do it like this. Вы должны сделать это так.

He was like a brother to me. Он был мне как брат.

You seem like a sensible man. Похоже, вы человек разумный.

It feels like rain. Похоже, собирается дождь.

lilac ['laɪlək] *n* сирень

a bunch of lilac гроздь сирени

lily ['lɪlɪ] *n* лилия

water lilies водяные лилии

lily of the valley [ˌlɪlɪəvðə'vælɪ] *n* ландыш

lime (tree) ['laɪm(tri:)] *n* липа

When do lime trees blossom? Когда цветёт липа?

limit I ['lɪmɪt] *n* предел; ограничение

As we grow older we learn the limits of our abilities. По мере того, как мы становимся старше, мы узнаём пределы своих возможностей.

That fence shows the limit of my garden. Тот забор указывает на границу моего сада.

There is a speed limit of 40 kilometres per hour in the city. В городе действует ограничение скорости до сорока километров в час.

We must set a limit to the expense of the trip. Мы должны точно определить сумму, которую потратим на путешествие.

the limit of one's patience предел чьего-л. терпения

limit II ['lɪmɪt] *v* ограничивать

He must limit the number of cigarettes he smokes. Ему нужно ограничить количество выкуриваемых за день сигарет.

Parking is limited to 30 minutes. Стоянка ограничена здесь тридцатью минутами.

line [laɪn] *n* **1** линия, черта

He drew a straight line with his pencil. Он начертил карандашом прямую линию.

I want some notepaper without any lines. Мне нужна нелинованная бумага для заметок.

The ball went over the line. Мяч ушёл за линию.

She has lines on her forehead. У неё на лбу морщины.

2 провод; проволока; нить

Hang (out) the clothes on the line. Повесь бельё на верёвку.

fishing line рыболовная леска

telephone line телефонный провод, телефонная линия

Line engaged! Линия занята!

He's on the line now. Он у телефона (и готов говорить с вами).

3 ряд; строй; шеренга

We stood in line for half an hour. Мы стояли строем полчаса.

The line of cars stretched for two kilometres from the accident. Вереница машин протянулась на два километра от места аварии.

4 строка

Start at the top line on page 6. Начни с верхней строчки на шестой странице.

Can you read that line again? Прочти эту строчку снова.

She only typed two lines and made five mistakes. Она напечатала всего две строки и сделала пять ошибок.

linen ['lɪnɪn] *n* бельё

table linen столовое бельё

bed linen постельное бельё

to change one's linen менять бельё

linguistics [lɪŋ'gwɪstɪks] *n* языкознание, лингвистика

link [lɪŋk] *n* звено (*цепочки*)

lino ['laɪnəʊ] *разг.* = **linoleum**

linoleum [lɪ'nəʊlɪəm] *n* линолеум

lion ['laɪən] *n* лев
They saw a lion at the zoo. В зоопарке они видели льва.

lip [lɪp] *n* губа
He licked his lips when he thought of dinner. При мысли об обеде он облизнулся.
I burnt my lower lip. Я обжёг нижнюю губу.

lipstick ['lɪpstɪk] *n* губная помада

liqueur [lɪ'kjʊə(r)] *n* ликёр

liquid ['lɪkwɪd] *n* жидкость
He's sick and needs to drink a lot of liquids. Он болен, и ему нужно пить много жидкости.

liquor ['lɪkə(r)] *n* алкогольный напиток, крепкий напиток
under the influence of liquor под воздействием алкоголя

list [lɪst] *n* список
There is a list of names in alphabetical order. Вот список фамилий в алфавитном порядке.
We couldn't remember what to buy because we forgot the shopping list. Мы не знали, что надо покупать, потому что забыли взять список покупок.
Is he in the list? Он есть в списке?
to make a list составить список
Make a list of things you must do. Составь список того, что тебе нужно сделать.
to put smb's name on a list внести чью-л. фамилию в список

listen ['lɪsn] *v* слушать

Listen! Слушай!

Listen to me! Слушай меня!

We listened but heard nothing. Мы прислушались, но ничего не услышали.

Did you listen to the news on the radio this morning? Вы слушали новости по радио сегодня утром?

to listen in слушать передачи по радио

We listen in almost every evening. Почти каждый вечер мы слушаем передачи по радио.

lit [lɪt] *past tense и past participle от* **light**[4]

literature ['lɪtrətʃə(r)] *n* литература

French literature французская литература

modern literature современная литература

literature on history литература по истории

litter ['lɪtə(r)] *n* мусор

Pick up your litter after a picnic. Соберите свой мусор после пикника.

to drop litter кидать мусор

We mustn't drop litter in the streets. Нельзя бросать мусор на улице.

little I ['lɪtl] *adj* (*comparative* **less**; *superlative* **least**) **1** маленький; небольшой

a little village маленькая деревушка

the little finger мизинец (*на руке*)

She's too little to ride a bicycle. Она ещё слишком мала, чтобы ездить на велосипеде.

Won't you stay a little time with me? Разве вы не побудете со мной немного?

Come a little way with me. Проводи меня немного.

2 *иногда не переводится*; *смысл передаётся с помощью уменьшительного суффикса соответствующего существительного*

Isn't he a little devil? Ну, разве он не настоящий чертёнок!

What a pretty little house! Какой хорошенький домик!

She's a nice little thing. Она милая крошка.

3 малый, незначительный

I have very little time for reading. У меня очень мало времени на чтение.

He knows little Latin and less Greek. Он немного знает латынь, а древнегреческий ещё меньше.

He has very little money left. У него осталось совсем мало денег.

little II ['lɪtl] *adv* (*comparative* **less**; *superlative* **least**) мало, немного

I see him very little nowadays. Сейчас я его редко вижу.

She slept very little last night. Прошлой ночью она почти не спала.

He is little known. Его мало знают.

It was little more than ten minutes ago. Это было не более десяти минут назад.

a little немного, немножко

Wait a little. Подожди немного.

May I have a little more, please? Можно мне взять ещё немного?

She is a little older than I. Она немного старше меня.

He seemed to be a little afraid. Он казался немного испуганным.

This hat is a little too large for me. Эта шляпа немного великовата для меня.

little III ['lɪtl] *n* немногое; небольшое количество

I see very little of him. Я его редко вижу.

The little of his work that I've seen seems excellent. Та малая часть его работы, что я видел, показалась мне превосходной.

a little небольшое количество

Give me a little of this soup. Налей мне немного этого супа.

He knows a little of everything. Он знает обо всём понемногу.

little by little постепенно, понемногу

Little by little, he got better. Постепенно ему становилось лучше.

Little by little I got used to it. Постепенно я к этому привык.

live [lɪv] *v* жить, существовать

I live in Moscow. Я живу в Москве.

They live in a house by the river. Они живут в доме у реки.

Where do your parents live? Где живут твои родители?

His illness is so serious, he is unlikely to live. Его болезнь настолько серьёзна, он вряд ли долго проживёт.
Do you like living in the city better than in the country? Вам больше нравится жить в городе, чем в деревне?
[*to die* умирать]

liver ['lɪvə(r)] *n* печень

lives [laɪvz] *pl om* **life**

living room ['lɪvɪŋru:m] *n* гостиная
We sat in the living room and watched TV. Мы сидели в гостиной и смотрели телевизор.

lizard ['lɪzəd] *n* ящерица

load I [ləʊd] *n* ноша; груз
The lorry had a load of wood. Грузовик вёз дрова.

load II [ləʊd] *v* грузить
We're loading the truck with bags of coal. Мы грузили в машину мешки с углём.

loaf [ləʊf] *n* (*pl* **loaves**) буханка, батон
a loaf of bread буханка хлеба
Can you buy me one white loaf? Можешь купить мне батон белого хлеба?
Have you eaten that whole loaf of bread? Ты съел целую буханку хлеба?
The baker took the loaves out of the oven. Пекарь вынул хлеб из печи.

loaves [ləʊvz] *pl om* **loaf**

lobster ['lɒbstə(r)] *n* омар, морской рак

local ['ləʊkl] *adj* местный
We do all our shopping in the local stores. Мы всё покупаем в близлежащих магазинах.

lock I [lɒk] *n* замок

You left the key in the lock. Ты забыл ключ в замке.

There is something wrong with the lock. Замок не в порядке.

lock II [lɒk] *v* запирать на замок

The door's locked — can you climb in through a window? Дверь заперта, сможешь залезть в окно?

Did you remember to lock the car? Ты не забыл запереть автомобиль?

My father locks all the doors each night before he goes to bed. Мой отец запирает все двери, перед тем как лечь спать.

[*to unlock* отпирать]

log [lɒg] *n* полено, бревно

We sat down on a log to have a little rest. Мы сели на бревно, чтобы немного отдохнуть.

She stepped onto a log which lay across the stream. Она ступила на бревно, лежащее через ручей.

lollipop ['lɒlɪpɒp] *n* леденец на палочке

London ['lʌndən] *n* Лондон

lonely ['ləʊnlɪ] *adj* одинокий; уединённый

a lonely farm одинокая ферма

a lonely life in the country уединённая жизнь в деревне

to be/to feel lonely чувствовать себя одиноко

She felt lonely when her best friend left the town. Ей стало одиноко, когда её лучшая подруга уехала из города.

She was so lonely on vacation that she came back early. Ей было так одиноко на отдыхе, что она вернулась домой раньше срока.

long I [lɒŋ] *adj* **1** длинный

a long piece of string длинная верёвка

The table is two metres long. Этот стол два метра в длину.

Your car is longer than mine. Твоя машина длиннее моей.

Your hair is getting long — it needs cutting. Твои волосы становятся длинными, их надо подстричь.

[*short* короткий]
2 продолжительный
We've been waiting for a long time. Мы ждали очень долго.
Do you get a long vacation? Ты берёшь полный отпуск?
What a long movie — it lasted for more than three hours. Какой длинный фильм, он идёт больше трёх часов.
Don't be too long about it. Не затягивай с этим.

long II [lɒŋ] *adv* долго; давно
How long do you mean to stay here? Ты здесь надолго?
Stay as long as you like. Оставайтесь здесь, сколько хотите.
any longer, no longer больше не, дольше не
I couldn't wait any longer. Я не мог больше ждать.
No, he no longer lives here. Нет, он больше здесь не живёт.
before long скоро
She'll be back before long. Она скоро вернётся.
◊ **so long!** *разг.* до свидания!, пока!

look I [lʊk] *v* **1** смотреть, посмотреть
Look at this picture. Посмотри на эту картину.
We spent all evening looking at slides. Мы весь вечер смотрели слайды.
Can you look in the oven and see if the meat is cooked? Посмотри в духовку, готово ли мясо?
She looked out the window and saw him. Она выглянула из окна и увидела его.
Who are you looking at? На кого ты смотришь?
2 выглядеть, казаться
He looks sick. Он выглядит больным.
She looks at least eighty. Она выглядит, по крайней мере, на восемьдесят.
That cake looks good. Это пирожное выглядит соблазнительно.
They look so happy. Они казались такими счастливыми.
to look after присматривать, заботиться, ухаживать
Who will look after the baby while they're out? Кто будет присматривать за ребёнком в их отсутствие?
I can look after myself. Я в состоянии сам о себе позаботиться.
to look for искать

He looked everywhere for his missing watch. Он повсюду искал свои пропавшие часы.

He's looking for a new secretary. Он ищет новую секретаршу.

to look forward to ожидать с нетерпением

I'm looking forward to my vacation. Я так жду отпуска.

to look like быть похожим, походить

What does she look like? Как она выглядит?

He looks like his father. Он похож на своего отца.

It looks like rain. Похоже, пойдёт дождь.

to look up искать (*слово, информацию и т. п. в справочнике и т. п.*)

Look up the word in the dictionary if you don't know what it means. Если не знаешь, что означает это слово, посмотри в словаре.

◊ **look here!** послушай(те)!

look II [lʊk] *n* **1** взгляд

to get a close look хорошо рассмотреть, посмотреть поближе

Every year, hundreds of people go to Mount Etna to get a close look at it. Ежегодно сотни людей приезжают к Этне посмотреть на вулкан.

2 вид, наружность

loop [lu:p] *n* петля

lorry ['lɒrɪ] *n* грузовой автомобиль, грузовик

lose [lu:z] *v* (*past tense и past participle* **lost**) **1** терять

Don't lose your ticket or you'll have to buy another one. Не потеряй билет, а то тебе придётся покупать другой.

She has lost weight. Она похудела.

Don't lose any time in mailing the letter. Отправьте письмо не мешкая.

He lost his way in the mist. Он сбился с пути в тумане.

to get lost потеряться

My book got lost. Моя книга потерялась.

[*to find* находить]

2 проигрывать

We lost the game. Мы проиграли матч.

[*to win* выигрывать]

lost [lɒst] *past tense и past participle от* **lose**

lot [lɒt] *n*: **a lot (of), lots (of)** очень много, масса

What a lot of time you take to dress! Как долго ты одеваешься!

She spends a lot of money on clothes. Она тратит очень много денег на одежду.

I saw quite a lot of him. Я его видел довольно часто.

A lot of people were waiting for the bus. Масса людей ждала автобус.

I'm feeling a lot better now. Сейчас мне намного лучше.

loud I [laʊd] *adj* громкий

She has a very loud voice. У неё очень громкий голос.

[*low* тихий]

loud II [laʊd] *adv* громко

Speak louder, I can't hear you. Говори громче, я тебя не слышу.

Not so loud, please. Не так громко, пожалуйста.

Don't talk too loud — your father is asleep. Не разговаривай слишком громко, твой отец спит.

loudly ['laʊdlɪ] *adv* громко

loudspeaker [ˌlaʊd'spiːkə(r)] *n* громкоговоритель

love I [lʌv] *v* любить

I love my parents. Я люблю своих родителей.

The children love their teacher. Дети любят своего учителя.

We love going to the sea. Мы любим ездить к морю.

I'd love to come with you, but I have too much work to do. Мне бы хотелось пойти с тобой, но у меня очень много дел.

love II [lʌv] *n* любовь

a mother's love for her children любовь матери к детям

a love of adventure любовь к приключениям

to send smb one's love передавать кому-л. сердечный привет

Send my love to your parents. Передавай от меня привет твоим родителям.

to be in love (with) любить

The young pair are in love (with each other). Эти молодые люди любят друг друга.

to fall in love (with) влюбиться, полюбить

He fell in love with her at first sight. Он влюбился в неё с первого взгляда.

The whole family fell in love with the new house as soon as they saw it. Всей семье сразу же понравился новый дом, как только они его увидели.

lovely ['lʌvlɪ] *adj* чудесный, прелестный

What a lovely view! Какой чудесный вид!

She was wearing a lovely blue scarf. На ней был прелестный голубой шарфик.

low I [ləʊ] *adj* **1** низкий, невысокий

She jumped over the low wall. Она перепрыгнула через низкую ограду.

This store has the lowest prices in town. В этом магазине самые низкие цены в городе.

[*high* высокий]

2 негромкий

He spoke in a low voice because the baby was sleeping. Он говорил тихим голосом, потому что ребёнок спал.

[*loud* громкий]

low II [ləʊ] *adv* низко

That plane is flying too low — it'll hit the trees. Самолёт летит слишком низко, он заденет деревья.

[*high* высоко]

luck [lʌk] *n* удача, счастье

Good luck to you! Удачи тебе!

Take it for luck. Возьми это на счастье.

Let's try our luck. Давай попытаем счастья.

I wear this ring for good luck. Я ношу это кольцо на счастье.

Note: *с неопределённым артиклем не употребляется*

lucky ['lʌkɪ] *adj* счастливый, удачный; удачливый

a lucky number счастливое число, счастливый номер
[*unlucky* несчастливый, неудачный]

luggage ['lʌgɪʤ] *n* багаж
We have too much luggage — we will have to pay extra. У нас слишком много багажа, за излишек придётся платить.

lullaby ['lʌləbaɪ] *n* колыбельная (песня)
The mother was singing a lullaby. Мать пела колыбельную.

lump [lʌmp] *n* кусок; ком, глыба
a lump of sugar кусочек сахару
a lump of clay комок глины
How many lumps of sugar do you take in your coffee? Сколько кусков сахару вы кладёте в кофе?

lunch [lʌntʃ] *n* обед (*в середине дня*); поздний завтрак; ланч
Will it soon be time for lunch? Скоро будет обеденный перерыв?
We always have lunch at one o'clock. Обычно у нас обед в час.

lunchtime ['lʌntʃtaɪm] *n* обеденный перерыв

luxury ['lʌkʃərɪ] *n* роскошь
She lives in luxury. Она живёт в роскоши.
A good book is the only luxury I can afford. Хорошая книга — это единственная роскошь, которую я могу себе позволить.

lying ['laɪɪŋ] *present participle от* **lie**

M

M, m [em] *13-я буква английского алфавита*

macaroni [ˌmækə'rəʊnɪ] *n* макароны
Shall we take meat and macaroni or fish and potatoes? Что мы возьмём, мясо с макаронами или рыбу с картофелем?

machine [məˈʃiːn] *n* машина; механизм; станок
Can you explain how this machine works? Ты можешь объяснить, как работает эта машина?
We live in the age of machines. Мы живём в век машин.

machinegun [məˈʃiːngʌn] *n* пулемёт

machinery [məˈʃiːnərɪ] *n* машины; машинное оборудование
The factory has put in a lot of new machinery. На фабрике поставили много нового оборудования.

mad [mæd] *adj* **1** безумный
You are mad to go out in the snow without a coat. Безумие выходить без пальто, когда идёт снег.
He had a mad idea to walk right across Canada. У него была безумная идея пройти пешком всю Канаду.
2 рассерженный, гневный
Your father will be mad at you if you don't stop that music. Твой отец выйдет из себя, если ты не выключишь эту музыку.
3 увлекающийся, интересующийся
She's mad about movie stars. Она с ума сходит по кинозвёздам.
He's mad about old cars. Он бредит старыми автомобилями.

made [meɪd] *past tense и past participle от* **make**

magazine [ˌmægəˈziːn] *n* журнал (*обыкн.* иллюстрированный)
The gardening magazine comes out on Tuesdays. Журнал по садоводству выходит по вторникам.
She prefers reading magazines to newspapers. Она предпочитает газетам журналы.

magic [ˈmæʤɪk] *n* магия, волшебство
Some people believe in magic. Есть люди, которые верят в магию.
black magic чёрная магия
white magic белая магия

magician [məˈʤɪʃn] *n* волшебник, маг, чародей, колдун

magnet ['mægnɪt] *n* магнит

magnetic [mæg'netɪk] *adj* магнитный
magnetic fields магнитные поля
magnetic tape магнитная лента
magnetic disk *вчт.* магнитный диск

magnificent [mæg'nɪfɪsnt] *adj* великолепный, величественный; замечательный
The queen was wearing a magnificent silver dress. На королеве было великолепное платье из серебряной парчи.

maid [meɪd] *n* служанка, горничная

mail [meɪl] *n* почта (*корреспонденция*)
He received a gift in the mail. Он получил подарок по почте.
If the present is valuable, don't send it through the mail. Если подарок дорогой, не посылай его по почте.
Has the mail come yet? Почта уже была?
He opened his mail before he had his breakfast. Он вскрыл свою почту перед завтраком.

mailbox ['meɪlbɒks] *n* почтовый ящик
Can you put these letters in the mailbox for me? Не могли бы вы опустить эти письма в почтовый ящик?
The package was too thick to go into the mailbox. Пакет слишком толстый и не пролезает в почтовый ящик.

main [meɪn] *adj* главный
The main thing is to work well. Главное — хорошо работать.
Our main office is in London. Наш главный офис в Лондоне.
There is always a lot of traffic on main roads. На главных магистралях всегда большое движение.

mainly ['meɪnlɪ] *adv* главным образом, в основном
We have mainly women working in our office. В нашем учреждении работают в основном женщины.
They mainly go on vacation in August. Они ездят в отпуск преимущественно в августе.

maize [meɪz] *n* кукуруза

majesty ['mæʤəstɪ] *n* величественность; величие; величавость
Her Majesty Её Величество

major I ['meɪʤə(r)] *adj* больший; более важный; главный
The car needs major repairs. Автомобилю требуется большой ремонт.
The play is a major success. Эта пьеса имеет большой успех.

major II ['meɪʤə(r)] *n* майор

majority [mə'ʤɒrətɪ] *n* большинство
The majority of doctors believe smoking is harmful to health. Большинство врачей считают, что курение вредно для здоровья.
The majority were/was in favour of the proposal. Большинство было за это предложение.

make [meɪk] *v* (*past tense* и *past participle* **made**) **1** делать, производить, изготовлять
She is making a cake. Она делает торт.
Our factory makes shoes. Наша фабрика изготовляет обувь.
These chairs were made by father. Эти стулья сделал отец.
to be made of smth быть сделанным из чего-л.
This cup is made of plastic. Эта чашка из пластмассы.
to make a mistake сделать ошибку
You've made two mistakes. Ты сделал две ошибки.
to make a report делать доклад, сообщение
to make a noise шуметь
Don't make such a noise. Не шумите так.
to make friends подружиться
He makes friends easily. Он легко заводит друзей.
to make oneself at home располагаться как дома
Come in and make yourself at home. Заходите и будьте как дома.
2 готовить, приготавливать
Do you want me to make breakfast? Ты хочешь, чтобы я приготовил завтрак?
Shall I make some tea? Заварить чай?
Have you made your bed? Ты постелил постель?

3 составлять, равняться

Two and three makes five. Два плюс три равняется пяти.

4 зарабатывать (*деньги*)

He makes a lot (of money) in his job. Он много зарабатывает.

5 дать почувствовать

The smell of cooking makes me hungry. Запах готовящейся пищи разбудил мой аппетит.

The movement of the boat made him sick. От покачивания лодки его затошнило.

He made himself comfortable in the armchair. Он удобно устроился в кресле.

6 заставлять, побуждать

I made him clean his shoes. Я заставил его почистить ботинки.

The teacher made him stay after school. Учитель оставил его после уроков.

◊ **to make it up** помириться

Shake hands and make it up. Подайте друг другу руки и помиритесь.

make-up ['meɪkʌp] *n* макияж; косметика

Too much make-up looks unnatural. Излишек косметики придаёт лицу неестественный вид.

male I [meɪl] *adj* мужской

a male voice choir мужской хор

male II [meɪl] *n* **1** мужчина

2 самец

mammal ['mæml] *n* млекопитающее

man [mæn] *n* (*pl* **men**) **1** мужчина

My father is a very tall man. Мой отец очень высокого роста.

Help this old man to cross the street. Помогите этому старику перейти улицу.

men and women люди

The shop was crowded with men and women. В магазине толпились люди.

2 человек

He was the first man to climb this mountain. Он был первым человеком, поднявшимся на эту вершину.

3 человек; кто-то (*о мужчине*)

A middle-aged man entered the room. В комнату вошёл человек средних лет.

A man passed me walking very fast. Кто-то очень быстро прошёл мимо меня.

the man in the street средний человек, обычный человек

manage ['mænɪʤ] *v* **1** руководить; управлять

She manages our Chicago office. Она управляет нашим отделением в Чикаго.

We want to appoint someone to manage our advertisement department. Мы ищем человека на должность заведующего в наш рекламный отдел.

2 удаваться; суметь

Did you manage to call your mother? Ты дозвонился своей матери?

He managed to get the lid off. Ему удалось снять крышку.

manager ['mænɪʤə(r)] *n* заведующий; управляющий; директор

the sales manager менеджер по продаже

the manager of the sports department заведующий отделом спортивных товаров

mane [meɪn] *n* грива

mangle ['mæŋgl] *v* **1** рубить, кромсать; калечить

He was knocked down by a lorry and badly mangled. Он попал под грузовик, и его сильно искалечило.

2 портить, искажать

mango ['mæŋgəʊ] *n* манго

manicure ['mænɪkjʊə(r)] *n* маникюр, уход за руками и ногтями

She has a manicure once a week. Она делает маникюр раз в неделю.

mankind [ˌmænˈkaɪnd] *n* человечество, человеческий род

manner [ˈmænə(r)] *n* способ, манера
He has behaving in a strange manner. Он ведёт себя странно.
manners *pl* манеры, поведение
He has very good table manners. У него прекрасные манеры за столом.

mansion [ˈmænʃn] *n* особняк

manure [məˈnjʊə(r)] *n* навоз, удобрение

many I [ˈmenɪ] *adj* (*comparative* **more**; *superlative* **most**) много; многие
There were many books on the shelf. На полке было много книг.
Many people think so. Многие люди так думают.
a good/a great many очень много
I've been there a good many times. Я был там очень много раз.
how many сколько
How many apples do you have? Сколько у тебя яблок?
Note: *употребляется с исчисляемыми существительными*

many II [ˈmenɪ] *pron* многие
Many of us knew him when he was at school. Многие из нас знали его, когда он ещё ходил в школу.

map [mæp] *n* карта (*географическая*)
Here's a big map of France. Вот большая карта Франции.
Do you have a street map of our town? У тебя есть карта нашего города?
Can you show me the mountains on the map? Ты можешь показать мне на карте горы?

marble [ˈmɑːbl] *n* мрамор

March [mɑːtʃ] *n* март
His birthday is in March. У него день рождения в марте.
Last March we went to Finland. Год назад в марте мы ездили в Финляндию.

march [mɑːtʃ] *v* маршировать
The soldiers marched up the street. Солдаты прошли строем по улице.

mare [meə(r)] *n* кобыла

margarine [ˌmɑːʤəˈriːn] *n* маргарин

margin [ˈmɑːʤɪn] *n* поле (*страницы*)
Don't forget to leave a margin. Не забудь оставить поля.

marine [məˈriːn] *adj* морской
The rocks are covered by marine plants. Камни покрыты морскими водорослями.

marionette [ˌmærɪəˈnet] *n* марионетка

mark [mɑːk] *n* **1** пятно, отметина
What are those dirty marks on your shirt? Что это за грязные пятна у тебя на рубашке?
2 отметка
She got good marks for her essay. Она получила за сочинение хорошую отметку.
When are your marks going to improve? Когда твои отметки улучшатся?

marker [ˈmɑːkə(r)] *n* маркер

market [ˈmɑːkɪt] *n* рынок, базар
Mother went to the market. Мама пошла на рынок.
We bought some vegetables and fish at the market. Мы купили на рынке овощей и рыбы.

marriage [ˈmærɪʤ] *n* брак; бракосочетание
The marriage will take place at two o'clock. Бракосочетание состоится в два часа.

married [ˈmærɪd] *adj*: **to be married (to smb)** быть женатым (на ком-л.); быть замужем (за кем-л.)

Is she married? Она замужем?
He is married to my sister. Он женат на моей сестре.
How long have you been married? Как давно вы женаты?
to get married пожениться
They got married last week. Они поженились на прошлой неделе.

marry ['mærɪ] *v* (**marries**, **married**, **marrying**) выйти замуж; жениться
He married the girl next door. Он женился на девушке, что жила по соседству.
She married late in life. Она поздно вышла замуж.
He married young. Он очень рано женился.

marsh [mɑːʃ] *n* болото

marshal ['mɑːʃl] *n* маршал

marvellous ['mɑːvələs] *adj* удивительный, чудесный
What marvellous weather! Что за чудесная погода!

mascara [mæ'skɑːrə] *n* тушь для ресниц

mash [mæʃ] *v* разминать, измельчать

mask [mɑːsk] *n* маска
They all wore masks. Они все были в масках.
to do smth under a/the mask of friendship делать что-л. под видом дружбы

mass [mæs] *n* ком; масса; груда, куча
There's a mass of dead leaves on the lawn. Лужайка засыпана опавшими листьями.
The garden is a mass of flowers. Сад весь в цвету.
masses *pl* народ, массы

mass media [ˌmæs'miːdɪə] *n pl* средства массовой информации

mast [mɑːst] *n* мачта

master[1] ['mɑ:stə(r)] *n* хозяин
The dog knows his master. Собака знает своего хозяина.

master[2] ['mɑ:stə(r)] *v* овладевать
He never mastered the art of public speaking. Он так и не овладел ораторским искусством.

masterpiece ['mɑ:stəpi:s] *n* шедевр

mat [mæt] *n* **1** подстилка; половой коврик
2 салфетка (*под блюдо и т. п.*); подставка (*под горячее и т. п.*)

match[1] [mætʃ] *n* спичка
a box of matches коробка спичек
to strike a match зажечь спичку
He struck the match twice but it wouldn't burn. Он чиркнул спичкой дважды, но она не загорелась.

match[2] [mætʃ] *n* матч
Are you going to watch the football match? Будешь смотреть этот матч?

mate [meɪt] *n* приятель, товарищ
Note: *обыкн. часть сложного слова*, *e. g.* **schoolmate** школьный товарищ; **workmate** коллега, товарищ по работе

mathematician [ˌmæθəmə'tɪʃn] *n* математик
He wants to be a mathematician. Он хочет быть математиком.

mathematics [ˌmæθə'mætɪks] *n* математика
His mathematics are weak. Он слабо успевает по математике.
Mathematics is an exact science. Математика — точная наука.
Note: *употребляется с глаголом в ед. и во мн. числе*

maths [mæθs] *n разг.* математика
My sister is no good at maths. Моя сестра не очень сильна в математике.

matinée ['mætɪneɪ] *n* утренний спектакль, концерт *и т. п.*

matter[1] ['mætə(r)] *n* дело; вопрос

It's a matter of taste. Это дело вкуса.

It's a matter of great importance. Это очень важное дело.

a matter of honour дело чести

a matter of life or death вопрос жизни или смерти

as a matter of fact на самом деле, фактически

I'm going home early — as a matter of fact it's my birthday. Я сегодня пойду домой рано; собственно говоря, у меня сегодня день рождения.

what's the matter? в чём дело?, что случилось?

What's the matter, why are you crying? Что случилось, почему ты плачешь?

We don't know what is the matter with him. Мы не знаем, что с ним.

no matter неважно

Don't open the door — no matter who knocks. Кто бы ни стучал, не открывай дверь.

I shall find him — no matter where he is. Я найду его, где бы он ни был.

matter[2] ['mætə(r)] *v* иметь значение

It doesn't matter that you came late. Не имеет значения, что ты опоздал.

What does it matter? Какое это имеет значение?

It hardly matters at all. Едва ли это имеет хоть какое-то значение.

mattress ['mætrɪs] *n* матрац

This mattress has lumps in it. Этот матрац сбился комками.

May [meɪ] *n* май

She was born in May. Она родилась в мае.

Last May we moved to London. Мы переехали в Лондон в мае прошлого года.

may [meɪ] *v* (*past tense* **might**) *модальный глагол* **1** *выражает возможность*

If he doesn't hurry he may miss the train. Если он не поспешит, то может опоздать на поезд.

Take your umbrella, it may rain. Возьми зонтик, возможно, пойдёт дождь.

She may not have heard. Может быть, она не слышала.

It may be true. Возможно, это правда.

2 *выражает просьбу или разрешение*

May I ask you a question? Могу я задать вам вопрос?

May I come in? Можно мне войти?

You may sit down, if you want to. Если хотите, можете сесть.

Note: *не имеет частицы* **to** *и всегда употребляется с другими глаголами*

maybe ['meɪbi:] *adv* может быть, возможно

Maybe it will be nice tomorrow. Может быть, завтра будет хорошая погода.

mayonnaise [ˌmeɪə'neɪz] *n* майонез

Mix a little mustard with some mayonnaise. Смешайте немного горчицы с майонезом.

mayor [meə(r)] *n* мэр

He was elected mayor. Его избрали мэром.

me [mi:] *косв. падеж от* **I**

meadow ['medəʊ] *n* луг

The cows were in the meadow. На лугу паслись коровы.

meal [mi:l] *n* еда; приём пищи

We have three meals a day. Мы едим три раза в день.

He had a good meal. Он хорошо поел.

mean [mi:n] *v* (*past tense и past participle* **meant**) **1** иметь в виду, подразумевать

What do you mean? Что вы имеете в виду?

Do you really mean what you say? Ты действительно думаешь то, что говоришь?

I just mean what I say. Я говорю именно то, что думаю.

Did he mean his Uncle when he was talking about fat men? Он имел в виду своего дядю, когда говорил о толстяках?

2 значить, означать
What does all this mean? Что всё это значит?
What does this word mean? Что значит это слово?
It means a lot to me. Это для меня много значит.
3 собираться, намереваться
I didn't mean to hurt you. Я не хотел вас обидеть.
We meant to be there by nine o'clock. Мы должны быть там к девяти.
He means to leave shortly. Он вскоре собирается уехать.
This medicine is meant to be used only for coughs. Это лекарство можно принимать только от кашля.

meaning ['mi:nɪŋ] *n* значение; смысл
What is the meaning of this word? Что значит это слово?
He looked at me with meaning. Он смотрел на меня со значением.

means [mi:nz] *n pl* средство, способ
The quickest means of travel is by plane. Самый быстрый способ путешествовать — самолёт.
All possible means have been tried. Были испробованы все способы.
by means of посредством, при помощи
He got to the roof by means of a ladder. Он забрался на крышу по лестнице.
by all means обязательно, непременно
By all means call the office if you want to. Конечно, позвони в офис, если у тебя есть такое желание.
Do it by all means. Обязательно сделай это.
by no means ни в коем случае, отнюдь нет
He's by no means rich. Он вовсе не богат.

meant [ment] *past tense и past participle от* **mean**

meantime ['mi:ntaɪm] *n*: **in the meantime** тем временем; пока
Please find a taxi, and in the meantime I'll pack some food. Найди, пожалуйста, такси, а я пока соберу с собой что-нибудь поесть.

measure I ['meʒə(r)] *n* **1** мера
liquid measure мера жидкостей
dry measure мера сыпучих тел
An inch is a measure of length. Дюйм — мера длины.
2 мера, мероприятие
What measure do you propose? Какие меры вы предлагаете?
to take measures принимать меры
They took strong measures against him. Они приняли против него строгие меры.
◊ **beyond measure** сверх меры, безмерно
Her joy was beyond measure. Её радость была безмерна.

measure II ['meʒə(r)] *v* измерять
A thermometer measures temperature. Градусник измеряет температуру.
How much do you measure around the waist? Сколько сантиметров у тебя талия?
The tailor measured me for a suit. Портной снял с меня мерки для костюма.

meat [mi:t] *n* мясо
Can I have some more meat? Можно мне ещё мяса?
Would you like another slice of meat? Хотите ещё кусочек мяса?
Note: *не имеет мн. числа*; **some meat** мясо; **a piece of meat**, **a slice of meat** кусочек мяса, ломтик мяса

mechanical [mɪ'kænɪkl] *adj* механический

medal ['medl] *n* орден; медаль
In the Olympic Games the winner will get a gold medal. На Олимпийских играх победитель получает золотую медаль.

medical ['medɪkl] *adj* медицинский; врачебный
a medical student студент-медик

medicine ['medsɪn] *n* **1** медицина
He is studying medicine because he wants to be a doctor. Он изучает медицину, так как хочет стать врачом.
2 лекарство

This is a good medicine for a cough. Это хорошее лекарство от кашля.

to take medicine принимать лекарство

You should take the medicine three times a day. Вы должны принимать это лекарство три раза в день.

He takes too much medicine. Он принимает слишком много лекарств.

meek [mi:k] *adj* мягкий (*по характеру*); терпеливый

She's as meek as a lamb. Она покорна, как овечка.

meet [mi:t] *v* (*past tense и past participle* **met**) **1** встречаться

We met quite by chance. Мы встретились совершенно случайно.

We write regularly but seldom meet. Мы пишем часто друг другу, но встречаемся редко.

2 знакомиться

Meet my sister. Познакомьтесь с моей сестрой.

Pleased to meet you. Рад познакомиться с вами.

3 встречать

Will you meet me at the station? Ты встретишь меня на станции?

I'll meet your train. Я приду встречать тебя к поезду.

The hotel bus meets all the trains. Автобус из гостиницы встречает все поезда.

meeting ['mi:tɪŋ] *n* **1** собрание; митинг

There were only six people at the meeting. На собрании присутствовало только шесть человек.

There will be a meeting of the stamp club next Thursday. В следующий четверг будет собрание членов клуба филателистов.

2 встреча

The meeting between the two families was a joyful one. Встреча двух семей прошла очень весело.

melody ['melədɪ] *n* мелодия

melon ['melən] *n* дыня

melt [melt] *v* таять; растапливать(ся); плавить(ся)

The ice will melt when the sun shines on it. Лёд под солнцем тает.

It is easy to melt butter. Растопить масло легко.

The hot sun soon melted the ice. Жаркое солнце скоро растопило лёд.

This cake melts in the mouth. Это пирожное тает во рту.

Sugar melts in hot tea. Сахар растворяется в горячем чае.

to melt away растаять, стаять; исчезнуть

The snow soon melted away when the warm weather came. Когда наступила тёплая погода, снег быстро стаял.

member ['membə(r)] *n* член

He is a member of a club. Он член клуба.

Every member of her family came to her wedding. Все члены её семьи пришли к ней на свадьбу.

memorial [mɪ'mɔ:rɪəl] *n* памятник, мемориал

memory ['memərɪ] *n* **1** память

to have a good memory иметь хорошую память, хорошо запоминать

to have a bad memory иметь плохую память, плохо запоминать

He has a bad memory for dates. У него плохая память на даты.

2 воспоминание

I have wonderful memories of our last vacation. У меня чудесные воспоминания о нашем последнем отпуске.

men [men] *pl om* **man**

mend [mend] *v* **1** чинить, исправлять, поправлять; штопать

Can you mend my watch? Вы можете починить мои часы?

You must mend the broken window. Вы должны вставить оконное стекло.

2 улучшать(ся), поправлять(ся)

That won't mend matters. Это дела не поправит.

mental ['mentl] *adj* умственный

mention ['menʃn] *v* упоминать

Did he mention my name? Он упомянул мою фамилию?

not to mention не говоря уже о

They have 3 dogs to find a home for, not to mention the cat and the bird. Они ищут, куда пристроить трёх собак, не говоря уже о кошке и птице.

don't mention it пожалуйста; не стоит благодарности

Thanks very much. — Don't mention it. Спасибо вам большое. — Не стоит благодарности.

menu ['menju:] *n* меню

The waiter brought us the menu. Официант принёс нам меню.

Do you have any fish on the menu? У вас есть в меню рыба?

She always chooses the most expensive dish on the menu. Она всегда выбирает в меню самое дорогое блюдо.

mercy ['mɜ:sɪ] *n* милость; милосердие

He showed mercy to his enemies and let them live. Он проявил милосердие к своим врагам и оставил их в живых.

at the mercy of во власти

The ship was at the mercy of waves. Корабль оказался во власти волн.

mere [mɪə(r)] *adj* простой; явный; не более чем

She's a mere child. Она просто ребёнок.

Mere words won't help. Словами делу не поможешь.

merry ['merɪ] *adj* весёлый, радостный

Merry Christmas весёлого Рождества

He wished us a Merry Christmas. Он пожелал нам весёлого Рождества.

merry-go-round ['merɪgəʊˌraʊnd] *n* карусель

mess [mes] *n* беспорядок; грязь

This room is in a mess. В комнате беспорядок.

message ['mesɪʤ] *n* сообщение; послание

He received the message from the police. Он получил сообщение из полиции.

Here's a message for you. Вот для вас сообщение.

Have you a message for him? Передать ему что-нибудь?

met [met] *past tense и past participle от* **meet**

metal ['metl] *n* металл
This table is made of metal. Этот стол металлический.

meter ['mi:tə(r)] *n* счётчик
a gas meter газовый счётчик
a parking meter счётчик на автостоянке

metre ['mi:tə(r)] *n* метр
The room is four metres by three. Эта комната четыре метра на три.
square metre квадратный метр

mice [maɪs] *pl от* **mouse**

microphone ['maɪkrəfəʊn] *n* микрофон

microscope ['maɪkrəskəʊp] *n* микроскоп
Examine it under the microscope. Исследуйте это под микроскопом.

microwave oven [ˌmaɪkrəweɪv'ʌvn] *n* микроволновая печь

middle ['mɪdl] *n* середина
He was standing in the middle of the room. Он стоял в центре комнаты.
I woke up in the middle of the night. Я проснулся среди ночи.

middle-aged [ˌmɪdl'eɪʤd] *adj* средних лет; пожилой
She was a middle-aged woman. Это была женщина средних лет.

midnight ['mɪdnaɪt] *n* полночь
You must go to bed before midnight. Ты должен лечь спать до полуночи.

might [maɪt] *v модальный глагол* **1** *past tense от* **may**
I said he might borrow my car. Я сказал, что он может взять мой автомобиль.

2 *выражает вежливую просьбу*
Might I come in? Можно мне войти?
3 *выражает возможность, вероятность*
Don't run because you might fall. Не бегай, потому что ты можешь упасть.
He might come, or he might not. Он может прийти, а может и не прийти.
Note: *употребляется всегда с другими глаголами*

mightn't ['maɪtnt] = **might not**

mild [maɪld] *adj* мягкий
We had a very mild winter. Зима была очень мягкой.
I like strong mustard — this kind is too mild. Я люблю острую горчицу, этот сорт слишком пресный.

mile [maɪl] *n* миля (*=1609 м*)
The car was travelling at 60 miles per hour. Автомобиль ехал со скоростью шестьдесят миль в час.

military ['mɪlɪtrɪ] *adj* военный
in military uniform в военной форме

milk I [mɪlk] *n* молоко
Have you drunk your milk? Ты выпил своё молоко?
I must buy some milk. Мне нужно купить молока.
We have no milk left. У нас кончилось молоко.
Note: *не имеет мн. числа*; **some milk** немного молока; **a bottle of milk** бутылка молока

milk II [mɪlk] *v* доить

milk shake ['mɪlkʃeɪk] *n* молочный коктейль
He drank two chocolate milk shakes. Он выпил два шоколадных коктейля.

mill [mɪl] *n* **1** мельница
2 фабрика, завод
a paper mill бумажная фабрика

millennium [mɪ'lenɪəm] *n* тысячелетие

millimetre ['mɪlɪˌmiːtə(r)] *n* миллиметр

million ['mɪlɪən] *num*, *n* миллион

The population of the country is 80 million. Население этой страны составляет восемьдесят миллионов человек.

Millions of trees were burned in the forest fire. Миллионы деревьев погибли в лесном пожаре.

millionaire [ˌmɪlɪə'neə(r)] *n* миллионер

millionth ['mɪlɪənθ] *adj* миллионный

Congratulations — you're our millionth customer! Поздравляем, вы наш миллионный покупатель!

mind I [maɪnd] *n* **1** сознание; ум, рассудок

What do you have in mind? О чём ты думаешь?

Her mind is filled with dreams of becoming a great actress. Она была полна мечтаний стать великой актрисой.

He has a very sharp mind. У него острый ум.

to my mind по моему мнению, по-моему, на мой взгляд

Most people agree with him, but to my mind he's quite wrong. Большинство людей согласно с ним, но, на мой взгляд, он не прав.

to make up one's mind решить

I've made up my mind to join the drama school. Я решил поступить в драматическую школу.

to change one's mind передумать, изменить решение

He took out his bike, but then changed his mind and went by bus. Он взял велосипед, но потом передумал и поехал на автобусе.

2 память

to keep smth in mind помнить, иметь в виду что-л.

He promised to keep my wishes in mind. Он пообещал помнить о моих пожеланиях.

◊ **out of sight, out of mind** *посл.* с глаз долой, из сердца вон

mind II [maɪnd] *v* **1** заботиться (*о ком-л.*), смотреть (*за кем-л.*)

He stayed at home and minded the baby. Он остался дома сидеть с ребёнком.

I asked a neighbour if he'd mind my bags. Я спросил соседа, не посмотрит ли он за моими вещами.

2 обращать внимание

Mind your steps. Осторожно, не оступись.

The ceiling is low — mind your head! Здесь низкий потолок — не ударьтесь головой!

Mind your manners! Веди себя как следует!

3 возражать

Do you mind if I close the window? Вы не возражаете, если я закрою окно?

Do you mind my smoking? Вы не возражаете, если я закурю?

They won't mind if you're late. Они не будут против, если вы задержитесь.

I wouldn't mind a cup of coffee. Я не против выпить чашку кофе.

◊ **never mind!** не беспокойтесь!, не обращайте внимания!; ничего!

mine[1] [maɪn] *pron* мой

That bike is mine. Тот велосипед мой.

He is a friend of mine. Он мой приятель.

Note: *в качестве определения не употребляется*

mine[2] [maɪn] *n* **1** шахта, рудник

a coal mine угольная шахта

a gold mine золотой прииск

2 мина

The truck went over a mine and was blown up. Грузовик подорвался на мине.

miner ['maɪnə(r)] *n* шахтёр

mineral ['mɪnərəl] *n* минерал

minister ['mɪnɪstə(r)] *n* министр

mink [mɪŋk] *n* норка (*животное и мех*)

Her coat is made of mink. У неё норковая шуба.

minority [maɪ'nɒrətɪ] *n* меньшинство
to be in minority быть в меньшинстве

mint [mɪnt] *n* **1** мята
2 мятный леденец

minus ['maɪnəs] *prep*, *n* минус
Five minus three is two. Пять минус три равно два.
[*plus* плюс]

minute ['mɪnɪt] *n* минута
There are sixty minutes in an hour. В часе шестьдесят минут.
Wait a minute. Подождите минутку.
I'll meet you in fifteen minutes. Встретимся через пятнадцать минут.

minute hand ['mɪnɪthænd] *n* минутная стрелка

miracle ['mɪrəkl] *n* **1** чудо
Her life was saved by a miracle. Её жизнь чудом была спасена.
The doctors said that his recovery was a miracle. Доктора сказали, что его выздоровление — чудо.
2 удивительная вещь, выдающееся событие
The plan was a miracle of ingenuity. План был чудом изобретательности.

mirror ['mɪrə(r)] *n* зеркало
She carried a small mirror in her handbag. Она носит в сумочке маленькое зеркальце.
He looked at his face in the mirror. Он посмотрел на себя в зеркало.

misbehave [ˌmɪsbɪ'heɪv] *v* плохо вести себя
The little boy misbehaved while his mother was away. Когда мамы не было поблизости, мальчик шалил.

mischief ['mɪstʃɪf] *n* шалость, проказы; беда; вред

miserable ['mɪzrəbl] *adj* несчастливый; несчастный

The child is cold, hungry, and tired, so of course he's feeling miserable. Ребёнок замёрз, устал и хочет есть и, конечно же, чувствует себя несчастным.
They started their holiday on a miserable day. Их отпуск начался в несчастливый день.

misery ['mɪzərɪ] *n* несчастье; страдание; бедствие
Her baby died and, to add to her misery, her husband deserted her. Её ребёнок умер, и, к довершению её несчастья, муж оставил её.
to live in misery жить в нужде

misfortune [ˌmɪs'fɔːtʃuːn] *n* несчастье; неудача, невезенье
His failure in business was due not to misfortune, but to his own mistakes. Своим неудачам в делах он был обязан не злой судьбе, а собственным ошибкам.

Miss [mɪs] *n* мисс
Miss Smith мисс Смит
Miss Mary Smith мисс Мери Смит
Miss, can I have the check, please? Мисс, дайте, пожалуйста, счёт.
Note: *употребляется перед фамилией незамужней женщины; без фамилии употребляется как обращение к официантке и т. п.*

miss [mɪs] *v* **1** не попасть в цель, промахнуться, не поймать; не попасть
They tried to shoot the rabbit but missed. Они пытались подстрелить кролика, но промахнулись.
He missed the ball. Он пропустил мяч.
He arrived too late and missed the train. Он приехал слишком поздно и опоздал на поезд.
2 не видеть, пропустить, не заметить
We missed the house in the dark. В темноте мы проехали мимо дома.
You didn't miss much. Ты не много потерял.
I don't want to miss a word. Я не хочу пропустить ни слова.
3 скучать, тосковать

He hasn't seen her in two months and he misses her a lot. Он не видел её уже два месяца и очень тоскует по ней.
I miss those long walks we used to take. Мне не хватает тех наших долгих прогулок.

missile ['mɪsaɪl] *n* снаряд, ракета
inter-continental ballistic missile межконтинентальная баллистическая ракета

mist [mɪst] *n* (лёгкий) туман; дымка
Hills were hidden in mist. Холмы скрывала дымка.
Autumn is the season of mists. Осень — пора туманов.

mistake I [mɪ'steɪk] *n* ошибка
I made a mistake. Я сделал ошибку.
There is a spelling mistake. Здесь орфографическая ошибка.
There must be some mistake. Должно быть, здесь какая-то ошибка.
by mistake по ошибке, нечаянно
She put salt into her cup of tea by mistake. Она по ошибке насыпала соли себе в чай.

mistake II [mɪ'steɪk] *v* (*past tense* **mistook**; *past participle* **mistaken**) ошибаться, заблуждаться
We've mistaken the house. Мы перепутали дом.
to mistake for принимать за
I mistook her for her sister. Я принял её за её сестру.
He's often mistaken for his twin brother. Его часто путают с братом близнецом.

mistaken I [mɪ'steɪkn] *past participle от* **mistake** II

mistaken II [mɪ'steɪkn] *adj* неправильный, ошибочный
The teacher has a mistaken opinion of this pupil. У учителя об этом ученике ошибочное мнение.
to be mistaken ошибаться
I'm afraid you are mistaken. Боюсь, вы ошибаетесь.

mistook [mɪ'stʊk] *past tense от* **mistake** II

misunderstanding [ˌmɪsʌndəˈstændɪŋ] *n* непонимание, недоразумение

He hopes there'll be no misunderstanding. Он надеется, что недоразумений не будет.

mitten [ˈmɪtn] *n* рукавица, варежка

a pair of mittens варежки

mix [mɪks] *v* смешивать

If you mix blue and yellow you will get green. Если смешать голубую и жёлтую краски, получится зелёная.

You can't mix oil with water. Масло с водой не смешивается.

to mix up путать

I'm always mixing him up with his brother. Я вечно путаю его с его братом.

All the books got mixed up in the box. В коробке книги перемешались.

mixer [ˈmɪksə(r)] *n* миксер

Put the flour and eggs in the mixer. Смешай миксером муку и яйца.

mixture [ˈmɪkstʃə(r)] *n* смесь

The walls are painted in a mixture of red and blue. Стены покрашены какой-то смесью красного и синего.

After mixing together eggs, milk and butter, pour the mixture into a tin. После того как соединишь яйца, молоко и масло, вылей смесь в форму.

moan I [məʊn] *n* стон; жалоба

From time to time there were his moans. Время от времени слышались его стоны.

moan II [məʊn] *v* стонать; жаловаться

He is always moaning about his bad luck. Он вечно стонет по поводу своих неудач.

mock [mɒk] *v* передразнивать; насмехаться

They mocked at my fears. Они посмеивались над моими страхами.
The naughty boys mocked the deaf man. Озорные мальчишки передразнивали глухого.

mockery ['mɒkərɪ] *n* насмешка, посмешище
The trial was a mockery of justice. Суд был пародией на правосудие.
He has become a mockery to the whole town. Он стал посмешищем в городе.

model ['mɒdl] *n* **1** модель, копия
On the table we have a model of the Eiffel Tower. На столе у нас стоит модель Эйфелевой башни.
2 манекенщица, модель

modern ['mɒdn] *adj* современный
Their house is very modern. Их дом выглядит очень современно.
modern furniture современная мебель
modern languages современные языки
[*old* старый, несовременный]

moisture ['mɔɪstʃə(r)] *n* влажность, влага

mole [məʊl] *n* крот

moment ['məʊmənt] *n* момент, миг, мгновение; минутка
Please wait a moment. Пожалуйста, подождите минутку.
I only saw him for a moment. Я видел его буквально одну минуту.
We only heard of it a moment ago. Мы только что услышали об этом.
Choose your moment well if you want him to help you. Выбери подходящий момент, если хочешь, чтобы он помог тебе.
at any moment в любое время
We expect him to arrive at any moment. Мы ждём его в любую минуту.
at the moment сейчас, в это время
I'm rather busy at the moment. Сейчас я занят.

the moment (that) как только

I recognized him the moment (that) I saw him. Я узнал его, как только увидел.

Monday ['mʌndɪ] *n* понедельник

The store is closed on Mondays. Этот магазин по понедельникам не работает.

I saw her last Monday. Я видел её в прошлый понедельник.

money ['mʌnɪ] *n* деньги

How much money have you got? Сколько у тебя денег?

I don't have any money with me. У меня с собой совсем нет денег.

You spent too much money last week. Ты истратил слишком много денег на прошлой неделе.

I want to change my dollars into French money. Я хочу поменять доллары на французские деньги.

Note: *не имеет мн. числа*

money order ['mʌnɪɔːdə(r)] *n* денежный почтовый перевод

monitor ['mɒnɪtə(r)] *n* монитор

monk [mʌŋk] *n* монах

monkey ['mʌŋkɪ] *n* обезьяна

monster ['mɒnstə(r)] *n* чудовище, монстр

month [mʌnθ] *n* месяц

What day of the month is it today? Какое сегодня число?

I'm going on vacation next month. В следующем месяце я уезжаю в отпуск.

It rained a lot last month. В прошлом месяце было много дождей.

A month from today I'll be sitting on the beach. Через месяц я уже буду на пляже.

monthly ['mʌnθlɪ] *adj* ежемесячный

Our club has a monthly meeting. В нашем клубе ежемесячно проводится собрание.
a monthly magazine ежемесячный журнал

monument ['mɒnjʊmənt] *n* памятник, монумент
a monument to the heroes памятник героям

mood [mu:d] *n* настроение
He was in the mood for work. Он был склонен поработать.
My uncle is a man of moods. Мой дядя — человек настроения.
in a merry mood в весёлом настроении

moon [mu:n] *n* луна; месяц
new moon новолуние
full moon полнолуние
The moon is very bright tonight. Сегодня луна очень яркая.

mop I [mɒp] *n* щётка (*для подметания пола*)
She left the mop in a bucket of water. Она оставила щётку в ведре с водой.

mop II [mɒp] *v* (**mopped**, **mopping**) подметать щёткой
He mopped the kitchen floor. Он подмёл пол на кухне.

moral I ['mɒrəl] *adj* моральный; нравоучительный
moral law закон морали
moral right моральное право
a moral question вопрос морали
a moral story нравоучительная история

moral II ['mɒrəl] *n* мораль; нравоучение

more I [mɔ:(r)] *adj* (*comparative от* **much** I, **many** I) больше, ещё
Have you any more paper? У тебя есть ещё бумага?
We need more men. Нам нужно больше людей.
Do you want some more coffee? Хотите ещё кофе?
That's more than I can pay. Это больше, чем я могу заплатить.
There is hardly any more. Вряд ли ещё осталось.
That is more than enough. Это больше, чем достаточно.

more II [mɔ:(r)] *adv* (*comparative от* **much** II) **1** больше

You must attend to your work more. Вы должны больше обращать внимания на вашу работу.

You need to sleep more. Вам нужно больше спать.

He was more frightened than hurt. Он больше испугался, чем ушибся.

more or less приблизительно; более или менее

2 снова, ещё раз

Once more, please. Ещё раз, пожалуйста.

I shall not go there any more. Я больше никогда не пойду туда.

We saw him no more. Мы больше его не видели.

Note: *служит для образования сравнительной степени многосложных прилагательных и наречий*; *e. g.* **more beautiful** красивее; **more interesting** интереснее; **more easily** легче

morning ['mɔ:nɪŋ] *n* утро

I go to the office every morning. Я хожу на работу каждое утро.

Tomorrow morning he's going to be in. Завтра утром он собирается быть дома.

We'll meet on Tuesday morning. Мы встретимся во вторник утром.

I woke up at four in the morning. Я проснулся в четыре часа утра.

Moscow ['mɒskəʊ] *n* Москва

mosquito [mə'ski:təʊ] *n* комар

moss [mɒs] *n* мох

most I [məʊst] *adj* (*superlative от* **much** I, **many** I) **1** большинство, большая часть

Which of you has made most mistakes? Кто из вас сделал больше всего ошибок?

Most people fear pain. Большинство людей боится боли.

for the most part в основном, в целом, большей частью

Summers here are for the most part dry and sunny. Лето здесь обычно сухое и солнечное.

most II [məʊst] *adv* (*superlative от* **much** II) **1** больше всего, наиболее

What is troubling you most? Что тебя беспокоит больше всего?

2 очень

You are most kind. Очень любезно с вашей стороны.

Note: *служит для образования превосходной степени многосложных прилагательных и наречий*; *e. g.* **the most beautiful** красивейший; **the most interesting** интереснейший; **most carefully** наиболее осторожно

most III [məʊst] *n* большое количество, большая часть

Most of the work has been done. Большая часть работы была сделана.

It rained for most of the day. Почти весь день шёл дождь.

at most, at the most не больше чем

We can stay for two days at most. Мы можем остаться не больше чем на два дня.

mostly ['məʊstlɪ] *adv* главным образом, больше всего

We are mostly out on Sundays. По воскресеньям мы обычно уезжаем.

motel [məʊ'tel] *n* мотель

They stayed at a motel. Они остановились в мотеле.

moth [mɒθ] *n* моль

mother ['mʌðə(r)] *n* мать

My mother's a doctor. Моя мать — врач.

She lives with her mother. Она живёт с матерью.

motion I ['məʊʃn] *n* **1** движение

The train was already in motion when he jumped on. Поезд уже тронулся, когда он садился в него.

2 жест, движение

He made a motion with his hand, as if to tell me to turn back. Он сделал такое движение рукой, словно говоря мне, что надо обернуться.

motion II ['məʊʃn] *v* делать жест, показывать жестом
He opened the door and motioned me into the room. Он открыл дверь и жестом пригласил меня войти.

motor ['məʊtə(r)] *n* мотор
to switch on the motor завести мотор
The boat has an electric motor. У этой лодки электродвигатель.

motorbike ['məʊtəbaɪk] *n разг.* мотоцикл

motorcycle ['məʊtəsaɪkl] *n* мотоцикл
I'm learning to ride a motorcycle. Я учусь ездить на мотоцикле.

motto ['mɒtəʊ] *n* девиз

mountain ['maʊntɪn] *n* гора
Everest is the highest mountain in the world. Эверест — самая высокая гора в мире.

mouse [maʊs] *n* (*pl* **mice**) мышь
A mouse ran under the bed. Мышь юркнула под кровать.
My sister is afraid of mice. Моя сестра боится мышей.

moustache [mə'stɑːʃ] *n* усы
My uncle has a big black moustache. У моего дяди большие чёрные усы.

mouth [maʊθ, *pl* maʊðz] *n* рот
Don't talk with your mouth full. Не разговаривай с полным ртом.
Open your mouth. Открой рот.
Shut your mouth. Закрой рот.
The medicine is taken by mouth. Это лекарство следует принимать внутрь.

move [muːv] *v* **1** двигать, передвигать; перевозить
Move your chair nearer to the window. Подвинь свой стул ближе к окну.
It's your turn to move. Твоя очередь ходить.

2 двигаться
It was calm and not a leaf moved. Было так тихо, что и лист не шелохнулся.
3 переезжать
We're moving next week. На следующей неделе мы переезжаем.

movement ['mu:vmənt] *n* **1** движение
He lay there without movement. Он лежал без движения.
I stopped because I saw a movement in the grass. Я остановился, так как заметил в траве какое-то движение.
2 деятельность
the peace movement движение за мир

movie ['mu:vɪ] *n амер.* кинофильм
Did you see that old Charlie Chaplin movie? Ты смотрел этот старый фильм с Чарли Чаплином?
We are going to the movies tonight. Сегодня вечером мы собираемся в кино.

mow [məʊ] *v* (*past tense* **mowed**; *past participle* **mowed** *или* **mown**) косить

mown [məʊn] *past participle от* **mow**

Mr. ['mɪstə(r)] *n* мистер, господин
Mr. Jones мистер Джонс
Dear Mr. Smith уважаемый господин Смит
Note: употребляется перед фамилией

Mrs. ['mɪsɪz] *n* миссис, госпожа
Mrs. Jones миссис Джонс
Dear Mrs. Smith уважаемая госпожа Смит
Note: употребляется перед фамилией замужней женщины

much I [mʌtʃ] *adj* (*comparative* **more**; *superlative* **most**) много
There isn't much food in the house. В доме не так уж много припасов.
He never eats much breakfast. Он никогда плотно не завтракает.

I never carry much money with me. Я никогда не ношу с собой много денег.
Did you have much difficulty in finding the house? Вам очень трудно было найти дом?

how much сколько
How much does it cost? Сколько это стоит?

as much as столько же
You haven't eaten as much as she has. Вы не съели столько, сколько съела она.

Note: *употребляется с неисчисляемыми существительными*

much II [mʌtʃ] *adv* (*comparative* **more**; *superlative* **most**) **1** *служит для усиления сравнительной степени* гораздо, намного, значительно
He is much better today. Сегодня ему гораздо лучше.
She's much taller than I. Она намного выше меня.

2 очень; много; часто
I shall be much surprised if he succeeds. Я удивлюсь, если он добьётся успеха.
Don't talk so much. Не болтай так много.

very much очень
I enjoyed it very much. Мне это очень понравилось.
It doesn't matter very much. Это не имеет большого значения.
Thank you very much. Большое спасибо.

mud [mʌd] *n* грязь
We were up to our ankles in mud. Мы были по щиколотки в грязи.

muddy ['mʌdɪ] *adj* грязный

mug [mʌg] *n* кружка

multiplication [ˌmʌltɪplɪ'keɪʃn] *n* умножение
I can do division but I'm no good at multiplication. Я умею делить, а вот умножаю плохо.

multiplication table [ˌmʌltɪplɪ'keɪʃnteɪbl] *n* таблица умножения

multiply ['mʌltɪplaɪ] *v* (**multiplies**, **multiplied**, **multiplying**) умножать
6 multiplied by 5 is 30. Шесть умножить на пять равняется тридцати.

mumble ['mʌmbl] *v* бормотать, невнятно говорить
The old man was mumbling away to himself. Старик что-то бормотал себе под нос.

murder I ['mɜ:də(r)] *n* убийство
He was arrested for murder. Его арестовали за убийство.
The police are looking for the knife used in the murder. Полиция ищет нож, которым было совершено убийство.

murder II ['mɜ:də(r)] *v* убивать

murderer ['mɜ:dərə(r)] *n* убийца

murmur I ['mɜ:mə(r)] *n* шум; шорох; шёпот; жужжание
I heard a murmur of conversation from the next room. Я слышал приглушённые голоса в соседней комнате.
There is the murmur of bees in the garden. В саду жужжат пчёлы.

murmur II ['mɜ:mə(r)] *v* журчать; жужжать; шуметь; шептать

muscle ['mʌsl] *n* мускул, мышца
If you do a lot of exercises you develop strong muscles. Если много упражняться, мышцы окрепнут.

museum [mju:'zɪəm] *n* музей
a museum of modern art музей современного искусства
Have you visited the city museum? Вы уже побывали в городском музее?

mushroom ['mʌʃrʊm] *n* гриб
He put some fresh mushrooms into the salad. Он положил в салат свежих грибов.
a can of mushrooms банка консервированных грибов

music ['mju:zɪk] *n* музыка

Do you like modern music? Вам нравится современная музыка?
Note: *не имеет мн. числа*; **some music** музыка; **a piece of music** музыкальное произведение

musical ['mju:zɪkl] *adj* музыкальный
musical instruments музыкальные инструменты
a very musical child музыкально одарённый ребёнок
to join a musical society вступить в музыкальное общество

musician [mju:'zɪʃn] *n* музыкант

must [mʌst] *v модальный глагол* **1** *выражает обязанность или необходимость*
You must do your homework. Ты должен делать уроки.
You mustn't be late or we'll miss the TV programme. Не опаздывай, иначе мы пропустим эту передачу по телевизору.
You must hurry up if you want to catch the bus. Ты должен поспешить, если хочешь успеть на автобус.
Must you go so soon? Вам действительно необходимо уйти так скоро?
2 *выражает предположение, близкое к уверенности*
He must be ill. Он, должно быть, болен.
I must have left my book somewhere. Должно быть, я оставил книгу где-нибудь.
You must be hungry after your long walk. Вы, должно быть, проголодались после такой долгой прогулки.
You must be joking! Да вы шутите!
Note: **must** *не имеет частицы* **to** *и всегда употребляется с другими глаголами*

mustard ['mʌstəd] *n* горчица
Do you want some mustard with your beef? Подать вам горчицу к мясу?
Note: *не имеет мн. числа*

mustn't ['mʌsnt] = **must not**

mutton ['mʌtn] *n* баранина
Note: *не имеет мн. числа*

my [maɪ] *adj* мой
That's my pen. Это моя ручка.
Have you seen my new car? Вы видели мой новый автомобиль?

myself [maɪ'self] *pron* **1** себе, себя; -ся, -сь
I've hurt myself. Я ушибся.
I enjoyed myself very much. Я хорошо повеселился.
I saw myself in the mirror. Я увидел себя в зеркало.
2 сам
I saw it myself. Я сам это видел.
(all) by myself один
I did it all by myself. Я сделал всё это сам.
I don't like being all by myself in the big house. Я не люблю оставаться один в этом большом доме.

mystery ['mɪstərɪ] *n* тайна
The police are trying to clear up the mystery of the missing jewels. Полиция пытается раскрыть тайну исчезновения драгоценностей.

myth [mɪθ] *n* миф
ancient Greek myths мифы Древней Греции

N

N, n [en] *14-я буква английского алфавита*

nag I [næg] *n* придирки; ворчание

nag II [næg] *v* (**nagged**, **nagging**) изводить, придираться; ворчать
She nagged (at) him all day long. Она изводила его весь день.

nail [neɪl] *n* **1** ноготь
She painted her nails red. Она покрасила ногти красным лаком.
Look at your nails, they need cutting. Посмотри на свои ногти, их надо подстричь.
2 гвоздь

Hang the picture on the nail. Повесь картину на гвоздь.
Put in another nail. Вбей ещё один гвоздь.

naked ['neɪkɪd] *adj* голый, нагой; обнажённый
◊ **the naked truth** неприкрытая правда
to see smth with the naked eye видеть что-л. невооружённым глазом

name I [neɪm] *n* **1** имя
His name's John. Его зовут Джон.
2 фамилия
A person of the name of Smith wants to see you. Человек по фамилии Смит хочет вас видеть.
I know him by name. Я знаю его только по фамилии.

name II [neɪm] *v* называть, давать имя
The boy was named after his uncle. Мальчика назвали в честь дяди.
Can you name all the plants in this garden? Ты можешь назвать все растения в этом саду?

nap I [næp] *n* короткий сон
She takes a nap every afternoon. Она всегда спит днём.

nap II [næp] *v* (**napped**, **napping**) дремать; вздремнуть
He was napping when the visitors arrived. Он спал, когда приехали гости.

napkin ['næpkɪn] *n* салфетка
Why don't you use your napkin? Почему ты не пользуешься салфеткой?
Fold your napkin. Сложи салфетку.

narrow ['nærəʊ] *adj* узкий
The gate was too narrow for a car. Ворота были слишком узкие для автомобиля.
[*broad*, *wide* широкий]

nasty ['nɑ:stɪ] *adj* гадкий, скверный; противный, отвратительный

What nasty weather we are having! Какая сейчас отвратительная погода!
I had to take some medicine with a nasty smell and a nastier taste. Мне нужно было принимать лекарство с отвратительным запахом и с ещё более отвратительным вкусом.
[*nice* приятный, хороший]

nation ['neɪʃn] *n* народ, нация
all the nations of the world все народы мира

national ['næʃnəl] *adj* национальный
She's wearing the national costume. На ней национальный костюм.
They are singing a national song. Они поют народную песню.

nationality [ˌnæʃə'nælətɪ] *n* национальность
What nationality is she? Кто она по национальности?
He's of French nationality. Он француз.

native I ['neɪtɪv] *adj* родной
I intend to spend the summer in my native place. Я собираюсь провести лето у себя на родине.

native II ['neɪtɪv] *n* уроженец
He's a native of London. Он родился в Лондоне.
The kangaroo is a native of Australia. Родина кенгуру — Австралия.

natural ['nætʃrəl] *adj* **1** нормальный, естественный
His behaviour is quite natural. Его поведение совершенно естественно.
It's natural for old people to go deaf. Обычно у людей с годами слабеет слух.
[*unnatural* ненормальный, неестественный]
2 природный; натуральный
Do you think the colour of her hair is natural? Ты думаешь, это у неё такой цвет волос от природы?
natural gas природный газ

naturally ['nætʃrəlɪ] *adv* **1** естественно, конечно
Do you want to watch the game? — Naturally! Ты хочешь смотреть игру? — Конечно!
Naturally I want to pass the exam! Естественно, я хочу сдать этот экзамен!
2 по природе
She has naturally curly hair. Её волосы вьются от природы.

nature ['neɪtʃə(r)] *n* **1** природа
They stopped to admire the beauties of nature. Они остановились, чтобы полюбоваться красотами природы.
Farming on such bad land is a struggle against nature. Возделывать такую землю — значит вести настоящую борьбу с природой.
2 характер, натура
It is the nature of a dog to bark. Собакам свойственно лаять.
That man is proud by nature. Это гордая натура.
in the nature of things в природе вещей, неизбежно

naughty ['nɔːtɪ] *adj* нехороший, непослушный
If you are naughty you won't get any ice cream. Если ты не будешь слушаться, не получишь мороженого.
You naughty boy, stop pulling the cat's tail! Ах ты, нехороший мальчик! Ну-ка перестань дёргать кошку за хвост!
Note: обыкн. употребляется по отношению к детям или животным

navy ['neɪvɪ] *n* военно-морской флот
He's in the navy. Он служит во флоте.
We want to join the navy. Мы хотим служить во флоте.

near I [nɪə(r)] *adv* близко, поблизости
Do you live near? Ты близко живёшь?
[*far* далеко]

near II [nɪə(r)] *prep* у, около, возле
The store is near the post office. Магазин рядом с почтой.
There is a small table near the window. Около окна стоит небольшой столик.

near III [nɪə(r)] *adj* близкий

The post office is quite near. Почта совсем рядом.

Come nearer. Подойди поближе.

Can you tell me the nearest way to the station? Ты можешь показать мне кратчайший путь до станции?

She was near to tears. Она была готова заплакать.

She is my nearest relative. Она моя близкая родственница.

the Near East Ближний Восток

[*far* далёкий]

nearly ['nɪəlɪ] *adv* почти

He's nearly 20 years old. Ему почти двадцать.

The TV programme is nearly over. Эта передача скоро кончится.

near-sighted [ˌnɪə'saɪtɪd] *adj* близорукий

She is near-sighted, that's why she has to wear glasses. Она близорука, поэтому ей нужно носить очки.

neat [ni:t] *adj* аккуратный, чистый, опрятный

Her room is always neat. В её комнате всегда порядок.

Why is his homework never neat? Почему он делает домашнюю работу всегда так небрежно?

necessary ['nesəsərɪ] *adj* необходимый

Food is necessary for life. Еда необходима для жизни.

A government makes the necessary laws. Правительство принимает необходимые законы.

It is necessary for him to go. Ему надо идти.

It is not necessary for you to go there. Вам не надо идти туда.

neck [nek] *n* шея

The giraffe has a very long neck. У жирафа очень длинная шея.

She wears a gold chain around her neck. Она носит на шее золотую цепочку.

necktie ['nektaɪ] *n* галстук

He wore a blue necktie. Он носит голубой галстук.

need I [ni:d] *n* надобность, нужда, потребность

There's no need for us to wait. Нет никакой необходимости нам ждать.

Is there any need of doing that at all? Нужно ли вообще это делать?

There's a great need of a book on this subject. Очень нужна книга по этому предмету.

to be in need of smth нуждаться в чём-л.

They're in need of food. У них нет продуктов.

Are you in need of help? Нужна ли тебе помощь?

need II [ni:d] *v* **1** нуждаться

Do you need help? Тебе нужна помощь?

The house needs painting. Дом нужно покрасить.

The police need to know who saw the accident. Полиции нужны свидетели происшествия.

He didn't need to be reminded about it. Ему не нужно было напоминать об этом.

Does he need to know it? Ему нужно знать это?

You don't need to come if you have a cold. Ты можешь не ходить туда, если ты простужен.

2 *модальный глагол*; *в вопросах и при отрицании* быть должным, быть обязанным

We needn't have hurried. Нам не следовало спешить.

He needn't make so much noise in the shower. Ему вовсе не обязательно так шуметь в душе.

Need you go yet? — Yes, I must. Тебе уже нужно идти? — Да.

needle ['ni:dl] *n* иголка

She's left a needle on that chair. Она оставила иголку на том стуле.

knitting needles вязальные спицы

She has lost her knitting needles. Она потеряла свои спицы.

a needle and thread иголка с ниткой

Give me a needle and thread, will you? Дай мне, пожалуйста, иголку и нитки.

needlework ['ni:dlwɜ:k] *n* шитьё, рукоделие

She is very good at needlework. Она большая рукодельница.

needn't ['ni:dnt] = **need not**

negative ['negətɪv] *adj* отрицательный
She gave him the negative answer. Она отказала ему.
[*affirmative* утвердительный]

neglect [nɪ'glekt] *v* не обращать внимания; пренебрегать; упускать
He neglected his studies. Он забросил свои занятия.
Don't neglect to lock the door. Не забывай запирать дверь.

neighbour ['neɪbə(r)] *n* сосед
We're next-door neighbours. Мы живём в соседних домах.
We were neighbours at dinner. За обедом мы сидели рядом.
Britain's nearest neighbour is France. Франция — ближайший сосед Британии.

neighbourhood ['neɪbəhʊd] *n* соседство; соседи
He was liked by the whole neibourhood. Он нравится всем в округе.
in the neighbourhood по соседству, в районе
He wants to live in the neighbourhood of London. Он хочет жить недалеко от Лондона.
There are not enough doctors in this neighbourhood. В этом районе не хватает врачей.

neither I ['naɪðə(r)] *pron* ни тот, ни другой; ни один из двух
Neither of them guessed the right answer. Никто из них не дал правильного ответа.
I invited my friend and his brother but neighther could come. Я пригласил друга и его брата, но ни тот, ни другой не смогли прийти.
[*either* один из двух; и тот и другой]

neither II ['naɪðə(r)] *adj* ни тот, ни другой
Neither statement is true. Ни одно из этих утверждений не верно.
I can agree in neither case. Ни в том, ни в другом случае я не согласен.
[*either* и тот и другой]

neither III ['naɪðə(r)] *adv* тоже не

He doesn't like fish and neither do I. Он не любит рыбу, и я тоже.

If you don't go, neither shall I. Если ты не пойдёшь, я тоже не пойду.

[*either* тоже, также]

Note: *употребляется при отрицании*; *глагол ставится перед подлежащим после* **neither**

neither IV ['naɪðə(r)] *conj*: **neither... nor** ни... ни

He neither knows nor cares what happened. Он не знает и не хочет знать, что случилось.

Neither you nor I could do it. Ни ты, ни я не могли бы сделать это.

Neither the cat nor the dog has been fed. Ни кошку, ни собаку не покормили.

[*either... or* или... или]

nephew ['nevju:] *n* племянник

What is his nephew's name? Как зовут его племянника?

He is my nephew, he is my brother's son. Он мой племянник, он сын моего брата.

nervous ['nɜ:vəs] *adj* нервный

She's nervous about her exams. Она нервничает перед экзаменами.

What's she so nervous about? Почему она так нервничает?

nest [nest] *n* гнездо

The birds have built a nest in the apple tree. Птицы свили на яблоне гнездо.

There are three eggs in the nest. В гнезде лежат три яйца.

net [net] *n* сеть; сетка

a fishing net рыболовная сеть

a tennis net теннисная сетка

a volleyball net волейбольная сетка

Put up the net. Натяни сетку.

I caught a butterfly in my net. Я поймал сачком бабочку.

network ['netwɜ:k] *n* сеть
a network of railways сеть железных дорог
an intelligence network разведывательная сеть
computer network компьютерная сеть

neutral I ['nju:trəl] *adj* нейтральный
I'm neutral in this argument. В этом споре я не придерживаюсь ничьей стороны.
a neutral country нейтральное государство
neutral waters нейтральные воды

neutral II ['nju:trəl] *n* **1** нейтральное государство
2 *авто* нейтраль, нейтральное положение рычага коробки передач

never ['nevə(r)] *adv* **1** никогда
He never gets up early in the morning. Он никогда не встаёт рано по утрам.
Never forget to lock the door at night. Никогда не забывай запирать дверь на ночь.
Never tell a lie. Никогда не говори неправды.
I should never have believed it. Я ни за что бы не поверил этому.
[*always* всегда]
2 *употребляется для усиления вместо* **not**
She never eats meat. Она не ест мяса.
I never slept a wink all night. Я всю ночь не сомкнул глаз.
That will never do. Это совершенно не годится.
◊ **never mind** не беспокойтесь
It's too late to go to the film now. — Never mind, we'll go tomorrow. Сейчас слишком поздно идти в кино. — Ничего, мы сходим завтра.

new [nju:] *adj* **1** новый; иной, другой; свежий
Take a new piece of paper. Возьми другой лист бумаги.
I must buy a new pen because this one is broken. Мне надо купить новую ручку, эта сломалась.
We sell new and used furniture. Мы продаём новую и подержанную мебель.
We bought some new potatoes. Мы купили молодого картофеля.

2 незнакомый

He learned several new words. Он выучил несколько новых слов.

They discovered a new star. Открыли новую звезду.

Here are the new boys in the class. В классе есть новички.

[*old* старый]

◊ **the New Year** Новый год

A Happy New Year! С Новым годом!

On New Year's Eve the streets are crowded with people. В канун Нового года на улицах много народу.

the New Testament Новый завет

news [nju:z] *n* новость, новости; известие

He was watching the 6 o'clock news on TV. Он смотрел по телевизору шестичасовой выпуск новостей.

Did you hear the news on the radio? Вы слышали новости по радио?

He told me the news about the fire. Он рассказал мне о пожаре.

Any news? Какие новости?

That's news to me. Это для меня новость.

Don't worry! No news is good news. Не волнуйся! Отсутствие новостей уже хорошая новость.

a piece of news новость

That's a fine piece of news. Это хорошая новость.

Note: *согласуется с глаголом только в ед. числе*; *не употребляется с неопределённым артиклем*

newspaper ['nju:zpeɪpə(r)] *n* газета

Has today's newspaper been delivered? Сегодняшнюю газету принесли?

Have you finished the crossword puzzle in today's newspaper? Ты решил кроссворд в сегодняшней газете?

Yesterday's newspaper was full of news of the election. Вчерашняя газета почти вся посвящена выборам.

What newspapers do you get? Какие газеты вы получаете?

newsstand ['nju:zstænd] *n* газетный киоск

There is a newsstand on the corner of our street. На углу нашей улицы есть газетный киоск.

New York [ˌnjuːˈjɔːk] *n* Нью-Йорк

New Zealand [njʊˈziːlənd] *n* Новая Зеландия

next I [nekst] *adj* **1** ближайший, соседний

Our bus could not stop and bumped into the next bus. Наш автобус не смог остановиться и врезался в соседний автобус.

2 следующий

Next Monday I start my vacation. Со следующего понедельника у меня каникулы.

Let's go by the next bus. Давайте поедем на следующем автобусе.

I'll be twenty next year. В будущем году мне исполнится двадцать.

next to nothing очень мало

It costs next to nothing. Это стоит совсем немного.

next II [nekst] *adv* затем, потом

What are you going to do next? Что ты потом собираешься делать?

What comes next? Что же дальше?

When I next saw her she was dressed in green. Когда я увидел её в следующий раз, она была в зелёном.

When shall I see you next? Когда мы опять увидимся?

next to рядом с

He sat down next to me. Он сел рядом со мной.

next door [ˌnekstˈdɔː(r)] *adv* рядом, по соседству

He lives next door (to me). Он живёт рядом.

nice [naɪs] *adj* приятный, хороший

What a nice room! Какая хорошая комната!

The weather was nice. Погода была хорошая.

He had a nice sleep after lunch. Он хорошо поспал после обеда.

We went for a nice ride in his new car. Мы хорошо прокатились на его новой машине.

That wasn't a very nice thing to say. Нехорошо было так говорить.

nickname ['nɪkneɪm] *n* прозвище

They gave him the nickname "Fatty". Они прозвали его «Толстяк».

niece [ni:s] *n* племянница

I've got three nieces — they're my sister's children. У меня три племянницы — дочки моей сестры.

The niece looks like her aunt. Тётя и племянница очень похожи.

night [naɪt] *n* ночь; вечер

It is night. Ночь.

In winter the nights are long. Зимой ночи длинные.

He spent two nights in our house. Он ночевал у нас два раза.

Come and see me some night. Заходи ко мне как-нибудь вечерком.

last night вчера вечером

We stayed at home last night. Вчера вечером мы остались дома.

at night ночью, вечером

I don't like going out alone late at night. Я не люблю выходить из дому один поздно вечером.

all night along всю ночь напролёт

It was raining all night along. Всю ночь лил дождь.

good night доброй ночи

from morning till night с утра до ночи

[*day* день]

nightgown ['naɪtgaʊn] *n* ночная рубашка (*женская или детская*)

nightingale ['naɪtɪŋgeɪl] *n* соловей

Have you ever heard a nightingale sing? Ты когда-нибудь слышал, как поёт соловей?

nine [naɪn] *num* девять

He's nine years old. Ему девять лет.

Come to see me tomorrow morning at nine o'clock. Приходи ко мне завтра утром в девять.

You've eaten nine cookies! Ты съел девять печений!

nineteen [ˌnaɪnˈtiːn] *num* девятнадцать

nineteenth [ˌnaɪnˈtiːnθ] *adj* девятнадцатый
Dickens lived in the 19th century. Диккенс жил в девятнадцатом веке.

ninety [ˈnaɪntɪ] *num* девяносто
Nine times ten is ninety. Девятью десять — девяносто.

ninth [naɪnθ] *adj* девятый

no I [nəʊ] *n* нет
Do you want some more coffee? — No, thank you. Хотите ещё кофе? — Нет, спасибо.
[*yes* да]

no II [nəʊ] *adj* никакой
She had no friends. У неё не было друзей.
The poor boy had no money. У бедного мальчика не было денег.
There was no end to our troubles. Нашим бедам не было конца.
The task is no easy one. Эта задача не из лёгких.
She is no beauty. Она далеко не красавица.

no III [nəʊ] *adv* не
This book is no better than the last one I read. Эта книга не лучше предыдущей.
He's no longer here. Его больше здесь нет.
Note: *употребляется с прилагательными в сравнительной степени*

noble [ˈnəʊbl] *adj* **1** благородный
He's a man of noble birth. Он благородного происхождения.
2 прекрасный, замечательный, превосходный
a building of noble size здание внушительных размеров
noble metals благородные металлы

nobody [ˈnəʊbədɪ] *pron* никто
I saw nobody I knew. Я не увидел никого из знакомых.

Nobody else wears red socks like you. Никто больше не носит красных носков, как у тебя.

Nobody came to meet me. Никто меня не встретил.

[*everybody*, *everyone* каждый; все]

nod I [nɒd] *v* (**nodded**, **nodding**) кивать

He nodded to me at the street. Он кивнул мне при встрече на улице.

When she asked if anyone wanted ice cream, all the children nodded. Когда она спросила, кто хочет мороженого, все дети закивали головами.

nod II [nɒd] *n* кивок

He gave me a nod. Он кивнул мне.

noise [nɔɪz] *n* шум

Don't make so much noise. Не шуми так.

I thought I heard a noise in the kitchen. Мне послышался шум на кухне.

We were woken up by noises in the night. Мы проснулись ночью от шума.

noisy ['nɔɪzɪ] *adj* шумный

a noisy car шумный автомобиль

a crowd of noisy children стайка шумящих детей

[*quiet* тихий, спокойный]

none [nʌn] *pron* никто; ничто; ни один

A little money is better than none at all. Немного денег лучше, чем совсем ничего.

Her health is none too good. У неё не очень хорошее здоровье.

None of them has a beard. Никто из них не носит бороды.

nonsense ['nɒnsəns] *n* ерунда, чепуха, глупости

You're talking nonsense. Ты говоришь ерунду.

Stop this nonsense at once! Прекрати эти глупости сейчас же!

noon [nu:n] *n* полдень

It is noon. Полдень.

We have lunch at noon. У нас ланч в полдень.

no one ['nəʊwʌn] *pron* никто
There's no one in the room. В комнате никого нет.
[*everybody*, *everyone* каждый; все]

nor [nɔ:(r)] *conj* также не, тоже не
I do not know what he thinks of it, nor do I care. Я не знаю, что он думает об этом, да это мне и безразлично.

normal ['nɔ:ml] *adj* обычный, нормальный
Wet weather is quite normal at this time of year. Сырая погода вполне обычна для этого времени года.
the normal temperature of the human body нормальная температура человеческого тела

north I [nɔ:θ] *n* север
The wind is blowing from the north. Дует северный ветер.
in the north на севере
to the north of к северу от, севернее
England is to the north of France. Англия находится к северу от Франции.
[*south* юг]

north II [nɔ:θ] *adj* северный
The north side of the house never gets any sun. На северной стороне дома никогда не бывает солнца.
the North Pole Северный полюс
[*south* южный]

north III [nɔ:θ] *adv* на север
We were travelling north. Мы двигались на север.
[*south* на юг]

northern ['nɔ:ðən] *adj* северный
They live in the northern part of the country. Они живут в северной части страны.
[*southern* южный]

Norway ['nɔ:weɪ] *n* Норвегия

nose [nəʊz] *n* нос

She must have a cold — her nose is running. Она, должно быть, простыла — у неё течёт из носу.

He speaks through his nose. Он говорит в нос.

nostril ['nɒstrəl] *n* ноздря

The Indian princess wore a diamond in her right nostril. В правой ноздре у индийской принцессы был алмаз.

note [nəʊt] *n* **1** записка

I sent him a note to say I was sick. Я послал ему записку сообщить, что я болен.

Who is this note from? От кого эта записка?

2 примечание, заметка

Read carefully the note on page 7. Прочтите внимательно примечание на седьмой странице.

to make a note of smth записать что-л.

We must make a note of what we need before we go on vacation. Мы должны записать всё, что нам нужно взять с собой, перед тем как поедем в отпуск.

notes *pl* записи, заметки

The speaker forgot his notes so he had to speak from memory. Выступающий забыл свои записи и был вынужден говорить по памяти.

to take notes делать записи

Students take notes during classes. Студенты во время занятий делают записи.

3 *муз.* нота

He can't sing the high notes. Он не может брать высокие ноты.

notebook ['nəʊtbʊk] *n* **1** записная книжка; тетрадь

I want two thick notebooks, one with lines in it and one with squares. Мне нужно две толстых тетради: в линейку и в клеточку.

2 ноутбук

I'm planning to buy a new notebook next month. В следующем месяце я планирую купить новый ноутбук.

nothing ['nʌθɪŋ] *pron* ничего, ничто

There's nothing in the box. В коробке ничего нет.

He said nothing about the accident. Он ничего не рассказал о случившемся.

Nothing pleases him. Ему ничем не угодишь.

[*everything* всё]

to have nothing to do with smth не иметь никакого отношения к чему-л.

It has nothing to do with you. Это тебя не касается.

(all) for nothing зря, напрасно, даром; из-за ничего

I waited for three hours and all for nothing. Я прождал три часа и совершенно напрасно.

I got the tickets for nothing — they were a present from my brother. Я получил билеты бесплатно — это был подарок от моего брата.

notice I ['nəʊtɪs] *v* замечать

She was wearing a new dress, but he didn't even notice. Она надела новое платье, но он даже не заметил.

Did you notice whether I locked the door? Ты не заметил, закрыл ли я дверь?

I didn't notice his going. Я не заметил, как он ушёл.

notice II ['nəʊtɪs] *n* **1** объявление

He put up a notice about the meeting. Он повесил объявление о собрании.

2 внимание

Take no notice of what he says. Не обращай внимания на то, что он говорит.

noun [naʊn] *n грам.* имя существительное

The words "man" and "colour" are nouns. Слова man и colour — существительные.

novel ['nɒvl] *n* роман

I like to read the novels of Dickens. Мне нравится читать романы Диккенса.

November [nəʊ'vembə(r)] *n* ноябрь

He was born in November. Он родился в ноябре.

How many days has November? Сколько дней в ноябре?
Today is November the fifth. Сегодня пятое ноября.

now [naʊ] *adv* **1** сейчас, теперь
It is summer now. Сейчас лето.
Now's the best time for picking apples. Сейчас самое лучшее время для сбора яблок.
Can you go to the beach now? Ты можешь сейчас пойти на пляж?
by now к настоящему моменту, теперь
He ought to be in London by now. К настоящему моменту он должен быть в Лондоне.
up to now, till now до сих пор, пока
Till now she has never had to see a doctor. До сих пор ей не приходилось обращаться к врачу.
from now (on) впредь, в дальнейшем
From now on we're going to speak only English. Теперь мы будем говорить только по-английски.
A week from now we'll be on vacation. Через неделю мы будем в отпуске.
2 ну
Now, let's begin. Ну, давайте начнём.
Now, what do you think of that? Что же ты думаешь об этом?
Now, listen to me, don't do it. Послушай меня, не делай этого.
◊ **now that...** теперь, когда
Now that you've come let's have tea. Теперь, когда вы пришли, давайте попьём чаю.

nowhere ['nəʊweə(r)] *adv* нигде; никуда
The cat was nowhere to be found. Кота нигде не могли найти.
There is nowhere else to put the typewriter. Больше некуда поставить пишущую машинку.
[*everywhere* везде]

nuclear ['nju:klɪə(r)] *adj* ядерный, атомный
a nuclear power station атомная электростанция
nuclear physics ядерная физика
nuclear war ядерная война

nuisance ['nju:sns] *n* досада; помеха; неудобство

What a nuisance — I've lost my front door key! Вот досада! Я потерял ключ от входной двери!

That little boy is a real nuisance! Этот мальчишка — просто наказание!

numb [nʌm] *adj* окоченелый; онемелый, оцепенелый

My hands are numb after an hour outside on such a cold day. Мои руки окоченели после часа на улице при таком холоде.

The sight of the lion made him numb with fear. При виде льва он оцепенел от страха.

number ['nʌmbə(r)] *n* **1** число; номер

7 is my lucky number. Семь — моё счастливое число.

They live in apartment number 48. Они живут в квартире номер сорок восемь.

What is your telephone number? Какой у тебя номер телефона?

2 количество

A large number of people are looking for work. Много людей ищут работу.

I've seen that film a number of times. Я смотрел этот фильм несколько раз.

Note: *если* **number** *при существительном во мн. числе*, *далее следует глагол во мн. числе*; *e. g.* **a large number of houses were damaged in the fire** при пожаре пострадало много домов

numeral ['nju:mərəl] *n грам.* имя числительное

One, two are cardinal numerals. Один, два — количественные числительные.

The first, the second are ordinal numerals. Первый, второй — порядковые числительные.

numerous ['nju:mərəs] *adj* многочисленный

There were more numerous books than I'd ever seen before. Здесь было больше книг, чем я когда-либо видел.

numerous times a day много раз в день

nun [nʌn] *n* монахиня

nurse [nɜ:s] *n* **1** медицинская сестра, медсестра; няня (*в больнице*); сиделка

She works as a nurse in the local hospital. Она работает медсестрой в местной больнице.

She's training to be a nurse. Она учится, чтобы стать медсестрой.

male nurse медбрат; санитар

2 няня

A nurse takes care of children. Няня ухаживает за детьми.

My old nurse often comes to see us. Моя старая няня часто навещает нас.

nursery [ˈnɜ:sərɪ] *n* детская (*комната*)

day nursery ясли

nut [nʌt] *n* орех

He was eating a bar of milk chocolate with nuts. Он ел молочный шоколад с орехами.

O

O, o [əʊ] *15-я буква английского алфавита*

oak [əʊk] *n* дуб (*дерево и материал*)

a forest of oak(s) дубовая роща

There is an oak in front of my house. Перед моим домом растёт дуб.

The doors are made of oak. Двери сделаны из дуба.

oar [ɔ:(r)] *n* весло

The oar is broken, you can't row with it any more. Весло сломано, им нельзя грести.

oath [əʊθ] *n* клятва

to take an oath поклясться, принести клятву

He took an oath on the Bible to tell the truth. Он поклялся на Библии говорить правду.

oatmeal ['əʊtmi:l] *n* овсяные хлопья
She had a bowl of oatmeal for breakfast. Она съела на завтрак миску овсянки.

oats [əʊts] *n pl* овёс
He fed the horse some oats. Он дал лошади овса.
We made porridge from oats. Мы сварили овсяную кашу.

obedient [ə'bi:dɪənt] *adj* послушный
obedient children послушные дети
[*disobedient* непослушный]

obey [ə'beɪ] *v* слушаться, повиноваться
You ought to obey your father. Ты должен слушаться отца.
You must obey the rules. Ты должен соблюдать правила.
A good dog obeys his master. Хорошая собака слушается хозяина.
[*to disobey* не слушаться]

object[1] ['ɒbʤɪkt] *n* **1** предмет, объект
A big black object fell into the middle of the field. Какой-то большой чёрный предмет упал посередине поля.
2 цель
What's the object of your plan? Какова цель вашего плана?
The object of the journey was to visit Grandma. Цель путешествия была навестить бабушку.
3 *грам.* дополнение
a direct object прямое дополнение
an inderect object косвенное дополнение
a prepositional object предложное дополнение
In the sentence "He took the money" "the money" is the direct object. В предложении «Он взял деньги» «деньги» — прямое дополнение.

object[2] [əb'ʤekt] *v* возражать, не соглашаться, быть против
She objected to my plan. Она возражала против моего плана.
He stood up and objected in strong language. Он поднялся и резко высказал свои возражения.
I object to being treated like a child. Мне не нравится, что со мной обращаются, как с ребёнком.

Does anyone object if I smoke a cigarette? Кто-нибудь будет возражать, если я закурю?

observe [əb'zɜ:v] *v* видеть, замечать; наблюдать

The trainer observed the players as they trained on the field. Тренер наблюдал за игроками во время тренировки на поле.

He observed that it had turned cloudy. Он заметил, что небо затянуло тучами.

obstacle ['ɒbstəkl] *n* препятствие

He jumped over the obstacle and ran on. Он перепрыгнул через препятствие и побежал дальше.

obstinate ['ɒbstɪnət] *adj* упрямый, упорный

an obstinate character упрямый характер

obstinate resistance упорное сопротивление

The obstinate donkey would not walk any further. Упрямый осёл никак не шёл дальше.

obvious ['ɒbvɪəs] *adj* очевидный

It's obvious. Это очевидно.

occasion [ə'keɪʒn] *n* случай; раз

on this occasion в этот раз; по этому случаю

on one occasion однажды, как-то раз

on rare occasions редко

I have travelled in an aeroplane on three occasions. Я летал на самолёте три раза.

I have met him on several occasions. Я видел его несколько раз.

This is not an occasion for laughter. Это неподходящий повод для смеха.

He has had few occasions to speak French. Ему удалось всего несколько раз поговорить по-французски.

occupation [ˌɒkjʊ'peɪʃn] *n* работа, профессия

What is his occupation? Чем он занимается?

occupy ['ɒkjʊpaɪ] *v* (**occupies**, **occupied**, **occupying**) занимать (*место*, *время и т. п.*)

The table occupies the whole corner of the room. Стол занимает весь угол комнаты.
The soldiers occupied the town. Солдаты заняли город.
How do you occupy your time when you are on vacation? Чем ты занимаешься во время отпуска?
to be occupied быть занятым
Is this seat occupied? Это место занято?
I'm afraid the manager is occupied at the moment. Боюсь, что сейчас директор занят.

occur [ə'kɜ:(r)] *v* (**occurred**, **occurring**) случаться, происходить
Don't let this occur again. Смотри, чтобы это не повторилось.
When did the accident occur? Когда произошёл этот несчастный случай?
to occur to приходить в голову
It occurred to me that she didn't know our new address. Мне вдруг пришло в голову, что она может не знать нашего нового адреса.

ocean ['əʊʃn] *n* океан

ocean liner [ˌəʊʃn'laɪnə(r)] *n* океанский лайнер

o'clock [ə'klɒk] *adv*:
It's 12 o'clock. Сейчас двенадцать часов.
I never get up before 8 o'clock. Я никогда не встаю раньше восьми.
We got home at 11 o'clock. Мы пришли домой в одиннадцать.
By 10 o'clock everyone was asleep. К десяти часам все уже спали.
Note: **o'clock** *употребляется только при указании на целый час, без минут, e. g.* **9 o'clock** девять часов, *но* **10 past 9** десять минут десятого; **half past 9** половина десятого

October [ɒk'təʊbə(r)] *n* октябрь
October is the tenth month of the year. Октябрь — десятый месяц года.
Were you born in October? Вы родились в октябре?
Last October we went to Germany. В октябре прошлого года мы ездили в Германию.

odd [ɒd] *adj* **1** нечётный

3, 5, 7 are all odd numbers. 3, 5, 7 — нечётные числа.

[*even* чётный]

2 странный, необычный

He's an odd man. Он странный человек.

I find it odd that he hasn't written to us. Мне кажется странным, что он нам не написал.

of [ɒv; əv] *prep* **1** *указывает на принадлежность, связь, отношение; передаётся родительным падежом соответствующего существительного*

I felt tired at the end of the journey. К концу поездки я очень устал.

She's a friend of mine. Она моя приятельница.

Where's the lid of the black saucepan? Где крышка от чёрной кастрюли?

There is a table in the middle of the room. Посередине комнаты стоит стол.

2 *указывает на часть от целого; как правило, передаётся родительным падежом соответствующего существительного*

a sheet of paper лист бумаги

a mug of milk кружка молока

a piece of bread кусок хлеба

How much of paint do you want? Сколько краски ты хочешь?

Today is the first of September. Сегодня первое сентября.

Half of the children were sick with flu. Половина детей была больна гриппом.

There are five of them. Здесь пятеро из них.

3 *указывает на материал, из которого что-л. сделано* из

a dress of silk платье из шёлка

The sweater is made of wool. Свитер связан из шерсти.

4 *указывает на качество или свойство*

He is a man of tact. Он человек тактичный.

It's a question of great importance. Это вопрос большой важности.

5 *указывает на причину*

He died of his wounds. Он умер от ран.

She's tired of your complaints. Она устала от твоих жалоб.

6 *указывает на лицо, от которого исходит действие*

How kind of you to help! Как любезно с вашей стороны было помочь!
It was good of your brother to come. Очень хорошо, что ваш брат пришёл.
It is very stupid of her to say such things. Очень неумно с её стороны говорить такие вещи.

7 о, относительно
I did not think of it. Я не подумал об этом.
She's never heard of him. Она никогда о нём не слышала.

off I [ɒf] *adv* **1** *выражает отделение, удаление; часто передаётся значением приставки соответствующего русского глагола*
Cut it off. Отрежь(те).
Take it off. Убери(те).
The town is five miles off. До города пять миль.
Why don't you have that long beard off? Почему бы тебе не сбрить бороду?
The holidays are not far off. До каникул не так далеко.

2 *указывает на прекращение действия, завершение, выключение какого-л. механизма*
The central heating is off. Центральное отопление отключено.
Turn all the lights off. Выключи везде свет.
Is the TV off? Телевизор выключен?
Their engagement is off. Их помолвка расторгнута.
The picnic is off. Пикник не состоится.

3 *указывает на перерыв в работе*
The manager gave the staff a day off. Директор предоставил персоналу выходной.
I think I'll take the afternoon off. Думаю после обеда отдохнуть от работы.

off II [ɒf] *prep выражает отделение, удаление* с, от
Take the cloth off the table. Сними скатерть со стола.
Keep off the grass. По газону не ходить.
Cut a piece off the loaf. Отрежь кусок от буханки.
He lives off the main road. Он живёт в стороне от магистрали.

offend [ə'fend] *v* обижать
I'm sorry if I've offended you. Извините, если я обидел вас.

He was offended at my remarks. Он обиделся на мои замечания.
She was offended by her sister. Её обидела сестра.

offer ['ɒfə(r)] *v* предлагать
Did he offer to help? Он предложил помочь?
They didn't even offer me a cup of coffee. Они даже не предложили мне чашки кофе.
I offered to go with her to the bus stop. Я предложил проводить её до автобусной остановки.

office ['ɒfɪs] *n* **1** учреждение, контора, офис
He works in an office as a clerk. Он работает в учреждении служащим.
I'll be staying late at the office this evening. Я задержусь на работе сегодня вечером.
She's the manager of our Moscow office. Она директор нашего московского филиала.
2 ведомство, министерство
the Foreign Office министерство иностранных дел (*в Великобритании*)
the Home Office министерство внутренних дел (*в Великобритании*)

officer ['ɒfɪsə(r)] *n* **1** офицер (*военный*)
He's an army officer. Он офицер армии.
2 государственный служащий
a customs officer служащий таможни

official [ə'fɪʃl] *adj* официальный
an official report официальный отчёт
official statements официальные заявления
The news is not official. Эта новость из неофициальных источников.

often ['ɒfn] *adv* часто
Do you often go to the cinema? Ты часто ходишь в кино?
How often are there trains to Leeds? Как часто идут поезда в Лидс?

We often play football after school. Мы часто играем в футбол после школы.
[*seldom*, *rarely* редко]

oh [əʊ] *interj* ах!, ох!, ой!
"Oh" is an exclamation of surprise, interest, excitement, etc. «Oh» — восклицание, выражающее удивление, интерес, волнение и т. п.
Oh, darling, can you come here, please? Дорогой, не мог бы ты подойти сюда?
Oh, look, what lovely flowers! Смотри, какие чудесные цветы!
Oh, what a pity! Ах, как жаль!

oil I [ɔɪl] *n* **1** масло
vegetable oil растительное масло
coconut oil кокосовое масло
olive oil оливковое масло
cooking oil кулинарное масло
salad oil масло для салата
oils *pl* масляные краски
She paints very well in oils. Она очень хорошо рисует масляными красками.
2 нефть

oil II [ɔɪl] *v* смазывать
You should oil the car door because it makes a noise. Тебе следует смазать дверцу у машины, она скрипит.

oil well ['ɔɪlwel] *n* нефтяная скважина

okay, OK [ˌəʊ'keɪ] *n*, *interj разг.* отлично, хорошо, в порядке
Shall we start now? — OK, let's go. Начинать? — Давай.
I was ill yesterday, but I'm OK now. Вчера я приболел, но сейчас всё в порядке.
He gave our plan the OK. Он одобрил наш план.

old [əʊld] *adj* **1** старый
My grandfather is an old man — he's eighty five. Мой дедушка — старый человек, ему восемьдесят пять лет.

My mother's getting old. Моя мать стареет.
How old are you? Сколько тебе лет?
I'm twenty five years old. Мне двадцать пять лет.
My brother is the oldest of our family. Мой брат — самый старший в семье.
You're old enough to dress yourself, child! Ты уже достаточно большой, чтобы одеваться самому, малыш!

an old man старик
an old woman старуха
old age старость
[*young* молодой]
2 старый, не новый, несовременный
an old church старая церковь
an old building старое здание
old customs старые традиции
old civilizations древние цивилизации

I'll have to wear my old clothes to paint the walls. Мне придётся надеть какую-нибудь старую одежду, когда я буду красить стены.
She sold her old car and bought a new one. Она продала свой старый автомобиль и купила новый.

[*new* новый; *modern* современный]

old-fashioned [ˌəʊld'fæʃnd] *adj* старомодный, устаревший
old-fashioned ideas устаревшие взгляды

Clothes of 20 years ago look very old-fashioned today. Одежда, которую носили двадцать лет назад, выглядит сейчас старомодной.

omelette ['ɒmlɪt] *n* омлет

omit [ə'mɪt] *v* (**omitted**, **omitting**) не включать, опускать, пропускать

This chapter may be omitted. Эту главу можно пропустить.

on I [ɒn] *prep* **1** на

The carpet is on the floor. Ковёр лежит на полу.
The book is on the table. Книга на столе.
The number is on the door. Номер квартиры прикреплён на двери.

Hang the map on the wall. Повесь карту на стену.
He sits on the grass. Он сидит на траве.
Stick a stamp on the envelope. Приклей на конверт марку.
The children are skating on the ice. Дети катаются на льду.
There are no boats on the river. На реке нет ни одной лодки.

2 в, по, после, во время
Shall we meet on Sunday? Встретимся в воскресенье?
He is leaving on Friday evening. Он уезжает в пятницу вечером.
They arrive on Tuesday. Они приезжают во вторник.
She was born on the 10th of May. Она родилась десятого мая.
It happened on a sunny day in July. Это случилось в один солнечный июльский день.

on that day в тот день
on my arrival по моему приезду, когда я приехал
on time вовремя

3 о, относительно; по
It's a book on history. Это книга по истории.
Did you hear that lecture on Shakespeare? Ты слышал эту лекцию о Шекспире?

4 *выражает причину, основание*
This story is based on fact. Эта история основана на фактах.

5 *выражает состояние или характер действия, указывает на цель действия*
He's gone to Germany on business. Он уехал в Германию по делам.
Who is on duty today? Кто сегодня дежурит?
She's on the committee. Она член комитета.

on II [ɒn] *adv* **1** *указывает на продолжение действия, выраженного глаголом*
They hurried on. Они поспешили дальше.
The war still went on. Война всё продолжалась.
How can you work on so long without a rest? Как ты можешь продолжать так долго работать без отдыха?
She went on talking. Она всё говорила и говорила.

2 *указывает на приведение в действие какого-л. механизма и т. п.*
The gas is on. Газ включён.
Turn the engine on. Заведи двигатель.
Switch the TV on. Включи телевизор.

The performance is on. Спектакль начался.

◊ **and so on** и так далее

on and off время от времени

on and on не прекращая, без остановки

once [wʌns] *adv* **1** один раз

I have been there once. Я был там один раз.

We go to the cinema once a week. Мы ходим в кино раз в неделю.

once more снова, ещё раз

Tell me the story once more. Расскажи мне эту историю ещё раз.

once or twice один или два раза

It has been a very dry summer — it has only rained once or twice. Это было очень сухое лето — дождь шёл всего раз или два.

2 однажды; когда-то

This novel was once very popular but nobody reads it today. Когда-то этот роман был очень популярен, но сейчас его никто не читает.

His family lived in America once. Когда-то его семья жила в Америке.

once upon a time однажды, некогда

Once upon a time there were three little foxes. Некогда жили-были три лисёнка.

◊ **at once** немедленно, сразу

Come here at once! Немедленно иди сюда!

I can't do two things at once. Я не могу делать два дела сразу.

one I [wʌn] *num* один

One and one make two. Один плюс один равно двум.

See Part One. Смотри первую часть.

one by one по одному, друг за другом

The cows walked through the gate one by one. Коровы одна за другой проходили в ворота.

one II [wʌn] *adj* **1** один

one hundred сто

My little boy is one year old. Моему сынишке год.

I'm going away for one week. Я уезжаю на (одну) неделю.

2 единственный

I can only find one sandal. Я смог найти только одну сандалию.

I have only one pencil. У меня только один карандаш.

3 такой же, один и тот же

They all ran in one direction. Все бежали в одном направлении.

one III [wʌn] *pron* **1** один

I'll have one of those oranges, please. Мне, пожалуйста, один апельсин.

One of the boys will help you. Один из мальчиков поможет вам.

one another друг друга

The three men never speak because they don't like one another. Эти трое мужчин никогда не разговаривают, потому что недолюбливают друг друга.

2 любой, кто угодно

One must do one's duty. Надо выполнять свой долг.

One doesn't like to have one's word doubted. Никто не любит, когда ему не верят.

If one wants a thing done well, one had best do it oneself. Если хочешь, чтобы было сделано хорошо, сделай сам.

One cannot always find time for reading. Не всегда можно выкроить время для чтения.

3 *употребляется вместо существительного, ранее упомянутого*

Which pencil do you want — the green one or the black one? Какой тебе нужен карандаш, зелёный или чёрный?

I've lost my pen — do you have one? Я потерял ручку. У тебя найдётся запасная?

I don't like this shirt, will you show me a different one. Мне не нравится эта рубашка, покажите мне другую.

oneself [wʌn'self] *pron* себя; -ся

One can see oneself in the mirror. Себя можно увидеть в зеркало.

One should not live for oneself alone. Нельзя жить только для себя.

to wash oneself умываться

to dress oneself одеваться

to enjoy oneself развлекаться

one-way [ˌwʌnˈweɪ] *adj* в одном направлении
a one-way street улица с односторонним движением

onion [ˈʌnɪən] *n* лук; луковица
There is too much onion in this dish. В этом блюде слишком много лука.
I want two onions for the salad. Мне нужны две луковицы для салата.

only I [ˈəʊnlɪ] *adj* единственный
She's an only child. Она единственный ребёнок в семье.
He is the only friend who lives near; all my other friends live far away. Он единственный из моих друзей, кто живёт неподалёку, остальные друзья живут далеко.
The only thing to do on a hot day is to go swimming. Самое лучшее, что можно сделать в жаркий день, это пойти искупаться.

only II [ˈəʊnlɪ] *adv* только
Only you can help us. Только ты можешь нам помочь.
Only yesterday I got a postcard from her. Только вчера я получил от неё открытку.
She not only heard it, she saw it. Она не только слышала об этом, она это видела.
Only the teachers are allowed to use this room. Этим помещением можно пользоваться только учителям.
We've only half an hour to wait now. Нам осталось ждать только полчаса.
if only если бы только
If only I had known. Если бы только я знал.
If only she would come! Если бы только она пришла!
only just только что
They had only just arrived. Они только что приехали.

open I [ˈəʊpən] *adj* **1** открытый, раскрытый
Leave the door open. Оставь дверь открытой.
The flowers were all open. Цветы все раскрылись.
The book lay open on the table. Книга лежала на столе раскрытой.
2 неогороженный

the open country открытая местность
the open sea открытое море
3 ненакрытый
an open car кабриолет
an open sandwich бутерброд с одним куском хлеба
an open market открытый рынок
in the open air на открытом воздухе
4 функционирующий
Are the shops open yet? Магазины ещё открыты?
When is the post office open? Когда работает почта?

open II ['əʊpən] *v* **1** открывать(ся), раскрывать(ся)
He opened the door so that I could come in. Он открыл дверь и впустил меня.
Open the window, please. Откройте, пожалуйста, окно.
2 начинать функционировать, открываться
The meeting opens at eleven o'clock. Собрание начинается в одиннадцать часов.
[*to close* закрывать(ся)]

opener ['əʊpənə(r)] *n* консервный ключ, консервный нож

opening ['əʊpənɪŋ] *n* начало
We were too late to see the opening of the game. Мы опоздали и не видели начало игры.

opera ['ɒprə] *n* опера

opinion [ə'pɪnɪən] *n* мнение
It is his opinion. Это его мнение.
What is your opinion of her work? Что ты думаешь о её работе?
Public opinion has changed in favour of that group. Общественное мнение изменилось в пользу той группы.
in my opinion по моему мнению
In my opinion you're wrong. По-моему, вы не правы.

opportunity [ˌɒpə'tju:nətɪ] *n* возможность, шанс
a wonderful opportunity замечательная возможность, чудесный шанс

I had no opportunity to discuss the matter with her. У меня не было возможности обсудить с ней это дело.
The opportunity came early one morning. Шанс представился однажды рано утром.

opposite I ['ɒpəzɪt] *adj* противоположный
You must cross the bridge if you want to get to the opposite bank of the river. Надо перейти мост, если вы хотите попасть на тот берег реки.
His house stands on the opposite side of the street. Его дом находится на противоположной стороне улицы.
They went in opposite directions. Они пошли в разные стороны.

opposite II ['ɒpəzɪt] *prep* напротив
The shop is just opposite the post office. Магазин как раз напротив почты.

opposite III ['ɒpəzɪt] *n* противоположность
They are opposites. Они очень разные люди.
I thought quite the opposite. Я считал совершенно по-другому.

or [ɔ:(r)] *conj* или
I don't mind if I have tea or coffee. Не откажусь выпить чаю или кофе.
Are these apples sweet or sour? Эти яблоки сладкие или кислые?
You can come with us or you can stay at home. Можешь пойти с нами, а можешь остаться дома.
or else иначе
Wear your coat or else you'll be cold. Надень пальто, иначе замёрзнешь.
or so приблизительно
It costs 4 dollars or so. Это стоит четыре доллара или около того.

oral ['ɔ:rəl] *adj* устный
We'll have an oral examination in mathematics. У нас будет устный экзамен по математике.

orally ['ɔ:rəlɪ] *adv* устно
We translated it orally. Мы перевели это устно.

orange I ['ɒrɪnʤ] *n* апельсин
I have an orange for breakfast. У меня на завтрак апельсин.

orange II ['ɒrɪnʤ] *adj* оранжевый
Does he always wear an orange tie? Он всегда носит оранжевый галстук?

orchard ['ɔ:tʃəd] *n* фруктовый сад
apple orchard яблоневый сад

orchestra ['ɔ:kɪstrə] *n* оркестр
The school orchestra played music by Beethoven. Школьный оркестр играл Бетховена.

order I ['ɔ:də(r)] *n* **1** порядок
That young teacher can't keep order in her classroom. Эта молодая учительница не справляется с классом.
in order в порядке
She likes keeping her things in order. Она любит держать свои вещи в порядке.
He put his papers in order. Он привёл свои бумаги в порядок.
The names on the list are in alphabetical order. Фамилии в списке стоят в алфавитном порядке.
out of order в беспорядке
The books in the library are all out of order. Книги в библиотеке расставлены беспорядочно.
to be/to get out of order испортиться, не работать, не функционировать
The lift is out of order. Лифт не работает.
I couldn't ring because the phone was out of order. Я не мог позвонить, потому что телефон не работал.
[*disorder* беспорядок]
2 приказ, распоряжение
Soldiers must obey orders. Солдаты обязаны выполнять приказы.
He gave orders for the work to be started. Он распорядился, чтобы работу начинали.

3 заказ

He gave the waiter his order. Он сделал заказ (*в ресторане*).

She gave a tradesman an order for goods. Она передала торговцу заказ на продукты.

◊ **in order to** чтобы; для того, чтобы

He ran fast in order to catch the bus. Он побежал, чтобы успеть на автобус.

She bent down in order to pick up her book. Она наклонилась, чтобы поднять книгу.

order II ['ɔ:də(r)] *v* **1** приказывать, предписывать, отдавать распоряжения

The doctor ordered me to stay in bed. Врач предписал мне лежать в постели.

The disobedient boy was ordered out of the room. Мальчику велели за непослушание выйти из комнаты.

2 заказывать

She ordered herself two dozen oysters. Она заказала себе две дюжины устриц.

When the waiter came we ordered steak. Когда подошёл официант, мы заказали бифштекс.

Don't forget to order a taxi. Не забудь заказать такси.

ordinal ['ɔ:dɪnl] *adj грам.* порядковый

The first and the second are ordinal numbers. Первый и второй — порядковые числительные.

ordinary ['ɔ:dɪnrɪ] *adj* средний, обыкновенный, обычный

He leads a very ordinary life. Он ведёт совершенно обыкновенную жизнь.

On ordinary days I get up at 8 o'clock, but on my birthday I was up early. Обычно я встаю в восемь утра, но в свой день рождения я встал пораньше.

ore [ɔ:(r)] *n* руда

iron ore железная руда

organ ['ɔ:gən] *n* **1** *муз.* орган

2 орган

digestive organs пищеварительные органы

organization [ˌɔːgənaɪˈzeɪʃn] *n* организация
She belongs to an organization which helps old people. Она состоит в организации, которая помогает старым людям.

organize [ˈɔːgənaɪz] *v* организовывать
Our teacher organized a class trip. Наш учитель организовал поездку для всего класса.
You must organize your work better than that. Вы должны лучше организовать свою работу.
They organize a meeting. Они готовят митинг.

orphan [ˈɔːfn] *n* сирота
She is an orphan; her parents died when she was eight years old. Она сирота; её родители умерли, когда ей было восемь лет.

other I [ˈʌðə(r)] *adj* другой
The post office is on the other side of the street. Почта находится на другой стороне улицы.
Where are the other boys? А где остальные мальчики?
the other day недавно, на днях
I saw your brother the other day. Я видел на днях твоего брата.
on the other hand с другой стороны
It's cheap, but on the other hand the quality is poor. Это дёшево, но, с другой стороны, качество невысокое.

other II [ˈʌðə(r)] *pron* другой
The twins are so much alike that people find it difficult to tell the one from the other. Близнецы так похожи, что бывает трудно отличить одного от другого.
One of these books is mine; the other is my sister's. Одна из этих книг моя, другая — моей сестры.
Where are the others? А где остальные?

ought [ɔːt] *v модальный глагол* **1** *выражает долженствование*
It's late so I ought to go home. Уже поздно, я должен идти домой.
You ought to start at once. Ты должен начать немедленно.
Such things ought not to be allowed, ought they? Такие вещи нельзя допускать, не так ли?
You ought to have done that earlier. Тебе следовало сделать это раньше.

2 *выражает пожелание*

There ought to be more buses during the rush hours. В часы пик должно быть больше автобусов.

You ought to see that new film. Тебе следует посмотреть этот новый фильм.

Coffee ought to be drunk while it is hot. Кофе следует пить, пока он горячий.

3 *выражает вероятность*

You ought to be hungry by now. Ты, должно быть, уже голоден.

Prices ought to come down soon. Цены должны вскоре снизиться.

Note: *употребляется только с другими глаголами*; *после* **ought** *глагол употребляется с частицей* **to**

oughtn't ['ɔːtnt] = **ought not**

our ['aʊə(r)] *adj* наш, свой

Our house is near the post office. Наш дом около почты.

We have lost our money. Мы потеряли наши деньги.

ours ['aʊəz] *pron* наш

That house is ours. Этот дом наш.

Some friends of ours told us to go. Кое-кто из наших друзей подсказал нам уехать.

Can we borrow your car? Ours won't start. Можно взять вашу машину? Наша не заводится.

This is your problem, not ours. Это ваша проблема, а не наша.

Note: *в качестве определения не употребляется*

ourselves [aʊə'selvz] *pron* **1** себе, себя; -ся, -сь

We hurt ourselves when we fell over. Мы получили сильные ушибы, когда упали.

We were enjoying ourselves. Мы развлекались.

We shall give ourselves the pleasure of visiting you soon. Мы собираемся доставить себе удовольствие вскоре навестить вас.

2 сами

We've often made that mistake ourselves. Мы сами часто делали эту ошибку.

We'd better go and see it ourselves. Лучше нам пойти и увидеть это самим.

(all) by ourselves одни; без помощи

We did it all by ourselves. Мы сделали это сами.

We don't like being (all) by ourselves. Мы не любим быть одни.

out [aʊt] *adv* **1** *указывает на действие, направленное наружу, или на состояние в результате этого действия*

When you go out, please close the door. Когда уходите, закрывайте, пожалуйста, дверь.

Open the bag and take the money out. Открой сумку и достань деньги.

The key is not in my pocket — it must have fallen out. У меня в кармане нет ключа; должно быть, я его выронил.

Shut the door to keep the wind out. Закрой дверь, чтобы не дуло.

The rabbit got out of its cage. Кролик вылез из своей клетки.

Let's have an evening out. Давай куда-нибудь пойдём вечером.

His new book is out. Его новая книга вышла в свет.

to be out не быть дома, не быть на месте

The manager is out. Директора нет.

The book I wanted was out. Книги, которая мне нужна, не было.

2 *означает истощение, прекращение действия*

The fire is out. Костёр погас.

Put that cigarette out! Сейчас же затуши эту сигарету!

The wind blew the candle out. Ветер задул свечу.

The contract is out. Срок контракта истёк.

outdoors [ˌaʊt'dɔːz] *adv* на открытом воздухе

It's cold outdoors. На улице холодно.

We had our tea outdoors. Мы пили чай на воздухе.

[*indoors* в помещении]

out of ['aʊtəv] *prep* **1** вне

Fish cannot live out of water. Рыба не может жить без воды.

He is out of town this week. Эту неделю его не будет в городе.

2 из

She walked out of the shop. Она вышла из магазина.

He jumped out of bed. Он вскочил с кровати.

3 из, по причине

They helped us out of pity. Они помогли нам из жалости.
She asked only out of curiosity. Она спросила только из любопытства.

4 без
We're out of tea. У нас нет чая.
We were out of breath after running up the hill. Бегом поднявшись на холм, мы буквально задыхались.
He is out of work. Он без работы.

out-of-date ['aʊtəvdeɪt] *adj* устаревший, несовременный, немодный
out-of-date clothes немодная одежда
out-of-date list устаревший список
[*up-to-date* современный]

output ['aʊtpʊt] *n* **1** объём продукции, выпуск
What is the output of the factory? Каков объём продукции этой фабрики?
2 *вчт.* вывод данных, результаты
data output вывод данных

outside I ['aʊtsaɪd] *adv* снаружи
The house is painted green outside. Дом покрашен снаружи в зелёный цвет.
The taxi is waiting outside. Такси ждёт на улице.
It was cold outside. На улице было холодно.
He went outside to look at the garden. Он вышел взглянуть на сад.
[*inside* внутри]

outside II ['aʊtsaɪd] *prep* **1** снаружи, вне
He parked his car outside the theatre. Он поставил свою машину возле театра.
I left my bike outside the front door. Я оставил велосипед у входной двери.
2 за пределами
He has no occupation outside his office work. Кроме работы, у него нет иных занятий.
[*inside* внутри]

outside III [ˌaʊt'saɪd] *n* наружная сторона

Don't judge a thing from the outside. Не суди о предмете по внешнему виду.

The apple looked nice on the outside, but the inside was rotten. Яблоко внешне выглядело превосходно, но внутри было гнилое.

[*inside* внутренняя сторона]

oven ['ʌvn] *n* печь, духовка

I've put a cake in the oven. Я поставил пирог в духовку.

Take the meat out of the oven. Вынь мясо из духовки.

over I ['əʊvə(r)] *adv* **1** *указывает на движение через какое-л. пространство, вниз, с одной стороны на другую, с начала до конца и т. п.*

Turn over the page. Переверни страницу.

Come over and see us on Saturday. Приходи к нам в субботу.

She leaned over and picked up the cushion. Она наклонилась и подобрала подушку.

The bottle fell over. Бутылка упала.

He went over and stood at the window. Он подошёл и стал у окна.

He turned over in bed. Он ворочался в постели.

I'll read the question over once more. Я прочту вопрос ещё раз.

Count them over. Пересчитайте их снова.

You should think it over. Тебе следует хорошенько это обдумать.

all over весь, целиком

He's dirty all over. Он весь в грязи.

The dog went in the water and now it's wet all over. Пёс залез в воду и сейчас весь мокрый.

(all) over again ещё раз

The audience liked the song so much that she sang it all over again. Слушателям так понравилась песня, что она исполнила её ещё раз.

over and over again снова и снова, много раз

I've warned you over and over again not to do that. Я повторяю тебе снова и снова: не делай этого.

Say it over and over again until you remember it. Повторяй это снова и снова, пока не запомнишь.

2 *указывает на окончание чего-л.*

Is the game over yet? Игра ещё не кончилась?

We'll go home when the class is over. Когда занятие кончится, мы пойдём домой.

His sufferings will soon be over. Его мучения скоро закончатся.

3 больше, чем; свыше

Children of 14 and over pay full price. Детям от четырнадцати и старше билет за полную стоимость.

There are reduced prices for groups of 30 and over. Для групп в тридцать человек и свыше действуют скидки.

over II ['əʊvə(r)] *prep* **1** над, на

I put a blanket over the sleeping child. Я накрыл спящего ребёнка одеялом.

When it rains you carry an umbrella over your head. Когда идёт дождь, люди держат над головой зонтик.

The lamp hung over the table. Над столом висела лампа.

She spread a cloth over the table. Она постелила на стол скатерть.

The plane flew over our house. Самолёт пролетел над нашим домом.

The water was soon over her ankles. Скоро вода доходила ей до щиколоток.

[*under* под]

2 через

Can you jump over that wall? Ты можешь перепрыгнуть через этот забор?

She spoke to me over her shoulder. Она говорила со мной через плечо.

Look over the hedge. Посмотри через ограду.

3 больше, чем; свыше

He was away for over a month. Он был в отъезде больше месяца.

He spoke for over an hour. Он говорил больше часа.

He's over sixty. Ему за шестьдесят.

all over повсюду, везде

He is famous all over the world. Его знают во всём мире.

He has travelled all over Europe. Он объездил всю Европу.

overcoat ['əʊvəkəʊt] *n* тёплое пальто

overweight ['əʊvəweɪt] *adj* слишком тяжёлый
If your luggage is overweight you'll have to pay extra. Если ваш багаж превышает установленный вес, вам надо платить дополнительно.
He eats too much and is very overweight. Он слишком много ест и весит больше, чем следовало бы.

owing to ['əʊɪŋtʊ] *prep* вследствие; благодаря
Owing to the rain the match was cancelled. Из-за дождя матч отменили.

owl [aʊl] *n* сова

own [əʊn] *adj* собственный
I saw it with my own eyes. Я видел это собственными глазами.
It was her own idea. Это была её собственная идея.
This is my own camera, which I bought with my own money. Это мой собственный фотоаппарат, который я купил на свои деньги.

owner ['əʊnə(r)] *n* владелец
Who is the owner of that red car? Кто владелец этого красного автомобиля?

ox [ɒks] *n* (*pl* **oxen**) бык

oxen ['ɒksən] *pl от* **ox**

Oxford ['ɒksfəd] *n* Оксфорд

oxygen ['ɒksɪʤən] *n* кислород

oyster ['ɔɪstə(r)] *n* устрица

P

P, p [piː] *16-я буква английского алфавита*

Pacific [pəˈsɪfɪk] *adj*: **the Pacific Ocean** Тихий океан

pack [pæk] *v* **1** паковать, упаковывать, укладывать
She has packed her suitcase. Она упаковала свой чемодан.
Have you finished packing yet? Ты уже уложил вещи?
I packed my toothbrush at the bottom of the bag. Я положил зубную щётку на дно сумки.
The glasses are packed in boxes to keep them from being broken. Стаканы укладывают в коробки, чтобы они не разбились.
[*to unpack* распаковывать]
2 наполнять, заполнять, переполнять
How can you pack ten people into that little car? Как может в этой маленькой машине поместиться десять человек?
The shelves were packed with books. Полки были забиты книгами.

package [ˈpækɪʤ] *n* пакет, свёрток
He brought this package for you. Он принёс этот свёрток для вас.
Open the package of cookies. Открой пакет с печеньем.

page [peɪʤ] *n* страница
The paper has 16 pages. В этой газете шестнадцать полос.
Turn the page. Переверни страницу.
Look at the next page. Смотри на следующей странице.
The answers to the crossword puzzle is on page 20. Ответы к кроссворду на двадцатой странице.
Open the book on page 12. Откройте книгу на двенадцатой странице.

paid [peɪd] *past tense и past participle от* **pay**

pail [peɪl] *n* ведро
a pail of water ведро воды

pain [peɪn] *n* боль

She says she has a pain in her back. Она говорит, что у неё болит спина.

Where do you feel the pain? Где ты чувствуешь боль?

The boy was crying with pain after he broke his arm. Мальчик плакал от боли, когда сломал руку.

The pain is a little easier today. Сегодня боль не такая сильная.

paint I [peɪnt] *n* краска

She got a box of paints for her birthday. На свой день рождения она получила в подарок коробку красок.

The paint is coming off the ceiling. От потолка отстаёт краска.

Give the doors two coats of paint. Покрась двери двумя слоями краски.

Take care! Wet paint! Осторожно! Окрашено!

paint II [peɪnt] *v* **1** красить, выкрасить

We painted the door red. Мы выкрасили дверь в красный цвет.

2 писать красками, рисовать

Who painted this picture? Кто нарисовал эту картину?

He has a splendid strong face and I would very much like to paint him. У него очень выразительное лицо, и мне бы хотелось написать его.

She paints in watercolours. Она рисует акварелью.

painter ['peɪntə(r)] *n* **1** художник

2 маляр

The painter is coming today to paint the bathroom. Сегодня придёт маляр красить ванную.

painting ['peɪntɪŋ] *n* живопись

Do you like this painting of my mother? Вам нравится эта картина моей матери?

pair [peə(r)] *n* пара

a pair of shoes пара туфель

a pair of gloves пара перчаток

a pair of socks пара носков

a pair of trousers брюки

a pair of scissors ножницы

She bought a new pair of shoes. Она купила новые туфли.

These socks are a pair. Эти носки составляют пару.

I'm looking for a clean pair of pajamas. Я ищу чистую пижаму.

This pair of scissors isn't very sharp. Эти ножницы не очень острые.

in pairs парами, по двое

The children came in in pairs. Дети вошли парами.

pajamas [pə'ʤɑ:məz] *n pl амер.* пижама

a pair of pajamas пижама

I must buy another pair of pajamas. Мне нужно купить ещё одну пижаму.

He ran into the street in his pajamas. Он выбежал на улицу в пижаме.

palace ['pælɪs] *n* дворец

The nobles of Florence built splendid palaces. Флорентийская знать строила великолепные дворцы.

His home is a palace compared to our poor little house. Его дом — дворец по сравнению с нашим невзрачным маленьким домиком.

pale [peɪl] *adj* бледный

You're looking pale today. Ты сегодня бледен.

He turned pale at the news. Услышав новость, он побледнел.

The sky was pale blue. Небо было бледно-голубое.

palm[1] [pɑ:m] *n* ладонь

I put the coins into his palm. Я положил ему на ладонь мелочь.

They say if you look at the lines on your palm you can see what will happen to you in the future. Говорят, что по линиям на ладони можно узнать, что тебя ждёт в будущем.

palm[2] [pɑ:m] *n* пальма

the coconut palm кокосовая пальма

pan [pæn] *n* сковорода

pancake ['pænkeɪk] *n* блинчик; оладья

We usually have pancakes on Sunday morning. Обычно по воскресеньям мы на завтрак едим оладьи.

Who wants another pancake? Кто хочет ещё блинчиков?

panic ['pænɪk] *n* паника

There was panic in the shop when a fire started. Когда в магазине начался пожар, возникла паника.

pansy ['pænzɪ] *n* анютины глазки

There is a bed of pansies in the garden. В саду есть клумба с анютиными глазками.

pantomime ['pæntəmaɪm] *n* пантомима

pantry ['pæntrɪ] *n* кладовая

pants [pænts] *n pl* **1** трусы
2 *амер.* брюки

paper I ['peɪpə(r)] *n* **1** бумага
a sheet of paper лист бумаги

Wrap it in paper. Заверни это в бумагу.

She uses pink paper when she writes to her friend. Она пишет письма своему другу на розовой почтовой бумаге.

This paper's too thin to write on. Эта бумага слишком тонкая, чтобы на ней писать.

2 газета
today's papers сегодняшние газеты
the evening paper вечерняя газета

Sunday papers are so big that it takes me all day to read them. Воскресные газеты такие толстые, что на их чтение уходит целый день.

Did you see the picture of our school in yesterday's paper? Видел фотографию нашей школы во вчерашней газете?

Has the paper been delivered yet? Газету уже принесли?

3 бумага, документ

The police asked to see his papers. Полицейские попросили его показать документы.

paper II ['peɪpə(r)] *v* оклеивать обоями
She papered the room green. Она оклеила комнату зелёными обоями.

paper clip ['peɪpəklɪp] *n* канцелярская скрепка

parachute ['pærəʃuːt] *n* парашют

parade [pə'reɪd] *n* парад
Let's go and watch the parade. Пойдём посмотрим парад.

paradise ['pærədaɪs] *n* рай

paragraph ['pærəgrɑːf] *n* абзац
Look at the second paragraph on page 5. Смотрите второй абзац на пятой странице.

parcel ['pɑːsl] *n* посылка, пакет
I'm just going to take this parcel to the post office. Я как раз собираюсь на почту, чтобы отправить посылку.
She left the shop with an armful of parcels. Она вышла из магазина вся обвешанная пакетами.

pardon ['pɑːdn] *n*: **to beg smb's pardon** просить прощения у кого-л.
I beg your pardon. Простите, пожалуйста.

parents ['peərənts] *n pl* родители
She went to live with her parents. Она уехала жить к своим родителям.

Paris ['pærɪs] *n* Париж

park[1] [pɑːk] *n* парк
What a beautiful park! Какой великолепный парк!
He took his dog for a walk in the park. Он пошёл в парк гулять со своей собакой.

park[2] [pɑːk] *v* ставить на стоянку (*автомобиль*)

You can park your car at the back of the hotel. Вы можете поставить свой автомобиль за гостиницей.
Don't park on the grass. На газон машины не ставить.
No parking. Стоянки нет.

parliament ['pɑ:ləmənt] *n* парламент
a member of parliament член парламента

parrot ['pærət] *n* попугай

parsley ['pɑ:slɪ] *n* петрушка

part I [pɑ:t] *n* **1** часть
We live in the southern part of the city. Мы живём в южной части города.
We spend part of the day at school. Часть дня мы проводим в школе.
Parts of the book are interesting. Местами книга очень интересна.
The greater part of what you heard is only rumour. Большая часть того, что ты слышал, всего лишь слухи.
2 роль
He acted his part very well. Он сыграл свою роль очень хорошо.
Do the actors all know their parts? Все актёры знают свои роли?
She played the part of Cinderella in the school pantomime. Она играла Золушку в школьной пантомиме.
He played an important part in the plan. По плану ему отводилась значительная роль.
to take part участвовать, принимать участие
Please may I take part in your game? Можно мне участвовать в вашей игре?

part II [pɑ:t] *v* **1** расставаться; отделять(ся)
After spending two weeks together they parted at the train station. Проведя две недели вместе, они расстались на железнодорожной станции.
Let us part friends. Давай расстанемся друзьями.
The crowd parted and let us through. Толпа расступилась и пропустила нас.

2 расчёсывать волосы на пробор

She parts her hair in the middle. Она носит волосы на прямой пробор.

participle ['pɑ:tɪsɪpl] *n грам.* причастие

present participle причастие настоящего времени

past participle причастие прошедшего времени

particular [pə'tɪkjʊlə(r)] *adj* особый

in this particular case именно в этом случае

for no particular reason без особых причин

I don't like that particular restaurant. Именно этот ресторан мне не нравится.

Are you interested in a particular radio or shall I show you several? Вас интересует конкретный радиоприёмник, или показать вам несколько моделей?

Walk with particular care. Идите с особой осторожностью.

in particular в особенности, в частности

He's good in languages, in particular Italian. Ему хорошо даются языки, особенно итальянский.

particularly [pə'tɪkjʊləlɪ] *adv* особенно

He isn't particularly clever. Он не особенно умён.

I particularly mentioned that point. Я особенно выделил этот пункт.

I particularly want to see that new film. Мне особенно хочется посмотреть этот новый фильм.

partly ['pɑ:tlɪ] *adv* в некоторой степени, частично

It was partly my fault, and partly yours. Это была частично моя вина и частично ваша.

party ['pɑ:tɪ] *n* **1** (политическая) партия

Which party does he belong to? К какой партии он принадлежит?

He joined a political party. Он вступил в политическую партию.

2 сторона (*в договоре и т. п.*)

3 группа

A party of schoolchildren is going to France. Группа школьников собирается поехать во Францию.

4 вечер, вечеринка; приём гостей
Can you come to our party next Saturday? Придёте к нам на вечер в следующую субботу?
We had fifteen people at her birthday party. У неё на дне рождения было пятнадцать гостей.

pass I [pɑ:s] *n* **1** пропуск; билет; документ *и т. п.*
He has a pass to get into the hospital after visiting hours. У него пропуск, позволяющий посещать больного в любое время.
All passes to be shown at the barrier. Билеты предъявлять на входе.
2 *спорт.* пас

pass II [pɑ:s] *v* **1** проходить, проезжать
Please let me pass. Пожалуйста, разрешите мне пройти.
The road was too narrow for cars to pass. Дорога была слишком узкой, чтобы два автомобиля могли разъехаться.
When you're passing the post office, can you mail this letter? Когда пойдёшь мимо почты, опустишь это письмо?
to pass by проходить мимо
They passed by. Они прошли мимо.
to pass on проходить дальше
I glanced at her and passed on. Я взглянул на неё и пошёл дальше.
Let us now pass on to the next subject. Теперь давайте перейдём к следующей теме.
2 протекать, проходить (*о времени*)
Six months passed and still we had no news of them. Прошло шесть месяцев, а о них всё ещё не было никаких известий.
The time passed pleasantly. Время проходило в приятных занятиях.
3 передавать
Please pass (me) the butter. Передайте масло, пожалуйста.
The letter was passed on to all the members of the family. Письмо обошло всех членов семьи.

passage ['pæsɪʤ] *n* **1** проход, проезд
He forced a passage through the crowd. Он с трудом проталкивался сквозь толпу.

2 коридор

Go along this passage to the library. Идите по этому коридору и придёте в библиотеку.

passenger ['pæsɪnʤə(r)] *n* пассажир

The plane is carrying 125 passengers. Этот самолёт берёт на борт сто двадцать пять пассажиров.

The passengers crowded on the platform. Пассажиры толпились на платформе.

passerby [ˌpɑːsə'baɪ] *n* (*pl* **passersby**) прохожий

The purse was picked up by a passerby. Кошелёк поднял прохожий.

passersby [ˌpɑːsəz'baɪ] *pl от* **passerby**

passive ['pæsɪv] *adj* пассивный

In spite of my efforts the boy remained passive. Несмотря на все мои усилия, мальчик оставался безучастным.

the passive voice *грам.* страдательный залог

[*active* деятельный, энергичный]

passport ['pɑːspɔːt] *n* паспорт

password ['pɑːswɜːd] *n* пароль

past I [pɑːst] *adj* прошедший, прошлый

She has spent the past hour talking about her vacation. Весь последний час она рассказывала о своём отпуске.

for the past few days в течение последних нескольких дней

during the past week в течение прошлой недели, на прошлой неделе

past II [pɑːst] *n* прошлое

She knows nothing of his past. Она ничего не знает о его прошлом.

We cannot change the past. Мы не можем изменить прошлое.

In the past I have had many jobs. В прошлом где я только не работал.

past III [pɑ:st] *adv* мимо

The car drove past. Автомобиль промчался мимо.

Days went past without any news. Дни шли, не принося никаких новостей.

past IV [pɑ:st] *prep* **1** после

It's eight minutes past three. Сейчас восемь минут четвёртого.

It's past dinner time and I'm hungry. Время обеда уже прошло, и я чувствую голод.

2 мимо

Go past the post office and turn left. Пройдите мимо почты и поверните налево.

He walked past me without saying hello. Он прошёл мимо меня не поздоровавшись.

paste [peɪst] *n* **1** паштет

meat paste мясной паштет

2 клейстер

a bottle of paste бутылка клейстера

pastry ['peɪstrɪ] *n* выпечка

She tries to eat less pastry. Она старается есть меньше пирожных.

path [pɑ:θ] *n* дорожка, тропинка

The path goes across the field. Тропинка шла через поле.

Keep to the path or you may lose your way. Идите по этой тропинке, иначе заблудитесь.

Where does the path lead? Куда ведёт эта дорожка?

patience ['peɪʃns] *n* терпение

He lost his patience. Он потерял терпение.

I haven't the patience to hear your complaints again. У меня нет больше терпения слушать снова твои жалобы.

The job needs a lot of patience. Эта работа требует большого терпения.

[*impatience* нетерпение]

patient I ['peɪʃnt] *adj* терпеливый

Be patient with a tired child. Будь терпелив с уставшим ребёнком.

[*impatient* нетерпеливый]

patient II [ˈpeɪʃnt] *n* пациент, больной

The patients are all asleep in their beds. Все больные спят на своих кроватях.

He is a patient of Dr Smith. Он пациент доктора Смита.

patiently [ˈpeɪʃntlɪ] *adv* терпеливо

They waited patiently for two hours. Они терпеливо ждали два часа.

[*impatiently* нетерпеливо]

pattern [ˈpætn] *n* **1** образец

To knit this sweater, you have to follow the pattern. Чтобы связать такой свитер, надо строго следовать образцу.

2 рисунок, узор

I don't like the pattern on this carpet. Мне не нравится узор на этом ковре.

pause [pɔːz] *n* пауза

during a pause in the conversation во время паузы в разговоре

pavement [ˈpeɪvmənt] *n* тротуар

pavilion [pəˈvɪlɪən] *n* **1** павильон

2 палатка

paw [pɔː] *n* лапа

a dog's paw лапа собаки

The cat stuck a paw into the paint can. Кошка сунула лапу в банку с краской.

pay [peɪ] *v* (*past tense и past participle* **paid**) платить, заплатить, уплатить

How much did you pay for your watch? Сколько ты заплатил за часы?

I'll pay for both of us. Я заплачу за нас обоих.

Please pay the waiter for your meal. Заплати, пожалуйста, официанту за свой заказ.

to pay attention обращать внимание

Please pay more attention to your work. Относитесь, пожалуйста, повнимательнее к своей работе.

to pay a visit навестить

I look forward to paying you a visit next week. Я с нетерпением жду, когда навещу вас на следующей неделе.

payment ['peɪmənt] *n* плата, оплата

This money is in payment for the work you have done. Эти деньги — плата за работу, которую вы сделали.

PE [piː'iː] *n* физкультура (*в школе*)

My favourite subject is PE. Мой любимый предмет в школе – физкультура.

Note: *сокр. от* physical education

pea [piː] *n* горошина, горох

Do you like green peas? Ты любишь зелёный горошек?

peace [piːs] *n* **1** мир

After a brief peace war broke out again. После короткого мира война разразилась вновь.

[*war* война]

2 покой, спокойствие

I like the peace of the country better than the noise of the city. Мне больше нравится деревенский покой, чем городской шум.

in peace в покое

Leave me in peace to read my book. Дай мне спокойно почитать книгу.

peaceful ['piːsfl] *adj* мирный; спокойный

peaceful nations миролюбивые народы

How peaceful it is in the country now! Как тихо сейчас в деревне!

peach [piːtʃ] *n* персик

Have another peach. Съешь ещё персик.

peanut ['pi:nʌt] *n* арахис

pear [peə(r)] *n* груша
The pears are ripe. Эти груши спелые.

pearl [pɜ:l] *n* жемчужина; жемчуг
a necklace of pearls нитка жемчуга, жемчужное ожерелье

peasant ['peznt] *n* крестьянин

pebble ['pebl] *n* галька

peck [pek] *v* клевать
The hens pecked corn from the ground. Куры клевали на земле зерно.

peculiar [pɪ'kju:lɪə(r)] *adj* странный, необычный; особый
This food has a peculiar taste. У этой еды особый вкус.
I'm feeling rather peculiar — I think I'll go and lie down. Мне как-то не по себе, лучше я пойду прилягу.

peculiarity [pɪˌkju:lɪ'ærətɪ] *n* особенность
peculiarities of speech особенности речи

pedal ['pedl] *n* педаль

pedestrian [pɪ'destrɪən] *n* пешеход

pedestrian crossing [pɪˌdestrɪən'krɒsɪŋ] *n* пешеходный переход

peel [pi:l] *v* чистить (*фрукты*, *овощи*)
to peel a banana снимать кожуру с банана
to peel potatoes чистить картошку

peg [peg] *n* вешалка; крючок
He put his hat on the peg. Он повесил шляпу на крючок.

pen [pen] *n* ручка

I've lost my pen — can I borrow yours? Я потерял свою ручку, можно взять вашу?
If you don't have a pen you can write in pencil. Если у вас нет ручки, пишите карандашом.

pence [pens] *pl от* **penny**

pencil ['pensl] *n* карандаш
Can I borrow your knife? I want to sharpen my pencil. Можно мне взять твой нож? Хочу поточить карандаш.
Should I sign this paper in pencil or ink? Подписать эту бумагу карандашом или ручкой?
an eyebrow pencil карандаш для бровей

peninsula [pə'nɪnsjʊlə] *n* полуостров
Italy is a peninsula. Италия расположена на полуострове.

penknife ['pennaɪf] *n* перочинный нож
I've cut my finger with the penknife. Я порезал палец перочинным ножом.

penny ['penɪ] *n* (*pl* **pennies** *и* **pence**) пенни, пенс
Please give me ten pennies. Дай мне, пожалуйста, десять пенни.
These cigarettes are 70 pence a packet. Эти сигареты стоят семьдесят пенсов за пачку.
Note: **pence** *употребляется, когда речь о сумме*; **pennies** — *об отдельных монетах*

people ['pi:pl] *n* **1** *собир*. люди, народ
How many people are there in the room? Сколько человек в комнате?
There were thirty people waiting to see the doctor. На приём к доктору пришло тридцать человек.
The streets were crowded with people. Улицы были полны людей.
Some people are very inquisitive. Есть очень любопытные люди.
2 нация, народ
The Chinese are a hard-working people. Китайцы — очень трудолюбивый народ.

pepper ['pepə(r)] *n* перец
black pepper чёрный перец
white pepper белый перец
Don't put so much pepper in your soup. Не сыпь в суп так много перца.

peppermint ['pepəmɪnt] *n* мята (перечная)

per [pɜ:(r)] *prep* в
per hour в час
My car can do 140 kilometres per hour. Мой автомобиль развивает скорость до ста сорока километров в час.

per cent [pə'sent] *n* процент
Fifty per cent of the people voted in the election. В выборах приняло участие пятьдесят процентов населения.
The company can only supply 30 per cent of what we need. Эта компания может обеспечить лишь тридцать процентов того, что нам нужно.

perfect I ['pɜ:fɪkt] *adj* **1** совершенный, безупречный, очень хороший
He speaks perfect English. Его английский безупречен.
She drew a perfect circle. Она нарисовала безупречный круг.
It's a perfect day for a picnic. Это прекрасный день для пикника.
2 *грам.* перфектный
the perfect tense перфектное время

perfect II ['pɜ:fɪkt] *n грам.* перфект, совершенная форма (*глагола*)

perfectly ['pɜ:fɪktlɪ] *adv* совершенно; превосходно
Your trousers fit perfectly. Брюки на тебе сидят превосходно.

perform [pə'fɔ:m] *v* **1** выполнять; совершать
The doctor performed the operation. Врач сделал операцию.
Is the new car performing well? Новый автомобиль хорошо ездит?

2 играть, исполнять, представлять
The clown performed tricks in the circus ring. На арене цирка клоун исполнял свои трюки.
What play will be performed tonight? Какую пьесу будут играть сегодня вечером?

performance [pə'fɔːməns] *n* представление, спектакль
Did you enjoy the performance of "Hamlet"? Вам понравилась постановка «Гамлета»?
The pianist gave a fine performance. Пианист дал замечательный концерт.
Shall we go to the afternoon or the evening performance of the ballet? Мы пойдём на балет утром или вечером?

perfume ['pɜːfjuːm] *n* духи
He gave her a bottle of perfume for Christmas. Он подарил ей на Рождество духи.

perhaps [pə'hæps] *adv* возможно, может быть
Perhaps he'll come. Возможно, он придёт.
Do you think it's going to rain? — Perhaps not, I can see some blue sky. Как вы думаете, пойдёт дождь? — Может быть, и нет, я вижу просветы среди туч.

period ['pɪərɪəd] *n* время; период
There were long periods when we had no news of him. Временами у нас долго не бывало от него никаких известий.

permission [pə'mɪʃn] *n* разрешение
By whose permission did you enter this building? Кто разрешил вам пройти в это здание?
You have my permission to leave. Я разрешаю вам уйти.

permit [pə'mɪt] *v* (**permitted**, **permitting**) разрешать
Smoking is not permitted in this cinema. В этом кинотеатре курить не разрешается.
Permit me to inform you... Позвольте сообщить вам...
[*to prohibit* запрещать]

person ['pɜ:sn] *n* человек, лицо

Who is this person? Кто это?

She's a very interesting person. Она очень интересный человек.

There's a young person to see you. Вас хочет видеть какой-то молодой человек.

in person лично

I was there in person, so I saw what happened. Я сам там был, так что я видел, что случилось.

personal ['pɜ:sənl] *adj* личный

his personal affairs его личные дела

my personal opinion моё личное мнение

I have something personal to discuss with you. Мне нужно обсудить с тобой один личный вопрос.

This letter is personal, and I don't want anyone else to read it. Это письмо личного характера, и я не хочу, чтобы кто-нибудь ещё его читал.

pet [pet] *n* **1** домашнее животное, питомец

His brother has two pets — a goldfish and a cat. У его брата два питомца: золотая рыбка и кот.

2 любимчик

He is the teacher's pet. Он у учительницы в любимчиках.

petrol ['petrəl] *n* бензин, топливо

to fill up with petrol заправиться бензином

phone I [fəʊn] *n разг.* телефон

The phone is ringing. Звонит телефон.

Can you answer the phone for me — I'm in the bathtub. Ответь на звонок, я в ванне.

He picked up the phone and called the office. Он снял телефонную трубку и позвонил в офис.

She speaks quietly on the phone. Она тихо говорит по телефону.

a mobile phone сотовый телефон

He took his mobile phone from his pocket and quickly phoned the police. Он вынул из кармана мобильный телефон и быстро позвонил в полицию.

phone II [fəʊn] *v разг.* звонить по телефону

Your sister phoned yesterday. Вчера звонила твоя сестра.

Phone the doctor — the baby is ill. Вызови врача: малыш заболел.

Can you phone me tomorrow morning? Можешь позвонить мне завтра утром?

to phone back позвонить в ответ; перезвонить

Mr Smith is out — can you phone back in an hour? Мистера Смита нет на месте. Не могли бы вы перезвонить через час?

She phoned back very late at night. Она позвонила поздно вечером.

phone book ['fəʊnbʊk] *n разг.* телефонный справочник

This restaurant isn't in the phone book. Этого ресторана нет в телефонном справочнике.

phone booth ['fəʊnbu:θ] *n разг.* телефонная будка

You can call from the phone booth at the corner of the street. Вы можете позвонить из телефонной будки на углу улицы.

photo ['fəʊtəʊ] *разг.* = **photograph** I

to take photo фотографировать

photograph I ['fəʊtəgrɑ:f] *n* фотография

He's a photograph of my sister. Вот фотография моей сестры.

photograph II ['fəʊtəgrɑ:f] *v* фотографировать

phrase [freɪz] *n* словосочетание, оборот речи, выражение

The words "a quiet little village" make a phrase. «Тихая маленькая деревушка» — это словосочетание.

physicist ['fɪzɪsɪst] *n* физик

physics ['fɪzɪks] *n* физика

Physics is his favourite subject. Физика — его любимый предмет.

piano [pɪ'ænəʊ] *n* фортепьяно

grand piano рояль
upright piano пианино
He's learning to play the piano. Он учится играть на фортепьяно.
She plays the piano all day long. Она играет на пианино целый день.
She played the song on the piano. Она наигрывала эту песню на пианино.

pick [pɪk] *v* **1** выбирать
I don't know which of the three dresses to pick — I like them all.
Не знаю, какое из трёх платьев выбрать; мне они все нравятся.
2 рвать, срывать; собирать
We've picked all the pears. Мы собрали все груши.
She was picking roses in the garden. Она срезала розы в саду.
to pick out выбирать
He picked out all the good apples in the box. Он выбрал из ящика все лучшие яблоки.
to pick up поднимать, подбирать
She picked up the books which had fallen on the floor. Она подняла книги, что упали на пол.

picnic ['pɪknɪk] *n* пикник
to go for a picnic поехать на пикник
to have a picnic устроить пикник
We had a picnic by the river. Мы устроили пикник у реки.

picture ['pɪktʃə(r)] *n* **1** картина; рисунок; картинка
He's painting a picture of the church. Он написал картину с церковью.
Draw a picture of that tree. Нарисуй это дерево.
There are several pictures on the walls in her room. В её комнате на стенах висит несколько картин.
2 фотография, снимок
He cut out the picture of the President from the newspaper. Он вырезал из газеты фотографию президента.
to take a picture сфотографировать
Will you let me take your picture? Вы разрешите мне вас сфотографировать?

3 фильм, картина

There's a good picture being shown this week. На этой неделе будет показан хороший фильм.

the pictures *pl* кино

Are you going to the pictures tonight? Ты сегодня пойдёшь в кино?

picture gallery [ˌpɪktʃə'gæləri] *n* картинная галерея

pie [paɪ] *n* пирог; пирожок

an apple pie яблочный пирог

a meat pie мясной пирог

Have some more pie. Возьмите ещё пирога.

She eats too much pie. Она ест слишком много пирогов.

piece [pi:s] *n* **1** кусок

Can I have another piece of cake? Можно мне ещё кусок торта?

I want two pieces of paper. Мне нужно два листа бумаги.

He dropped the plate and it broke into tiny pieces. Он уронил тарелку, и она разбилась на мелкие кусочки.

2 *обыкн. с неисчисляемыми существительными* отдельный предмет, отдельный образец

a piece of furniture предмет мебели

a piece of advice совет

a piece of news новость

Let me give you a piece of advice. Позвольте дать вам совет.

What a piece of luck! Вот так удача!

That's a fine piece of information. Вот это важная информация.

pig [pɪg] *n* свинья; поросёнок

pigeon ['pɪʤɪn] *n* голубь

He was feeding the pigeons in the park. Он кормил в парке голубей.

pile [paɪl] *n* куча, груда

There were piles of old books on the floor. На полу лежали груды старых книг.

pill [pɪl] *n* таблетка, пилюля
The doctor said to take two pills after each meal. Доктор велел принимать две таблетки после еды.

pillow ['pɪləʊ] *n* подушка

pillowcase ['pɪləʊkeɪs] *n* наволочка
The pillowcase is too small for my pillow. Эта наволочка слишком мала для моей подушки.

pilot ['paɪlət] *n* лётчик, пилот

pin I [pɪn] *n* булавка
a safety pin английская булавка
Fasten them together with a pin. Сколи их булавкой.
She kept her skirt up with a safety pin. Она застегнула юбку английской булавкой.

pin II [pɪn] *v* (**pinned, pinning**) прикалывать
The papers were pinned together. Бумаги были скреплены.
The notices are pinned to the wall of the office. Объявления вывешены на стене в офисе.

pine [paɪn] *n* сосна
He cut down a small pine to have as a Christmas tree. Он срубил маленькую сосёнку, чтобы украсить её на Рождество.

pineapple ['paɪnæpl] *n* ананас

pink I [pɪŋk] *n* розовый цвет
Her hat was a dark pink. Её шляпа была густо-розового цвета.

pink II [pɪŋk] *adj* розовый
These pink carnations smell nice. Эти розовые гвоздики дивно пахнут.

pioneer [ˌpaɪə'nɪə(r)] *n* первопроходец, пионер, первооткрыватель
He was a pioneer of operations on the human heart. Он первым начал делать операции на сердце.

pipe [paɪp] *n* **1** труба
a gas pipe газопровод
2 курительная трубка
He lit his pipe. Он закурил свою трубку.

pirate ['paɪərət] *n* пират
Let's play pirates. Давайте играть в пиратов.

pistachio [pɪ'stɑːtʃɪəʊ] *n* фисташки

pity ['pɪtɪ] *n* жалость
I felt pity for the blind child. Мне было жаль слепого ребёнка.
What a pity you can't come to the party. Как жаль, что вы не можете прийти на вечеринку.
It's a pity that it rained when we went on the picnic. Жаль, что когда мы поехали на пикник, начался дождь.
to take pity on пожалеть (*кого-л.*)
She took pity on the beggar, and gave him some food. Она пожалела нищего и дала ему немного еды.

pizza ['piːtsə] *n* пицца

place I [pleɪs] *n* **1** место
This is a place where the accident happened. Вот здесь произошёл несчастный случай.
Put the books back in the right place. Расставь книги на их места.
That table is the best place for the flowers. Этот стол — лучшее место для цветов.
I can't be in two places at once. Я не могу быть в двух местах одновременно.
What's the name of this place? Как называется это место?
in place на месте, в порядке
Are all the chairs in place? Все стулья на месте?
in place of вместо
I became captain in place of my brother who had broken his leg. Я стал капитаном вместо моего брата, который сломал ногу.
to take place происходить, случаться
When did it take place? Когда это произошло?

2 дом, домашний очаг

Why don't we all go back to my place for a cup of coffee? Почему бы нам всем не вернуться ко мне домой и не выпить кофе?

3 сиденье, кресло, место

This is Mr Smith's place. Это место мистера Смита.

I'm afraid this place is taken. Боюсь, это место занято.

I changed places with my sister. Я поменялся местами с сестрой.

4 место (*в соревновании*)

He's in first place. Он занял первое место.

place II [pleɪs] *v* класть, ставить, помещать

He placed his hat carefully on the table. Он осторожно положил свою шляпу на стол.

Can you place the books in the right order? Ты можешь расставить книги как следует?

plain [pleɪn] *adj* **1** простой, ясный

It's plain to see that he doesn't know anything about motorcycles. Несложно увидеть, что в мотоциклах он совершенно ничего не понимает.

It's plain that she doesn't like the job because she's trying to find another. Ясно, что ей не нравится работа, раз она пытается найти другую.

Explain it in plain language. Объясни это простым языком.

2 обыкновенный

plain food простая пища

a plain black dress простое чёрное платье

I like plain country cooking best. Мне больше по вкусу простая деревенская еда.

plait [plæt] *n* коса

She wears her hair in a plait. Она носит косу.

plan I [plæn] *n* **1** план, идея

He made plans for the holidays. Он строил планы на выходные.

The police worked out a plan to catch the thief. Полиция разработала план поимки вора.

If you have no plans for tomorrow night, perhaps you would like to come out with me? Если у вас нет никаких планов на завтрашний вечер, может быть, вы проведёте его со мной?

2 чертёж, план

Here are the plans for the new school. Вот чертежи новой школы.

I can't find our street on the town plan. Я не могу найти нашу улицу на карте города.

plan II [plæn] *v* (**planned**, **planning**) планировать

I wasn't planning to stay up late. Я не собирался засиживаться допоздна.

Where do you plan to spend your holiday? Где ты планируешь провести отпуск?

plane[1] [pleɪn] *n* самолёт

When does this plane leave for London? Когда вылетает самолёт в Лондон?

The plane is full — you will have to wait for the next one. В самолёте мест нет, вам придётся подождать следующего рейса.

He missed his train and came by plane. Он опоздал на поезд и прилетел самолётом.

plane[2] [pleɪn] *n* рубанок

Do you know how to use a plane? Ты умеешь пользоваться рубанком?

planet ['plænɪt] *n* планета

Mars and Venus are planets of the sun. Марс и Венера — планеты солнечной системы.

plant[1] **I** [plɑ:nt] *n* растение

All plants need water and light. Всем растениям нужны вода и свет.

plant[1] **II** [plɑ:nt] *v* сажать

We planted some roses. Мы посадили розы.

plant[2] [plɑ:nt] *n* **1** завод, фабрика

They've just built a new chemical plant. Они только что построили новый химический завод.

2 оборудование

We're getting some new plant for our factory. Мы приобретаем новое оборудование для нашей фабрики.

plantation [plæn'teɪʃn] *n* плантация

a tea plantation чайная плантация

a cotton plantation хлопковая плантация

plastic ['plæstɪk] *adj* **1** пластичный

Clay is a plastic substance. Глина — пластичный материал.

2 пластиковый, пластмассовый

Take the plastic plates on the picnic. Возьми на пикник пластиковые тарелки.

I need a plastic bag to put my sandwiches in. Мне нужен пластиковый пакет для сэндвичей.

plate [pleɪt] *n* тарелка

a dinner plate глубокая тарелка

a dessert plate десертная тарелка

a plate of beef and vegetables тарелка с говядиной и овощами

Put the sausages on a plate. Положи сосиски на тарелку.

Pass me your empty plates. Передавайте мне пустые тарелки.

platform ['plætfɔːm] *n* **1** платформа

The London train is leaving from the next platform. Лондонский поезд отправляется от соседней платформы.

I was in such a hurry that I left my suitcase on the platform. Я так спешил, что забыл чемодан на платформе.

2 возвышение, площадка, помост, трибуна

The speaker went up onto the platform. Оратор поднялся на трибуну.

play I [pleɪ] *v* **1** играть; развлекаться

He was playing with his sister. Он играл со своей сестрой.

The children were playing in the yard. Дети играли во дворе.

Let's play hospital. Давайте играть в больницу.

2 играть, участвовать в игре

He plays football for the school team. Он играет в футбол в школьной команде.

Can you play chess? Ты играешь в шахматы?

3 играть на музыкальном инструменте; ставить запись, проигрывать
He's playing guitar. Он играет на гитаре.
I can't play the piano very well. Я не очень хорошо играю на фортепьяно.
Let me play you my new disc. Давайте я поставлю вам мой новый диск.
4 исполнять (*роль*)
She played her part wonderfully. Она сыграла свою роль замечательно.
He will play Hamlet. Он будет играть Гамлета.

play II [pleɪ] *n* **1** пьеса
Did you watch the play last night? Вы смотрели эту пьесу вчера вечером?
Let's go to a play this evening. Пойдём вечером в театр.
We have to read two of Shakespeare's plays for our English class. К следующему уроку английского мы должны прочесть две пьесы Шекспира.
2 игра
The children are at play. Дети играют.
Play will start at 4 o'clock. Игра начнётся в четыре часа.

player ['pleɪə(r)] *n* **1** тот, кто играет; игрок
You need eleven players for a football team. В футбольной команде должно быть одиннадцать игроков.
2 музыкант, исполнитель
He is the best player in the orchestra. Он лучший музыкант оркестра.
3 плеер

playground ['pleɪgraʊnd] *n* площадка для игр
If it's raining you can't go into the playground. Если будет дождь, вы не сможете пойти на игровую площадку.
They were playing in the playground. Они играли на площадке.

pleasant ['pleznt] *adj* приятный, хороший
The weather was very pleasant. Погода была очень хорошей.
What a pleasant surprise! Какой приятный сюрприз!
[*unpleasant* неприятный]

please [pli:z] *interj* пожалуйста

Help me, please. Помоги мне, пожалуйста.

Shut the door, please. Закройте дверь, пожалуйста.

Please come in. Проходите, пожалуйста.

Can I have another cup of coffee, please? Можно мне ещё чашку кофе?

Do you want some more cake? — Yes, please. Не хотите ли ещё торта? — Да, с удовольствием.

pleased [pli:zd] *adj*: **to be pleased** быть довольным

I'm very pleased with what he has done. Я очень доволен тем, что он сделал.

He's very pleased with his new car. Он очень доволен своим новым автомобилем.

He wasn't pleased when we broke his bedroom window. Он был недоволен, когда мы разбили окно в его спальне.

Was she pleased to get your letter? Она была рада получить твоё письмо?

to look pleased иметь довольный вид, выглядеть довольным

He looked pleased with himself. Он выглядел довольным собой.

pleasure ['pleʒə(r)] *n* удовольствие, радость

Working in the garden is my greatest pleasure. Работа в саду для меня самое большое удовольствие.

I'll do the job with pleasure. Я сделаю эту работу с удовольствием.

Has he gone abroad for pleasure or on business? Он поехал за границу отдыхать или по делам?

plentiful ['plentɪfl] *adj* изобильный

Tomatoes are plentiful in the summer. Летом помидоры в изобилии.

[*scarce* скудный]

plenty ['plentɪ] *n*: **plenty of** много

You have plenty of time. У вас много времени.

We have plenty of food left after the party. После гостей у нас осталось очень много еды.

Plenty of people were waiting for the bus. Толпа людей ждала автобус.

pliers ['plaɪəz] *n pl* щипцы; кусачки; плоскогубцы

plot [plɒt] *n* **1** секретный план, замысел
It was a plot to rob the bank. Это был план ограбления банка.
2 фабула, сюжет
an exciting plot захватывающий сюжет

plug [plʌg] *n* **1** пробка, затычка
Take the plug out of the sink and let the water out. Вытащи пробку из раковины и спусти воду.
2 штепсель

plum [plʌm] *n* слива

plural ['plʊərəl] *n грам.* множественное число
The plural of "child" is "children". Множественное число существительного child — children.

plus [plʌs] *prep*, *n* плюс
Two plus seven is nine. Два плюс семь равняется девяти.
[*minus* минус]

p.m. [ˌpiː'em] *adv* после полудня
Our guests arrived at 5 p.m. Наши гости прибыли в пять часов.

pocket ['pɒkɪt] *n* карман
I have a handkerchief in my pocket. У меня в кармане носовой платок.
There's a hole in my pocket, and all my money fell out. У меня в кармане дырка, и все деньги выпали.
He was walking along with his hands in his pockets. Он прогуливался, засунув руки в карманы.

pocketbook ['pɒkɪtbʊk] *n* записная книжка

pocket money ['pɒkɪtmʌnɪ] *n* карманные деньги (*которые родители дают ребёнку*)

I don't have any pocket money this week. На этой неделе у меня нет карманных денег.
I spent all my pocket money on magazines. Все свои карманные деньги я истратил на журналы.

pod [pɒd] *n* стручок

poem ['pəʊɪm] *n* стихотворение; поэма
Do you like this poem about autumn? Тебе нравится это стихотворение об осени?
He spends all his time writing poems. Он всё время сочиняет стихи.
Shall we learn the poem by heart? Мы должны выучить это стихотворение наизусть?

poet ['pəʊɪt] *n* поэт
Byron and Keats are famous English poets. Байрон и Китс — известнейшие английские поэты.

poetry ['pəʊɪtrɪ] *n* поэзия
We have to study English poetry of the nineteenth century. Мы должны изучать английскую поэзию девятнадцатого века.

point I [pɔɪnt] *n* **1** кончик, остриё
He broke the point of his pencil. Он сломал карандаш.
This needle hasn't got a very sharp point. Эта игла не очень острая.
2 точка
five point seven (5.7) пять целых семь десятых
3 пункт; точка отсчёта; момент
We walked for hours and came back to the point where we'd started from. Мы шли, шли и вернулись опять туда, откуда вышли.
The lights went off at that point. В этот момент погас свет.
4 основная идея, главное; смысл
The point of going to school is to learn. В школу ходят, чтобы учиться.
The point of our meeting is to discuss how we can save money. Цель нашего собрания — обсудить, как мы сможем сэкономить деньги.

There's no point in trying to phone him — he has gone away. Нет никакого смысла звонить ему, он уже ушёл.

I see your point. Я понимаю, что вы хотите сказать.

to the point по существу, кстати

Your advice was very much to the point. Ваш совет был очень кстати.

5 очко (*в игре*)

Our team scored five points. У нашей команды было пять очков.

This shot gives you ten points. Этот выстрел принесёт тебе десять очков.

◊ **point of view** точка зрения

From my point of view it would be better if you could come tomorrow. С моей точки зрения, было бы лучше, если бы вы смогли прийти завтра.

We need someone with a fresh point of view. Нам нужен кто-то со свежими идеями.

point II [pɔɪnt] *v* **1** показывать, указывать

He pointed to the door. Он указал на дверь.

All the evidence points to his guilt. Все свидетельства указывают на то, что он виновен.

2 нацеливать, направлять

He pointed his gun at the window. Он нацелил пистолет на окно.

They pointed their telescope at the moon. Они направили свой телескоп на луну.

to point out указывать, замечать, выделять; называть

He pointed out all the mistakes in my homework. Он указал на все ошибки в моей домашней работе.

She pointed out that my watch was slow. Она заметила, что часы у меня отстают.

poison ['pɔɪzn] *n* яд

He took poison by mistake for a medicine, and it nearly killed him. Вместо лекарства, он по ошибке выпил яд и чуть не умер.

Try putting some poison on the floor if you want to kill the mice. Если хочешь потравить мышей, попробуй рассыпать ядовитое средство на полу.

Polaroid ['pəʊlərɔɪd] *n* фотоаппарат «Поляроид» (*делающий моментальную фотографию*)

pole[1] [pəʊl] *n* столб; столбик, шест
The flag is attached to a tall pole. Флаг был прикреплён к длинному шесту.
The tent is held up by two poles. Тент держался на двух шестах.
The car ran into a telegraph pole. Автомобиль врезался в телеграфный столб.

pole[2] [pəʊl] *n* полюс
North Pole Северный полюс
South Pole Южный полюс
Who was the first man to get to the North Pole? Кто первым достиг Северного полюса?

police [pə'li:s] *n* полиция
The police are looking for three armed men. Полиция ищет трёх вооружённых мужчин.
If someone steals your car, you must tell the police. Если у вас крадут автомобиль, нужно заявить в полицию.
Call the police! Позвони в полицию!

policeman [pə'li:smən] *n* полицейский
If you don't know how to find the post office — ask a policeman. Если вы не знаете, где почта, спросите у полицейского.

police officer [pə'li:s,ɒfɪsə(r)] *n* полицейский

police station [pə'li:s,steɪʃn] *n* полицейский участок
They arrested two men and took them to the police station. Они арестовали двух мужчин и отвели их в полицейский участок.

policy ['pɒləsɪ] *n* политика
What is the government's policy on education? Какова политика правительства в области образования?

polite [pə'laɪt] *adj* вежливый
He's a very polite little boy. Он очень вежливый мальчик.

You should always be polite to your teacher. С учителем нужно всегда быть вежливым.
It isn't very polite to leave without saying thank you. Не очень вежливо уходить, не поблагодарив.
[*impolite* невежливый; *rude* грубый]

politely [pəˈlaɪtlɪ] *adv* вежливо
If you ask her politely she will give you some cake. Если ты вежливо попросишь, она даст тебе кусок торта.

political [pəˈlɪtɪkl] *adj* политический
political economy политическая экономия
political liberties политические свободы
political prisoner политзаключённый
for political reasons из политических соображений, по политическим причинам

politician [ˌpɒlɪˈtɪʃn] *n* политик

pollute [pəˈluːt] *v* загрязнять
We have polluted the air with chemicals from our cars and factories. Автомобили и фабрики загрязняют воздух.

pollution [pəˈluːʃn] *n* загрязнение
water pollution загрязнение воды

pond [pɒnd] *n* пруд
Most farms have a pond from which cattle can drink. У большинства ферм есть пруд, куда скот водят на водопой.

pool [puːl] *n* **1** лужа
There was a pool of water on the floor. На полу была лужа воды.
2 бассейн
swimming pool плавательный бассейн
He dived into the pool. Он нырнул в бассейн.

poor [pʊə(r)] *adj* **1** бедный
They are very poor, now that their father is out of work. Они очень бедны, особенно теперь, когда их отец остался без работы.

It is one of the poorest countries in the world. Это одна из самых бедных стран в мире.

the poor *pl* беднота, бедные люди

[*rich* богатый]

2 несчастный, жалкий, вызывающий жалость

That poor man has no friends. У этого бедняги нет друзей.

My poor feet — I've been walking all day! Бедные мои ноги: я целый день ходил пешком!

3 плохой, низкого качества

The soil is poor here. Здесь почва бедная.

Their football team is very poor this year. В этом году их футбольная команда очень слаба.

He's in poor health. У него слабое здоровье.

These oranges are very poor quality. Эти апельсины очень низкого качества.

pop [pɒp] *adj разг.* популярный

pop music популярная музыка, поп-музыка

pop singers поп-певцы

pop groups поп-группы

popcorn ['pɒpkɔ:n] *n* воздушная кукуруза

poppy ['pɒpɪ] *n* мак

popular ['pɒpjʊlə(r)] *adj* популярный

Football is a popular sport. Футбол — популярный вид спорта.

This film has been very popular. Этот фильм был очень популярен.

population [ˌpɒpjʊ'leɪʃn] *n* население

pork [pɔ:k] *n* свинина

roast pork жареная свинина

a leg of pork свиная ножка

Can I have some more pork? Можно мне ещё свинины?

Note: *не имеет мн. числа*; **some pork** свинина; **a piece of pork, a slice of pork** кусок свинины

porridge ['pɒrɪʤ] *n* каша
a plate of porridge тарелка каши

port [pɔ:t] *n* порт, гавань
Liverpool is a big port. Ливерпуль — большой портовый город.

portable ['pɔ:təbl] *adj* переносной
a portable radio портативный радиоприёмник

porter ['pɔ:tə(r)] *n* носильщик
The porter is carrying the luggage. Носильщик несёт багаж.

portrait ['pɔ:trɪt] *n* портрет
There is a portrait of the mayor on the wall. На стене висел портрет мэра.

position [pə'zɪʃn] *n* позиция; положение
She found herself in a very difficult position. Она оказалась в очень трудном положении.
Are you sitting in a comfortable position? Вам удобно там сидеть?

positive ['pɒzətɪv] *adj* **1** уверенный
I'm positive that it was after midnight. Я уверен, что это было после полуночи.
Can you be positive about what you saw? Вы уверены, что видели именно это?
Are you positive that you put the key in your pocket? Ты уверен, что положил ключ в карман?
2: positive degree *грам.* положительная степень

positively ['pɒzətɪvlɪ] *adv* определённо
He said quite positively that he would come, and we were all surprised when he didn't. Он сказал вполне определённо, что придёт, и мы были весьма удивлены, когда он не пришёл.
Can you really do it? — Positively! Ты действительно можешь сделать это? — Конечно!

possess [pə'zes] *v* иметь, владеть

to possess nothing не иметь ничего

He lost all that he possessed when his house burned down. Когда его дом сгорел, он потерял всё, что имел.

possessive [pə'zesɪv] *adj* **1** собственнический

He has a possessive manner. Он собственник по натуре.

2 *грам.* притяжательный

the possessive case притяжательный падеж

a possessive pronoun притяжательное местоимение

possible ['pɒsəbl] *adj* возможный

Come as quickly as possible. Приходите как можно быстрее.

It is quite possible. Это вполне возможно.

Is it possible to walk there in an hour? Возможно туда дойти за час?

That field is a possible place for a house. Это поле — подходящий участок для постройки дома.

[*impossible* невозможный]

possibly ['pɒsəblɪ] *adv* возможно

Will it be ready tomorrow? — Possibly. Это будет готово завтра? — Возможно.

He's possibly the most selfish man in our family. Возможно, он самый большой эгоист в нашей семье.

post I [pəʊst] *n* почта; почтовое отделение; доставка писем *и т. п.*

Has the post come yet? Почта уже была?

I will send you the book by post. Я пошлю тебе книгу почтой.

post II [pəʊst] *v* отправлять по почте; опустить в почтовый ящик

The letter was posted ten days ago. Письмо было отправлено десять дней назад.

postcard ['pəʊstkɑ:d] *n* почтовая открытка

Send me a postcard when you get to Italy. Как приедешь в Италию, пошли мне открытку.

She sent me a postcard of the hotel where she was staying. Она прислала мне открытку с видом гостиницы, в которой остановилась.

postcode ['pəʊstkəʊd] *n* почтовый индекс

poster ['pəʊstə(r)] *n* плакат; афиша
There was a poster about the pop festival. Там висела афиша, извещающая о фестивале поп-музыки.

postman ['pəʊstmən] *n* почтальон
The postman brings our letters, newspapers and magazines. Почтальон приносит нам письма, газеты и журналы.

post office ['pəʊstɒfɪs] *n* почта, почтовое отделение
Can you take this package to the post office for me? Не мог бы ты отнести этот пакет на почту за меня?
The post office is closed on Sundays. По воскресеньям почта закрыта.

pot [pɒt] *n* горшок; кастрюля; чайник
She made the tea in the pot. Она заварила чай в чайнике.
I've just made a pot of coffee. Я только что приготовил целый кофейник кофе.
Plant the flowers in a bigger pot. Посади цветы в горшок побольше.
I put the potatoes in a pot and boiled them. Я положил картофель в кастрюлю и сварил его.

potato [pə'teɪtə] *n* картофель; картофелина
boiled potatoes варёная картошка
baked potatoes печёная картошка
mashed potato(es) картофельное пюре
young potatoes молодой картофель
Do you want any more potatoes? Хотите ещё картошки?
Will two potatoes do? Двух картофелин хватит?
The potatoes are boiling. Картошка варится.

potato chips [pə'teɪtətʃɪps] *n pl* картофельные чипсы

poultry ['pəʊltrɪ] *n* домашняя птица

pound [paʊnd] *n* **1** фунт (= *454 г*)

Sugar is sold by the pound. Сахар продаётся фунтами.
I want a pound of onions and three pounds of potatoes. Мне фунт лука и три фунта картошки.
The baby only weighed four pounds when he was born. Этот ребёнок при рождении весил всего четыре фунта.

2 фунт стерлингов
There are 100 pence in a pound. В фунте стерлингов сто пенсов.
It costs six pounds. Это стоит шесть фунтов.

pour [pɔː(r)] *v* **1** лить; наливать; выливать
Pour yourself another cup of tea. Налей себе ещё чаю.
He poured the milk out of the sausepan into the jug. Он перелил молоко из кастрюльки в кувшин.
She poured wine into my glass. Она налила вина мне в бокал.
Pour away the dirty water. Вылей грязную воду.

2 литься; выливаться; наливаться
The rain poured down. Лил дождь.

poverty ['pɒvəti] *n* бедность; нищета
to live in poverty жить в нищете
to fall into poverty впасть в нищету

powder ['paʊdə(r)] *n* порошок; пудра
He stepped on the piece of chalk and crushed it to powder. Он наступил на кусок мела и раздавил его в порошок.
There's too much powder on your nose. У тебя на носу слишком много пудры.
He took a headache powder. Он принял порошок от головной боли.

power ['paʊə(r)] *n* **1** сила, власть
It is beyond my power to help you. Я не в силах помочь вам.
I will do everything in my power to help. Я сделаю всё, что в моих силах, чтобы помочь.

2 энергия
electric power электроэнергия

powerful ['paʊəfl] *adj* мощный; сильный
a powerful car мощный автомобиль
a powerful smell сильный запах

practical ['præktɪkl] *adj* практический; практичный
We had a practical lesson. У нас было практическое занятие.
She gave me some practical advice. Она дала мне практический совет.
He's a practical man. Он практичный человек.

practically ['præktɪklɪ] *adv* практически; почти
We've had practically no fine weather this month. В этом месяце хорошей погоды практически не было.

practice ['præktɪs] *n* практика
It takes a lot of practice to play the piano well. Чтобы хорошо играть на фортепьяно, нужно много упражняться.
You need more practice. Тебе нужно больше практиковаться.
in practice на практике
The idea would never work in practice. Эту идею никогда не воплотить в жизнь.
to put a plan into practice привести план в действие

practise ['præktɪs] *v* заниматься, упражняться, тренироваться
They're practising singing the new song. Они разучивают новую песню.
You'll never learn to ride a bicycle if you don't practise. Ты никогда не научишься ездить на велосипеде, если не будешь тренироваться.

praise [preɪz] *v* хвалить
The teacher praised his work. Учитель похвалил его работу.

pray [preɪ] *v* молить(ся)
They are praying for fine weather. Они молятся, чтобы погода была хорошей.
We prayed for his sister. Мы молились за его сестру.

precious ['preʃəs] *adj* драгоценный
Our freedom is the most precious thing we have. Самое ценное, что у нас есть, – это наша свобода.

predicate ['predɪkət] *n грам.* сказуемое

predicative [prɪ'dɪkətɪv] *n грам.* именная часть составного сказуемого

prefer [prɪ'fɜ:(r)] *v* (**preferred**, **preferring**) предпочитать, больше любить

Which would you prefer, tea or coffee? Что вы предпочитаете: чай или кофе?

I prefer water to milk. Я лучше выпью вместо молока воды.

He prefers to write his letters rather than dictate them. Он предпочитает сам писать свои письма, а не диктовать их.

prefix ['pri:fiks] *n грам.* приставка, префикс

prepare [prɪ'peə(r)] *v* готовить, приготавливать

She is in the kitchen preparing the dinner. Она на кухне готовит обед.

Have you prepared your lessons? Ты приготовил уроки?

They are preparing to go on vacation next week. Они готовятся уехать в отпуск на следующей неделе.

to be prepared быть готовым

If the bus doesn't come, we must be prepared to walk. Если автобус не придёт, мы должны быть готовы к тому, чтобы пойти пешком.

preposition [ˌprepə'zɪʃn] *n грам.* предлог

prescription [prɪ'skrɪpʃn] *n* рецепт

Take this prescription to your local chemist's. Обратитесь с этим рецептом в свою аптеку.

present[1] **I** ['preznt] *adj* **1** присутствующий

the Smiths, and other people present Смиты и другие присутствующие

to be present присутствовать

Were you present at the ceremony? Вы присутствовали на церемонии?

[*absent* отсутствующий]

2 настоящий, современный

I'm not going to buy a car at the present high prices. Я не собираюсь покупать автомобиль по нынешним высоким ценам.

It's usually best to wait, but in the present case I'd advise you to act without delay. Обычно лучше подождать, но в этом случае я бы посоветовал действовать без промедления.
What is your present address? Какой у вас сейчас адрес?
at the present time сейчас
What is your job at the present time? Где ты сейчас работаешь?

present[1] II ['preznt] *n*: **the present** настоящее
the past, the present, and the future прошлое, настоящее и будущее
at present сейчас
We don't need any more at present. Сейчас нам больше ничего не нужно.
for the present в настоящий момент, в настоящее время
That will be enough for the present. Пока этого достаточно.
I've got enough money for the present, but I must go to the bank tomorrow. На сегодня у меня денег достаточно, но завтра мне нужно идти в банк.

present[2] I ['preznt] *n* подарок
I have a present for you. У меня для тебя есть подарок.
He gave me a watch as a present. Он подарил мне часы.
How many birthday presents did you get? Много ты получил подарков на день рождения?
All the Christmas presents are under the tree. Все рождественские подарки под ёлкой.

present[2] II [prɪ'zent] *v* **1** дарить, вручать
Here is the clock that was presented to me when I retired. Вот часы, что подарили мне, когда я уходил на пенсию.
The company presented him with a video. Компания подарила ему видеомагнитофон.
2 представлять
May I present Mr Smith? Позвольте мне представить мистера Смита.
He's presenting a programme on wild animals. Он ведёт программу о диких животных.

presentation [ˌprezn'teɪʃn] *n* презентация

president ['prezɪdənt] *n* президент

press I [pres] *n* **1** нажатие; сжимание
2 пресс
3 пресса, печать
I read about it in the press. Я читал об этом в газетах.
The press has not mentioned the problem. В прессе об этом ни слова.
The British press reported a plane crash in Africa. Британские газеты сообщили об авиакатастрофе в Африке.

press II [pres] *v* **1** нажимать
Press the button if you want a glass of water. Нажми эту кнопку, если хочешь стакан воды.
2 гладить, отглаживать
Your trousers need pressing. Твои брюки надо погладить.
3 давить; выжимать (*сок*)
She pressed the juice out of an orange. Она выжала сок из апельсина.
4 торопить
The matter is pressing. Дело не терпит отлагательства.

pressure ['preʃə(r)] *n* давление
atmospheric pressure атмосферное давление

pressure cooker ['preʃə,kʊkə(r)] *n* скороварка

pretend [prɪ'tend] *v* делать вид, притворяться
They pretended not to see us. Они сделали вид, что не видят нас.
Let's pretend we are cowboys. Давайте играть в ковбоев.
I pretended that I was asleep. Я притворился, что сплю.

pretty ['prɪtɪ] *adj* хорошенький, милый, красивый
He has two pretty daughters. У него две хорошенькие дочки.
What a pretty little garden! Какой миленький садик!
Note: употребляется по отношению к женщинам или вещам, но никогда по отношению к мужчинам

prevent [prɪ'vent] *v* предотвращать, предупреждать
Your prompt action prevented a serious accident. Ваша быстрая реакция предотвратила несчастный случай.
to prevent smb/smth from помешать кому-л./чему-л.
The fog prevented the planes from taking off. Туман не давал самолётам взлететь.
Something must have prevented her from coming. Что-то, должно быть, помешало ей прийти.

price [praɪs] *n* цена
What was the price of your new coat? Сколько стоило ваше новое пальто?
The price of meat is going up. Цена на мясо растёт.
We can't pay such a high price. Мы не можем заплатить такую высокую цену.
I won't buy it at that price. Я не куплю это за такую цену.
Prices are falling. Цены падают.

priest [pri:st] *n* священник

primary ['praɪmərɪ] *adj* основной, начальный
primary education начальное образование

prince [prɪns] *n* принц

princess [prɪn'ses] *n* принцесса

principle ['prɪnsəpl] *n* принцип
moral principles моральные принципы
a man of high principle человек высоких принципов
in principle в общем, в принципе

print I [prɪnt] *n* шрифт
The print in that book is so small that I can't read. В этой книге такой мелкий шрифт, что я не могу читать.

print II [prɪnt] *v* **1** печатать
This newspaper is printed on pink paper. Эта газета напечатана на розовой бумаге.

2 писать печатными буквами

Please print your name and address. Пожалуйста, напишите своё имя и адрес печатными буквами.

printer ['prɪntə(r)] *n* принтер

laser printer лазерный принтер

printout ['prɪntaʊt] *n* распечатка (*на компьютере и т. п.*)

prison ['prɪzn] *n* тюрьма

The thief went to prison for six years. Грабитель сел в тюрьму на шесть лет.

His father is in prison. Его отец в тюрьме.

They escaped from prison. Они сбежали из тюрьмы.

prisoner ['prɪznə(r)] *n* заключённый; пленный

to take prisoner взять в плен

They took him prisoner. Они взяли его в плен.

private ['praɪvɪt] *adj* частный; личный

This is a private park. Это частный парк.

He won't talk about his private life. Он не будет говорить о своей личной жизни.

We were having a private talk. У нас была беседа с глазу на глаз.

prize [praɪz] *n* приз, премия

Her beautiful roses gained first prize at the flower show. Её красивые розы получили первую премию на выставке цветов.

consolation prizes утешительные призы

probable ['prɒbəbl] *adj* вероятный

He's a probable winner. Он претендент на приз.

Rain seems probable so take your umbrella. Может пойти дождь, возьми зонтик.

probably ['prɒbəblɪ] *adv* вероятно

He has probably forgotten about the meeting. Он, вероятно, забыл о собрании.

We'll probably see you next week. Может быть, мы увидимся на следующей неделе.

problem ['prɒbləm] *n* проблема; задача; вопрос
mathematical problems математические задачи
the problems of youth проблемы молодёжи
Driving is a problem in deep snow. По глубокому снегу проехать на машине очень трудно.
The government is trying to deal with the problem of crime. Правительство пытается решить проблему преступности.
I've left my money at home. — That's no problem. I can lend you what you need. Я забыл деньги дома. — Не проблема. Я одолжу тебе, сколько надо.

process ['prəʊses] *n* процесс
He explained the process of building a boat. Он объяснил процесс судостроения.

processor ['prəʊsesə(r)] *n вчт.* процессор

produce [prə'dju:s] *v* **1** предъявлять
The taxi driver produced his licence for the policeman. Таксист предъявил полицейскому свои права.
2 производить, вырабатывать
The company is producing a new kind of toothpaste. Компания выпускает новую зубную пасту.
The country doesn't produce enough oil. Этой стране не хватает своих запасов нефти.
We produce so many vegetables that we sell them to our neighbours. Мы выращиваем так много овощей, что продаём их соседям.

producer [prə'dju:sə(r)] *n* продюсер

product ['prɒdʌkt] *n* изделие; продукт
We sell electrical products. Мы занимаемся продажей электроприборов.
Coffee is Brazil's main product. Кофе — основной продукт Бразилии.

production [prəˈdʌkʃn] *n* производство

Production of cars was held up by the strike. Производство автомобилей было приостановлено забастовкой.

We are trying to increase production. Мы пытаемся увеличить производство.

profession [prəˈfeʃn] *n* профессия

He is a lawyer by profession. По профессии он юрист.

professor [prəˈfesə(r)] *n* профессор

program(me) [ˈprəʊgræm] *n* **1** программа, передача

We watched a programme on wild animals. Мы смотрели передачу о диких животных.

There's a sports programme after the news. После новостей будет спортивная программа.

2 программа (*театральная и т. п.*)

Look at the programme and see who is singing. Посмотри в программке, кто поёт.

What does the programme cost? Сколько стоит программка?

3 план

What's the programme for tomorrow? Какие планы на завтра?

4 *вчт.* программа

support program вспомогательная программа

test program тестовая программа

programmer [ˈprəʊgræmə(r)] *n вчт.* программист

progress [ˈprəʊgres] *n* успехи; развитие, прогресс, продвижение вперёд

She is making progress in her studies. Она делает успехи в учёбе.

The patient is making good progress. Больной выздоравливает.

to be in progress вестись (*о работе*), происходить

When we arrived, the match was in progress. Когда мы приехали, матч уже начался.

Note: не имеет мн. числа

prohibit [prəˈhɪbɪt] *v* запрещать

Smoking is strictly prohibited. Курить строго запрещается.

Children are prohibited from buying cigarettes. Детям запрещается покупать сигареты.

[*to permit* разрешать]

promise I ['prɒmɪs] *n* обещание

to make a promise обещать

to give a promise давать обещание

to keep a promise держать обещание

to carry out a promise выполнять обещание

to break a promise нарушать обещание

He gave his promise that he would work harder. Он пообещал, что будет работать упорнее.

She broke her promise that she would pay us the money. Она не сдержала своего обещания заплатить нам.

If you make a promise you should keep it. Если ты даёшь обещание, то должен сдержать его.

promise II ['prɒmɪs] *v* обещать

They promised an immediate reply. Они пообещали немедленно дать ответ.

She promised that she would be here at 6 o'clock. Она пообещала прийти сюда в шесть часов.

He has promised to take me to the cinema tomorrow. Он пообещал повести меня завтра в кино.

prompt [prɒmpt] *adj* быстрый

a prompt answer быстрый ответ

prompt payment платёж без задержки

promptly ['prɒmptlɪ] *adv* ровно, точно

The performance will begin promptly at 9 o'clock. Спектакль начнётся ровно в девять.

pronoun ['prəʊnaʊn] *n грам.* местоимение

personal pronoun личное местоимение

pronounce [prə'naʊns] *v* произносить

He didn't pronounce the name very clearly. Он произнёс имя не очень внятно.

How do you pronounce this word? Как ты произносишь это слово?

pronunciation [prəˌnʌnsɪ'eɪʃn] *n* произношение
lessons in pronunciation уроки по произношению
What is the correct pronunciation of this word? Как правильно произносить это слово?
You must practise your pronunciation. Ты должен работать над своим произношением.
His pronunciation is improving. Его произношение становится лучше.

proof [pru:f] *n* доказательство
The police have proof that he was not at home that day. У полиции есть доказательства, что его в тот день дома не было.
You say he stole your bicycle — but do you have any proof of it? Ты говоришь, он украл твой велосипед. А доказательства у тебя есть?
They gave him a gold watch as a proof of their regard. Они подарили ему золотые часы в знак своей признательности.

proper ['prɒpə(r)] *adj* правильный; должный; подходящий
Are you doing in the proper way? Ты всё правильно делаешь?
The envelope did not have the proper address. На конверте был неправильный адрес.
That's not a proper thing to do in the public place. Такое не следует делать в общественном месте.
He's not at all a proper person for a young girl to know. Он не тот, с кем следует знакомиться молодой девушке.

properly ['prɒpəlɪ] *adv* правильно, как следует
Do it properly or not at all. Делай это как следует или не делай вовсе.
I'm learning German, but I still can't speak it properly. Я учу немецкий, но говорю на нём всё ещё плохо.
properly speaking собственно говоря
I'm not, properly speaking, a nurse, as I haven't been trained, but I've had a lot of experience sick people. Собственно говоря, я не медсестра и не имею специального образования, но у меня большой опыт по уходу за больными.

proper name [ˌprɒpə'neɪm] = **proper noun**

proper noun [ˌprɒpə'naʊn] *n грам.* имя собственное

property ['prɒpətɪ] *n* **1** собственность

That piano is my property. Это пианино моё.

2 недвижимость

He has a lot of property in Spain. У него в Испании большая собственность.

Not much private property there was destroyed in the war. Частные владения не очень пострадали там во время войны.

protect [prə'tekt] *v* защищать

The house is protected from the wind by a row of tall trees. Дом защищён от ветра рядами высоких деревьев.

The white coat will protect your clothes in the laboratory. Белый халат защитит вашу одежду в лаборатории.

protest I ['prəʊtest] *n* протест, возражение

He gave way without protest. Он отступил без возражений.

to make a protest возражать, протестовать

protest II [prə'test] *v* протестовать, возражать

I protested against being called an old fool. Я протестую против того, чтобы меня называли старым дураком.

The children protested loudly when they were told to go to bed early. Дети громко запротестовали, когда им велели лечь спать пораньше.

proud [praʊd] *adj* гордый

He's too proud to complain. Он слишком горд, чтобы жаловаться.

She's proud of her children. Она гордится своими детьми.

I'm proud to be here today. Я горд, что присутствую сегодня здесь.

He's very proud of his cooking. Он гордится своими кулинарными способностями.

There is nothing to be proud of. Тут нечем гордиться.

prove [pruːv] *v* доказывать

Can you prove it to me? Ты можешь мне это доказать?

His guilt was clearly proved. Его вина была полностью доказана.

The exception proves the rule. Исключение подтверждает правило.

proverb [ˈprɒvɜːb] *n* пословица

provide [prəˈvaɪd] *v* снабжать; обеспечивать

They'll bring the food, but we'll have to provide the drinks. Они принесут еду, а мы должны обеспечить напитки.

public [ˈpʌblɪk] *adj* общественный, публичный

a public park общественный парк

public opinion общественное мнение

public relations связи с общественностью

Go to the public library to see if there is the book you need. Пойди в публичную библиотеку и посмотри, нет ли там той книги, которая тебе нужна.

Public relations is big business today. Сегодня связи с общественностью — это серьёзная сфера деятельности.

publish [ˈpʌblɪʃ] *v* издавать; печатать

This firm publishes educational books. Эта фирма выпускает учебную литературу.

When was published this dictionary? Когда издали этот словарь?

puck [pʌk] *n* шайба

pudding [ˈpʊdɪŋ] *n* пудинг

an apple pudding яблочный пудинг

a rice pudding рисовый пудинг

pull I [pʊl] *v* тянуть, тащить; дёргать

The horse was pulling a heavy cart. Лошадь тащила тяжёлую телегу.

Pull your chair up to the table. Пододвинь свой стул к столу.

She pulled her gloves on. Она натянула перчатки.

The baby was pulling its father's beard. Ребёнок дёргал своего отца за бороду.
She pulled him by the ear. Она дёрнула его за ухо.

pull II [pʊl] *n*: **to give a pull** дёрнуть
He gave my hair a pull. Он дёрнул меня за волосы.

pullover ['pʊləʊvə(r)] *n* пуловер

pump I [pʌmp] *n* насос
a bicycle pump велосипедный насос
At the farm there was an old-fashioned pump for drawing water from a well. На ферме старенький насос качал воду из колодца.

pump II [pʌmp] *v* качать; накачивать
He pumped up his car tyres. Он накачал шины своего автомобиля.

punch I [pʌntʃ] *n* удар кулаком
to give a punch ударить кулаком
to get a punch получить удар кулаком
He gave him a punch on the nose. Он ударил его кулаком в нос.

punch II [pʌntʃ] *v* бить кулаком
Someone punched him in the stomach. Кто-то ударил его кулаком в живот.

punish ['pʌnɪʃ] *v* наказывать
Dangerous driving should be severely punished. За опасную езду следует сурово наказывать.
I'll punish him by taking away his chocolate. В наказание я отберу у него шоколад.
You will be punished for talking in class. Тебя накажут за разговоры во время урока.

punishment ['pʌnɪʃmənt] *n* наказание
As a punishment, you can't watch TV for three days. В наказание ты не будешь смотреть телевизор три дня.

pupil ['pju:pl] *n* ученик
There are twenty pupils in the class. В классе двадцать учеников.

puppet ['pʌpɪt] *n* кукла (*в театре*)

puppy ['pʌpɪ] *n* щенок
Her parents gave her a puppy for Christmas. Родители подарили ей на Рождество щенка.

purchase ['pɜ:tʃəs] *n* покупка
He filled the car with his purchases. Он завалил всю машину покупками.
I have some purchases to make. Мне нужно кое-что купить.

pure [pjʊə(r)] *adj* чистый
Is the water pure? Вода чистая?
This sweater is made of pure wool. Этот свитер из чистой шерсти.

purpose ['pɜ:pəs] *n* цель, намерение
For what purpose do you want to go there? Зачем ты хочешь поехать туда?
This van is used for various purposes. Этот фургон используется для разных целей.
What's the purpose of going by plane when it's much cheaper by car? Зачем лететь на самолёте, если гораздо дешевле поехать на автомобиле?
For what purpose do you need the money? Для чего тебе нужны эти деньги?
on purpose нарочно, специально
He has left the book here on purpose for you to read. Он оставил здесь книгу специально, чтобы ты её прочитал.
Was it a mistake or did you do it on purpose? Это была ошибка, или ты сделал это нарочно?
I came here on purpose to see you. Я пришёл сюда, чтобы увидеть вас.

purse [pɜ:s] *n* кошелёк
I put my ticket in my purse. Я положил билет в кошелёк.

She dropped her purse on the floor of the bus. Она уронила кошелёк на пол в автобусе.

push I [pʊʃ] *v* толкать; везти перед собой

They had to push their car to get it to start. Им пришлось толкать автомобиль, чтобы тот завёлся.

Please push the table nearer to the wall. Пожалуйста, отодвинь стол ближе к стене.

We had to push our way through the crowd. Нам пришлось проталкиваться сквозь толпу.

He pushed the door open. Он рывком открыл дверь.

Did he fall into the river, or was he pushed? Он сам упал в реку, или его толкнули?

push II [pʊʃ] *n* толчок, удар

He opened the gate with one push. Он открыл ворота одним ударом.

to give a push толкнуть; нажать, надавить

I fell because he gave me a push. Я упал, потому что он толкнул меня.

put [pʊt] *v* (**putting**; *past tense u past participle* **put**) класть; ставить; помещать

Put your books down on the table. Положи свои книги на стол.

He put the milk in the refrigerator. Он поставил молоко в холодильник.

He put his hands in(to) his pockets. Он засунул руки в карманы.

It's time to put the baby to bed. Пора укладывать ребёнка спать.

to put a question задавать вопрос

I want to put a question to the speaker. Я хочу задать вопрос выступающему.

to put back вернуть на место

Put that book back on the shelf. Поставь эту книгу назад на полку.

to put down записывать

Here's my address — put it down before you forget it. Вот мой адрес. Запиши, пока не забыл.

to put off откладывать

The meeting has been put off until next week. Собрание отложили до следующей недели.

to put on надевать

Put your coat on. Надень пальто.

to put up with мириться; переносить

We can't change the bad weather, so we must put up with it. Мы не можем изменить плохую погоду, поэтому мы должны смириться с ней.

How can you put up with all that noise? Как ты можешь выносить весь этот шум?

puzzle ['pʌzl] *n* **1** загадка

His wife has disappeared — it's a puzzle. Его жена исчезла — вот загадка.

2 картинка-мозаика

pyjamas [pə'ʤɑ:məz] *n pl* пижама

a pair of pyjamas пижама

He bought a new pair of pyjamas. Он купил новую пижаму.

pyramid ['pɪrəmɪd] *n* пирамида

the pyramids of Egypt египетские пирамиды

python ['paɪθn] *n* питон

Q

Q, q [kju:] *17-я буква английского алфавита*

quality ['kwɒlətɪ] *n* качество

I prefer quality to quantity. Я предпочитаю качество количеству.

of good quality хорошего качества

of high quality высокого качества

of bad quality плохого качества

of low quality низкого качества

The cloth is of very high quality. Эта скатерть очень высокого качества.

Those tomatoes are of poor quality. Эти помидоры плохого качества.

I want meat of the best quality. Мне нужен кусок первосортного мяса.

quantity ['kwɒntətɪ] *n* количество

I can only eat a small quantity of rice. Я могу есть рис только в небольших количествах.

quarrel I ['kwɒrəl] *n* ссора

to have a quarrel ссориться

The two boys had a quarrel over a bicycle. Два мальчика поссорились из-за велосипеда.

to make up a quarrel помириться

They made up their quarrel. Они помирились.

quarrel II ['kwɒrəl] *v* (**quarrelled**; **quarrelling**) ссориться

What are you quarrelling about? Из-за чего вы ссоритесь?

He quarrelled about politics with him. Он поссорился с ним из-за политики.

quarter ['kwɔːtə(r)] *n* четверть, четвёртая часть

We've come a quarter of the distance now. Мы прошли четверть пути.

a quarter of an hour четверть часа

an hour and a quarter один час пятнадцать минут

It's a quarter past ten. Сейчас пятнадцать минут одиннадцатого.

It's a quarter to six. Без пятнадцати шесть.

queen [kwiːn] *n* королева

The Queen of England lives in Buckingham Palace. Английская королева живёт в Букингемском дворце.

Queen Victoria was queen for many years. Королева Виктория правила очень долго.

queer [kwɪə(r)] *adj* странный, необычный

You have some very queer ideas. У тебя очень странные идеи.

question ['kwestʃən] *n* **1** вопрос

He asked the teacher a question. Он задал учителю вопрос.

I didn't answer two of the questions on the exam. Я не ответил на экзамене на два вопроса.

They asked her a lot of questions. Они задали ей много вопросов.

[*answer* ответ]

2 дело, проблема

The question is — do we want to spend a lot of money? Вопрос в том, хотим ли мы истратить много денег?

That's a different question. Это другое дело.

Success is only a question of time. Успех — это только вопрос времени.

out of the question невозможно, исключено

We can't go out in this weather; it's out of the question. Мы не можем пойти в такую погоду. Это исключено.

No, I won't give you any more money. It's out of the question! Нет, я больше не дам тебе денег. Об этом не может быть и речи.

question mark ['kwestʃənmɑːk] *n* вопросительный знак

Put a question mark at the end of the sentence. В конце предложения поставьте вопросительный знак.

queue [kjuː] *n* очередь, хвост

There was a queue at the bus stop. На автобусной остановке стояла очередь.

to form a queue образовать очередь

to stand in a queue стоять в очереди

We had to stand in a queue. Нам пришлось стоять в очереди.

quick I [kwɪk] *adj* быстрый, скорый

Be quick about it! Поторопись!

Try to be a little quicker. Постарайся побыстрее.

He is a quick worker. Он быстро работает.

Which is the quickest way to get there? Как быстрее добраться туда?

I had a quick lunch and then got back to work. Я быстро перекусил и вернулся к работе.

[*slow* медленный]

quick II [kwɪk] *adv разг.* быстро, живо

You're walking too quick for me. Ты идёшь слишком быстро, я не поспеваю за тобой.

He wants to get rich quick. Он хочет быстро разбогатеть.

quickly ['kwɪklɪ] *adv* быстро
You speak too quickly. Ты говоришь слишком быстро.
He quickly changed his clothes. Он быстро переоделся.
[*slowly* медленно]

quiet ['kwaɪət] *adj* **1** тихий, негромкий
Be quiet — the baby is asleep. Тише, ребёнок спит.
2 спокойный, мирный
It's a quiet little town. Это маленький тихий городок.
We had a quiet weekend. Выходные мы провели спокойно, без суеты.
[*noisy* шумный]

quietly ['kwaɪətlɪ] *adv* тихо, спокойно
She shut the door quietly. Она тихо закрыла дверь.
I didn't hear him because he came in so quietly. Он вошёл так тихо, что я не услышал.

quit [kwɪt] *v* (**quitting**; *past tense и past participle* **quitted** *или* **quit**) покидать; прекращать; оставлять
She quit her job. Она оставила свою работу.
Quit that! Прекрати!
He told the boss he was quitting. Он сказал начальнику, что уходит.

quite [kwaɪt] *adv* **1** вполне, совершенно, совсем
He has quite recovered from his illness. Он вполне оправился после болезни.
I quite agree. Я полностью согласен.
She was quite alone. Она была совершенно одна.
2 в некоторой степени, более или менее
It's quite warm today. Сегодня довольно тепло.
She quite enjoys her job, but she's looking for a new one. В определённой степени ей нравится её работа, но она ищет другую.

quiz [kwɪz] *n* викторина

quotation [kwəʊ'teɪʃn] *n* цитата
quotations from Shakespeare цитаты из Шекспира

quotation marks [kwəʊ'teɪʃnmɑ:ks] *n pl* кавычки
in quotation marks в кавычках

quote [kwəʊt] *v* цитировать
He quoted a verse from the Bible. Он процитировал стих из Библии.
Is this author most frequently quoted from? Неужели этого писателя цитируют чаще других?

R

R, r [ɑ:(r)] *18-я буква английского алфавита*

rabbit ['ræbɪt] *n* кролик
The rabbit went down its hole. Кролик залез в свою нору.

race [reɪs] *n* состязание в беге; гонки
We watched a bicycle race. Мы смотрели велосипедные гонки.
Who will win the 100 metres race? Кто победит в беге на сто метров?
the races *pl* лошадиные бега, скачки
I like watching horse races on TV. Я люблю смотреть по телевизору скачки.

racing ['reɪsɪŋ] *n* скачки; гонки

racing car ['reɪsɪŋkɑ:(r)] *n* гоночный автомобиль

rack [ræk] *n* полка (*для вещей*), багажная полка
Put your case on the luggage rack. Поставь свой ящик на (багажную) полку.

racket ['rækɪt] *n* ракетка
I can't play with your tennis racket, it's too heavy. Я не могу играть твоей ракеткой, она слишком тяжёлая.

radio ['reɪdɪəʊ] *n* радио
Did you hear the programme on the radio about our town? Вы слышали по радио передачу о нашем городе?

Turn on the radio — it's time for the news. Включи радио, сейчас будут новости.

I was listening to some music on the car radio. Я слушал музыку по радио в автомобиле.

radish ['rædɪʃ] *n* редиска

Put radish to the salad. Добавь в салат редиску.

Why don't you grow radishes in your kitchen garden? Почему вы не сажаете редиску у себя в огороде?

raft [rɑ:ft] *n* плот

They escaped from the wrecked ship on a raft. Они спаслись с тонущего корабля на плоту.

rag [ræg] *n* тряпка

Can I have a rag to clean my bicycle? Дай, пожалуйста, тряпку вытереть велосипед.

rags *pl* лохмотья

The beggar was dressed in rags. На нищем были какие-то лохмотья.

rail [reɪl] *n* рельс

Don't step on that rail — it's electric. Не наступи на этот рельс, он электрический.

by rail поездом, по железной дороге

They travelled by rail when they were in Europe. Они путешествовали по Европе на поезде.

railroad ['reɪlrəʊd] *n амер.* железная дорога

He helped to build the railroad. Он участвовал в строительстве железной дороги.

railway ['reɪlweɪ] *n* железная дорога

He got a job as a clerk on the railway. Он получил место служащего на железной дороге.

rain I [reɪn] *n* дождь

Don't go out in the rain without an umbrella. Не выходи под дождь без зонта.

The ground is very dry — we haven't had any rain for weeks. Земля пересохла, несколько недель не было дождя.
It looks like rain. Похоже, будет дождь.

rain II [reɪn] *v*:
It's raining. Идёт дождь.
It began to rain hard. Начался сильный дождь.
It rained all day yesterday. Вчера целый день шёл дождь.

rainbow ['reɪnbəʊ] *n* радуга
all the coloures of the rainbow все цвета радуги

raincoat ['reɪnkəʊt] *n* плащ
Put on your raincoat if it's raining. Если идёт дождь, надень плащ.

rainforest ['reɪnfɒrɪst] *n* дождевой лес
Cutting down the rainforests has caused flooding in many areas. Вырубка дождевых лесов вызвала во многих районах наводнение.

raise [reɪz] *v* **1** поднимать
He raised his arm. Он поднял руку.
Don't raise your voice. Не повышай голоса.
2 повышать, увеличивать (*цены, производство и т. п.*)
They've raised the bus fares again. Плату за проезд в автобусе опять повысили.

raisin ['reɪzn] *n* изюм

rake [reɪk] *n* грабли

ran [ræn] *past tense от* **run**

rang [ræŋ] *past tense от* **ring**[2] II

rapid ['ræpɪd] *adj* быстрый
We heard rapid footsteps on the stairs. Мы услышали на лестнице быстрые шаги.

rapidly ['ræpɪdlɪ] *adv* быстро

He read the names out rapidly. Он быстро зачитал фамилии.

rare [reə(r)] *adj* редкий
a rare book редкая книга
a rare event редкое событие

It is very rare for her to arrive late. Она редко опаздывает.

[*frequent* частый]

rarely ['reəlɪ] *adv* редко

My grandmother cannot walk far and rarely leave her house. Моя бабушка не может далеко ходить и редко выходит из дома.

[*often*, *frequently* часто]

raspberry ['rɑ:zbrɪ] *n* малина
raspberries and cream малина со сливками

rat [ræt] *n* крыса

rate [reɪt] *n*: **rate of exchange** обменный курс (*валюты*)
at any rate во всяком случае

I hope to be back by 10 p.m. — at any rate I'll be back before midnight. Надеюсь вернуться к десяти часам; в любом случае до полуночи я вернусь.

rather ['rɑ:ðə(r)] *adv* **1** довольно, до некоторой степени

It's rather cold outside. На улице довольно холодно.

I'm feeling rather better. Я чувствую себя несколько лучше.

2 предпочтительнее, лучше

I can come today but I would rather come tomorrow. Я могу прийти сегодня, но я предпочёл бы прийти завтра.

I'd rather stay at home than go to the party. Я бы лучше остался дома, чем пошёл на вечеринку.

rather than более, чем; лучше, чем; вместо того чтобы

Rather than wait for a bus, we decided to walk home. Вместо того, чтобы ждать автобус, мы решили пойти домой пешком.

These shoes are comfortable rather than pretty. Эти туфли скорее удобные, чем красивые.

Shall we go for a walk rather than watch television? Может, нам лучше прогуляться, чем сидеть перед телевизором?

raven ['reɪvn] *n* ворон

raw [rɔ:] *adj* сырой

He eats his meat raw. Он ест недожаренное мясо.

razor ['reɪzə(r)] *n* бритва

He was shaving with his electric razor. Он брился электрической бритвой.

reach [ri:tʃ] *v* **1** доставать, дотягиваться

Can you reach the box on the top shelf? Ты можешь достать эту коробку с верхней полки?

to reach for smth протягивать руку за чем-л.

He reached for the dictionary. Он протянул руку, чтобы достать словарь с полки.

2 добираться; достигать

We reached the hotel at midnight. Мы добрались до гостиницы в полночь.

The letter never reached him. Он так и не получил этого письма.

What time are we supposed to reach the station? Во сколько мы предположительно доберёмся до станции?

react [rɪ'ækt] *v*: **to react to** реагировать на

How did he react to your suggestion? Как он реагировал на твоё предложение?

reaction [rɪ'ækʃn] *n* реакция

What was your reaction to the news? Какова была твоя реакция на эту новость?

read I [ri:d] *v* (*past tense и past participle* **read**) читать

Read louder. Читай громче.

I like reading. Я люблю читать.

I can read French but I can't speak it. Я читаю по-французски, но не говорю.

He was reading the newspaper. Он читал газету.
Will you read this letter for me? Прочитай мне это письмо.

to read through прочитать от начала до конца
Please read through Chapter I for your homework. В качестве домашнего задания прочитайте всю первую главу.

to read out читать вслух
The teacher read out the list of names. Учитель зачитал список.

read II [red] *past tense и past participle от* **read** I

reader ['ri:də(r)] *n* **1** читатель; любитель чтения
Are you a fast reader? Ты быстро читаешь?
My brother's a great reader — he's always at the library. Мой брат очень любит читать, он вечно пропадает в библиотеке.
We have received many letters from our readers. Мы получили много писем от наших читателей.

2 книга для чтения; хрестоматия
Open your readers at page 10. Откройте свою хрестоматию на десятой странице.

reading ['ri:dɪŋ] *n* чтение

reading room ['ri:dɪŋru:m] *n* читальный зал
Go and work in the reading room at the library. Пойди поработай в библиотеке в читальном зале.

ready ['redɪ] *adj*: **to be ready** быть готовым
We can't eat yet — dinner isn't ready. Мы не можем сесть за стол: обед ещё не готов.
Wait for me, I'll be ready in two minutes. Подожди меня, я буду готов через пару минут.
Are you ready? Ты готов?
She's always ready to help. Она всегда готова помочь.

to get ready собраться, подготовиться
I must get ready for the party. Мне надо подготовиться к вечеринке.

real [rɪəl] *adj* настоящий, действительный
This is real gold, not cheap yellow metal. Это настоящее золото, а не дешёвый жёлтый металл.

Who is the real manager of the firm? Кто в действительности управляет этой фирмой?
Tell me the real reason. Скажи мне настоящую причину.
These plastic fruits look very real. Эти пластмассовые фрукты выглядят как настоящие.

really ['rɪəlɪ] *adv* **1** на самом деле, действительно
What do you really think about it? Что вы на самом деле думаете об этом?
It was really not my fault. Это действительно была не моя вина.
I'm really sorry. Мне действительно жаль.
2 *выражает удивление, сомнение, интерес*
He doesn't like chocolate. — Really? Он не любит шоколад. — В самом деле?
We're going to Paris next week. — Oh, really! На следующей неделе мы собираемся в Париж. — Неужели?

reap [ri:p] *v* жать
to reap a field of barley убрать ячмень с поля

reason ['ri:zn] *n* **1** причина
What is the reason for your hurry? В чём причина твоей спешки?
The reason for the flood was all that heavy rain. Наводнение случилось из-за продолжительных ливней.
for this reason поэтому, по этой причине
She's lied to me before. For this reason I don't believe her now. Она и раньше мне лгала. Поэтому я не верю ей сейчас.
to give reason (for) объяснить, дать объяснение
They said the train would be late, but didn't give any reason. Сообщили, что поезд опаздывает, но не сказали почему.
2 здравый смысл
There's a great deal of reason in his advice. В этом его совете большая доля здравого смысла.
beyond all reason за рамками здравого смысла
Their demands are beyond all reason! Их требования выходят за рамки здравого смысла!

reasonable ['ri:znəbl] *adj* **1** разумный, благоразумный

You must be reasonable; I can't meet you at the station while I am at work. Вы должны быть благоразумны; я не могу встретить вас на вокзале, потому что я в это время на работе.

2 умеренный

That seems a reasonable price. Цена вполне умеренная.

receive [rɪ'si:v] *v* **1** получать

When did you receive the letter? Когда вы получили письмо?

You will receive a warm welcome when you come to England. Приехав в Англию, вы встретите там тёплый приём.

We received nothing but insults. Мы не получили ничего, кроме оскорблений.

2 принимать (*гостей и т. п.*)

The hotel is now open to receive guests. Гостиница уже открылась для приёма гостей.

They receive on Mondays. Они принимают по понедельникам.

receiver [rɪ'si:və(r)] *n* телефонная трубка

recent ['ri:snt] *adj* недавний

a recent event недавнее событие

Ours is a recent acquaintance. Наше знакомство очень непродолжительное, мы познакомились недавно.

recently ['ri:sntlɪ] *adv* недавно

I've only recently begun to learn French. Я только недавно начал учить французский.

recipe ['resəpɪ] *n* (кулинарный) рецепт

a recipe for a fruit cake рецепт фруктового торта

Have you a recipe for happiness? У вас есть рецепт счастья?

recite [rɪ'saɪt] *v* читать наизусть

I don't like reciting in public. Я не люблю читать стихи на публике.

recognize ['rekəgnaɪz] *v* **1** узнать

You've grown so tall that I did not recognize you! Ты стал таким высоким, я не узнал тебя!

2 принять, признать
They refused to recognize our government. Они отказались признать наше правительство.

recommend [ˌrekəˈmend] *v* советовать, рекомендовать
What can you recommend for taking this mark off my shirt? Чем вы посоветуете мне вывести это пятно с рубашки?
Can you recommend me a good novel? Не порекомендуете ли мне какой-нибудь хороший роман?

recommendation [ˌrekəmenˈdeɪʃn] *n* совет; рекомендация
on/at smb's recommendation по чьему-л. совету, по чьей-л. рекомендации
I bought this book on his recommendation. Я купил эту книгу по его совету.

record [ˈrekɔːd] *n* **1** запись
A doctor keeps a record of his patients' illnesses. Врач ведёт запись болезней своих пациентов.
2 грампластинка
Put another Beethoven record on. Поставь ещё одну пластинку Бетховена.
3 рекорд
Who holds the record for swimming 500 metres? Кто держит рекорд по плаванию на пятьсот метров?
to beat/to break the record побить рекорд
She broke the world record in the last Olympics. Она побила мировой рекорд на прошлой Олимпиаде.

record player [ˈrekɔːdˌpleɪə(r)] *n* проигрыватель

recover [rɪˈkʌvə(r)] *v* найти, вновь обрести
Someone stole my car, but the police have recovered it. Мою машину украли, но полиция нашла её.
I feel I am recovering my strength. Я чувствую, что силы возвращаются ко мне.

recycle [riːˈsaɪkl] *v* перерабатывать
We must recycle paper, cans and glass. Необходимо перераба-

тывать бумагу, жестяные банки и стекло для повторного использования.

red I [red] *n* красный цвет
There is too much red in your painting. В твоих картинах слишком много красного.
Do you have any paint of a darker red than this one? У вас есть красная краска потемнее этой?

red II [red] *adj* красный
They live in a house with a red door. Они живут в доме с красной дверью.
She has red hair. У неё рыжие волосы.
He turned red when we asked him what he had done with the money. Он покраснел, когда мы спросили его, что он сделал с деньгами.

redcurrant [ˌredˈkʌrənt] *n* красная смородина

reduce [rɪˈdjuːs] *v* уменьшать, снижать
You must reduce your speed when you come to the traffic lights. Подъезжая к светофору, нужно снизить скорость.
He's trying to reduce. Он пытается похудеть.
We've reduced the temperature in the room. Мы снизили температуру в помещении.

reel [riːl] *n* катушка
a reel of cotton катушка ниток

refer [rɪˈfɜː(r)] *v* **(referred, referring)**: **to refer to** говорить о, ссылаться на
He referred to the letter he had just received. Он сослался на письмо, которое только что получил.
When I said that, I wasn't referring to you. Когда я сказал это, я не имел в виду вас.

reference book [ˈrefrənsbʊk] *n* справочник

refill [ˌriːˈfɪl] *v* вновь наполнить

Your glass is empty — let me refill it. Ваш стакан пуст; позвольте, я его наполню.

reflect [rɪ'flekt] *v* отражать
The mirror reflected her face. Зеркало отражало её лицо.

refresh [rɪ'freʃ] *v* освежать
A warm bath will refresh you. Тёплая ванна освежит вас.

refreshments [rɪ'freʃmənts] *n pl* напитки и закуски (*в буфете и т. п.*)
We had refreshments in the interval. В перерыве мы перекусили.

refrigerator [rɪ'frɪʤəreɪtə(r)] *n* холодильник
Put the butter in the refrigerator. Поставь масло в холодильник.

refusal [rɪ'fju:zl] *n* отказ
My offer met with a cold refusal. Моё предложение встретило холодный отказ.
Refusal was impossible — I had to do what they asked. Отказаться было невозможно, я вынужден был сделать то, о чём они просили.

refuse [rɪ'fju:z] *v* отказываться
I asked him to play with me, but he refused. Я попросил его поиграть со мной, но он отказался.
She refused his offer. Она отклонила его предложение.
They refused to help us. Они отказались помочь нам.

regards [rɪ'gɑ:dz] *n pl* привет
Please give my kind regards to your mother. Передайте, пожалуйста, большой привет вашей матушке.

regiment ['reʤɪmənt] *n* полк

region ['ri:ʤən] *n* район, регион
the forest region лесной район

register I ['reʤɪstə(r)] *n* **1** список
a register of voters список избирателей

2 классный журнал

The teacher couldn't find the register. Учитель не мог найти классный журнал.

register II ['reʤɪstə(r)] *v* вносить в список, регистрировать

New guests must register in the hotel book. Вновь прибывшие в гостиницу должны зарегистрироваться.

regret [rɪ'gret] *v* сожалеть

He regrets that he was rude to her. Он сожалеет, что был груб с ней.

regular ['regjʊlə(r)] *adj* **1** регулярный

Regular visits to the dentist are important. Очень важно регулярно посещать стоматолога.

If you don't have regular meals you may become ill. Если питаться нерегулярно, можно заболеть.

2 правильный

regular features правильные черты (лица)

regularly ['regjʊləlɪ] *adv* регулярно; в одно и то же время

The milkman comes regularly every day. Молочник приходит каждый день в одно и то же время.

as regularly as clockwork точно, как часы

relations [rɪ'leɪʃnz] *n pl* отношения; связи

These two countries have friendly relations. У этих двух стран дружественные связи.

They have business relations with our firm. У них деловые связи с нашей фирмой.

relative ['relətɪv] *n* родственник; родственница

My uncle is my nearest relative. Дядя — мой ближайший родственник.

relax [rɪ'læks] *v* отдыхать

Let's relax for an hour and go for a swim. Давай отдохнём часок и пойдём поплаваем.

Sit down and relax. Сядь и расслабься.

reliable [rɪˈlaɪəbl] *adj* надёжный
a reliable car надёжный автомобиль
a reliable person надёжный человек

religion [rɪˈlɪʤən] *n* религия, вера

religious [rɪˈlɪʤəs] *adj* религиозный
They held a religious ceremony to mark that event. В честь этого события было проведено богослужение.

rely [rɪˈlaɪ] *v* (**relies**, **relied**, **relying**): **to rely on** полагаться, доверять
You can rely on him because he always keeps his promises. Вы можете положиться на него, он всегда выполняет свои обещания.

remade [ˌriːˈmeɪd] *past tense и past participle от* **remake I**

remain [rɪˈmeɪn] *v* оставаться
We remain at home on Sundays. По воскресеньям мы остаёмся дома.
Much remains to be settled. Ещё многое нужно уладить.
He remained silent. Он по-прежнему молчал.
If you take 4 from 9, 5 remains. Если от девяти отнять четыре, останется пять.

remains [rɪˈmeɪnz] *n pl* остатки
She couldn't finish her lunch so I threw the remains away. Она не смогла доесть ланч, и оставшееся я выбросил.
the remains of dinner остатки обеда
the remains of an old castle развалины старого замка

remake I [ˌriːˈmeɪk] *v* (*past tense и past participle* **remade**) делать снова, воссоздать (*особ. о кинофильме*)
I've heard they're remaking "Gone with the Wind". Я слышал, что делают римейк «Унесённых ветром».

remake II [ˈriːmeɪk] *n* римейк
This is a remake of that film. Это римейк того фильма.

remark I [rɪ'mɑːk] *v* сказать, заметить, отметить
He remarked that the pudding was too sweet. Он отметил, что пудинг слишком сладкий.

remark II [rɪ'mɑːk] *n* замечание, комментарий
They all made nice remarks about the good food. Каждый из них похвалил вкусную еду.

remarkable [rɪ'mɑːkəbl] *adj* замечательный
a remarkable discovery замечательное открытие

remember [rɪ'membə(r)] *v* помнить, вспоминать
I can't remember where I put my book. Не могу вспомнить, куда положил книгу.
I don't remember having been to this restaurant before. Не помню, чтобы я был в этом ресторане прежде.
Do you remember what we learned in class yesterday? Ты помнишь, что мы проходили вчера на уроке?
to remember smb to smb передавать привет от кого-л. кому-л.
Please remember me to your sister. Передайте, пожалуйста, от меня привет вашей сестре.

remind [rɪ'maɪnd] *v* напоминать
Please remind me to answer that letter. Напомните мне, пожалуйста, что надо ответить на это письмо.
He reminds me of his brother. Он напоминает мне своего брата.
These photographs remind me of our holiday. Эти фотографии напоминают мне о нашем отпуске.

remote [rɪ'məʊt] *adj* отдалённый, удалённый
a remote farm отдалённая ферма
in the remote future в отдалённом будущем

remote control [rɪˌməʊtkən'trəʊl] *n* дистанционное управление

remove [rɪ'muːv] *v* убирать
She washed her hands to remove the dirt. Она вымыла руки от грязи.

Remove the cloth from the table. Убери скатерть со стола.
He removed his hat. Он снял шляпу.

repair I [rɪ'peə(r)] *v* чинить, ремонтировать
There is a hole in my shoe — can you repair it? В моём ботинке дырка, вы можете починить его?
I must have my watch repaired. Мне нужно починить часы.

repair II [rɪ'peə(r)] *n* ремонт
under repair в ремонте
The road is closed because it is under repair. Эта дорога закрыта: она ремонтируется.

repeat [rɪ'pi:t] *v* повторять
I repeated my words because he had not heard. Я повторил свои слова, потому что он не слышал.
I repeat that I cannot undertake the task. Повторяю: я не могу выполнить это задание.
Don't repeat yourself. Не повторяйся.
She kept repeating that she wanted a cake. Она продолжала твердить, что хочет пирожное.

reply I [rɪ'plaɪ] *v* (**replies**, **replied**, **replying**) отвечать
Did he reply to your question? Он ответил на твой вопрос?

reply II [rɪ'plaɪ] *n* ответ
in reply в ответ
What did you say in reply? Ну, и что ты сказал в ответ?

report I [rɪ'pɔ:t] *n* отчёт; доклад; репортаж
Did you read the newspaper report of the match? Ты читал в газете репортаж об этом матче?

report II [rɪ'pɔ:t] *v* давать отчёт; докладывать; сообщать
He reported that there had been a plane crash. Он сообщил, что произошла авиакатастрофа.
We had better report this accident to the police. Нам бы лучше сообщить об этом происшествии в полицию.

represent [ˌreprɪ'zent] *v* представлять

He represented his school in the swimming match. Он представлял свою школу в соревнованиях по плаванию.

republic [rɪ'pʌblɪk] *n* республика

rescue ['reskju:] *v* спасать

The crew of the ship were rescued just before it sank. Экипаж корабля успели спасти.

research [rɪ'sɜ:tʃ] *n* исследование

resemble [rɪ'zembl] *v* походить, быть похожим

She resembles her mother. Она похожа на мать.

They resemble each other in shape but not in colour. Они схожи по форме, но отличаются по цвету.

reserve I [rɪ'zɜ:v] *n* запас, резерв

Our reserves of oil are low. Наши запасы нефти незначительны.

in reserve в запасе

We must keep some money in reserve because you never know what will happen. У нас всегда должны быть в запасе деньги, ведь никогда не знаешь, что может случиться.

reserve II [rɪ'zɜ:v] *v* **1** придерживать, сохранять

I'm reserving the seat next to me for my sister. Я держу место рядом с моим для своей сестры.

2 заказывать, резервировать

The first three rows are reserved for special guests. Первые три ряда забронированы для особых гостей.

He reserved two seats on the train to Paris. Он зарезервировал два места на поезд до Парижа.

respect I [rɪ'spekt] *n* уважение

Children should show respect for their teachers. Дети должны относиться к учителям с уважением.

He has no respect for that man. Он не уважает этого человека.

respect II [rɪ'spekt] *v* уважать

He is respected by everyone. Его все уважают.

responsibility [rɪˌspɒnsə'bɪlətɪ] *n* ответственность

You did it on your own responsibility. Вы сделали это под свою ответственность.

responsible [rɪ'spɒnsəbl] *adj* ответственный

The driver is responsible for the lives of the people on the train. Машинист отвечает за жизнь людей в поезде.

rest[1] **I** [rest] *n* отдых

Rest is necessary after hard work. После тяжёлой работы необходим отдых.

What you need is a good night's rest. Что тебе нужно, так это хорошенько выспаться.

I had a few minutes' rest and then I started work again. Я передохнул несколько минут и снова принялся за работу.

rest[1] **II** [rest] *v* **1** отдыхать, находиться в покое

We rested for an hour after lunch. После обеда мы отдохнули часок.

Don't bother your mother — she's resting. Не беспокойте мать, она отдыхает.

He will not rest until he knows the truth. Он не успокоится, пока не узнает правду.

2 давать отдых

These dark glasses rest my eyes. В этих тёмных очках мои глаза отдыхают.

3 ставить, прислонять

He rested his bike against the wall. Он прислонил свой велосипед к стене.

She rested her elbows on the table. Она облокотилась о стол.

rest[2] [rest] *n* остаток; остальное; остальные

Where are the rest of the children? Где остальные дети?

Her hat was blue, like the rest of her clothes. Её шляпка была голубого цвета, как и вся остальная одежда.

Take what you want and throw the rest away. Возьми, что тебе нужно, а остальное выброси.

She gave away three apples and ate the rest herself. Она отдала три яблока, а остальные съела сама.

Note: *употребляется только с определённым артиклем*; *употребляется с глаголом в ед. числе*, *когда относится к существительному в ед. числе*, *e. g.* **here's the rest of the milk** вот молоко, что осталось; **the rest of money has been stolen** остальные деньги украли; *употребляется с глаголом во мн. числе*, *когда относится к существительному во мн. числе*, *e. g.* **here are the rest of the children** вот остальные дети; **where are the rest of the bricks?** где остальные кирпичи?

restaurant ['restrɒnt] *n* ресторан

Let's not stay at home tonight — let's go to the restaurant on the corner. Давай не будем сидеть дома сегодня вечером, а пойдём в ресторан на углу.

He's waiting for me at the restaurant. Он ждёт меня в ресторане.

rest room ['restru:m] *n амер.* туалет, уборная (*в ресторане*, *гостинице и т. п.*)

result [rɪ'zʌlt] *n* результат

What were the results? Каковы были результаты?

As a result of the accident, seven people had to go to the hospital. В результате несчастного случая семь человек попали в больницу.

The result of all our discussions was that nothing was decided. Все наши дискуссии окончились тем, что решение так и не было принято.

retire [rɪ'taɪə(r)] *v* уйти на пенсию

He retired after twenty years in the factory. Он ушёл на пенсию, проработав на фабрике двадцать лет.

Both my parents are retired. Мои родители на пенсии.

return I [rɪ'tɜ:n] *n* возвращение

On his return to work he was given a present. Когда он вернулся на работу, ему вручили подарок.

I'll meet you at the airport on your return. Когда ты вернёшься, я встречу тебя в аэропорту.

return II [rɪ'tɜ:n] *v* **1** возвращаться

When does he return from work? Когда он возвращается с работы?

They returned from vacation last week. Они вернулись из отпуска на прошлой неделе.

2 возвращать, отдавать

We must return these books to the library. Мы должны вернуть эти книги в библиотеку.

She borrowed my knife and never returned it. Она взяла у меня нож и не вернула.

revolution [ˌrevə'lu:ʃn] *n* революция

the Industrial Revolution промышленная революция

the French Revolution французская революция

revolutionary I [ˌrevə'lu:ʃənərɪ] *adj* революционный

revolutionary ideas революционные идеи

revolutionary II [ˌrevə'lu:ʃənərɪ] *n* революционер

reward I [rɪ'wɔ:d] *n* вознаграждение

There will be a reward for the person who finds my dog. Того, кто найдёт мою собаку, ждёт вознаграждение.

They are offering a reward for information about the crime. За информацию о преступлении обещано вознаграждение.

reward II [rɪ'wɔ:d] *v* вознаграждать

Is that how you reward me for my help? Значит, так ты отплатил мне за мою помощь?

rewrite [ˌri:'raɪt] *v* переписывать, писать снова

Please rewrite this report — it's not complete. Пожалуйста, перепишите отчёт, он не полный.

rhinoceros [raɪ'nɒsərəs] *n* носорог

rhyme [raɪm] *n* рифма

nursery rhyme детский стишок

Young children often learn nursery rhymes. Маленькие дети часто учат стишки.

rhythm ['rɪðəm] *n* ритм
I like the slow rhythm of that song. Мне нравится медленный ритм этой песни.

rib [rɪb] *n* ребро
He fell off his bicycle and broke his ribs. Он упал с велосипеда и сломал несколько рёбер.

ribbon ['rɪbən] *n* лента
She tied her hair back with a ribbon. Она перевязала свои волосы сзади лентой.
Do you know how to change this typewriter ribbon? Ты умеешь менять ленту в пишущей машинке?

rice [raɪs] *n* рис
We eat meat with rice. Мы едим мясо с рисом.

rich [rɪtʃ] *adj* **1** богатый
He's so rich that he doesn't know what to do with his money. Он так богат, что не знает, что делать с деньгами.
If I were a rich man, I'd go to warm places in the winter. Если бы я был богатым, я бы ездил зимой в тёплые края.
the rich *pl* богатые, богачи
The rich are not always generous to the poor. Богатые не всегда щедры с бедняками.
[*poor* бедный]
2 густой, тёмный (*о цвете*)
He painted the wall a rich chocolate colour. Он покрасил стену в густой шоколадный цвет.
3 жирный, сдобный (*о пище*)
This cake is too rich for me. Этот торт для меня слишком жирный.

rid [rɪd] *v* (**ridding**; *past tense и past participle* **rid**): **to get rid of** избавиться; выбросить
I'm trying to get rid of my old car. Я пытаюсь избавиться от своего старого автомобиля.
Get rid of that old coat! Выброси наконец это старое пальто!
He can't get rid of his cold. Он не мог избавиться от простуды.

ridden ['rɪdn] *past participle от* **ride** I

riddle ['rɪdl] *n* загадка

He asked me a riddle. Он загадал мне загадку.

Do you know the answer to this riddle? Ты знаешь ответ на эту загадку?

ride I [raɪd] *v* (*past tense* **rode**; *past participle* **ridden**) ехать (*на лошади, на велосипеде, в автомобиле и т. п.*)

Have you ever ridden a horse? Ты когда-нибудь ездил верхом на лошади?

I was riding my bike when it started to rain. Я ехал на велосипеде, когда начался дождь.

We rode in the back of the car. Мы ехали в автомобиле на заднем сиденье.

ride II [raɪd] *n* поездка (*верхом на лошади, на велосипеде, в автомобиле и т. п.*)

The shopping centre is only a short bus ride from our house. От нашего дома до торгового центра надо немного проехать на автобусе.

to go for a ride поехать кататься

I'm going for a ride on my bike. Я собираюсь пойти покататься на велосипеде.

We all went for a ride in his new car. Мы все поехали прокатиться в его новом автомобиле.

to give smb a ride катать кого-л.

Give me a ride on your back! Покатай меня на спине!

ridiculous [rɪ'dɪkjʊləs] *adj* смешной, нелепый

You look ridiculous in those tight jeans. Ты смешон в этих узких джинсах.

What a ridiculous idea! Что за нелепая идея!

rifle ['raɪfl] *n* ружьё; винтовка

right I [raɪt] *adj* **1** правильный, верный

You're right — they didn't win. Вы правы , они не выиграли.

He's always right. Он всегда прав.

He gave the right answer every time. Каждый раз он даёт верный ответ.
Is your watch right? Ваши часы правильно ходят?
Are we on the right road? Мы правильно едем?
He's the right man for the job. Он подходит для этой работы.

all right хорошо, всё в порядке
Are you feeling all right? Ты хорошо себя чувствуешь?
All right, I'll come. Хорошо, я приду.

[*wrong* неправильный]

2 правый
My right arm is stronger than my left. Моя правая рука сильнее, чем левая.
Their house is on the right bank of the river. Их дом на правом берегу реки.

[*left* левый]

right II [raɪt] *adv* **1** прямо
The wind blew right in our faces. Ветер дул прямо нам в лицо.

2 *разг.* немедленно, сразу
I'll be right back. Я сразу же вернусь.
Do it right now. Сделай это прямо сейчас.

3 точно
Our house is right in the middle of the town. Наш дом стоит в самом центре города.

4 правильно, верно; как следует
He guessed right. Он правильно догадался.
She did not act right. Она действовала неправильно.

[*wrong* неправильно]

5 направо
Turn right at the end of the street. В конце улицы поверните направо.

[*left* налево]

right III [raɪt] *n* **1** правильное, верное, хорошее
Our parents teach us about right and wrong. Родители учат нас, что такое хорошо и что такое плохо.

[*wrong* неправильное, плохое]

2 право
He has no right to speak like that. У него нет никакого права так разговаривать.

She has a right to do that. У неё есть право так делать.

human rights права человека

3 правая сторона

Keep to the right! Держитесь правой стороны!

Take the second turning on the right. На втором повороте поезжайте направо.

[*left* левая сторона]

right-hand ['raɪthænd] *adj* правый

a right-hand glove правая перчатка

a right-hand turn правый поворот

[*left-hand* левый]

ring[1] [rɪŋ] *n* **1** кольцо

She has a gold ring on her finger. У неё на пальце золотое кольцо.

2 круг

Please stand in a ring. Станьте, пожалуйста, в круг.

ring[2] **I** [rɪŋ] *n* звонок (*дверной, телефонный и т. п.*)

There was a ring at the door. В дверь позвонили.

I'll give you a ring tomorrow. Я завтра тебе позвоню.

ring[2] **II** [rɪŋ] *v* (*past tense* **rang**; *past participle* **rung**) звонить

He rang the doorbell. Он позвонил в дверь.

The bells were ringing. Звонили колокола.

Is that your phone ringing? Это звонит твой телефон?

to ring smb up звонить кому-л. по телефону

When can I ring you up? Когда мне можно вам позвонить?

rinse [rɪns] *v* смывать; полоскать

I'll just rinse (out) these shirts. Я только прополощу эти рубашки.

Rinse your mouth (out). Прополощи рот.

ripe [raɪp] *adj* спелый, зрелый

a field of ripe corn поле созревшей кукурузы

These cherries are not ripe enough to eat. Эта вишня ещё не спелая.

[*green* зелёный, неспелый]

ripen ['raɪpən] *v* зреть, созревать
The tomatoes ripen in the sun. Помидоры зреют на солнце.

rise I [raɪz] *n* **1** подъём, увеличение
a rise in the price of sugar повышение цен на сахар
2 возвышенность, небольшой холм
a rise in the road подъём дороги

rise II [raɪz] *v* (*past tense* **rose**; *past participle* **risen**) **1** восходить (*о солнце*, *луне*)
Has the moon risen yet? Луна ещё не взошла?
2 вставать, подниматься
He rose to welcome me. Он поднялся поприветствовать меня.
3 увеличиваться
Prices have risen this year. В этом году цены возросли.

risen ['rɪzn] *past participle от* **rise** II

risk I [rɪsk] *n* риск
There's some risk of fire. Присутствует некоторый риск возгорания.
There's a great risk. Здесь большой риск.
There's not much risk of rain. Вряд ли будет дождь.
to take a risk рисковать
She's too sensible to take a risk when she's driving. Она слишком разумна, чтобы рисковать за рулём.

risk II [rɪsk] *v* рисковать
I'll risk going out without a coat. Рискну пойти без пальто.
He risked his life to save the little girl. Он рисковал своей жизнью, спасая девочку.

river ['rɪvə(r)] *n* река
He's trying to swim across the river. Он пытается переплыть реку.
Don't fall into the river — it's very deep. Не упади в реку, она очень глубокая.

road [rəʊd] *n* дорога; путь
Is this the road to London? Эта дорога в Лондон?

Be careful — the road is covered with ice. Будь осторожен: дорога обледенела.

This road goes to the station. Эта дорога ведёт на станцию.

by road автотранспортом

Shall we go by road or by rail? Мы поедем автобусом или поездом?

road signs ['rəʊdsaɪnz] *n pl* дорожные знаки

roar [rɔ:(r)] *v* рычать; реветь

Lions were roaring in the distance. Вдали рычали львы.

He roared with pain. Он зарычал от боли.

roast I [rəʊst] *v* жарить

Shall we roast the potatoes? Пожарим картошку?

The pork is roasting in the oven. Свинина жарится в духовке.

roast II [rəʊst] *adj* жареный

roast beef жареная говядина, ростбиф

rob [rɒb] *v* (**robbed, robbing**) грабить

He was robbed of all his money. На него напали и забрали все деньги.

Four men robbed the bank. Четверо мужчин ограбили банк.

robbery ['rɒbərɪ] *n* ограбление

A robbery took place yesterday at the bank. Вчера произошло ограбление банка.

robin ['rɒbɪn] *n* малиновка

robot ['rəʊbɒt] *n* робот

rock [rɒk] *n* скала

rocket ['rɒkɪt] *n* ракета

They sent a rocket to the moon. На Луну запустили ракету.

rock'n'roll [ˌrɒkən'rəʊl] *n* рок-н-ролл

rode [rəʊd] *past tense от* **ride** I

roll I [rəʊl] *n* **1** свёрток; рулон
a roll of paper рулон бумаги
2 рулет

roll II [rəʊl] *v* катить(ся)
The boy rolled the ball. Мальчик катил мяч.
The coin rolled under the table. Монета закатилась под стол.
to roll up скатывать, свёртывать в трубку
She rolled the newspaper up. Она свернула газету в трубку.
He rolled up the carpet. Он скатал ковёр.

rollerblades ['rəʊləbleɪdz] *n pl* роликовые коньки
He bought a pair of rollerblades. Он купил роликовые коньки.

roller coasters ['rəʊləˌkəʊstəz] *n pl* американские горки (*аттракцион*)

Rome [rəʊm] *n* Рим

roof [ru:f] *n* крыша
The cat walked across the roof of the house. Кошка шла по крыше дома.
Put your suitcases on the roof of the car. Кладите чемоданы на крышу автомобиля.
The roof needs to be repaired — the rain is coming in. Крышу надо починить: она протекает.

room [ru:m] *n* **1** комната
Our apartment has five rooms, and a kitchen and bathroom. В нашей квартире пять комнат, кухня и ванная.
2 номер (*в гостинице*)
I want to reserve a room for two nights. Я хочу заказать номер на двое суток.
3 место, пространство
This table takes a lot of room. Этот стол занимает много места.
There isn't enough room for three people. Здесь недостаточно места для трёх человек.

rooster ['ru:stə(r)] *n* петух

root [ru:t] *n* корень

rope [rəʊp] *n* верёвка; канат

He climbed down from the window on a rope. Он спустился из окна по верёвке.

They pulled the car out of the river with a rope. Они вытащили автомобиль из реки на канате.

rose[1] [rəʊz] *n* роза

This red rose has a beautiful smell. У этой красной розы чудесный запах.

rose[2] [rəʊz] *past tense от* **rise** II

rotten ['rɒtn] *adj* испорченный, гнилой

All these apples are rotten. Все эти яблоки гнилые.

rouble ['ru:bl] *n* рубль

rough [rʌf] *adj* **1** шероховатый, неровный

A rough road led to the farm. На ферму вела ухабистая дорога.

This is a fruit with a rough skin. Это фрукт с шероховатой кожицей.

[*smooth* гладкий, ровный]

2 грубый; неспокойный

rough children неспокойные дети

rough behaviour грубое поведение

roughly ['rʌflɪ] *adv* **1** грубо

They played roughly. Они играли грубо.

2 приблизительно

The cost will be roughly 20 dollars. Стоимость составит приблизительно двадцать долларов.

I can't say exactly, but I can tell you roughly how big it is. Не могу сказать точно, насколько это велико, но приблизительно могу описать.

round I [raʊnd] *adj* круглый
a round plate круглая тарелка

round II [raʊnd] *adv* вокруг; кругом
Turn your chair round and face me. Повернись вместе со стулом лицом ко мне.
The children gathered round to hear the story. Дети собрались вокруг послушать рассказ.
Hand round the glasses. Раздай стаканы.
Send the invitations round. Разошли приглашения.
all round полностью, по кругу
The garden has a high wall all round. Сад полностью обнесён забором.
to come round приходить, заходить
Come round at 3 o'clock. Приходи в три часа.
to go round хватать
Is there enough coffee to go round? Кофе хватит на всех?

round III [raʊnd] *prep* вокруг
The earth moves round the sun. Земля вращается вокруг Солнца.
He followed me round the corner. Я завернул за угол, он следовал за мной.
I looked round the room. Я оглядел комнату.
round about около, приблизительно
It costs round about ten dollars. Это стоит около десяти долларов.

row[1] [rəʊ] *n* ряд
We sat in the front row of seats at the theatre. Мы сидели в театре в первом ряду.

row[2] [rəʊ] *v* грести; везти на вёслах
Can you row? Ты умеешь грести?
Please row me across the river. Перевезите меня, пожалуйста, через реку.

royal ['rɔɪəl] *adj* королевский
the royal family королевская семья

rub [rʌb] *v* (**rubbed**, **rubbing**) тереть
She rubbed cream into her skin. Она втёрла крем в кожу.
He rubbed his knee after he knocked it against the corner of the table. Он тёр колено, после того как ударился об угол стола.
He was rubbing his hands in excitement. Он в волнении потирал руки.
to rub out стирать (*ластиком и т. п.*)
Rub out the word you spelled wrongly and write it again. Сотри слово, в котором ты сделал ошибку, и напиши его снова.

rubber ['rʌbə(r)] *n* **1** резина
2 ластик, резинка
a pencil with a rubber at one end карандаш с резинкой

rubbish ['rʌbɪʃ] *n* **1** мусор, хлам
Burn this rubbish on the fire. Сожги этот хлам.
2 чепуха, глупости
He's talking a lot of rubbish. Он несёт всякий вздор.

rucksack ['rʌksæk] *n* рюкзак

rude [ru:d] *adj* неуважительный, грубый
It's rude to interrupt. Перебивать невежливо.
What a rude reply! Какой грубый ответ!
[*polite* вежливый]

rug [rʌg] *n* ковёр, коврик
He sat on the rug in front of the fire. Он уселся на коврик перед камином.

rugby ['rʌgbɪ] *n* регби

ruin I ['ru:ɪn] *n* **1** крушение; разорение
the ruin of her hopes крушение её надежд
2 развалины, руины
The castle has fallen into ruin. Замок превратился в развалины.
in ruins в развалинах, разрушенный
The building is in ruins. Это здание разрушено.

ruin II ['ru:ɪn] *v* разрушать, портить, уничтожать
an ancient ruined city руины древнего города
The storm ruined our picnic. Гроза испортила нам пикник.
He ruined his health by smoking. Он испортил себе здоровье курением.
She poured water all over my painting and ruined it. Она разлила воду на мой рисунок и испортила его.

rule I [ru:l] *n* правило
the rules of grammer правила грамматики
Do you know the rules of that game? Ты знаешь правила этой игры?
We have a rule that the loser of the game buys everyone a drink. У нас такое правило: проигравший покупает всем напитки.
I make it a rule not to read in bed. У меня правило — не читать в постели.
as a rule как правило, обычно
As a rule, I get up at six. Как правило я встаю в шесть.

rule II [ru:l] *v* править, управлять
This country is ruled by a president. Этой страной управляет президент.

ruler ['ru:lə(r)] *n* линейка
This line isn't straight — use a ruler next time. Эта линия неровная, в следующий раз воспользуйтесь линейкой.

rumour ['ru:mə(r)] *n* слух, сплетня
There is a rumour that our teacher is leaving. Говорят, наш учитель уезжает.

run [rʌn] *v* (**running**; *past tense* **ran**; *past participle* **run**) **1** бегать, бежать
Don't run across the road. Не беги через дорогу.
I was late so I ran. Я опаздывал, поэтому побежал.
to run away убежать
He has run away from home. Он убежал из дома.
2 ходить, функционировать (*о транспорте и т. п.*)
The bus was not running because of the snow. Автобус не ходил из-за сильного снегопада.

This train runs only on Sundays. Этот поезд ходит только по воскресеньям.

3 работать (*о двигателе*)

He left his car engine running. Он оставил свой автомобиль с включённым двигателем.

4 управлять

He runs a shoe shop. У него обувной магазин.

rung [rʌŋ] *past participle от* **ring²** II

runner ['rʌnə(r)] *n* бегун; тот, кто бежит

How many runners are there in the race? Сколько бегунов участвует в соревновании?

He is a good runner. Он хорошо бегает.

running shoes ['rʌnɪŋʃu:z] *n pl* кроссовки

rush [rʌʃ] *v* бросаться, мчаться

He rushed into the room. Он ворвался в комнату.

Why was everyone rushing to the door? Почему все бросились к двери?

rush hour ['rʌʃaʊə(r)] *n* час пик

He tried to get to work before the rush hour. Он попытался попасть на работу до часа пик.

Russia ['rʌʃə] *n* Россия

Russian I ['rʌʃn] *adj* русский

the Russian language русский язык

Russian II ['rʌʃn] *n* **1** русский; русская

She's a Russian. Она русская.

2 русский язык

Do you speak Russian? Вы говорите по-русски?

rust I [rʌst] *n* ржавчина

rust II [rʌst] *v* ржаветь

A bicycle will rust if you leave it in the rain. Велосипед заржавеет, если ты оставишь его под дождём.

rusty ['rʌstɪ] *adj* ржавый
a rusty nail ржавый гвоздь

rye [raɪ] *n* рожь

rye bread [ˌraɪ'bred] *n* ржаной хлеб

S

S, s [es] *19-я буква английского алфавита*

sack [sæk] *n* мешок, куль
a sack of potatoes мешок картошки

sacred ['seɪkrɪd] *adj* святой, священный
sacred music духовная музыка
sacred writings священное писание

sad [sæd] *adj* печальный, грустный
sad news печальные новости
It was such a sad film that we cried. Фильм был такой грустный, что мы плакали.
Reading poetry makes me sad. Чтение стихов настраивает меня на грустный лад.
to be/to feel sad грустить, печалиться
She's sad because her little cat has died. Она грустит, потому что её котёнок умер.
to look sad иметь грустный вид, быть грустным, печальным
Why are you looking so sad? Почему ты такой печальный?

saddle ['sædl] *n* седло

safari [sə'fɑːrɪ] *n* сафари

safe I [seɪf] *adj* безопасный, надёжный

I keep my money in a safe place. Я храню деньги в надёжном месте.
Don't play with the knife — it isn't safe. Не играй с ножом: это опасно.
Is this beach safe for bathing? На этом пляже не опасно купаться?

safe II [seɪf] *n* сейф

safety ['seɪftɪ] *n* безопасность
road safety безопасность дорожного движения

safety belt ['seɪftɪbelt] *n* ремень безопасности

said [sed] *past tense и past participle от* **say**

sail I [seɪl] *n* парус
Look at those little boats with their blue sails. Взгляни на эти маленькие лодочки с голубыми парусами.

sail II [seɪl] *v* плыть (*по морю, озеру и т. п.*); управлять (*кораблём и т. п.*)
We sailed across the Atlantic Ocean in 5 days. Мы пересекли Атлантический океан за пять дней.
Hurry up — the ferry sails at 11.30. Поторопись, паром отправляется в одиннадцать тридцать.
He sails his own yacht. Он управляет собственной яхтой.

sailor ['seɪlə(r)] *n* моряк, матрос
The sailors and the passengers stood on the deck. Матросы и пассажиры стояли на палубе.
He wants to be a sailor. Он хочет стать моряком.
to be a bad sailor плохо переносить качку
I don't like travelling by sea, because I'm a bad sailor. Я не люблю путешествовать по морю, потому что меня укачивает.

saint [seɪnt] *n* святой

sake [seɪk] *n*: **for the sake of** ради; для

Please do it for the sake of your family. Пожалуйста, сделай это ради своей семьи.
Try to get home early for your mother's sake. Постарайся прийти домой пораньше ради своей матери.

salad ['sæləd] *n* салат
a chicken salad салат с цыплёнком
to prepare a salad приготовить салат
Let's order some fruit salad. Давай закажем фруктовый салат.

salary ['sælərɪ] *n* заработная плата
He has a very good salary. У него очень хорошая зарплата.

sale [seɪl] *n* **1** продажа
The sale of his old home made him sad. Продажа его старого дома вызывала у него грусть.
for sale на продажу
This house is for sale. Этот дом продаётся.
on sale в продаже
Will the new product be on sale next month? В следующем месяце уже появятся в продаже новые изделия?
2 распродажа (*по более низким ценам*)
I bought this hat at a sale. Эту шляпу я купил на распродаже.

salt [sɔ:lt] *n* соль
Put some more salt on your fish. Посоли ещё немного рыбу.
Pass me the salt, please. Передай мне соль, пожалуйста.

saltcellar ['sɔ:ltselə(r)] *n* солонка

same I [seɪm] *adj* тот же, такой же
They all live on the same street. Они все живут на одной улице.
He is the same age as his wife. Он такого же возраста, как и его жена.
Put the book back in the same place where you found it. Положи книгу на то же место, где ты её нашёл.
at the same time одновременно; в то же время
She was laughing and crying at the same time. Она смеялась и плакала в одно и то же время.

He can be very rude but at the same time, I can't help liking him. Он может быть очень грубым, но в то же время он мне нравится.

same II [seɪm] *pron* одно и то же

We must all say the same. Мы все должны говорить одно и то же.

I would do the same again. Я снова сделаю то же самое.

all the same всё равно; тем не менее

He's not very clever, but I like him all the same. Он не слишком умён, но всё равно он мне нравится.

You can do it now or later — it's all the same to me. Ты можешь сделать это сейчас или позже, мне всё равно.

sample ['sɑːmpl] *n* образец

I'd like to see some samples of curtain materials. Я хотел бы посмотреть образцы портьерных тканей.

sand [sænd] *n* песок

The children were playing in the sand. Дети играли в песке.

sandals ['sændlz] *n pl* босоножки

She was wearing white sandals. На ней были белые босоножки.

sandwich ['sænwɪʤ] *n* бутерброд, сэндвич

a ham sandwich сэндвич с ветчиной

What kind of sandwiches do you want me to make for the picnic? Какие бутерброды приготовить на пикник?

sang [sæŋ] *past tense от* **sing**

sank [sæŋk] *past tense от* **sink** II

sat [sæt] *past tense и past participle от* **sit**

satisfaction [ˌsætɪs'fækʃn] *n* удовлетворение

My garden gives me great satisfaction. Мой сад — это такая радость для меня.

satisfactory [ˌsætɪsˈfæktərɪ] *adj* удовлетворительный
The result of the experiment was satisfactory. Результат эксперимента оказался неплохим.

satisfy [ˈsætɪsfaɪ] *v* (**satisfies, satisfied, satisfying**) удовлетворять
Nothing satisfies him; he's always complaining. Ему ничем не угодить, он вечно жалуется.
I hope this essay will satisfy my teacher. Надеюсь, это сочинение понравится учителю.
She is hard to satisfy. Ей трудно угодить.

Saturday [ˈsætədɪ] *n* суббота
We go shopping on Saturdays. За покупками мы ходим по субботам.
I saw him last Saturday. Я видел его в прошлую субботу.

sauce [sɔːs] *n* соус
We ate spaghetti with tomato sauce. Мы ели спагетти с томатным соусом.

saucepan [ˈsɔːspən] *n* кастрюля; сотейник

saucer [ˈsɔːsə(r)] *n* блюдце
He poured so much coffee into his cup that it all ran into the saucer. Он налил себе в чашку так много кофе, что тот пролился на блюдце.

sausage [ˈsɒsɪʤ] *n* колбаса; сосиска
pork sausages свиные сосиски
We had sausages and fried eggs for breakfast. На завтрак у нас были сосиски и яичница.

save [seɪv] *v* **1** спасать
He saved my life. Он спас мне жизнь.
How many people were saved when the ship sank? Сколько людей спасли, когда корабль затонул?
2 откладывать (*деньги*)
I'm saving to buy a car. Я откладываю деньги на автомобиль.
to save up откладывать деньги, копить
He is saving up for a bicycle. Он копит на велосипед.

3 экономить

If you make your own clothes, it will save you money. Если ты будешь шить себе сама, ты сэкономишь деньги.

If you travel by air you'll save a lot of time. Если вы отправитесь самолётом, то сэкономите время.

4 *вчт.* сохранять, записывать

savings ['seɪvɪŋz] *n pl* сбережения

He put all his savings in the bank. Все свои сбережения он положил в банк.

She spent all her savings on a vacation in Austria. Она потратила все свои сбережения на отпуск в Австрии.

savings bank ['seɪvɪŋzbæŋk] *n* сберегательный банк

saw¹ I [sɔ:] *n* пила

This saw doesn't cut well — it needs to be sharpened. Пила не очень хорошо пилит, надо её наточить.

saw¹ II [sɔ:] *v* (*past tense* **sawed**; *past participle* **sawn**) пилить, распиливать

He was sawing woods. Он пилил дрова.

They sawed the tree into small pieces. Они распилили дерево на мелкие части.

saw² [sɔ:] *past tense от* **see**

sawdust ['sɔ:dʌst] *n* опилки

sawn [sɔ:n] *past participle от* **saw¹** II

say [seɪ] *v* (**says, saying**; *past tense и past participle* **said**) говорить, сказать

What did you say? Что вы сказали?

Can you understand what he said? Вы можете понять, что он сказал?

Don't forget to say "please". Не забудь сказать «пожалуйста».

I have something to say to you. Мне надо вам кое-что сказать.

He said he wanted to come with us. Он сказал, что хочет пойти с нами.

Don't believe anything he says. Не верь ничему, что он говорит.

The newspaper says it will be sunny tomorrow. В газете написано, что завтра будет солнечно.
Can you come to dinner, say, at 7.30? Сможешь прийти на обед, скажем, в семь тридцать?

they say говорят
They say he's an honest man. Говорят, он честный человек.

that is to say то есть, другими словами
I'll see you in a week — that is to say, next Monday. Увидимся через неделю, то есть в следующий понедельник.
He is working as hard as before, that is to say, not very hard. Он работает так же, как и раньше, то есть не очень усердно.

saying ['seɪɪŋ] *n* поговорка
As the saying goes, 'There's no smoke without fire". Как говорится, нет дыма без огня.

scale [skeɪl] *n* весы
He weighed the sugar on the kitchen scale. Он взвесил сахар на кухонных весах.
The bathroom scale must be wrong — I'm heavier than I was yesterday. Напольные весы, должно быть, барахлят: я вешу больше, чем вчера.

scandal ['skændl] *n* скандал

to cause a scandal вызвать скандал
The news about the minister's private life caused a scandal. Опубликованные подробности личной жизни министра вызвали скандал.

scanner ['skænə(r)] *n* сканер

scar [skɑː(r)] *n* царапина; рубец, шрам
He has a long scar across his cheek. Его щёку пересекал длинный шрам.

scarce [skeəs] *adj* скудный; недостаточный; редкий
Good fruit is scarce just now, and costs a lot. Сейчас мало хороших фруктов, к тому же стоят они очень дорого.
[*plentiful* изобильный]

scarcely ['skeəslɪ] *adv* едва; с трудом
I scarcely know him. Я едва знаю его.
She spoke scarcely a word of English. Она едва говорит по-английски.

scare [skeə(r)] *v* пугать
He was scared by the thunder. Гром напугал его.
The loud noise scared her. Громкий шум испугал её.
Don't scare me like that! Нечего меня пугать!

scarf [skɑ:f] *n* шарф
My scarf is made of silk. Мой шарфик шёлковый.

scene [si:n] *n* **1** место действия
The police arrived at the scene of the crime. Полиция прибыла на место преступления.
2 картина, зрелище, вид
The boats in the harbour make a beautiful scene. Лодки в гавани смотрятся очень красиво.
3 сцена (*в пьесе*)

scent [sent] *n* запах, аромат
This rose has no scent. Эта роза не пахнет.

schedule ['ʃedju:l] *n* расписание; график
Do you like your class schedule? Тебе нравится расписание уроков?
He has a heavy schedule. У него плотное расписание уроков.
on schedule по расписанию
The train arrived on schedule. Поезд прибыл по расписанию.
behind schedule с опозданием
according to schedule как планировалось

scholar ['skɒlə(r)] *n* **1** учёный, исследователь
a Pushkin scholar пушкинист
2 стипендиат

scholarship ['skɒləʃɪp] *n* стипендия
to win a scholarship to the university получить (по конкурсу) стипендию в университет

school [sku:l] *n* **1** школа
primary school начальная школа
secondary school средняя школа
What did you do at school today? Что вы сегодня делали в школе?
Which school do you go to? В какую школу ты ходишь?
There are two schools near our house. Около нашего дома две школы.
2 уроки
School begins at 9 a.m. Уроки начинаются в девять утра.
There will be no school tomorrow, because it's a holiday. Завтра праздник, поэтому уроков не будет.
Will you come for a walk after school? Пойдёшь гулять после уроков?
Note: **school** *в значении 2 не употребляется с определённым артиклем и во мн. числе*

schoolboy ['sku:lbɔɪ] *n* школьник, ученик

schoolgirl ['sku:lgɜ:l] *n* школьница, ученица

schoolmaster ['sku:lmɑ:stə(r)] *n* учитель

schoolmate ['sku:lmeɪt] *n* школьный товарищ

schoolmistress ['sku:lmɪstrɪs] *n* учительница

science ['saɪəns] *n* наука; отрасль науки
the natural sciences естественные науки
social sciences общественные науки
the applied sciences прикладные науки

science fiction [ˌsaɪəns'fɪkʃn] *n* научная фантастика

scientific [ˌsaɪən'tɪfɪk] *adj* научный
scientific methods научные методы

scientist ['saɪəntɪst] *n* учёный

scissors ['sɪzəz] *n pl* ножницы

a pair of scissors ножницы
Where are my scissors? Где мои ножницы?
I must buy another pair of scissors. Мне нужно купить ещё одни ножницы.

scold [skəʊld] *v* ругать
Don't scold her — she's too young to understand. Не ругай её, она ещё маленькая и не понимает.

score [skɔ:(r)] *n* счёт
The football game ended with a score 6-0. Футбольный матч окончился со счётом 6:0.
What is the score in the game? Какой счёт в игре?

Scot [skɒt] *n* шотландец

Scotch [skɒtʃ] *adj* шотландский
Scotch whisky шотландское виски

Scotland ['skɒtlənd] *n* Шотландия

scrambled eggs [ˌskræmbld'egz] *n* яичница-болтунья

scratch I [skrætʃ] *n* царапина
Her hands were covered with scratches from rose bush. Её руки были покрыты царапинами от шипов розы.

scratch II [skrætʃ] *v* царапать
The cat scratched me with its claws. Кошка поцарапала меня своими когтями.
They scratched the top of the table as they were carrying it upstairs. Они поцарапали стол, пока несли его вверх по лестнице.
He scratched his name on the wall. Он нацарапал на стене своё имя.

scream I [skri:m] *v* кричать, вопить, визжать
She screamed when she saw a snake. Увидев змею, она закричала.
All the children screamed with laughter. Дети завизжали от смеха.

scream II [skri:m] *n* крик, вопль
Her loud screams could be heard all over the house. Её вопли разносились по всему дому.

screen [skri:n] *n* экран
touch screen *вчт*. сенсорный экран

screw [skru:] *n* шуруп

screwdriver ['skru:draɪvə(r)] *n* отвёртка

sea [si:] *n* море
I like swimming in the sea better than in a river. Я больше люблю плавать в море, чем в реке.
The sea's rough. Море неспокойное.
To get to Germany from England you have to cross the North Sea. Чтобы попасть из Англии в Германию, надо пересечь Северное море.
on the sea на берегу моря
Brighton is on the sea. Брайтон расположен на берегу моря.
by sea морем, морским путём
She couldn't decide whether to send the package by sea or by air. Она никак не могла решить, отправить посылку морем или авиапочтой.
to go to sea стать моряком
Note: *обыкн. употребляется с определённым артиклем*

seagull ['si:gʌl] *n* чайка

seal [si:l] *n* тюлень

seam [si:m] *n* шов

seaport ['si:pɔ:t] *n* морской порт

search I [sɜ:tʃ] *v* искать; обыскивать
We've searched everywhere but can't find mother's watch. Мы везде искали мамины часы, но не могли их найти.

The customs man searched my suitcase. Таможенник осмотрел мой чемодан.

search II [sɜ:tʃ] *n* поиск, поиски
the search for the lost children поиски пропавших детей
in search of на поиски; в поисках
He went in search of a doctor for his sick wife. Он пошёл искать врача для своей больной жены.
We drove round the town in search of a good hotel. Мы ездили по городу в поисках хорошей гостиницы.

seashell ['si:ʃel] *n* морская ракушка

seashore ['si:ʃɔ:(r)] *n* морской берег; пляж
We pulled the boat out of the water on to the seashore. Мы вытащили лодку из моря на берег.

seasick ['si:sɪk] *adj*: **to be seasick** страдать морской болезнью
She didn't enjoy the trip because she was seasick all the time. Она не получила удовольствия от морского путешествия, потому что её всё время тошнило.

seaside ['si:saɪd] *n* берег моря
We always go to the seaside for our holiday. Мы всегда ездим в отпуск на море.

season ['si:zn] *n* время года, сезон
Spring, summer, autumn and winter are the four seasons. Весна, лето, осень и зима — четыре времени года.
the holiday season время отпусков
the rainy season дождливый сезон
the football season футбольный сезон
The town is very crowded during the skiing season. Во время лыжного сезона городок переполнен.

seat [si:t] *n* сиденье, место
I want two seats in the front row. Мне нужно два места в первом ряду.
The back seat of the car is wide enough for three people. Заднее сиденье автомобиля достаточно широкое для трёх человек.

I couldn't find a seat on the bus, so I had to stand. Я не смог найти места в автобусе, и мне пришлось стоять.
This chair isn't very comfortable — it has a wooden seat. Этот стул не очень удобный, у него деревянное сиденье.

to take a seat садиться
Take a seat, please, the doctor will see you in a few minutes. Садитесь, пожалуйста, доктор примет вас через несколько минут.

to keep one's seat оставаться сидеть, оставаться на месте
There's no danger — keep your seats, please. Пожалуйста, оставайтесь на своих местах, никакой опасности нет.

to take one's seat занимать своё место, садиться на своё место
Take your seats, please. Займите свои места, пожалуйста.

seaweed ['si:wi:d] *n* морская водоросль, морские водоросли
The beach is covered with seaweed. Пляж покрыт водорослями.
Note: *не употребляется во мн. числе*

second[1] ['sekənd] *adj* второй
February is the second month of the year. Февраль — второй месяц года.
That's the second time the telephone has rung while I'm in the bathroom. Телефон звонит уже второй раз, пока я в ванной.
This is the second tallest building in the world. Это второе по высоте здание в мире.

second[2] ['sekənd] *n* секунда
The winner's time was one minute and ten seconds. Время победителя составило одну минуту и десять секунд.

in a second вскоре
I'll be ready in a second. Я буду готов через секунду.

secondary ['sekəndrɪ] *adj* вторичный; вспомогательный; второстепенный
In addition to the main question, there are various secondary matters to talk about. Кроме главного вопроса, есть ещё много второстепенных, о которых надо поговорить.

secondary school [ˌsekəndrɪ'sku:l] *n* средняя школа

second-hand [ˌsekənd'hænd] *adj* подержанный
second-hand furniture подержанная мебель
a second-hand bookshop букинистический магазин

secret I ['si:krɪt] *adj* секретный, тайный
He escaped through a secret door. Он сбежал через потайную дверь.
He hid his money in a secret place. Он спрятал деньги в потайном месте.

secret II ['si:krɪt] *n* секрет, тайна
Our plan must remain a secret. Наш план должен оставаться в тайне.
What is the secret of his success? В чём секрет его успеха?
to keep a secret хранить тайну
Can you keep a secret? Ты умеешь хранить тайны?

secretary ['sekrətrɪ] *n* секретарь
My secretary will tell you when you can come to see me. Мой секретарь скажет, когда я смогу принять вас.

secretly ['si:krɪtlɪ] *adv* тайно, секретно
He has done this work secretly. Он сделал эту работу тайно.

section ['sekʃn] *n* часть; отдел
You will find that book in the historical section of the library. Вы найдёте эту книгу в историческом отделе библиотеки.

secure [sɪ'kjʊə(r)] *adj* безопасный
Don't climb that ladder — it's not secure. Не залезай на эту лестницу, она ненадёжна.

security [sɪ'kjʊərətɪ] *n* безопасность

see [si:] *v* (*past tense* **saw**; *past participle* **seen**) **1** видеть, смотреть
Can you see that house over there? Ты видишь дом вон там?
We saw the car hit the tree. Мы видели, как автомобиль врезался в дерево.
Have you seen "The Terminator"? Ты видел фильм «Терминатор»?
I saw the football game on TV. Я смотрел футбол по телевизору.

2 понимать, знать

Do you see what I mean? Ты понимаешь, что я имею в виду?

I don't see why you need so much money. Не понимаю, зачем тебе потребовалась такая сумма денег.

I see your point. Я понимаю, о чём вы говорите.

3 проверить; убедиться

I'll see that everything is ready. Я проверю, чтобы всё было готово.

Can you see that the children are in bed by nine o'clock? Проследи, чтобы дети к девяти часам были в постели.

4 встречаться; навещать; посещать

See you on Wednesday! Увидимся в среду!

See you again soon! Скоро снова увидимся!

You should see a doctor about your cough. Вам следует обратиться со своим кашлем к врачу.

to see off провожать

They saw me off at the airport. Они провожали меня в аэропорту.

to see to smth позаботиться о чём-л.

Will you see to the Christmas cards? Займёшься рассылкой рождественских поздравительных открыток?

seed [si:d] *n* семя; зерно

I'll plant some carrot seeds. Я собираюсь посеять немного моркови.

These seeds are so small that you can hardly see them. Эти семена настолько малы, что едва видны.

seem [si:m] *v* казаться, представляться

They seem very nice. Они кажутся очень милыми людьми.

You seem to be in a hurry. Кажется, ты спешишь?

He seems to like his new job. Ему, как будто, нравится его новая работа.

I seem to have lost my wallet. Кажется, я потерял свой бумажник.

It seems strange that no one answered your letter. Странно, что никто не ответил на твоё письмо.

It seems to me that we ought to buy a new car. Думаю, нам следует купить новый автомобиль.

seen [si:n] *past participle от* **see**

seesaw ['si:sɔ:] *n* качели

seize [si:z] *v* схватить

The thief seized my bag and ran away. Грабитель выхватил мою сумку и убежал.

seldom ['seldəm] *adv* редко

She seldom goes out. Она редко выходит на улицу.

He seldom, if ever, reads a book. Он читает очень редко, если вообще что-либо читает.

[*often* часто]

select [sɪ'lekt] *v* выбирать

She always selects the best fruit in the market. Она всегда выбирает на рынке лучшие фрукты.

selection [sɪ'lekʃn] *n* **1** выбор, отбор

natural selection естественный отбор

2 коллекция; собрание

That shop has a good selection of denim jeans. В этом магазине хороший выбор джинсов.

self-confident [ˌself'kɒnfɪdənt] *adj* самоуверенный

self-control [ˌselfkən'trəʊl] *n* самоконтроль

self-defence [ˌselfdɪ'fens] *n* самооборона

selfish ['selfɪʃ] *adj* эгоистичный

That selfish boy won't let other children play with his toys. Этот эгоистичный мальчик не разрешает другим детям играть с его игрушками.

self-service [ˌself'sɜ:vɪs] *adj*: **self-service restaurant** кафе самообслуживания

self-service petrol station заправочная станция самообслуживания

sell [sel] *v* (*past tense и past participle* **sold**) продавать
They sold him their house. Они продали ему свой дом.
That shop sells vegetables. В этом магазине продаются овощи.
I'll sell it to you for ten dollars. Я продам это тебе за десять долларов.
to sell out продать без остатка, распродать
We have those shoes in small sizes only — we've sold out all the bigger ones. Остались только маленькие размеры этих туфель, большие размеры все распроданы.
The book you ask for is sold out. Книга, которую вы ищите, распродана.
[*to buy* покупать]

seller ['selə(r)] *n* продавец

semicolon [ˌsemɪ'kəʊlən] *n* точка с запятой

send [send] *v* (*past tense и past participle* **sent**) посылать, отправлять
I'll send you a card when I get home. Когда я приеду домой, то пошлю тебе открытку.
He sent me to the supermarket to buy some meat. Он послал меня в супермаркет за мясом.
to send for вызывать
to send for a doctor вызывать врача
to send for a taxi вызывать такси
We must send for a man to repair the TV. Нам нужно вызвать мастера починить телевизор.
to send off посылать (*письмо и т. п.*)
I sent the letter off without a stamp. Я отправил письмо без марки.

sense [sens] *n* **1** чувство
He lost his sense of smell. Он потерял обоняние.
She has no sense of humour. У неё нет чувства юмора.
He has a keen sense of hearing. У него острый слух.
2 разум
Haven't you sense enough to come in out of the rain? У тебя что, не хватает ума спрятаться от дождя?
There's no sense in doing that. Неразумно делать это.

common sense здравый смысл

3 смысл, значение

In what sense are you using the word? В каком значении вы употребляете это слово?

in a sense в каком-то смысле, в определённом смысле

What you say is true in a sense. В каком-то смысле то, что вы говорите, верно.

to make sense иметь смысл, иметь значение

It makes sense to save money. Откладывать деньги — разумно.

This message doesn't make sense. Это сообщение не имеет смысла.

What you say makes no sense. То, что вы говорите, не имеет смысла.

sensible ['sensəbl] *adj* разумный; практичный

a sensible woman разумная женщина

sensible clothing практичная одежда

sensible ideas разумные идеи

That was sensible of you. С вашей стороны это было разумно.

sensitive ['sensətɪv] *adj* чувствительный

Don't mention her hair — she's very sensitive about it. Не вздумайте заговорить о её волосах, она воспринимает это очень болезненно.

Don't shout at him — he's very sensitive. Не кричите на него, он очень раним.

sent [sent] *past tense и past participle от* **send**

sentence ['sentəns] *n грам.* предложение

a simple sentence простое предложение

a complex sentence сложноподчинённое предложение

a compound sentence сложносочинённое предложение

The second sentence in his letter doesn't mean anything. Вторая фраза в его письме не имеет никакого смысла.

Translate the last sentence. Переведите последнее предложение.

separate I ['seprət] *adj* отдельный

Cut it into four separate parts. Разрежь это на четыре части.

My sister and I have separate rooms. У меня и моей сестры отдельные комнаты.
Can we have two separate bills, please? Нам, пожалуйста, отдельные счета.

separate II ['sepəreɪt] *v* отделять(ся)
England is separated from France by the Channel. Англия отделена от Франции Ла-Маншем.
We went to the store together, then said goodbye and separated. В магазин мы ходили вместе, а потом, попрощавшись, расстались.

September [sep'tembə(r)] *n* сентябрь
We're going on vacation next September. Мы поедем в отпуск в следующем сентябре.

sequel ['si:kwəl] *n* роман, фильм *и т. п.* с продолжением

serious ['sɪərɪəs] *adj* серьёзный; важный
I'm being serious. Я не шучу.
He has had a serious illness. Он был серьёзно болен.
There was a serious accident yesterday. Вчера произошла серьёзная авария.

servant ['sɜ:vənt] *n* слуга; прислуга
They have a large staff of servants. У них большой штат прислуги.
to engage a servant нанять прислугу
to dismiss a servant уволить прислугу

serve [sɜ:v] *v* **1** работать (*на кого-л.*); служить
He served in the army for three years. Он служил в армии три года.
2 подавать на стол
I shall serve lunch at 1 o'clock. Я подам обед в час.
She served the potatoes. Она подала картофель.
3 обслуживать (*в магазине и т. п.*)
Can I serve you, madam? Что вам угодно, мадам?
to serve as служить (*чем-л.*)
This box will serve as a table. Этот ящик послужит столом.

◊ **it serves him right** так ему и надо

It serves him right that he feels sick — he ate too much. Ну, и поделом ему, что плохо себя чувствует: не будет так много есть.

service ['sɜ:vɪs] *n* **1** услуга; помощь

at your service к вашим услугам

I am at your service if you need me. Если понадобится, я всегда готов помочь.

Can I be of service? Могу я быть чем-нибудь полезен?

2 обслуживание, сервис

The food was good but the service was terrible. Еда была хорошей, но обслуживание ужасным.

3 сообщение, связь; служба

This town has a good bus service. В этом городе хорошо налажено автобусное сообщение.

The mail service could be improved. Работу почты не мешает улучшить.

4 сервиз

a tea service of 22 pieces чайный сервиз из двадцати двух предметов

service station ['sɜ:vɪssteɪʃn] *n* станция технического обслуживания

serviette [ˌsɜ:vɪ'et] *n* салфетка

I prefer a linen serviette to a paper one. Мне больше нравятся льняные салфетки, чем бумажные.

set I [set] *v* (**setting**; *past tense и past participle* **set**) **1** ставить, поставить

He set the suitcase on the floor. Он поставил чемодан на пол.

The jeweller set a diamond in the ring. Ювелир вставил в кольцо бриллиант.

My father set a trap for rats. Папа поставил крысоловку.

to set a table накрывать на стол

to set a watch ставить часы

I've set my watch to the correct time. Я поставил на своих часах точное время.

to set free освобождать

to set fire to smth, to set smth on fire поджигать что-л.

The house was set on fire. Дом подожгли.

to set off/out отправляться

We're setting off for Italy tomorrow. Завтра мы отправляемся в Италию.

They set out to find the lost child. Они отправились на поиски пропавшего ребёнка.

2 заходить, садиться (*о солнце*)

The sun sets and night comes. Солнце садится, и наступает ночь.

set II [set] *n* **1** комплект, набор

a set of tools набор инструментов

a tea set чайный сервиз

2: a TV set телевизор

settle ['setl] *v* **1** обосноваться, оседать, устраиваться

The bird settled on a branch of the tree. Птица уселась на ветку дерева.

He left England and went to settle in Australia. Он оставил Англию и отправился жить в Австралию.

2 решать, улаживать

That settles the matter. Это решает дело.

Have they settled where to go? Они решили, куда поехать?

Nothing is settled yet. Ничего ещё не решено.

seven ['sevn] *num* семь

There are seven bottles of milk in the refrigerator. В холодильнике семь бутылок молока.

The train leaves at seven (o'clock). Поезд отправляется в семь (часов).

seventeen [ˌsevn'ti:n] *num* семнадцать

seventeenth [ˌsevn'ti:nθ] *adj* семнадцатый

It's my seventeenth birthday on Tuesday. Во вторник мне исполняется семнадцать.

seventh ['sevnθ] *adj* седьмой

seventieth ['sevntɪəθ] *adj* семидесятый

seventy ['sevntɪ] *num* семьдесят
He's seventy (years old). Ему семьдесят (лет).

several I ['sevrəl] *adj* несколько
I've met him several times. Я встречал его несколько раз.
Several houses were damaged in the storm. Во время урагана пострадало несколько домов.

several II ['sevrəl] *pron* несколько
Several of us are going to the theatre. Некоторые из нас идут в театр.

sew [səʊ] *v* (*past tense* **sewed**; *past participle* **sewn** *или* **sewed**) шить
She's sewing a dress. Она шьёт платье.
to sew on пришивать
Can you sew this button on my coat? Пришьёшь эту пуговицу к моему пальто?
to sew up зашивать
Sew up your sleeve. Зашей рукав.

sewing machine ['səʊɪŋməʃi:n] *n* швейная машина

sewn [səʊn] *past participle от* **sew**

sex [seks] *n* пол
What sex is the new baby? Какого пола новорождённый?

shabby ['ʃæbɪ] *adj* старый, изношенный, потрёпанный
You look rather shabby in those clothes. В этой одежде ты выглядишь неряшливо.

shade [ʃeɪd] *n* **1** тень
Let's sit in the shade of the tree. Давай сядем в тени этого дерева.
2 оттенок
The walls were light blue and the door was a deeper shade. Стены были светло-голубые, а дверь тоном потемнее.

shadow ['ʃædəʊ] *n* тень

I can see the shadow of a man. Я увидел тень какого-то мужчины.

What a strange shadow the tree makes! Какая причудливая тень от этого дерева!

shake [ʃeɪk] *v* (*past tense* **shook**; *past participle* **shaken**) **1** трястись, дрожать

She was shaking with fear. Она дрожала от страха.

The buildings shook in the storm. Дома трясло во время урагана.

2 трясти

He shook his watch to see if it would work. Он потряс часы, надеясь, что они заработают.

Don't shake the box — you'll break the glasses. Не тряси коробку: побьёшь стаканы.

She shook salt on her food. Она посыпала солью свою еду.

to shake one's head качать головой (*в знак отрицания*)

He shook his head and said "no". Он покачал головой и сказал «нет».

to shake hands здороваться за руку, пожать руку

The two men shook hands with each other. Двое мужчин пожали друг другу руки.

He shook hands with me. Он поздоровался со мной за руку.

to shake smth out of/from smth вытряхивать что-л. из чего-л.

She shook the sand out of her shoes. Она вытряхнула песок из туфель.

to shake smth up встряхивать что-л.

Shake up before use. Перед употреблением встряхнуть.

3 расстраивать; потрясать

She was badly shaken by the accident. Она была потрясена случившимся.

shaken ['ʃeɪkən] *past participle от* **shake**

shall [ʃæl; ʃl] *v* (*past tense* **should**) **1** *вспомогательный глагол*; *служит для образования форм будущего времени 1-го лица ед. и мн. числа*

We shall leave for Italy on Saturday. В субботу мы уезжаем в Италию.

I shall come tomorrow. Я приду завтра.

When shall we meet again? Когда мы встретимся вновь?

2 *модальный глагол; выражает долженствование, приказание, обещание, намерение*

He says he won't go, but I say he shall. Он говорит, что не пойдёт, а я говорю — пойдёт.

It shall be done as you wish. Это будет сделано, как вы пожелаете.

Shall we go to the theatre tonight? Пойдём сегодня вечером в театр?

shallow ['ʃæləʊ] *adj* мелкий, неглубокий

The river is shallow here — we can walk across. Река в этом месте мелкая, мы сможем перейти вброд.

[*deep* глубокий]

shame [ʃeɪm] *n* стыд

She felt shame after she told the lie. Ей стало стыдно, когда она солгала.

He had no shame and never felt guilty. У него совершенно не было стыда, и он никогда не чувствовал себя виноватым.

Shame on you! Как тебе не стыдно!

shameful ['ʃeɪmfl] *adj* бессовестный, постыдный

a shameful lie бессовестная ложь

shameful conduct постыдное поведение

shampoo [ʃæm'puː] *n* шампунь

shan't [ʃɑːnt] = **shall not**

shape [ʃeɪp] *n* форма

in the shape of a heart в форме сердечка

What is the shape of the table — round or square? Какой формы стол — круглый или квадратный?

My sweater is beginning to lose its shape. Мой свитер теряет форму.

in good shape в хорошей форме, в хорошем состоянии

Her affairs are in good shape. У неё всё хорошо.

in bad shape в плохой форме, в плохом состоянии
He is in bad shape after the accident. Он в тяжёлом состоянии после аварии.

shapeless [ˈʃeɪplɪs] *adj* бесформенный
She was wearing a shapeless dress. На ней было бесформенное платье.

share I [ʃeə(r)] *n* часть, доля, порция
I did my share of the work. Я выполнил свою часть работы.
Here is your share of the cake. Вот твоя порция пирога.
Please let me take a share in the expenses. Позвольте мне тоже участвовать в расходах.

share II [ʃeə(r)] *v* **1** делить (*между кем-л.*)
Share this bag of sweets with your friends. Раздели этот пакет конфет со своими друзьями.
2 пользоваться совместно, делить (*с кем-л.*)
He doesn't want to share his toys with the other children. Он не хочет делиться своими игрушками с другими детьми.
I share a bedroom with my sister. Мы с сестрой спим в одной комнате.

shark [ʃɑ:k] *n* акула

sharp I [ʃɑ:p] *adj* **1** острый
a sharp knife острый нож
a sharp pin острая булавка
[*blunt* тупой]
2 резкий
a sharp cry пронзительный крик
sharp words резкие слова

sharp II [ʃɑ:p] *adv* ровно, точно
Come at five o'clock sharp. Приходи ровно в пять часов.

sharpen [ˈʃɑ:pən] *v* точить, заострять
He sharpened his pencil with a knife. Он заточил карандаш ножом.

This knife doesn't cut well — it needs sharpening. Этот нож плохо режет, его надо наточить.

shave I [ʃeɪv] *v* бриться
Father shaves every morning. Отец бреется каждое утро.
He cut himself while shaving. Он порезался во время бритья.

shave II [ʃeɪv] *n* бритьё
I need a shave. Мне надо побриться.
He hasn't had a shave for two days. Он не брился два дня.

she [ʃi:] *pron* (*косв. падеж* **her**) она
She's my aunt. Она моя тётя.
Where is she? Где она?
She and I are going to the cinema together. Мы с ней собираемся вместе пойти в кино.
I asked her to sing a song. Я попросил её спеть.

shed [ʃed] *n* сарай; навес

she'd [ʃi:d] = **she had**; **she would**

sheep [ʃi:p] *n* (*pl* **sheep**) овца
He's watching his sheep. Он пас своих овец.
The sheep are in the field. Овцы пасутся на лугу.

sheet [ʃi:t] *n* **1** простыня
We change the sheets every week. Мы меняем простыни каждую неделю.
2 лист (*бумаги*, *железа и т. п.*)
Give me two sheets of paper. Дайте мне два листа бумаги.
We need several sheets of iron to repair the roof. Чтобы починить крышу, нам нужно несколько листов железа.

shelf [ʃelf] *n* (*pl* **shelves**) полка
Please put the book back on the shelf when you have read it. Когда прочитаешь книгу, поставь её, пожалуйста, назад на полку.
The jam is on the top shelf. Джем стоит на верхней полке.

she'll [ʃi:l] = **she will; she shall**

shell [ʃel] *n* **1** скорлупа; раковина
To eat a boiled egg you have to take off the shell. Чтобы съесть варёное яйцо, нужно сначала очистить его от скорлупы.
They collected different kinds of shells as they walked along the beach. Бродя по пляжу, они собирали разные ракушки.
2 снаряд

shelter I ['ʃeltə(r)] *n* укрытие; убежище
We took shelter from the rain under a tree. Мы укрылись от дождя под деревом.
You should keep your new bike under shelter. Тебе лучше держать новый велосипед под навесом.
a bus shelter навес на автобусной остановке

shelter II ['ʃeltə(r)] *v* **1** защищать; прикрывать
The wall sheltered him from the wind. Стена защищала его от ветра.
2 прятаться, укрываться
Let's shelter under this tree until the rain stops. Давай спрячемся под этим деревом, пока дождь не кончится.

shelves [ʃelvz] *pl от* **shelf**

shepherd ['ʃepəd] *n* пастух

sherry ['ʃerɪ] *n* херес

she's [ʃi:z] = **she is; she has**

shield [ʃi:ld] *n* **1** щит
2 защитный экран

shift[1] [ʃɪft] *n* смена (*на заводе и т. п.*)
Each shift in the factory works for eight hours. Смена на фабрике работает по восемь часов.
I work on the night shift. Я работаю в ночную смену.

shift[2] [ʃɪft] *v* переставлять, передвигать, перекладывать

Let's shift the beds so that we can sweep the floor. Давай сдвинем кровати, чтобы подмести пол.

Don't try to shift the responsibility on to me. Не пытайся переложить ответственность на меня.

shilling ['ʃɪlɪŋ] *n* шиллинг

shine [ʃaɪn] *v* (*past tense и past participle* **shone**) светить, блестеть, сиять

The sun is shining so I think it'll be hot today. Солнце сияет; я думаю, сегодня будет жарко.

He cleaned his shoes until they shone. Он чистил свои ботинки, пока они не заблестели.

Why do cats' eyes shine in the dark? Почему у кошек глаза светятся в темноте?

His face shone with joy. Его лицо сияло от радости.

shiny ['ʃaɪnɪ] *adj* сверкающий, блестящий

The table has a shiny surface. У стола блестящая поверхность.

ship [ʃɪp] *n* корабль

We travelled to Europe by ship. Мы плавали в Европу на корабле.

She's a fine passenger ship. Это прекрасное пассажирское судно.

shirt [ʃɜːt] *n* мужская рубашка

He wore a dark suit and a white shirt. Он был в тёмном костюме и белой рубашке.

It's so hot that I'm going to take my shirt off. Так жарко, что я сниму рубашку.

shiver ['ʃɪvə(r)] *v* дрожать, трястись (*от холода*, *страха*)

He was shivering all over with cold. Он весь дрожал от холода.

The little girl shivered like a leaf. Девочка дрожала, как лист.

shock I [ʃɒk] *n* **1** удар, толчок

earthquake shocks подземные толчки

2 потрясение, шок

The news was a terrible shock. Эта новость вызвала шок.

It gave me quite a shock to learn that he had married again. Я была потрясена, узнав, что он снова женился.

shock II [ʃɒk] *v* потрясти, неприятно удивить, шокировать

He was shocked to hear it. Он был потрясён, когда услышал это.

I'm not easily shocked, but that book really is obscene. Меня нелегко шокировать, но эта книга действительно неприлична.

shoe [ʃu:] *n* ботинок, туфля

a pair of shoes пара туфель

to put on one's shoes надеть туфли, ботинки

to take off one's shoes снять туфли, ботинки

He bought a new pair of shoes. Он купил новые ботинки.

She put her shoes on and went out. Она надела туфли и ушла.

I must take my shoes off — my feet hurt. Надо снять обувь, у меня болят ноги.

shoelace ['ʃu:leɪs] *n* шнурок для обуви

shoemaker ['ʃu:meɪkə(r)] *n* сапожник

shone [ʃəʊn] *past tense и past participle от* **shine**

shook [ʃʊk] *past tense от* **shake**

shoot [ʃu:t] *v* (*past tense и past participle* **shot**) **1** стрелять

The soldiers were shooting into the houses. Солдаты стреляли по зданиям.

He was shot by a policeman. Его застрелил полицейский.

to shoot down сбивать (*самолёт*)

We shot down three airplanes. Мы сбили три самолёта.

2 бежать, мчаться

She shot up the stairs. Она взбежала по лестнице.

3 снимать фильм

They are shooting the last scene now. Сейчас снимают последнюю сцену.

shop I [ʃɒp] *n* магазин, лавка

She owns a gift shop. У неё сувенирная лавка.

I buy my meat at the butcher's shop on the corner. Я покупаю мясо в мясном магазине на углу.

shop II [ʃɒp] *v* (**shopped**, **shopping**) ходить по магазинам, делать покупки

We've been shopping. Мы ходили по магазинам.

She's out shopping. Она отправилась за покупками.

to shop around присматривать товар в разных магазинах (*в поисках более низкой цены*)

If you want a cheap radio, you ought to shop around. Если хочешь купить радиоприёмник подешевле, придётся побегать по магазинам.

shopkeeper [ˈʃɒpkiːpə(r)] *n* владелец небольшого магазина

shopper [ˈʃɒpə(r)] *n* покупатель

shopping [ˈʃɒpɪŋ] *n* хождение по магазинам; покупки

Put all your shopping on the table. Положи все свои покупки на стол.

to do one's shopping ходить по магазинам, делать покупки

I do all my shopping on Saturday morning. Я всё покупаю в субботу утром.

Have you done any shopping? Вы что-нибудь купили?

Note: *не имеет мн. числа*; **some shopping** кое-какие покупки; **a lot of shopping** много покупок

shopping centre [ˈʃɒpɪŋˌsentə(r)] *n* торговый центр

I'm going to the shopping centre tomorrow to look for a new dress. Я собираюсь завтра в торговый центр поискать себе новое платье.

shore [ʃɔː(r)] *n* берег (*моря или озера*)

We walked along the shore. Мы гуляли по берегу.

These trees grow on the shores of the lake. Эти деревья растут на берегу озера.

to go on shore сходить на берег

We tied up our boat and went on shore. Мы привязали лодку и сошли на берег.

short [ʃɔ:t] *adj* **1** короткий

I need a short piece of string. Мне нужен небольшой кусок верёвки.

The shortest way to the station is to go up this street. Кратчайший путь до станции — пойти по этой улице.

He was here a short time ago. Он был здесь совсем недавно.

They had a short holidays in Greece. Они провели короткий отпуск в Греции.

[*long* длинный]

2 невысокий

He is shorter than his brother. Он ниже ростом своего брата.

[*tall* высокий]

3: to be short of smth испытывать недостаток в чём-л.

We're short of sugar. У нас кончился сахар.

I'm short of money now, so I can't pay you till next week. У меня сейчас нет денег, поэтому я не смогу заплатить вам до следующей недели.

for short для краткости

His name is Robert, but we call him Bob for short. Его имя Роберт, но мы зовём его просто Боб.

in short вкратце, в двух словах

You can't make me! I won't do it! In short — no! Вы не заставите меня! Я не сделаю это! Короче — нет!

shorten ['ʃɔ:tn] *v* укорачивать(ся)

The days are beginning to shorten. Дни становятся короче.

She will shorten the skirt for you. Она укоротит тебе юбку.

shorts [ʃɔ:ts] *n pl* шорты

Tennis players wear white shorts. Теннисисты носят белые шорты.

shot I [ʃɒt] *past tense и past participle от* **shoot**

shot II [ʃɒt] *n* **1** выстрел

We heard two shots. Мы слышали два выстрела.

to fire a shot выстрелить

The police fired a shot at the car. Полицейские выстрелили по автомобилю.

2 фотография, снимок

This is a good shot of the castle. Это хороший снимок замка.

should [ʃʊd; ʃəd] *v* **1** *past tense от* **shall**

I said I should go to the country. Я сказал, что поеду за город.

I suggested we should go to the theatre. Я предложил пойти в театр.

2 *модальный глагол; выражает необходимость совершения действия, предположение, совет, рекомендацию*

He should arrive soon. Он скоро должен приехать.

It's cold so you should wear a coat. Сейчас холодно, вам следует надеть пальто.

You shouldn't eat so many chocolates. Нельзя есть так много шоколадных конфет.

He should go to see the doctor if his cold gets worse. Ему надо будет пойти к врачу, если простуда усилится.

We shouldn't have come to this party — it's terrible. Не следовало нам приходить на эту вечеринку: здесь просто ужасно!

3 *модальный глагол; выражает удивление, недоумение, возмущение и т. п.*

Why shouldn't I say what I think? Почему мне нельзя говорить то, что я думаю?

Why should I change my mind? Почему я должен изменить своё решение?

shoulder ['ʃəʊldə(r)] *n* плечо

His shoulders are very wide. У него очень широкие плечи.

Her bag hangs over her shoulder. Сумка висела у неё на плече.

She looked over her shoulder. Она глянула через плечо.

shouldn't ['ʃʊdnt] = **should not**

shout I [ʃaʊt] *n* крик

shouts of joy крики радости

They greeted him with shouts. Его встретили криками.

I heard a shout for help. Я услышал крик о помощи.

shout II [ʃaʊt] *v* кричать

Don't shout at me! Не кричи на меня!

I have to shout at granny because she's deaf. Мне приходится кричать бабушке, потому что она глухая.
He shouted with pain. Он кричал от боли.

show I [ʃəʊ] *n* представление, шоу
This is my favourite TV show. Это моё любимое телешоу.

show II [ʃəʊ] *v* (*past tense* **showed**; *past participle* **shown**) показывать
Can I show you my stamp collection? Показать вам мою коллекцию марок?
Show me where you fell down. Покажи мне, где ты упал.
Ask the clerk to show you the way to the manager's office. Попросите служащего проводить вас в кабинет директора.
Can you show me how to get to the post office? Вы не подскажете мне, как пройти на почту?
My watch shows the date as well as the time. Мои часы показывают не только время, но и дату.
to show round водить (*по зданию, музею и т. п.*)
The guide showed us round the museum. Гид провёл нас по музею.

shower [ˈʃaʊə(r)] *n* **1** ливень, кратковременный дождь *или* снегопад
Snow showers are expected this afternoon. Во второй половине дня ожидаются небольшие снегопады.
2 душ
There is a shower in our bathroom. У нас в ванной есть душ.
Each room in the hotel has a toilet and a shower. В каждом гостиничном номере есть туалет и душ.
She has a shower every morning before breakfast. Она принимает душ каждое утро перед завтраком.

shown [ʃəʊn] *past participle от* **show** II

shrimp [ʃrɪmp] *n* креветка

shrug [ʃrʌg] *v* (**shrugged, shrugging**): **to shrug (one's shoulders)** пожимать плечами
He shrugged (his shoulders), saying he didn't know and didn't care. Он пожал плечами, заявив, что не знает и не хочет знать.

shut [ʃʌt] *v* (**shutting**; *past tense и past participle* **shut**) **1** закрывать
Please shut the door. Пожалуйста, закройте дверь.
I brought you a present — shut your eyes and guess what it is. Я принёс тебе подарок. Закрой глаза и отгадай, что это.
to be shut быть закрытым
We tried to go in, but the door was shut. Мы хотели войти, но дверь была закрыта.
All the banks are shut on Sundays. По воскресеньям банки закрыты.
2 закрываться
The door won't shut. Дверь не закрывается.
to shut up замолкать
Shut up, children — I can't hear the radio! Замолчите, дети, я не слышу радио!

shutters ['ʃʌtəz] *n pl* ставни

shy [ʃaɪ] *adj* робкий, застенчивый
The shy boy blushed when I spoke to him. Застенчивый мальчик покраснел, когда я заговорил с ним.

sick [sɪk] *adj* больной
He visited his sick uncle in the hospital. Он навестил в больнице своего больного дядю.
He's been sick for six weeks. Он болеет шесть недель.
He's a sick man. Он больной человек.
to be sick чувствовать тошноту; *амер.* плохо себя чувствовать
to feel sick чувствовать тошноту
He ate too many pieces of cake and was sick all over the floor. Он съел слишком много торта, и его вырвало прямо на пол.
When I got up this morning I felt sick. Когда я встал сегодня утром, меня тошнило.
to be sick of smth устать от чего-л.
I'm sick of all this talk. Меня тошнит от этих разговоров.

side [saɪd] *n* **1** сторона
Which side of the box is the top? Какая сторона ящика верхняя?
Write on only one side of the piece of paper. Пишите только на одной стороне листа.

You've put your socks on with the wrong side out! Ты надел носки наизнанку!
He lives on the other side of the street. Он живёт на другой стороне улицы.

by the side of по соседству, рядом
They built a house by the side of the river. Они построили дом у реки.

on every side всюду, везде
In spring there are wild flowers on every side. Весной всюду распускаются лесные и полевые цветы.

to be on smb's side поддерживать кого-л.
I'm on your side. Я на твоей стороне.

2 бок
Lie down on your side. Ляг на бок.
She stood by my side. Она стояла рядом со мной.

side by side рядом, бок о бок
They walked side by side. Они шли рядом.

sidewalk ['saɪdwɔːk] *n амер.* тротуар
The sidewalks are slippery after yesterday's snow. Тротуары скользкие от выпавшего вчера снега.

sigh I [saɪ] *v* вздыхать
She sighed when she saw the hole in her blouse. Увидев дырку на блузке, она вздохнула.

sigh II [saɪ] *n* вздох
We all heaved a sigh of relief when the work was done. Когда работа была закончена, мы все вздохнули с облегчением.

sight [saɪt] *n* **1** зрение
to have good sight иметь хорошее зрение
to have poor sight иметь слабое зрение
to lose one's sight потерять зрение
She wears glasses because she has bad sight. Она носит очки, так как у неё плохое зрение.

to catch sight of увидеть, заметить
I caught sight of his face in the crowd. Вдруг в толпе я увидел его лицо.

to be in sight быть в поле зрения

There wasn't a policeman in sight. Поблизости не было видно ни одного полицейского.

to be out of sight исчезнуть из поля зрения

We waved until the car was out of sight. Мы махали, пока автомобиль не скрылся из вида.

2 вид; зрелище

She can't stand the sight of blood. Она не выносит вида крови.

The guide took us to see the sights of the town. Экскурсовод повёл нас осмотреть город.

After the fire, the house was a terrible sight. После пожара дом представлял собой жуткое зрелище.

sign I [saɪn] *n* **1** знак; символ; обозначение

mathematical signs математические знаки

traffic signs дорожные знаки

He made a sign with his hand. Он сделал знак рукой.

The house has a big sign outside it saying "for sale". На доме висело объявление «Продаётся».

2 признак

Is there any sign of the snow stopping? Есть какие-нибудь признаки, что снег прекратится?

Dark clouds are a sign of rain. Тёмные тучи — знак того, что скоро пойдёт дождь.

sign II [saɪn] *v* подписывать

His secretary typed the letter and he signed it. Секретарша напечатала письмо, и он подписал его.

Sign here, please. Подпишите здесь, пожалуйста.

signal I ['sɪgnəl] *n* сигнал

A red light is usually a signal of danger. Красный свет — обычно сигнал опасности.

The traffic signals aren't working. Светофоры не работают.

signal II ['sɪgnəl] *v* (**signalled, signalling**) подавать сигнал, сигналить

The policeman signalled the children to cross the road. Полицейский подал детям знак переходить дорогу.

signature ['sɪgnətʃə(r)] *n* подпись

I can't read his signature. Не могу разобрать его подпись.

They need your signature on this letter. На этом письме нужна ваша подпись.

silence ['saɪləns] *n* тишина, молчание

I must have silence for my work. Чтобы работать, мне нужна тишина.

There was a long silence before she answered the question. Она долго молчала, прежде чем ответить на вопрос.

silent ['saɪlənt] *adj* тихий, молчаливый, безмолвный

He is a strong, silent man. Он сильный, немногословный человек.

Why are you so silent? Почему ты такой притихший?

The house was silent because everyone was asleep. В доме стояла тишина, потому что все спали.

You'd better be silent about what happened. Тебе лучше не рассказывать о том, что случилось.

to keep silent молчать, хранить молчание

They kept silent for the whole meeting. Всё собрание они промолчали.

silk [sɪlk] *n* шёлк

This tie is made of silk. Это шёлковый галстук.

sill [sɪl] *n* подоконник

The cat sat on the sill and looked out of the window. Кошка сидела на подоконнике и смотрела в окно.

silly ['sɪlɪ] *adj* глупый, глупенький

a silly little boy маленький глупыш

Don't be silly — you can't eat raw potatoes! Не дури! Нельзя есть сырую картошку.

How silly of you to do that! Как глупо с твоей стороны было сделать это!

silver I ['sɪlvə(r)] *n* серебро

The handle of the knife is made of silver. Ручка ножа серебряная.

silver II ['sɪlvə(r)] *adj* серебряный
This ring is silver. Это кольцо серебряное.

similar ['sɪmɪlə(r)] *adj* похожий, одинаковый
His job is similar to mine. Его работа схожа с моей.
Do you have something similar but not as expensive? Нет ли у вас такого же, но подешевле?

simple ['sɪmpl] *adj* **1** простой, лёгкий
I did the work quickly because it was so simple. Я быстро сделал работу, потому что она была лёгкая.
It was written in simple English. Это было написано ясным английским языком.
The plan sounds simple enough but it won't be so simple to put it into action. План выглядит простым, но не так-то просто будет привести его в исполнение.
2 обычный, простой
We had simple but well-prepared food. У нас была простая, но хорошо приготовленная еда.
the simple life простая жизнь
3 простодушный, наивный
The young girl behaved in a pleasant and simple way. Девушка вела себя просто и мило.
I'm not so simple as to suppose you like me. Я не настолько наивен, чтобы полагать, что нравлюсь вам.

simply ['sɪmplɪ] *adv* **1** просто
He described what happened very simply. Он очень просто описал, что случилось.
This cake is made quite simply. Этот пирог делается очень просто.
2 совершенно, абсолютно
His pronunciation is simply terrible. Его произношение просто ужасно.
She looks simply lovely. Она выглядит просто замечательно.
3 только, всего-навсего
He did it simply to see what you would say. Он сделал это только для того, чтобы посмотреть, что ты скажешь.

sin [sɪn] *n* грех

since I [sɪns] *adv* с тех пор
He went away two years ago and we have not seen him since. Он уехал два года назад, и с тех пор мы его не видели.

since II [sɪns] *prep* с
We've been working since two o'clock. Мы работали с двух часов.
She has been ill since last Wednesday. Она болеет с прошлой среды.

since III [sɪns] *conj* **1** с тех пор как
Since we got home, it was rained every day. С тех пор, как мы вернулись домой, каждый день идёт дождь.
What have you done since I saw you last? Чем ты занимался с тех пор, как я видел тебя последний раз?
2 так как; поскольку
Since I have no money, I can't buy any food. Так как у меня нет денег, я не могу купить никакой еды.
Since it's such a nice day, let's go for a picnic. Поскольку сегодня такой чудесный день, давайте устроим пикник.

sincere [sɪn'sɪə(r)] *adj* искренний
It's my sincere belief that... Я искренне верю, что...
She was not completely sincere in what she said. Она была не совсем искренна в своих словах.

sing [sɪŋ] *v* (*past tense* **sang**; *past participle* **sung**) петь
He was singing as he worked. Он работал, напевая.
Can you sing that song again? Можешь спеть эту песенку ещё раз?
She sings in a church choir. Она поёт в церковном хоре.

singer ['sɪŋə(r)] *n* певец; певица

singing ['sɪŋɪŋ] *n* пение
to study singing учиться пению
The ceremony ended with the singing of the National Anthem. Церемония завершилась пением национального гимна.

single I ['sɪŋgl] *adj* **1** один; единственный
I haven't seen a single newspaper. Я не видел ни одной газеты.

2 одиночный, на одного человека
I want a single room for one night. Мне нужен одноместный номер на одну ночь.
3 одинокий, холостой
He's still single. Он всё ещё не женат.
4 годный в один конец (*о билете*)
a single ticket билет в один конец

single II ['sɪŋgl] *n* **1** билет в один конец
A single to London, please. Один билет до Лондона, пожалуйста.
2 сингл (*пластинка с одной песней на каждой стороне*)

singular ['sɪŋgjʊlə(r)] *n грам.* единственное число
What is the singular of children? Какова форма единственного числа слова children?

sink I [sɪŋk] *n* раковина (*водопроводная*)
Put the dirty plates in the sink. Сложи грязные тарелки в раковину.

sink II [sɪŋk] *v* (*past tense* **sank**; *past participle* **sunk**) **1** идти ко дну, тонуть
The boat sank because there were too many people in it. Лодка пошла ко дну, потому что в ней было слишком много людей.
He dropped a stone into the river and it sank to the bottom. Он бросил в реку камень, и тот опустился на дно.
2 садиться; опускаться
He sank into an armchair. Он опустился в кресло.
The sun was sinking in the west. Солнце садилось.

sir [sɜ:(r)] *n* сэр, господин (*вежливое обращение*)
Please sit here, sir. Садитесь здесь, сэр.
Dinner is served, sir. Обед подан, сэр.

sister ['sɪstə(r)] *n* сестра
She's my sister. Она моя сестра.
He has a sister. У него есть сестра.

sit [sɪt] *v* (**sitting**; *past tense и past participle* **sat**) сидеть

He sat on the most comfortable chair. Он сидел на самом удобном стуле.

Sit next to me. Сядь рядом со мной.

to sit down садиться

Don't sit down — that chair has just been painted. Не садитесь, этот стул только что покрасили.

[*to stand* стоять]

sitcom ['sɪtkɒm] *n* ситком, комедийный сериал

Note: *сокр. от* situation comedy

situated ['sɪtʃʊeɪtɪd] *adj*: **to be situated** быть расположенным, находиться

The house is situated near the station. Этот дом находится около станции.

situation [ˌsɪtʃʊ'eɪʃn] *n* положение, ситуация

The family was in a difficult situation when mother was in hospital. Когда мать попала в больницу, семья оказалась в трудном положении.

She was in an embarrassing situation. Она была в щекотливом положении.

six [sɪks] *num* шесть

Come and have a cup of coffee at six (o'clock). Приходи в шесть часов на чашку кофе.

There are six chocolates left. Осталось шесть шоколадок.

sixteen [sɪk'stiːn] *num* шестнадцать

He's sixteen (years old). Ему шестнадцать (лет).

sixteenth [sɪk'stiːnθ] *adj* шестнадцатый

He was sixteenth in the race. Он был в гонках шестнадцатым.

sixth [sɪksθ] *adj* шестой

sixtieth ['sɪkstɪəθ] *adj* шестидесятый

It's father's sixtieth birthday tomorrow. Завтра отцу шестьдесят лет.

sixty ['sɪkstɪ] *num* шестьдесят
My grandmother is sixty. Моей бабушке шестьдесят лет.

size [saɪz] *n* **1** размер
You can wear my dress because we are the same size. Ты можешь носить моё платье, ведь у нас один размер.
That onion is the size of a tennis ball. Эта луковица размером с теннисный мяч.
He has a garage about the same size as our house. У него гараж размером с наш дом.
2 номер (*обуви*, *перчаток и т. п.*)
She takes size 7 in shoes. Она покупает туфли седьмого размера.
There were all sizes of gloves. Там были все размеры перчаток.

skate I [skeɪt] *n* конёк
a pair of skates коньки

skate II [skeɪt] *v* кататься на коньках
The children skated over the frozen river. Дети катались на коньках по замёрзшей реке.
She skates very well. Она очень хорошо катается на коньках.
to go skating кататься на коньках
We went skating on the ice yesterday. Вчера мы ходили кататься на коньках.

skateboarding ['skeɪtbɔːdɪŋ] *n* скейтбординг

skater ['skeɪtə(r)] *n* конькобежец; тот, кто катается на коньках

skating-rink ['skeɪtɪŋrɪŋk] *n* каток
Let's go to the skating-rink tonight. Давай пойдём вечером на каток.

skeleton ['skelɪtn] *n* скелет
He looks like a living skeleton. Он похож на живой скелет.

ski I [skiː] *n* лыжа
a pair of skis лыжи

ski II [ski:] *v* (**skis**, **skied**, **skiing**) кататься на лыжах
We skied down the hill. Мы катались на лыжах с холма.
to go skiing кататься на лыжах
Did you go skiing last week? Вы катались на лыжах на прошлой неделе?

skied [ski:d] *past tense и past participle от* **ski** II

skier ['ski:ə(r)] *n* лыжник
Is he a good skier? Он хорошо катается на лыжах?

skilful ['skɪlfl] *adj* умелый, искусный, ловкий
He's not very skilful with his fork and knife. Он не очень-то ловок с ножом и вилкой.

skill [skɪl] *n* умение, мастерство, искусство
She plays the piano with great skill. Она играет на фортепьяно с большим мастерством.

skilled [skɪld] *adj* опытный, квалифицированный
He's a skilled workman. Он квалифицированный рабочий.

skin [skɪn] *n* **1** кожа; шкура
His skin turned brown in the sun. На солнце его кожа покрылась загаром.
The skin of a cow can be used to make leather. Шкура коров используется в кожевенном производстве.
2 кожура
a banana skin банановая кожура

skip [skɪp] *v* (**skipped**, **skipping**) **1** прыгать, подпрыгивать
The little girl skipped down the road. Девочка бежала вприпрыжку по дороге.
2 пропускать
You may skip the sixth chapter. Можете пропустить шестую главу.
I skipped lunch today. Я сегодня не обедал.

skirt [skɜ:t] *n* юбка

Her skirt is so long it touches the ground. Её юбка такая длинная, что волочится по земле.
I like wearing jeans better than wearing a skirt. Мне больше нравится носить джинсы, чем юбку.

sky [skaɪ] *n* небо
Look at all the clouds in the sky. Посмотри на эти тучи на небе.
The birds are flying high in the sky. Птицы летают высоко в небе.

skyscraper ['skaɪskreɪpə(r)] *n* небоскрёб
New York is full of skyscrapers. В Нью-Йорке много небоскрёбов.

slacks [slæks] *n pl* брюки, слаксы
She bought a pair of blue slacks. Она купила голубые брюки.
He wore a green sweater and brown slacks. Он был в зелёном свитере и коричневых брюках.

slam [slæm] *v* (**slammed**, **slamming**) закрывать с шумом, хлопать
He slammed the door angrily. Он сердито хлопнул дверью.

slang [slæŋ] *n* жаргон, сленг

slap [slæp] *v* (**slapped**, **slapping**) хлопать (*ладонью*)
She slapped him on the wrist. Она хлопнула его по запястью.
I don't like being slapped on the back. Не люблю, когда меня хлопают по спине.

slave [sleɪv] *n* раб

slavery ['sleɪvərɪ] *n* рабство
He was sold into slavery. Его продали в рабство.
They lived in slavery. Они жили в рабстве.

sledge [sleʤ] *n* сани, санки

sleep I [sli:p] *n* сон
I haven't had enough sleep lately. В последнее время я мало спал.
Get a good night's sleep — we have a lot of work to do tomorrow. Хорошенько выспись — у нас завтра много работы.

to go to sleep засыпать

She will go to sleep quickly because she's very tired. Она быстро уснёт, потому что очень устала.

He went to sleep in front of the TV set. Он заснул перед телевизором.

sleep II [sli:p] *v* (*past tense и past participle* **slept**) спать

She always sleeps for eight hours each night. Ночью она всегда спит по восемь часов.

Don't bother him — he's trying to sleep. Не тревожьте его: он прилёг вздремнуть.

sleeping bag ['sli:pɪŋbæg] *n* спальный мешок

sleepy ['sli:pɪ] *adj* сонный

I'm sleepy after my long walk. После долгой прогулки мне хочется спать.

to look sleepy иметь сонный вид

The children looked very sleepy by ten o'clock. К десяти часам у детей буквально слипались глаза.

sleeve [sli:v] *n* рукав

One sleeve of this coat is longer than the other. У этого пальто один рукав длиннее другого.

I often wear shirts with short sleeves in the summer. Летом я обычно ношу рубашки с короткими рукавами.

slept [slept] *past tense и past participle от* **sleep** II

slice [slaɪs] *n* тонкий кусочек, ломтик

Cut me another slice of bread. Отрежь мне ещё кусочек хлеба.

He ate seven slices of ham. Он съел семь ломтиков ветчины.

slid [slɪd] *past tense и past participle от* **slide** II

slide I [slaɪd] *n* слайд

Have you seen the slides of our holiday? Вы видели слайды, что мы сделали во время отпуска?

slide II [slaɪd] *v* (*past tense и past participle* **slid**) скользить
The drawers of my desk slide in and out easily. Ящики в моём столе хорошо выдвигаются и задвигаются.
Let's go sliding on the ice. Пойдём кататься по льду.

slight [slaɪt] *adj* незначительный
There has been a slight frost. Был небольшой мороз.
He has a slight temperature. У него небольшая температура.

slightly ['slaɪtlɪ] *adv* немного
I'm feeling slightly better today. Мне сегодня немного лучше.
I only know him slightly. Я не очень хорошо его знаю.

slip [slɪp] *v* (**slipped**, **slipping**) **1** поскользнуться
She broke her leg when she slipped on the ice. Она сломала ногу, поскользнувшись на льду.
2 проскользнуть
She slipped upstairs when no one was watching. Она проскользнула по лестнице наверх, когда никто её не видел.
The girl slipped out of the room. Девочка выскользнула из комнаты.

slippers ['slɪpəz] *n pl* домашние туфли, тапочки

slippery ['slɪpərɪ] *adj* скользкий
Watch out — the road is slippery! Будь осторожен! Дорога скользкая.

slogan ['sləʊgən] *n* лозунг
political slogans политические лозунги

slope [sləʊp] *n* склон
The house is built on the slope of the mountain. Дом построен на склоне горы.

slot machine ['slɒtməʃi:n] *n* автомат (*по продаже напитков, сигарет и т. п.*)

slow I [sləʊ] *adj* **1** медленный, медлительный

The car was going at a slow speed. Автомобиль двигался на маленькой скорости.

He's very slow at answering my letters. Он всегда очень затягивает с ответами на мои письма.

[*quick*, *fast* быстрый, скорый]

2: to be slow отставать (*о часах*)

My watch is four minutes slow. Мои часы отстают на четыре минуты.

[*to be fast* спешить (*о часах*)]

slow II [sləʊ] *v*: **to slow down** снижать скорость

The train slowed down as it came to the station. Приближаясь к станции, поезд замедлил ход.

slowly ['sləʊlɪ] *adv* медленно

We walked slowly around the museum. Мы не спеша ходили по музею.

[*fast*, *quickly* быстро]

small [smɔ:l] *adj* маленький

This book isn't small enough to put in your pocket. Эта книжка недостаточно маленькая, чтобы поместиться в кармане.

A mouse is a small animal. Мышь — маленький зверёк.

I'm selling my house and buying a smaller one. Я продаю свой дом и покупаю дом поменьше.

My son is too small to ride a bike. Мой сынок ещё слишком маленький, чтобы ездить на велосипеде.

[*large*, *big* большой]

smart [smɑ:t] *adj* **1** нарядный, модный, элегантный

You look very smart. Вы выглядите очень элегантно.

2 умный, сообразительный

You're a very smart little girl. Ты очень умная девочка.

Don't act smart! Не умничай!

smell I [smel] *n* **1** нюх, обоняние

Dogs have a good sense of smell. У собак хороший нюх.

2 запах

Do you like the smell of onions? Как ты переносишь запах лука?

What an awful smell! Что за мерзкий запах!
There's a smell of burning. Тут запах гари.

smell II [smel] *v* (*past tense и past participle* **smelt**) **1** чувствовать запах; нюхать
I can smell smoke. Я чувствую запах дыма.
I can't smell anything when I have a cold. Когда у меня насморк, я не чувствую запахи.
Smell these flowers! Понюхай эти цветы!
2 пахнуть
This cheese smells very strong. У этого сыра очень острый запах.
The air smells fresh. В воздухе пахнет свежестью.
It smells of gas in here. Здесь пахнет газом.

smelt [smelt] *past tense и past participle от* **smell** II

smile I [smaɪl] *n* улыбка
There was a pleasant smile on her face. У неё на лице была приятная улыбка.
He answered with a smile. Он ответил с улыбкой.

smile II [smaɪl] *v* улыбаться
She smiled at me. Она улыбнулась мне.
Stop smiling — this is very serious. Перестань улыбаться, дело очень серьёзное.
Smile please — I'm taking a picture. Улыбнитесь — я фотографирую.

smoke I [sməʊk] *n* дым
Do you smell smoke? Ты чувствуешь запах дыма?
The room was full of cigarette smoke. Комната была полна табачного дыма.
clouds of smoke клубы дыма
◊ **there is no smoke without fire** *посл.* нет дыма без огня

smoke II [sməʊk] *v* **1** дымить
The remains of the house are still smoking. Развалины дома ещё дымились.

2 курить

He only smokes a pipe. Он курит только трубку.

No smoking. Не курить.

smooth [smu:ð] *adj* гладкий, ровный

A baby has a smooth skin. У ребёнка гладкая кожа.

The sea looks calm and smooth. Море выглядит спокойным и гладким.

[*rough* неровный, шероховатый]

snack [snæk] *n* лёгкая закуска

to have a snack перекусить

I always have a snack at 11 o'clock in the morning. Я всегда перекусываю в одиннадцать утра.

Let's have a snack. Давай перекусим.

snack bar ['snækbɑ:(r)] *n* закусочная, бистро

snail [sneɪl] *n* улитка

snake [sneɪk] *n* змея

She's afraid of snakes. Она боится змей.

sneeze [sni:z] *v* чихать

This smell makes me sneeze. От этого запаха я чихаю.

She sneezed three times. Она чихнула три раза.

snow I [snəʊ] *n* снег

The mountains are covered with snow. Горы покрыты снегом.

Look at all the snow which has fallen during the night. Ты только посмотри, сколько за ночь выпало снега.

Note: *не имеет мн. числа*; **some snow** немного снега; **a lot of snow** много снега

snow II [snəʊ] *v*:

It's snowing. Идёт снег.

It snowed all night. Всю ночь шёл снег.

Do you think it's going to snow? Как ты думаешь, пойдёт снег?

snowball ['snəʊbɔ:l] *n* снежок, снежный ком
He broke a window with a snowball. Он разбил снежком окно.

snowdrop ['snəʊdrɒp] *n* подснежник

snowflake ['snəʊfleɪk] *n* снежинка

snowman ['snəʊmæn] *n* снеговик, снежная баба
They made a snowman in the school playground. На школьной площадке они слепили снежную бабу.

snowstorm ['snəʊstɔ:m] *n* метель

so I [səʊ] *adv* **1** так, настолько
The bag is so heavy that I can't carry it. Сумка такая тяжёлая, что я не могу нести её.
The cake was so sweet that it made me feel sick. Пирог был таким сладким, что меня затошнило.
I am so tired. Я так устал.
not so... as не так... как
He is not so tall as his brother. Он не такой высокий, как его брат.
She was not so foolish as I thought. Она была не так глупа, как я думал.
2 так, таким образом
Don't shout so! Не кричи так!
Stand just so. Постой вот так.
3 тоже, также
He was late and so was I. Он опоздал, и я тоже.
He can cook well — so can his wife. Он хорошо готовит, и его жена тоже.
She is very pretty; so is her sister. Она очень хорошенькая; её сестра тоже.
4 *употребляется при подтверждении, согласии*
Tomorrow is a holiday. — So it is. Завтра выходной. — Да.
Is this the train for Paris? — I think so. Это поезд на Париж? — Думаю, что да.
Are you coming to the party? — I hope so. Пойдёшь на вечеринку? — Надеюсь, что да.

◊ **so far** пока, до сих пор

He said he would call me, but so far he hasn't done so. Он сказал, что позвонит мне, но до сих пор звонка не было.

How do you like your new job so far? Тебе пока нравится твоя новая работа?

so that, **so as to** чтобы

Speak loudly, so that I can hear what you say. Говори громко, чтобы я мог слышать, что ты говоришь.

I'll get up early, so as to be ready when you come. Я встану пораньше, чтобы быть готовым к твоему приходу.

and so on и так далее, и тому подобное

so II [səʊ] *conj* поэтому, таким образом, так что

The shop is closed, so I can't buy the bread. Магазин закрыт, так что я не могу купить хлеба.

It was raining so we didn't go for a walk. Шёл дождь, поэтому мы не пошли гулять.

◊ **so what?** *разг.* ну и что?, и какая разница?

soap [səʊp] *n* мыло

This soap has a strong smell. У этого мыла резкий запах.

I've put a new bar of soap in the bathroom. Я положил в ванной новый кусок мыла.

Note: *не имеет мн. числа*; **some soap** мыло; **a bar of soap, a cake of soap** кусок мыла

soap opera ['səʊp,ɒprə] *n* телесериал, «мыльная опера»

sob [sɒb] *v* (**sobbed**, **sobbing**) рыдать

She sobbed herself to sleep. Она заснула в слезах.

sober ['səʊbə(r)] *adj* трезвый

A driver must stay sober. Водитель должен быть всегда трезвым.

soccer ['sɒkə(r)] *n* футбол

society [sə'saɪətɪ] *n* общество

A murderer is a danger to society. Убийца опасен для общества.

She's a member of the Music Society. Она член музыкального общества.
He has spent the evening in the society of his friends. Он провёл вечер в обществе своих друзей.

sock [sɒk] *n* носок
He's wearing blue socks and a blue tie. На нём голубые носки и голубой галстук.
I'm almost ready — I just have to put my socks and shoes on. Я почти готов, осталось надеть носки и обувь.

socket ['sɒkɪt] *n* розетка
She pushed the plug into the electric socket on the wall. Она воткнула вилку в розетку на стене.

sofa ['səʊfə] *n* софа, диван
We sat on the sofa and watched TV. Мы сидели на диване и смотрели телевизор.

soft [sɒft] *adj* **1** мягкий
He was sitting in a big soft armchair. Он сидел в большом мягком кресле.
The seats in this car are too soft. Сиденья в этом автомобиле слишком мягкие.
[*hard* твёрдый, жёсткий]
2 негромкий, тихий; нежный
She talked in such a soft voice that we could hardly hear her. Она говорила так тихо, что мы едва слышали её.
3 неяркий, приглушённый
The soft lighting made the room look warm. Мягкое освещение делало комнату тёплой и уютной.

softly ['sɒftlɪ] *adv* тихо; мягко
She speaks very softly. Она говорит очень тихо.
The lights were shining softly. Освещение было неярким.

software ['sɒftweə(r)] *n вчт.* программное обеспечение, программные средства
standard software стандартное программное обеспечение

soil [sɔɪl] *n* почва, земля

Put some soil in a pot and plant your seeds in it. Набери в горшок земли и посади туда семена.

good soil хорошая земля, плодородная почва

poor soil бедная почва

clay soils глинистые почвы

Note: *не имеет мн. числа*; **some soil** немного земли; **a bag of soil** мешок земли

sold [səʊld] *past tense и past participle от* **sell**

soldier ['səʊldʒə(r)] *n* солдат

The children were playing at soldiers. Дети играли в солдаты.

The soldiers attacked the railroad station. Солдаты атаковали железнодорожный вокзал.

sole [səʊl] *n* подошва; подмётка

I'd like to buy shoes on leather soles. Я хотел бы купить туфли на кожаной подошве.

solid ['sɒlɪd] *adj* твёрдый; крепкий

When water freezes and becomes solid, we call it ice. Когда вода замерзает и становится твёрдой, получается лёд.

I want a good, solid box that won't break easily. Мне нужен хороший, прочный ящик, который нелегко сломать.

solution [sə'lu:ʃn] *n* решение

The solutions to the questions are at the back of the book. Ответы на вопросы находятся в конце книги.

solve [sɒlv] *v* решать, разрешать

How did he solve that problem? Как он разрешил эту проблему?

He's good at solving crossword puzzles. Он хорошо решает кроссворды.

some [sʌm; səm] *pron* **1** несколько; некоторое количество; немного

Go to the supermarket and buy some tomatoes and some meat.

Сходи в супермаркет и купи немного помидоров и мяса.
Can you cut some slices of bread? Отрежь, пожалуйста, несколько кусочков хлеба.
Please give me some milk. Дай мне, пожалуйста, молока.
He asked for money and I gave him some. Он попросил денег, и я дал ему немного.

some more ещё (*в добавление*)
Give me some more ice cream, please. Дайте мне, пожалуйста, ещё мороженого.

2 некоторые
Some of these children can swim, but the others can't. Некоторые из этих ребят умеют плавать, остальные не умеют.
Some of these apples are green. Некоторые из этих яблок зелёные.
Some people drive much too fast. Некоторые люди ездят на слишком большой скорости.

3 какой-то
There's some man at the door—go and see what he wants. Там какой-то человек у двери. Пойди и узнай, что он хочет.
There must be some reason for what he's done. Должно быть, есть какая-то причина, почему он так сделал.
Go away! Come back some other time. Уходите! Приходите как-нибудь в другой раз.

some day когда-нибудь

somebody ['sʌmbədɪ] *pron* кто-то, кто-нибудь
Somebody knocked at the door. Кто-то постучал в дверь.
If somebody phones, say I will be back at five o'clock. Если кто-нибудь позвонит, скажи, что я буду в пять часов.

somehow ['sʌmhaʊ] *adv* как-то, каким-то образом
We shall get there somehow. Мы как-то должны туда попасть.
Somehow I don't trust that man. Я как-то не доверяю этому человеку.

someone ['sʌmwʌn] *pron см* **somebody**

something ['sʌmθɪŋ] *pron* что-то, что-нибудь
There's something at the bottom of the bag. На дне мешка что-то есть.

Something is wrong with the engine. С мотором что-то не в порядке.
Can I have something to eat? Есть что-нибудь поесть?

sometimes ['sʌmtaɪmz] *adv* иногда
We sometimes visit our grandmother. Мы иногда навещаем нашу бабушку.
I sometimes have letters from him. Иногда я получаю от него письма.

somewhere ['sʌmweə(r)] *adv* где-нибудь; куда-нибудь
It must be somewhere near here. Это должно быть где-то здесь недалеко.
This restaurant is full—let's go somewhere else. В этом ресторане полно народу, пойдём куда-нибудь ещё.

son [sʌn] *n* сын
They have two sons. У них два сына.
How old is your son? Сколько лет вашему сыну?

song [sɒŋ] *n* песня
She was singing a song in the kitchen. Она пела на кухне песню.
Have you heard his latest song? Ты слышал его последнюю песню?

soon [su:n] *adv* скоро, вскоре
We'll soon be home. Скоро мы будем дома.
When did the fire start?—Soon after 9 o'clock. Когда начался пожар?—Вскоре после девяти.
It will soon be five years since we came to live here. Скоро будет пять лет, как мы приехали сюда жить.
as soon as как только; когда
I'll leave as soon as I'm ready. Я уеду, как только буду готов.
sooner or later рано или поздно
I expect I'll see him again sooner or later. Думаю, что рано или поздно увижу его снова.

sore [sɔ:(r)] *adj* больной (*об органе, части тела и т. п.*)
My feet are sore after the long walk. После долгой прогулки у меня болят ноги.
She has a sore throat. У неё болит горло.

sorrow ['sɒrəʊ] *n* горе, печаль
to my great sorrow к моему большому огорчению
in sorrow and in joy в горе и в радости
He expressed his sorrow over what he had done. Он выразил своё огорчение по поводу того, что наделал.

sorry ['sɒrɪ] *adj*: **to be sorry** сожалеть, быть огорчённым; просить прощения
We were all sorry to hear you had been ill. Мы все огорчились, узнав, что вы болели.
She stepped on my toe and didn't say she was sorry. Она наступила мне на ногу и не попросила извинения.
I'm sorry, I broke your pen. Прости, я сломал твою ручку.
I'm sorry, but I don't agree. Простите, но я не согласен.
Can you give me a cigarette?—Sorry! I don't have any left. Дай, пожалуйста, сигарету.—Извини, у меня кончились сигареты.
to be/to feel sorry for smb сочувствовать кому-л., жалеть кого-л.
I feel sorry for her—her husband is very ill. Мне её очень жаль, её муж тяжело болен.

sort [sɔ:t] *n* сорт, род, вид
a cheap sort of paper дешёвый сорт бумаги
What sort of music do you like? Какая музыка тебе нравится?
We can't approve of this sort of thing. Мы не одобряем вещи такого рода.
nothing of the sort ничего подобного

soul [səʊl] *n* душа
Everyone had gone out and there was not a soul in the house. Все ушли, и в доме не было ни души.

sound [saʊnd] *n* звук
I heard the sound of church bells. Я слышал звон церковных колоколов.
The sound of music came through the open window. Через открытое окно слышались звуки музыки.

soup [su:p] *n* суп
Do you want some soup? Хочешь супа?

We had vegetable soup for dinner. На обед у нас был овощной суп.

sour ['saʊə(r)] *adj* кислый

These oranges are as sour as lemons. Эти апельсины кислые, как лимоны.

sour cream сметана

You need sour cream to make this salad dressing. Для заправки этого салата нужна сметана.

[*sweet* сладкий]

source [sɔːs] *n* исток; источник

a source of information источник информации

south I [saʊθ] *n* юг

in the south на юге

to the south of к югу от

This river is in the south of the country. Эта река течёт на юге страны.

The town is to the south of the mountains. Этот город находится к югу от гор.

The wind is blowing from the south. Ветер дует с юга.

[*north* север]

south II [saʊθ] *adj* южный

I like the south coast of England. Мне нравится южное побережье Англии.

the South Pole Южный полюс

[*north* северный]

south III [saʊθ] *adv* на юг

Birds fly south in the autumn. Осенью птицы летят на юг.

[*north* на север]

southern ['sʌðən] *adj* южный

They live in the southern part of the country. Они живут в южной части страны.

It's a southern wind. Дует южный ветер.

[*northern* северный]

sow [səʊ] *v* (*past tense* **sowed**; *past participle* **sown** *или* **sowed**) сеять
The farmer sows the corn in the spring. Фермер сеет хлеб весной.

sown [səʊn] *past participle от* **sow**

space [speɪs] *n* **1** космос
2 пространство, место
Is there space for another bed in the room? В комнате есть место ещё для одной кровати?
This table takes up a lot of space. Этот стол занимает много места.

spacecraft ['speɪskrɑ:ft] *n* (*pl* **spacecraft**) космический корабль

spade [speɪd] *n* **1** лопата
2 пики (*карточная масть*)
the king of spades пиковый король

spaghetti [spə'getɪ] *n* спагетти

Spain [speɪn] *n* Испания

Spanish I ['spænɪʃ] *adj* испанский

Spanish II ['spænɪʃ] *n* испанский язык

sparrow ['spærəʊ] *n* воробей
Several sparrows flew over to the table to eat the small pieces of bread. Несколько воробьёв прилетели на стол подобрать хлебные крошки.

speak [spi:k] *v* (*past tense* **spoke**; *past participle* **spoken**) **1** говорить
She speaks very fast. Она очень быстро говорит.
I must speak to him about his son. Я должен поговорить с ним о его сыне.
He walked past me without speaking. Он молча прошёл мимо меня.
Can he speak English? Он говорит по-английски?

to speak up говорить чётко и громко

Speak up—I can't hear you! Говори громче, я тебя не слышу!

2 выступать с речью

The chairman spoke for half an hour at the meeting. Председатель выступил на собрании с получасовой речью.

speaker ['spi:kə(r)] *n* **1** выступающий, оратор

He is a good speaker. Он хороший оратор.

2 громкоговоритель

special ['speʃl] *adj* особый; специальный

This is a very special day—it's my birthday. Это особый день—мой день рождения.

He has a special pair of scissors for cutting his hair. Для стрижки волос у него есть специальные ножницы.

Why should we give you special treatment? Почему мы должны относиться к вам как-то по-особенному?

There is nothing very special about his new car. Ничего особенного в его новом автомобиле нет.

specially ['speʃəlɪ] *adv* специально

I came here specially to see you. Я пришёл сюда специально, чтобы повидать вас.

specimen ['spesɪmɪn] *n* образец

a specimen of rock образец породы

He's still a fine specimen of health. Он всё ещё являет собой замечательный образец здоровья.

spectacles ['spektəklz] *n pl* очки

He put on his spectacles and started to read. Он надел очки и начал читать.

speech [spi:tʃ] *n* **1** речь

Our thoughts are expressed by speech. Наши мысли выражаются речью.

His indistinct speech made it impossible to understand him. Из-за невнятной речи его невозможно понять.

the parts of speech *грам.* части речи

2 выступление, речь
All the speeches were much too long. Все выступления были слишком длинны.
to make a speech произносить речь
She made a short speech at the dinner. На обеде она выступила с краткой речью.

speed [spi:d] *n* скорость
The car was travelling at high speed. Автомобиль двигался на высокой скорости.

spell [spel] *v* произносить по буквам
How do you spell your name? Как пишется ваше имя?
You've spelled his name wrong. Ты неправильно написал его имя.
Spell the word "bright". Назови по буквам слово «bright».

spelling ['spelɪŋ] *n* орфография, правописание
He writes very well, but his spelling is bad. Он пишет очень хорошо, но с ошибками.

spend [spend] *v* (*past tense и past participle* **spent**) **1** тратить (*деньги*)
He spends a lot of money on records. Он тратит уйму денег на музыкальные записи.
I don't like spending too much money on food. Не люблю тратить много денег на еду.
2 проводить (*время*)
He spent two hours fixing the car. Он потратил два часа, возясь со своим автомобилем.
Why don't you spend the weekend with us? Почему бы тебе не провести выходные с нами?

spent [spent] *past tense и past participle от* **spend**

spider ['spaɪdə(r)] *n* паук
She's afraid of spiders. Она боится пауков.

spill [spɪl] *v* (*past tense и past participle* **spilled** *или* **spilt**) проливать, разливать

I spilled some soup down my shirt. Я пролил суп на рубашку.
He knocked his cup over and spilt tea on the carpet. Он опрокинул чашку, и чай выплеснулся на ковёр.

spilt [spɪlt] *past tense и past participle от* **spill**

spite [spaɪt] *n*: **in spite of** несмотря на
He slept well in spite of the noise. Несмотря на шум, он хорошо спал.

splendid ['splendɪd] *adj* красивый, чудесный, восхитительный
splendid jewellery великолепные драгоценности
a splendid house чудесный дом

spoil [spɔɪl] *v* (*past tense и past participle* **spoiled** *или* **spoilt**) **1** портить
Don't spoil your appetite by eating sweets just before dinner. Не порти себе сладким аппетит перед обедом.
The visit was spoilt by an argument. Встреча была испорчена спором.
2 баловать
She spoils her little sister. Она балует свою маленькую сестрёнку.
3 портиться
The fruit has spoilt in the hot sun. На жарком солнце фрукты испортились.

spoilt [spɔɪlt] *past tense и past participle от* **spoil**

spoke [spəʊk] *past tense от* **speak**

spoken ['spəʊkən] *past participle от* **speak**

sponge [spʌnʤ] *n* **1** губка
He was washing his car with a sponge. Он мыл губкой свой автомобиль.
2 бисквит

spoon [spu:n] *n* ложка

a silver spoon серебряная ложка

Eat your dessert with your spoon, not with your knife. Ешь десерт ложкой, а не ножом.

Do you have a big spoon to serve the peas? У тебя есть большая ложка разложить горошек?

spoonful ['spu:nfʊl] *n* полная ложка (*чего-л.*)

He put two spoonfuls of sugar into his coffee. Он положил себе в кофе две полные ложки сахару.

sport [spɔ:t] *n* спорт; вид спорта

Football and swimming are popular sports. Футбол и плавание — популярные виды спорта.

I like watching sports on TV. Я люблю смотреть по телевизору спорт.

He doesn't like any sport at all. Он равнодушен к спорту.

sportsman ['spɔ:tsmən] *n* спортсмен

spot [spɒt] *n* **1** место

This is a good spot for a picnic. Это хорошее место для пикника.

This is the spot where the accident took place. Это то место, где произошла авария.

2 пятно, пятнышко

He has a blue tie with red spots. У него голубой галстук с красными крапинками.

You've got spots of mud on your coat. У вас на пальто пятна грязи.

He must be sick — his face is covered with red spots. Должно быть, он болен; его лицо всё в сыпи.

sprang [spræŋ] *past tense от* **spring**[2] II

spread [spred] *v* (*past tense и past participle* **spread**) **1** распространять; развёртывать; расстилать

The bird spread its wings and flew away. Птица раскрыла крылья и улетела.

We spread a rug on the grass for the picnic. Мы расстелили на траве коврик для пикника.

Don't spread the news — it's supposed to be a secret. Не распространяй эту новость, её хотят сохранить в тайне.

2 намазывать, размазывать

He spread butter on a piece of bread. Он намазал хлеб маслом.

Don't spread too much glue on the paper. Не намазывай бумагу клеем слишком густо.

3 распространяться

The fire spread to the house next door. Огонь перекинулся на соседний дом.

The news of the gold discovery quickly spread. Новость о том, что нашли золото, распространилась быстро.

spring[1] [sprɪŋ] *n* весна

In spring, the trees grow new leaves. Весной на деревьях распускаются листья.

They started work last spring. Они начали эту работу прошлой весной.

spring[2] **I** [sprɪŋ] *n* **1** пружина

There are no springs in this bed. У этой кровати нет пружин.

There's a spring to keep the door closed. Чтобы дверь не открывалась, здесь есть пружина.

2 источник, родник

mineral spring минеральный источник

spring[2] **II** [sprɪŋ] *v* (*past tense* **sprang**; *past participle* **sprung**) **1** прыгать; вскакивать

The cat sprang on the mouse. Кошка прыгнула на мышь.

He sprang to his feet. Он вскочил на ноги.

She sprang forward to help me. Она бросилась вперёд, чтобы помочь мне.

2 появляться

Weeds were springing up everywhere. Повсюду полезли сорняки.

sprung [sprʌŋ] *past participle от* **spring**[2] II

spy [spaɪ] *n* шпион

square I [skweə(r)] *adj* квадратный
a square table квадратный стол
ten square metres десять квадратных метров
This piece of paper isn't square. Этот лист бумаги не квадратный.

square II [skweə(r)] *n* **1** квадрат
The floor is covered with black and white squares. На полу рисунок из чёрных и белых квадратов.
2 площадь
Red Square is in the middle of Moscow. Красная площадь находится в центре Москвы.

squeeze [skwi:z] *v* сжимать
The child squeezed his mother's hand. Ребёнок сжал руку матери.
to squeeze out выжимать
He squeezed the juice out of the orange. Он выжал сок из апельсина.

squirrel ['skwɪrəl] *n* белка
The squirrel gathered nuts in the grass. Белочка собирала в траве орехи.

stable[1] ['steɪbl] *adj* прочный; устойчивый; стабильный
Don't sit on that chair — it's not stable. Не садись на этот стул, он шатается.
He needs a stable job. Ему нужна постоянная работа.

stable[2] ['steɪbl] *n* конюшня

stadium ['steɪdɪəm] *n* стадион
They have built a new stadium for the Olympic Games. Для Олимпийских игр построили новый стадион.

staff [stɑ:f] *n* работники, коллектив, штат
The company has a staff of 100. В этой компании работает сто человек.
The staff don't like the new manager. Коллективу не нравится новый директор.

Note: *в качестве подлежащего* **staff** *часто употребляется в глаголом во мн. числе*; *e. g.* **a staff of advisers has been employed for the President** для президента был набран штат советников; **the staff work very hard** коллектив работает очень напряжённо

stage [steɪʤ] *n* сцена

He came onto the stage and started to sing. Он вышел на сцену и начал петь.

stairs [steəz] *n pl* лестница

He ran up the stairs to his bedroom. Он взбежал вверх по лестнице в свою спальню.

She fell down the stairs and broke her leg. Она упала с лестницы и сломала ногу.

stammer ['stæmə(r)] *v* **1** заикаться

She stammers when she feels nervous. Когда она нервничает, то начинает заикаться.

2 говорить запинаясь

He stammered his thanks. Запинаясь и заикаясь, он промямлил слова благодарности.

stamp [stæmp] *n* марка

He collects stamps and old coins. Он собирает марки и старые монеты.

Did you remember to put a stamp on my letter? Ты не забыл приклеить марку на моё письмо?

stand [stænd] *v* (*past tense и past participle* **stood**) **1** стоять

I'm so tired I can hardly stand. Я так устал, что едва держусь на ногах.

There are no seats left, so we'll have to stand. Свободных мест не осталось, нам придётся стоять.

Don't just stand there — come and help. Не стой просто так, подойди и помоги.

The box was standing in the middle of the room. Ящик стоял посреди комнаты.

to stand out выделяться

Does your work stand out from that of others? Твоя работа выделяется среди прочих?

to stand up вставать

When the teacher came into the room all the children stood up. Когда учитель вошёл в класс, все дети встали.

[*to sit* сидеть]

2 ставить, прислонять

Stand the ladder against the wall. Поставь лестницу к стене.

3 выдерживать, выносить

I can't stand all this noise. Я не могу вынести этот шум.

He wants to marry me, but I can't stand the sight of him. Он хочет жениться на мне, а я не выношу даже его вида.

star [stɑ:(r)] *n* **1** звезда

Look at all those stars — the weather will be nice tomorrow. Ты посмотри на звёзды: завтра будет хорошая погода.

2 знаменитый артист, певец *и т. п.*, звезда

a TV star телезвезда

football stars звёзды футбола

She's the star of the new movie. Она играет в этом новом фильме главную роль.

stare [steə(r)] *v* уставиться, смотреть не отрываясь

She kept staring at me. Она продолжала таращиться на меня.

He was staring into the distance. Он уставился вдаль.

start I [stɑ:t] *n* начало

She came late after the start of the meeting. Она пришла, когда собрание уже давно началось.

to make a start начинать; отправляться

We have a long way to go, so we'll make an early start. Нам предстоял долгий путь, поэтому мы вышли рано.

start II [stɑ:t] *v* **1** начинать(ся)

She put up her umbrella when it started to rain. Когда начался дождь, она раскрыла зонтик.

He started eating his sandwiches. Он начал есть свои бутерброды.

Does the match start at 4 p.m.? Матч начинается в четыре часа?

[*to finish, to end* заканчивать(ся)]

2 отправляться; выходить; выезжать

When do you start for Paris? Когда вы отправляетесь в Париж?

3 заводить(ся)

I can't start the car. Я не могу завести автомобиль.

The car won't start. Автомобиль не заводится.

starvation [stɑːˈveɪʃn] *n* голод

The dog died of starvation. Собака умерла от голода.

starve [stɑːv] *v* голодать

I'd rather starve than work for that company! Лучше я буду голодать, чем работать на эту компанию!

state [steɪt] *n* **1** состояние

The house isn't in a very good state. Этот дом не в очень хорошем состоянии.

His state of health is getting worse. Состояние его здоровья ухудшается.

2 государство

France is a European state. Франция — европейское государство.

3 штат

the state of Texas штат Техас

statement [ˈsteɪtmənt] *n* утверждение, заявление

He made a statement to the police about the robbery that he saw. Он заявил в полицию об ограблении, свидетелем которого он был.

station [ˈsteɪʃn] *n* **1** железнодорожная станция, вокзал

Can you tell me the way to the station? Скажите, как пройти на станцию?

The train doesn't stop at the next station. На следующей станции поезд не останавливается.

2 станция; пункт

a fire station пожарная станция

a police station полицейский участок

a radio station радиостанция

stationery [ˈsteɪʃənrɪ] *n* канцелярские принадлежности

He wanted to write a letter on hotel stationery. Он хотел написать письмо на фирменной бумаге отеля.

statue ['stætʃu:] *n* статуя; памятник
There is a statue of Nelson in Trafalgar Square. На Трафальгарской площади стоит памятник Нельсону.

stay I [steɪ] *v* **1** оставаться
On Sundays we stay at home. По воскресеньям мы остаёмся дома.
My aunt stayed single and didn't marry. Моя тётя не выходила замуж и жила одна.
She's sick and has to stay in bed. Она заболела и должна оставаться в постели.
to stay out находиться вне дома, не возвращаться домой
Don't stay out after ten o'clock. Не задерживайся после десяти.
to stay up оставаться на ногах, не ложиться спать
We stayed up very late last night. Вчера мы засиделись допоздна.
2 останавливаться, гостить, жить
I stayed with my sister when I was in Paris. Когда я был в Париже, то гостил у своей сестры.
How long will you be staying in Moscow? Как долго вы пробудете в Москве?

stay II [steɪ] *n* визит, пребывание
I'm only here for a short stay. Я здесь очень ненадолго.
He is back from a short stay with his uncle. Он возвращается после недолгого визита к своему дяде.

steak [steɪk] *n* стейк, бифштекс
Can I have some more steak? Можно мне ещё стейка?

steal [sti:l] *v* (*past tense* **stole**; *past participle* **stolen**) красть, воровать
Someone has stolen my car. У меня угнали автомобиль.
He has had his watch stolen. У него украли часы.

steam [sti:m] *n* пар
Steam was coming out of the kettle. Из чайника шёл пар.

steel [sti:l] *n* сталь
These forks and spoons are made of stainless steel. Эти вилки и ложки сделаны из нержавеющей стали.

steer [stɪə(r)] *v* управлять (*автомобилем, кораблём и т. п.*), направлять (*автомобиль и т. п.*)

He steered the boat into the harbour. Он направил лодку в гавань.

Steer towards that rock. Держи курс на эту скалу.

steering wheel ['stɪərɪŋwi:l] *n* руль; штурвал, рулевое колесо

step I [step] *n* **1** шаг

He took two steps forward. Он сделал два шага вперёд.

step by step шаг за шагом, постепенно

steps *pl* шаги, звуки шагов

The dog barked when he heard steps in the garden. Пёс залаял, услышав шаги в саду.

2 ступенька

Walk carefully in the dark, because there are three steps down into the kitchen. Иди осторожно в темноте, потому что на кухню ведут три ступеньки вниз.

3 действие, мера

We must take steps to make sure that we do not lose money. Мы должны предпринять ряд шагов, чтобы быть уверенными, что не потеряем деньги.

Our first step must be a change in working hours. Прежде всего мы должны изменить часы работы.

◊ **watch your step** будь осторожен

Watch your step today — the boss is in a bad mood. Будь осторожен сегодня: босс в плохом настроении.

step II [step] *v* (**stepped**, **stepping**) шагать, ступать

Can you step across the stream, or is it too wide? Можешь перешагнуть через ручей, или он слишком широк?

She stepped off the bus. Она вышла из автобуса.

to step aside шагнуть в сторону

She stepped aside to let me pass. Она посторонилась, давая мне пройти.

stick I [stɪk] *n* палка, палочка

Let's find some sticks to make a fire. Давайте соберём хворост и разведём костёр.

The old man walks with a stick. Старик шёл, опираясь на палку.

stick II [stɪk] *v* (*past tense и past participle* **stuck**) **1** вонзать, втыкать

Don't stick that needle into your finger! Смотри не вонзи себе в палец эту иголку!

2 приклеивать, наклеивать

She stuck a stamp on to the envelope. Она приклеила на конверт марку.

The boy tried to stick the handle onto the cup with glue. Мальчик пытался приклеить к чашке отбитую ручку.

3 застрять

The car stuck in the mud. Автомобиль застрял в грязи.

The door is stuck and we can't open it. Дверь заело, и мы не можем открыть её.

to stick out высовывать(ся); торчать

The doctor asked him to stick out his tongue. Доктор велел ему показать язык.

His wallet was sticking out of his pocket. У него из кармана торчал бумажник.

sticky ['stɪkɪ] *adj* клейкий, липкий

There's something sticky on the table. Здесь что-то липкое на столе.

still I [stɪl] *adj* тихий, спокойный

Stand still while I take your picture. Стой спокойно, пока я буду тебя фотографировать.

The surface of the water was completely still. Поверхность воды была совершенно неподвижна.

still II [stɪl] *adv* **1** всё ещё; до сих пор

He is still busy. Он всё ещё занят.

Will he still be here when I get back? Он всё ещё будет здесь, когда я вернусь?

They're still talking about the election. Они до сих пор говорят о выборах.

2 *при сравнительной степени* даже; ещё

It has been cold all day, and it will be still colder tonight. Целый день было холодно, а вечером будет ещё холоднее.

He is tall but his brother is still taller. Он высокий, а его брат ещё выше.

That would be better still. Это было бы ещё лучше.

3 всё же, всё-таки, однако, тем не менее

It wasn't very sunny — still, it didn't rain. Было не очень солнечно, но дождь всё-таки не пошёл.

I don't want to get up — still, it's time for work. Мне не хочется вставать, однако пора работать.

He still went on vacation although he had no money. Он всё равно поехал в отпуск, хоть у него и не было денег.

sting [stɪŋ] *v* (*past tense и past participle* **stung**) жалить

A wasp stung him. Его ужалила оса.

stir [stɜ:(r)] *v* (**stirred, stirring**) **1** двигать(ся), шевелить(ся)

The wind stirred the leaves. Ветер шевелил листья.

Nobody was stirring in the house. Никто в доме не двигался.

2 мешать (*ложкой и т. п.*)

Have you stirred your tea? Вы уже размешали сахар в чае?

Stir the porridge. Помешай кашу.

stocking ['stɒkɪŋ] *n* чулок

a pair of stockings чулки, пара чулок

She was wearing blue stockings and white shoes. На ней были голубые чулки и белые туфли.

stole [stəʊl] *past tense от* **steal**

stolen ['stəʊlən] *past participle от* **steal**

stomach ['stʌmək] *n* желудок; живот

He hit him in the stomach. Он ударил его в живот.

It is unwise to work on an empty stomach. Неразумно работать на пустой желудок.

stomachache ['stʌməkeɪk] *n* боль в желудке

stone [stəʊn] *n* **1** камень; камешек
a wall of stone стена из камня, каменная стена
Don't throw stones at the cat. Не бросай в кошку камни.
2 драгоценный камень
3 косточка; зёрнышко
Plums have stones in the middle. У слив внутри косточка.

stood [stʊd] *past tense и past participle от* **stand**

stool [stu:l] *n* табурет; табуретка
a piano stool фортепьянный табурет

stop I [stɒp] *n* **1** остановка; прекращение; конец
The train came to a sudden stop. Поезд внезапно остановился.
to come to a stop прекращать, останавливаться
All work came to a stop when the company couldn't pay the workers. Работа прекратилась, когда компания не смогла заплатить рабочим.
to put a stop to прекращать, положить конец
We must put a stop to crime. Мы должны положить конец преступности.
2 остановка (*автобусная и т. п.*)
We waited for twenty minutes at the bus stop. Мы прождали на автобусной остановке двадцать минут.
I must get off at the next stop. Мне нужно выходить на следующей остановке.

stop II [stɒp] *v* **(stopped, stopping) 1** останавливать
He stopped his car at the traffic lights. Он остановил свой автомобиль у светофора.
Stop him! He has stolen my money! Остановите его! Он украл у меня деньги!
to stop smb from doing smth не разрешать кому-л. делать что-л.
He stopped the child from playing near the river. Он не разрешил ребёнку играть у реки.
2 останавливаться
Some trains don't stop at this station. Некоторые поезда не останавливаются на этой станции.
3 прекращать, переставать

It has stopped raining. Дождь прекратился.
We stopped talking. Мы перестали болтать.

stopper ['stɒpə(r)] *n* пробка

store I [stɔ:(r)] *n* **1** большой магазин
a department store универсальный магазин
There are three department stores at the shopping centre. В торговом центре три универсальных магазина.
The furniture store is next to the bookshop. Мебельный магазин рядом с книжным.
2 склад
a furniture store мебельный склад

store II [stɔ:(r)] *v* хранить
We'll store all our apples in that cupboard. Мы положим все наши яблоки в этот шкаф.

storey ['stɔ:rɪ] *n* этаж, уровень
a house of two storeys двухэтажный дом

storm [stɔ:m] *n* буря, гроза, шторм
The storm blew down two trees. Во время бури повалило два дерева.
We often have storms in March. В марте у нас часто штормит.

stormy ['stɔ:mɪ] *adj* **1** бурный, штормовой
stormy weather ненастная погода, штормовая погода
2 яростный
a stormy quarrel яростная ссора
a stormy meeting бурное собрание

story ['stɔ:rɪ] *n* рассказ; повесть; история
Granny tells us stories about her childhood. Бабушка рассказывает нам разные истории о своём детстве.
Tell the policeman your story. Расскажите полицейскому, что с вами случилось.
The film is the story of two children. Это фильм про двух детей.
He writes stories about the war. Он пишет рассказы о войне.

stove [stəʊv] *n* печь; плита
We have a gas stove in the kitchen. У нас на кухне газовая плита.
Please take that pan off the stove. Сними, пожалуйста, с плиты эту кастрюлю.

straight I [streɪt] *adj* прямой
Draw a straight line. Начерти прямую линию.
He has long straight hair. У него длинные прямые волосы.

straight II [streɪt] *adv* **1** прямо
The smoke rose straight up because there was no wind. Ветра не было, и дым поднимался вверх столбом.
2 сразу, немедленно
Come straight home. Иди прямо домой.
I'll come straight back. Я сразу же вернусь.
straight away сейчас же
I'll do it straight away. Я сделаю это прямо сейчас.

strange [streɪnʤ] *adj* **1** неизвестный, чужой
It's difficult to get to sleep in a strange room. Трудно заснуть в чужой комнате.
We went to Korea and had lots of strange food to eat. Мы ездили в Корею и ели там много необычной для нас пищи.
2 странный
The car engine is making a strange sound. Мотор автомобиля издаёт странный звук.
He tells some very strange things. Он рассказывает какие-то очень странные вещи.

stranger ['streɪnʤə(r)] *n* незнакомец; приезжий
Don't accept presents from strangers. Не принимай подарков от незнакомых людей.
I'm a stranger here — I'm afraid I don't know where the post office is. Я приезжий и не знаю, где здесь почта.

straw [strɔː] *n* солома; соломинка
My rabbit sleeps on a bed of straw. Мой кролик спит на соломенной подстилке.
This hat is made of straw. Это соломенная шляпка.

strawberry ['strɔːbrɪ] *n* клубника

We will have strawberries and whipped cream for dessert. На десерт у нас будет клубника со взбитыми сливками.

stream [striːm] *n* **1** ручей; речка; поток

He jumped over the mountain stream. Он перепрыгнул через горный ручей.

2 поток (*людей, автомобилей и т. п.*)

Streams of cars were going towards the coast. Потоки машин двигались к побережью.

street [striːt] *n* улица

What street do you live in? На какой улице ты живёшь?

He met his sister in the street. Он встретил на улице свою сестру.

The main street is very busy on Saturday morning. По субботам утром главная улица очень загружена.

Go down the street to the traffic lights. Идите вниз по улице до светофора.

strength [streŋθ] *n* сила

He kicked the ball with all his strength. Он ударил по мячу изо всех сил.

He doesn't know his own strength. Он не знает своей собственной силы.

stress [stres] *n* **1** ударение

The stress is on the second syllable. Ударение падает на второй слог.

2 стресс

She's suffering from stress. У неё стресс.

stretch [stretʃ] *v* **1** растягивать(ся)

Rubber bands stretch. Резиновые ленты растягиваются.

The wire was stretched between two poles. Между двумя столбиками была натянута проволока.

2 вытягивать(ся), потягиваться

He stretched out his hand and took a book from the shelf. Он протянул руку и достал с полки книгу.

The cat got up from the chair and stretched. Кошка поднялась на стуле и потянулась.

to stretch out вытягиваться

He stretched out on the grass and went to sleep. Он растянулся на траве и заснул.

3 тянуться, простираться

The sea stretched all around us. Вокруг нас простиралось море.

strike I [straɪk] *n* забастовка

The strike by the bus drivers lasted two weeks. Забастовка водителей автобусов длилась две недели.

to be on strike бастовать

The workers are on strike. Рабочие бастуют.

strike II [straɪk] *v* (*past tense и past participle* **struck**) **1** бить, ударять

He struck me with a stick. Он ударил меня палкой.

to strike a match зажечь спичку

2 бить (*о часах*)

The clock struck ten. Часы пробили десять.

3 бастовать

The workers at the factory are striking for more pay. Рабочие фабрики бастуют, требуя повышения зарплаты.

4 вызывать удивление, заставлять думать

I was struck by what she said. Меня поразило то, что она сказала.

It strikes me that he was telling a lie. Я вдруг понял, что он лжёт.

string [strɪŋ] *n* верёвка, бечёвка

Tie the package up with a piece of string. Перевяжи свёрток верёвкой.

strong [strɒŋ] *adj* сильный; крепкий; прочный

Is he strong enough to pick up this box? У него хватит силы поднять этот ящик?

The rope is broken — we need something stronger. Верёвка порвалась, нам нужно что-нибудь попрочнее.

This cheese is too strong. Этот сыр слишком острый.

There was a strong smell of coffee. Там стоял сильный запах кофе.

[*weak* слабый]

struck [strʌk] *past tense и past participle от* **strike** II

struggle I ['strʌgl] *v* бороться
to struggle against difficulties бороться с трудностями
to struggle for influence бороться за влияние

struggle II ['strʌgl] *n* борьба
the struggle for freedom борьба за свободу

stubborn ['stʌbən] *adj* упрямый, упорный; тяжёлый
A donkey is a stubborn animal. Осёл — упрямое животное.

stuck [stʌk] *past tense и past participle от* **stick** II

student ['stju:dnt] *n* студент
All the students are preparing for their exams. Все студенты готовятся к экзаменам.
She is a medical student. Она студентка медицинского института.

study I ['stʌdɪ] *n* **1** учёба; изучение
When are you beginning your studies at college? Когда начинаются твои занятия в колледже?
2 кабинет

study II ['stʌdɪ] *v* **(studies, studied, studying)** **1** учить(ся), заниматься
He is studying medicine because he wants to be a doctor. Он изучает медицину, потому что хочет стать врачом.
2 пристально смотреть, изучать
We must study the map before we start our journey. Перед тем как отправиться в путешествие, мы должны изучить карту.

stuff [stʌf] *n* материал; вещь; штука
What is this sticky stuff on the carpet? Что это за липкая штуковина на ковре?
Do you call this stuff beer? И ты называешь это пивом?
There's some green stuff on the table — I don't know what it is. На столе что-то зелёное, я не знаю, что это такое.

stumble ['stʌmbl] *v* спотыкаться
The child stumbled over the root of a tree and fell. Ребёнок споткнулся о корень дерева и упал.

stung [stʌŋ] *past tense и past participle от* **sting**

stupid ['stju:pɪd] *adj* глупый
That was a stupid thing to do. Это было глупо делать.
Don't be stupid enough to believe it. Не будь глупцом и не вздумай поверить этому.
[*clever* умный]

subject ['sʌbʤɪkt] *n* **1** предмет (*учебный*), тема (*разговора и т. п.*)
Geography and English are my favourite subjects. География и английский — мои любимые предметы.
The subject of his book is American history. Тема его книги — история Америки.
Let's change the subject. Давайте сменим тему разговора.
2 *грам.* подлежащее
Which word is the subject of the sentence? Какое слово в этом предложении является подлежащим?

submarine [ˌsʌbmə'ri:n] *n* подводная лодка

subtract [səb'trækt] *v* вычитать
If you subtract 6 from 9, you will have 3. Если из девяти вычесть шесть, получится три.
[*to add* прибавлять, складывать]

suburb ['sʌbɜ:b] *n* пригород

subway ['sʌbweɪ] *n* **1** подземный переход
Cross by the subway. Перейдите по подземному переходу.
2 *амер.* метро

succeed [sək'si:d] *v* удаваться; иметь успех
She succeeded in finding a good job. Ей удалось найти хорошую работу.
This book tells you how to succeed in business. Это пособие рассказывает, как преуспеть в бизнесе.

success [sək'ses] *n* успех
I wished her success with her studies. Я пожелал ей успехов в учёбе.
He's been trying to get a job, but with no success. Он пытался найти работу, но безуспешно.
to be a success быть удачным, иметь успех
The party was not a success. Вечеринка не удалась.
His new play is a great success. Его новая пьеса имеет большой успех.
[*failure* неудача, провал]

such [sʌtʃ] *adj* такой
I'd love a boat but such things are expensive. Мне бы хотелось иметь лодку, но такие вещи дороги.
It's such sweet tea that I can't drink it. Чай такой сладкий, что я не могу его пить.
Don't be in such a hurry! Не спеши так!
He's such a nice man. Он такой милый.
such as такой как
People such as doctors need to study for many years. Такие специалисты, как врачи, должны учиться много лет.

sudden ['sʌdn] *adj* внезапный
There was a sudden storm, and we all got wet. Неожиданно начался дождь, и мы все вымокли.

suddenly ['sʌdnlı] *adv* вдруг, внезапно
Suddenly the doorbell rang. Вдруг в дверь позвонили.

suffer ['sʌfə(r)] *v* страдать
He is suffering from toothache. Он страдает от зубной боли.

suffix ['sʌfıks] *n грам.* суффикс

sugar ['ʃʊgə(r)] *n* сахар
Do you have sugar in your tea? Вы положили сахар в чай?
Do you take sugar in your coffee? Вы кладёте в кофе сахар?
There's too much sugar in this cake. Этот пирог слишком сладкий.

Note: *не имеет мн. числа*; *e. g.* **some sugar** немного сахару; **a bag of sugar** пакет сахара; **a lump of sugar** кусок сахара

sugar beet ['ʃʊgəbi:t] *n* сахарная свёкла

suggest [sə'ʤest] *v* предлагать, советовать
I suggest we stop for a cup of coffee. Я предлагаю сделать перерыв и выпить по чашке кофе.
He suggested that we should go for a swim. Он предложил пойти поплавать.

suggestion [sə'ʤestʃən] *n* предложение, совет
I don't know what to buy for her birthday — have you any suggestion? Не знаю, что купить ей на день рождения, у тебя есть какое-нибудь предложение?

suit[1] [su:t] *n* костюм
He has a dark grey suit on. Он в тёмно-сером костюме.
She was wearing a blue suit. Она была в синем костюме.

suit[2] [su:t] *v* **1** удовлетворять, подходить; быть удобным
The seven o'clock train will suit us very well. Семичасовой поезд прекрасно устроит нас.
Does the climate suit you? Климат подходит вам?
That suits me fine. Это меня устраивает.
2 быть к лицу
The pink dress doesn't suit me. Розовое платье не идёт мне.

suitable ['su:təbl] *adj* подходящий, годный
They're trying to think of a suitable title for the book. Они подыскивают подходящее название для книги.
The most suitable date for the meeting would be March, 20. Наиболее подходящий день для проведения собрания — двадцатое марта.

suitcase ['su:tkeɪs] *n* чемодан
She was putting her clothes into a suitcase. Она складывала одежду в чемодан.

sum [sʌm] *n* сумма

Sixteen is the sum of fourteen and two. Шестнадцать — сумма четырнадцати и двух.

She received the sum of one thousand dollars. Она получила сумму в тысячу долларов.

summer ['sʌmə(r)] *n* лето

Most people go on vacation in the summer. Большинство людей берут отпуск летом.

Last summer we went to Greece. Прошлым летом мы ездили в Грецию.

summit ['sʌmɪt] *n* **1** вершина (*горы*)
2 встреча глав государств

sun [sʌn] *n* солнце

The sun rises in the east. Солнце восходит на востоке.

The sun is so hot that we'll have to sit in the shade. На солнце так жарко, что нам придётся сидеть в тени.

You can't spend all day just sitting in the sun. Нельзя сидеть просто так на солнце целый день.

sunburn ['sʌnbɜ:n] *n* солнечный ожог

She got a bad sunburn at the beach today. Она сильно сгорела сегодня на пляже.

sunburnt ['sʌnbɜ:nt] *adj* загорелый

Sunday ['sʌndɪ] *n* воскресенье

Last Sunday we went on a picnic. В прошлое воскресенье мы ходили на пикник.

The stores are closed on Sundays. По воскресеньям магазины закрыты.

Shall we meet next Sunday? Увидимся в следующее воскресенье?

sunflower ['sʌnflaʊə(r)] *n* подсолнух

sung [sʌŋ] *past participle от* **sing**

sunglasses ['sʌnglɑ:sɪz] *n pl* солнцезащитные очки

sunk [sʌŋk] *past participle от* **sink** II

sunlight ['sʌnlaɪt] *n* солнечный свет
This plant needs a lot of sunlight to grow well. Этому растению для роста требуется много солнца.

sunny ['sʌnɪ] *adj* солнечный
a sunny day солнечный день
the sunny side of the street солнечная сторона улицы

sunrise ['sʌnraɪz] *n* восход солнца
The birds start to sing at sunrise. Птицы начинают петь на восходе солнца.

sunset ['sʌnset] *n* закат, заход солнца

sunshine ['sʌnʃaɪn] *n* солнечный свет

suntan ['sʌntæn] *n* загар
She got a good suntan on her vacation. Во время своего отпуска она хорошо загорела.

superior [su:'pɪərɪə(r)] *adj* лучший, превосходный, высшего качества
Fresh coffee is superior to instant coffee. Свежесваренный молотый кофе превосходит по вкусу и качеству растворимый кофе.

superlative I [su:'pɜ:lətɪv] *adj* **1** превосходный
2: the superlative degree *грам.* превосходная степень

superlative II [su:'pɜ:lətɪv] *n грам.* превосходная степень
"Best" is the superlative of "good". «Best» — превосходная степень от «good».

supermarket ['su:pəmɑ:kɪt] *n* большой универсам; супермаркет

Go to the supermarket and get me some tea. Сходи в супермаркет и купи мне чаю.

supper ['sʌpə(r)] *n* ужин
What did you eat for supper? Что вы ели на ужин?
to have (one's) supper ужинать
We have supper at about seven o'clock. Мы ужинаем примерно в семь.
Come and have supper with us tomorrow. Приходите к нам завтра на ужин.

supply I [sə'plaɪ] *v* (**supplies**, **supplied**, **supplying**) снабжать, обеспечивать
The town is supplied with water from the river. Город снабжается водой из реки.
Can you supply me with information about the accident? Ты можешь дать мне информацию об этом происшествии?

supply II [sə'plaɪ] *n* **1** снабжение
The electricity supply has broken down. Снабжение электроэнергией прекратилось.
2 запас
Mother always has a good supply of food in the house. У мамы всегда в доме хороший запас продуктов.

support I [sə'pɔ:t] *v* **1** держать, поддерживать
You support the bottom of the box while I lift the top. Ты поддерживай дно ящика, пока я буду поднимать крышку.
2 содержать, помогать
He has to support a large family. Ему надо содержать большую семью.
3 поддерживать (*мнение и т. п.*)
I supported her in the argument. Я поддержал её в споре.

support II [sə'pɔ:t] *n* поддержка
The proposal obtained no support. Предложение не получило поддержки.

suppose [sə'pəʊz] *v* предполагать; полагать, считать

It's late, so I suppose I must go home. Уже поздно, думаю, я должен идти домой.
Are you going to the party tonight? — I suppose so. Пойдёшь сегодня в гости? — Думаю, пойду.
He's supposed to be a good doctor. Говорят, он хороший врач.
You're supposed to be in bed. Ты должен уже быть в постели.

supposing [səˈpəʊzɪŋ] *conj* если
Supposing it rains tomorrow, shall we still go on the picnic? А если завтра будет дождь, мы всё равно пойдём на пикник?

supreme [suːˈpriːm] *adj* верховный
the Supreme Court верховный суд

sure I [ʃʊə(r)] *adj* уверенный
I'm sure that the key is in the drawer because I put it there this morning. Я уверен, что ключ в ящике, потому что я положил его туда сегодня утром.
to be sure to не забывать (*сделать что-л.*)
Be sure to lock the door when you leave. Не забывай запирать дверь, когда уходишь.
to make sure подтверждать, уточнять; удостовериться
I think the performance begins at seven o'clock, but I'll phone to make sure. Думаю, представление начнётся в семь, но я позвоню, чтобы это уточнить.

sure II [ʃʊə(r)] *adv* конечно
Will you come to the store with me? — Sure! Пойдёшь со мной в магазин? — Конечно!
for sure наверняка; точно
I don't know the number for sure — I'll look in the telephone book. Я не знаю номер точно, посмотрю в телефонном справочнике.

surely [ˈʃʊəlɪ] *adv* конечно, без сомнения
He works so hard that he will surely pass. Он занимается так усердно, что, без сомнения, сдаст экзамен.
Surely you know where your brother works? Ты, конечно же, знаешь, где работает твой брат?

surface ['sɜ:fɪs] *n* поверхность
Glass has a smooth surface. У стекла гладкая поверхность.

surfing ['sɜ:fɪŋ] *n* серфинг

surgeon ['sɜ:ʤən] *n* хирург

surname ['sɜ:neɪm] *n* фамилия
Smith is a very common English surname. Смит — очень распространённая английская фамилия.

surprise I [sə'praɪz] *n* удивление
What a surprise! Какой сюрприз!
His failure did not cause much surprise. Его неудача не вызвала удивления.
To my surprise, his plan succeeded. К моему удивлению, его план удался.
He looked at me in surprise. Он удивлённо посмотрел на меня.

surprise II [sə'praɪz] *v* удивлять, поражать
You surprise me! Ты меня поражаешь!
My good marks surprised my father. Мои хорошие отметки удивили отца.
to be surprised удивляться
I'm surprised to hear it. Я удивился, услышав это.
I wouldn't be surprised if it snows. Меня не удивит, если пойдёт снег.
to look surprised иметь удивлённый вид

surround [sə'raʊnd] *v* окружать
Trees surrounded the lake. Озеро окружали деревья.
We are surrounded by dangers. Мы окружены опасностью.

suspect [sə'spekt] *v* подозревать
I suspect that she is ill, but I'm not sure. Подозреваю, что она больна, но не уверен в этом.

suspicion [sə'spɪʃn] *n* подозрение
I have a suspicion that he is lying. У меня такое подозрение, что он лжёт.

swallow[1] ['swɒləʊ] *n* ласточка

swallow[2] ['swɒləʊ] *v* глотать
I can't swallow these tablets without a drink of water. Я не могу проглотить эти таблетки, не запив водой.

swam [swæm] *past tense от* **swim** I

swan [swɒn] *n* лебедь

swarm [swɔ:m] *n* рой
a swarm of bees пчелиный рой

swear [sweə(r)] *v* (*past tense* **swore**; *past participle* **sworn**) клясться
He swears that he's telling the truth. Он клянётся, что говорит правду.

sweat [swet] *n* пот
Wipe the sweat off your brow. Вытри пот со лба.

sweater ['swetə(r)] *n* свитер
Her mother knitted her a sweater. Мать связала ей свитер.

Sweden ['swi:dn] *n* Швеция

sweep [swi:p] *v* (*past tense и past participle* **swept**) мести, подметать
She swept the floor with a broom. Она подмела щёткой пол.
to sweep up убирать метлой, сметать
In the autumn we sweep up the fallen leaves in the garden. Осенью мы сметаем в саду опавшие листья.

sweet [swi:t] *adj* **1** сладкий
My coffee is too sweet — I put two spoonfuls of sugar in it. Мой кофе слишком сладкий: я положил две полных ложки сахара.
[*bitter* горький; *sour* кислый]
2 милый, приятный
What a sweet girl! Какая милая девушка!

sweets [swi:ts] *n pl* конфеты; сладости
He likes sweets. Он любит сладкое.
Eating sweets is bad for your teeth. Сладкое вредно для зубов.

swept [swept] *past tense и past participle от* **sweep**

swift [swɪft] *adj* скорый, быстрый
swift running быстрый бег
a swift reply быстрый ответ

swim I [swɪm] *v* (**swimming**; *past tense* **swam**; *past participle* **swum**) плавать, купаться
Can you swim across the lake? Можешь переплыть озеро?
She's learning to swim. Она учится плавать.
Can you swim under the water? Ты умеешь плавать под водой?
to go swimming идти купаться
Let's go swimming this afternoon. Пойдёмте купаться после обеда.

swim II [swɪm] *n*: **to go for a swim** идти купаться
Let's go for a swim. Пойдём искупаемся.
to have a swim купаться, плавать
It's too cold to have a swim. Слишком холодно для купания.

swimmer ['swɪmə(r)] *n* пловец

swimming ['swɪmɪŋ] *n* плавание
Swimming is my favourite sport. Плавание — мой любимый вид спорта.

swimming pool ['swɪmɪŋpu:l] *n* плавательный бассейн
Our school has an indoor swimming pool. У нас в школе есть плавательный бассейн.

swimsuit ['swɪmsu:t] *n* купальный костюм

swing I [swɪŋ] *v* (*past tense и past participle* **swung**) **1** качаться
They were swinging on the gate. Они раскачивались на воротах.

2 размахивать; качать
He swung his arms. Он размахивал руками.

swing II [swɪŋ] *n* качели
The little girl wanted to go on the swing. Девочка хотела пойти на качели.
There was a large swing hanging from the tree. На дереве висели большие качели.

switch I [swɪtʃ] *n* выключатель
Push the red switch to start the engine. Нажми красную кнопку, чтобы завести мотор.
The light switch is behind the door. Выключатель за дверью.

switch II [swɪtʃ] *v*: **to switch on** включать
Switch on the radio. Включи радио.
to switch off выключать
He forgot to switch off his car lights. Он забыл выключить фары автомобиля.

Switzerland ['swɪtsələnd] *n* Швейцария

sword [sɔ:d] *n* шпага

swore [swɔ:(r)] *past tense от* **swear**

sworn [swɔ:n] *past participle от* **swear**

swum [swʌm] *past participle от* **swim** I

swung [swʌŋ] *past tense и past participle от* **swing** I

syllable ['sɪləbl] *n* слог
The word "big" has one syllable and the word "orange" has two syllables. Слово «big» состоит из одного слога, а слово «orange» — из двух слогов.

symbol ['sɪmbl] *n* символ
mathematical symbols математические символы
phonetic symbols фонетические символы

sympathy ['sɪmpəθɪ] *n* сочувствие
Her eyes were full of sympathy. Её глаза были полны сочувствия.
He pressed her hand in sympathy. Он сжал её руку в знак сочувствия.

synonym ['sɪnənɪm] *n* синоним
"Sad" and "unhappy" are synonyms. Слова «sad» и «unhappy» — синонимы.
[*antonym* антоним]

syringe [sɪ'rɪnʤ] *n* шприц

syrup ['sɪrəp] *n* сироп
Tinned fruit usually has a lot of syrup with it. В консервированных фруктах обычно много сиропа.

system ['sɪstəm] *n* система
He has a special system for organizing his record collection. У него своя система классификации звукозаписей.
You need some system in your life if you want to succeed. Тебе надо как-то систематизировать свою жизнь, если хочешь добиться успеха.
the railway system сеть железных дорог

T

T, t [ti:] *20-я буква английского алфавита*

table ['teɪbl] *n* **1** стол
a kitchen table кухонный стол
a billiard table бильярдный стол
Let me help you clear the table. Давайте я помогу вам убрать со стола.
When we arrived at the restaurant we asked for a table for 2 in a corner. В ресторане мы попросили столик в углу на двоих.
at table за столом (*во время еды*)
It is bad manners to blow your nose at table. Очень дурная манера сморкаться за столом.

Everyone was at table when the telephone rang. Все сидели за столом, когда зазвонил телефон.

to lay the table накрывать на стол

Can you lay the table please? Накрой, пожалуйста, на стол.

2 таблица

a table of weights and measures таблица мер и весов

multiplication table таблица умножения

tablecloth ['teɪblklɒθ] *n* скатерть

This is the wrong side of the tablecloth. Это изнаночная сторона скатерти.

tablespoon ['teɪblspu:n] *n* столовая ложка; сервировочная ложка

tablet ['tæblɪt] *n* таблетка

two tablets of aspirin две таблетки аспирина

tact [tækt] *n* такт, тактичность

tactful ['tæktfl] *adj* тактичный

He wrote me a tactful letter when I lost my job. Когда я потерял работу, он прислал мне сочувственное письмо.

tactless ['tæktlɪs] *adj* бестактный

tag [tæg] *n* ярлык, бирка

I looked at the price tag to see what the dress cost. Я посмотрела на ярлык, чтобы узнать, сколько стоит платье.

tail [teɪl] *n* хвост

Some birds have very long tails. Есть птицы с очень длинными хвостами.

tailor ['teɪlə(r)] *n* портной

take [teɪk] *v* (*past tense* **took**; *past participle* **taken**) **1** брать, взять

The mother took the baby in her arms. Мать взяла ребёнка на руки.

He took the book from the shelf. Он взял с полки книгу.
Who has taken my bicycle? Кто взял мой велосипед?
My brother took me to the cinema. Мой брат взял меня с собой в кино.
Can you take this letter to the post office? Не мог бы ты отнести это письмо на почту?

to take a seat садиться

to take a bus садиться на автобус

2 делать (*что-л.*), совершать (*что-л.*)
Has he taken a bath yet? Он уже принял ванну?
Hurry up and take the picture, it's starting to rain. Быстрее фотографируй, начинается дождь.
You should go and take a rest. Вам следует отдохнуть.
We took a walk in the park. Мы прогулялись по парку.

3 принимать пищу
When do you usually take dinner? В котором часу вы обычно обедаете?
Has she taken her medicine? Она приняла своё лекарство?

4 требовать (*времени, сил и т. п.*)
It took three men to lift the car. Чтобы приподнять автомобиль, потребовалось три человека.
That dress will take four metres of cloth. На это платье нужно четыре метра ткани.
How long does it take to get to school? Сколько времени уходит на дорогу в школу?
It takes me only ten minutes to get to my work. У меня уходит лишь десять минут, чтобы добраться до работы.

to take after быть похожим, пойти в (*кого-л.*)
He takes after his father. Он похож на своего отца.

to take away забирать; отнимать
I took the knife away from the baby. Я отобрал у ребёнка нож.

to take care of заботиться
Who is taking care of the children? Кто смотрит за детьми?

to take down записывать
She took down my address. Она записала мой адрес.

to take for принимать за
I took him for a clever boy at first, but now I think he's rather stupid. Вначале я принимал его за умного парня, но сейчас вижу, что он довольно глуп.

to take smth for granted само собой разумеется

I take it for granted that I'll always spend Christmas with my family. Само собой разумеется, я всегда буду праздновать Рождество со своей семьёй.

to take off взлетать

The aeroplane took off an hour late. Самолёт взлетел с часовым опозданием.

to take smth off снимать (*одежду*)

He took off all his clothes. Он снял всю одежду.

to take up занимать (*место*)

That big table takes up too much room. Этот большой стол занимает слишком много места.

taken ['teɪkən] *past participle от* **take**

takeoff ['teɪkɒf] *n* взлёт, вылет

We expect takeoff to be at 12 o'clock. Мы рассчитываем, что вылетим в двенадцать часов.

tale [teɪl] *n* сказка, рассказ

a tale about the hare and the wolf сказка о зайце и волке

talent ['tælənt] *n* талант

She has a talent for painting. У неё талант к живописи.

talk I [tɔːk] *n* разговор, беседа

Her brother and I had a long talk. Мы с её братом долго беседовали.

talk II [tɔːk] *v* говорить, беседовать, разговаривать

I don't understand what they're talking about. Я не понимаю, о чём они говорят.

He's talking of going to Paris on his vacation. Он говорит, что собирается в отпуск в Париж.

She is talking to her boyfriend on the telephone. Она болтает по телефону со своим дружком.

What were you talking about? О чём вы разговаривали?

Stop talking! Перестаньте разговаривать!

to talk over обговаривать, обсуждать

Go and talk things over with your teacher. Пойди к своему учителю и всё с ним обсуди.

talkative ['tɔ:kətɪv] *adj* словоохотливый, разговорчивый

tall [tɔ:l] *adj* высокий
a tall building высокое здание
a tall boy высокий мальчик
Can you see that tall tree over there? Видишь вон там высокое дерево?
He's the tallest in his class — he's taller than all the others. Он самый высокий в классе, выше всех остальных.
[*short* низкий]

tame I [teɪm] *adj* ручной, приручённый
a tame fox ручная лиса

tame II [teɪm] *v* приручать; укрощать
He tames lions for the circus. Он укрощает львов для цирка.

tan [tæn] *n* **1** жёлто-коричневый цвет
2 загар
She has a deep tan from spending so much time at the beach. У неё сильный загар, потому что она так много времени проводит на пляже.

tangerine [,tænʤə'ri:n] *n* мандарин

tangible ['tænʤəbl] *adj* осязаемый; ощутимый

tank [tæŋk] *n* танк

tap [tæp] *n* кран
Don't leave the taps running. Не оставляй краны открытыми.

tape [teɪp] *n* **1** лента
2 клейкая лента
Put this note up on the door with a piece of tape. Прикрепи эту записку к двери клейкой лентой.

3 магнитная лента

Have you heard this tape? Ты слышал эту запись?

Let me play you the tape I bought today. Давай поставим ту ленту, что я купил сегодня.

tape measure [ˈteɪpˌmeʒə(r)] *n* измерительная лента

tape recorder [ˈteɪprɪˌkɔːdə(r)] *n* магнитофон

He recorded the radio programme on his tape recorder. Он записал радиопередачу на магнитофон.

target [ˈtɑːgɪt] *n* мишень

This book will be the target of bitter criticism. Эта книга явится мишенью для острой критики.

tart [tɑːt] *n* пирог; торт

Have some more apple tart. Берите ещё яблочного пирога.

task [tɑːsk] *n* задача, задание

Mother set me the task of sweeping the floors. Мама дала мне задание подмести полы.

She finds looking after her old aunt a difficult task. Она считает уход за своей старой тётей трудной задачей.

taste I [teɪst] *n* вкус

When I have a cold, I lose my sense of taste. Когда у меня простуда, я ничего не различаю на вкус.

Sugar has a sweet taste and lemons have a sour taste. Сахар на вкус сладкий, а лимоны кислые.

This ice cream has no taste at all. У этого мороженого совсем нет никакого вкуса.

taste II [teɪst] *v* **1** чувствовать вкус, ощущать вкус

I can taste onions in this dish. Я чувствую в этом блюде лук.

2 иметь вкус

This tea tastes too sweet. Этот чай слишком сладкий.

3 пробовать

The cook tasted the soup to see if it had enough salt. Повар попробовал суп, чтобы проверить, достаточно ли в нём соли.

taught [tɔ:t] *past tense и past participle от* **teach**

tax [tæks] *n* налог
income tax подоходный налог
You always have to pay tax on the money you earn. Со своих доходов нужно платить налог.
No one likes paying taxes. Никто не любит платить налоги.

taxi ['tæksɪ] *n* такси
Let's take a taxi. Давай возьмём такси.

tea [ti:] *n* чай
Would you like another cup of tea? Выпьете ещё чашку чаю?
I don't like tea — can I have coffee instead? Я не люблю чай, можно мне вместо него кофе?
I never drink weak tea. Я не пью слабый чай.
We'll have two teas, please. Нам, пожалуйста, два чая.

teabag ['ti:bæg] *n* пакетик чая

teach [ti:tʃ] *v* (*past tense и past participle* **taught**) учить; обучать; преподавать
He taught me how to drive. Он учил меня водить машину.
She teaches French in our school. Она преподаёт в нашей школе французский.
She taught herself typing. Она сама училась печатать на машинке.
Who taught you to swim? Кто учил тебя плавать?

teacher ['ti:tʃə(r)] *n* учитель; преподаватель
He is our English teacher. Он наш учитель английского.
The music teacher is sick today. Учитель музыки сегодня болен.

teacup ['ti:kʌp] *n* чайная чашка

team [ti:m] *n* команда (*спортивная*)
She plays for the school team. Она играет за школьную команду.

Which football team is your favourite? За какую футбольную команду ты болеешь?

teapot ['ti:pɒt] *n* заварочный чайник

Put some tea into the teapot and add boiling water. Насыпь немного чаю в чайник и налей кипятку.

tear[1] [tɪə(r)] *n* слеза

Her eyes filled with tears. Её глаза наполнились слезами.

Tears ran down her face. По её щекам катились слёзы.

The girl ran out of the room in tears. Девочка в слезах выбежала из комнаты.

to burst into tears расплакаться

He burst into tears. Вдруг он расплакался.

tear[2] [teə(r)] *v* (*past tense* **tore**; *past participle* **torn**) **1** рвать, разрывать

I tore the letter into little pieces. Я порвал письмо на мелкие кусочки.

The girl tore a hole in her dress climbing over the wall. Перелезая через забор, девочка порвала платье.

to tear up рвать на куски

They tore up the old newspapers. Они порвали старые газеты на куски.

2 вырывать, срывать

The little boy tore a page out of his brother's book. Мальчик вырвал лист из книги своего брата.

Please tear this notice down from a notice board. Сорви, пожалуйста, это объявление с доски.

tease [ti:z] *v* дразнить

At school, the other children always teased me because I was fat. В школе ребята дразнили меня, потому что я был толстый.

tea service ['ti:ˌsɜ:vɪs] *n* чайный сервиз

teaspoon ['ti:spu:n] *n* чайная ложка

tea trolley ['ti:ˌtrɒlɪ] *n* сервировочный столик

teddy bear ['tedɪˌbeə(r)] *n* игрушечный медведь

teenager ['ti:neɪʤə(r)] *n* подросток

Three teenagers helped rescue the family from the burning house. В спасении семьи из горящего дома участвовали три подростка.

He liked loud music when he was a teenager. Когда он был подростком, ему нравилась громкая музыка.

teeth [ti:θ] *pl om* **tooth**

telegram ['telɪgræm] *n* телеграмма

Send a telegram to your mother. Пошли телеграмму своей матери.

We've gotten a telegram which says he's coming. Мы получили телеграмму с сообщением о его приезде.

telegraph ['telɪgrɑ:f] *n* телеграф

telephone I ['telɪfəʊn] *n* телефон

You're wanted on the telephone. Вас зовут к телефону.

He picked up the telephone and called the police. Он снял трубку и вызвал полицию.

to answer the telephone отвечать на телефонный звонок

Can you answer the telephone for me — I'm busy now. Снимите телефонную трубку, пожалуйста, я сейчас занят.

to be on the telephone говорить по телефону

He is on the telephone just now. Он сейчас разговаривает по телефону.

telephone II ['telɪfəʊn] *v* звонить по телефону

Your sister telephoned yesterday. Вчера звонила ваша сестра.

Telephone the doctor — the baby is sick. Позвони врачу, ребёнку плохо.

Can you telephone Paris from here? Отсюда можно позвонить в Париж?

telephone box ['telɪfəʊnbɒks] *n* телефонная будка

telephone call ['telɪfəʊnkɔ:l] *n* телефонный звонок
I had a telephone call from my brother in London today. Сегодня мне звонил мой брат из Лондона.

telephone directory ['telɪfəʊndɪ,rektərɪ] *n* телефонный справочник

telephone number ['telɪfəʊn,nʌmbə(r)] *n* номер телефона
What's your telephone number? Какой у тебя номер телефона?

television ['telɪvɪʒn] *n* **1** телевидение
He spoke on television last night. Вчера вечером он выступал по телевидению.
2 телевизор
I bought a colour television. Я купил цветной телевизор.
Turn off the television — that programme is awful! Выключи телевизор, эта передача отвратительна!

television set ['telɪvɪʒnset] *n* телевизор
We bought a new television set. Мы купили новый телевизор.

tell [tel] *v* (*past tense и past participle* **told**) говорить, сказать; сообщать, рассказывать
Has she told you her new address? Она сообщила тебе свой новый адрес?
He told the police he had seen the accident. Он сказал полиции, что видел, как произошла авария.
Do you think he is telling the truth? Ты думаешь, он говорит правду?
Don't tell your mother you've seen that movie! Не рассказывай своей матери, что ты смотрел этот фильм!
Can you tell the difference between butter and margarine? Ты можешь сказать, чем отличается масло от маргарина?
I can tell that she's unhappy because she's crying. Могу сказать, что она очень расстроена, раз так плачет.

temperature ['temprətʃə(r)] *n* температура
What's the temperature of boiling water? Какова температура кипящей воды?

The car won't start when the temperature is very low. При низкой температуре воздуха автомобиль не заведётся.
I want to take your temperature. Я хочу измерить твою температуру.
He's in bed with a temperature. Он в постели с температурой.

ten [ten] *num* десять
He bought ten oranges. Он купил десять апельсинов.
The train leaves at ten (o'clock). Поезд отправляется в десять (часов).

tender ['tendə(r)] *adj* нежный; ранимый
a tender mother нежная мать
tender meat нежное мясо
in tender age в нежном возрасте

tennis ['tenɪs] *n* теннис
Can you play tennis? Ты умеешь играть в теннис?
I'm not good at tennis. Я плохо играю в теннис.
table tennis настольный теннис

tense [tens] *n грам.* время
the present tense настоящее время
the past tense прошедшее время

tent [tent] *n* палатка
When we go camping we take our tent with us. Когда мы отправляемся в поход, то берём с собой палатку.
His tent was blown down by the wind. Его палатку повалило ветром.

tenth [tenθ] *adj* десятый
That's the tenth letter I've written today. Это уже десятое письмо, что я написал сегодня.
Her tenth birthday is on Wednesday. В среду ей десять лет.

term [tɜːm] *n* **1** срок
An American President's term of office is four years. Срок нахождения у власти американского президента — четыре года.

He was sent to prison for a five-year term. Его посадили в тюрьму на пять лет.

2 семестр

The summer term runs from April to July. Летний семестр длится с апреля по июль.

terms *pl* условия (*соглашения*)

What are the terms of the peace treaty? Каковы условия мирного договора?

◊ **to be on good terms with smb** быть в хороших отношениях с кем-л.

We're on good terms with our neighbours. Мы в хороших отношениях с нашими соседями.

terminal ['tɜ:mɪnl] *n* **1** конечная станция; вокзал; аэровокзал **2** *вчт.* терминал

terrible ['terəbl] *adj* страшный, ужасный

He had a terrible accident. Он попал в страшную аварию.

The last meal I had in that restaurant was terrible. Последний раз, когда я был в этом ресторане, еда была ужасная.

terribly ['terəblɪ] *adv разг.* очень, ужасно

These chocolates are terribly expensive. Эти шоколадные конфеты жутко дорогие.

terror ['terə(r)] *n* ужас, страх

a terror of the dark боязнь темноты

She screamed in terror. Она закричала от ужаса.

test I [test] *n* испытание, проверка, контрольная работа

We had a maths test this morning. Сегодня утром у нас была контрольная работа по математике.

He passed his driving test. Он сдал экзамен по вождению.

The doctor is going to do a blood test. Доктор собирается сделать анализ крови.

test II [test] *v* испытывать, проверять

They tested the brakes of the car. Они проверили в машине тормоза.

The teacher is testing our spelling tomorrow. Завтра учитель собирается устроить нам диктант.

text [tekst] *n* текст

textbook ['tekstbʊk] *n* учебник
a history textbook учебник по истории

text editor ['tekstˌedɪtə(r)] *n вчт.* текстовый редактор

text file ['tekstfaɪl] *n вчт.* текстовый файл

text processing ['tekstˌprəʊsesɪŋ] *n вчт.* обработка текста

than [ðən; ðæn] *conj* чем
He likes apples more than bananas. Он любит яблоки больше, чем бананы.
My house is bigger than yours. Мой дом больше, чем твой.
It's colder today than it was yesterday. Сегодня холоднее, чем вчера.

thank [θæŋk] *v* благодарить
She thanked them for coming to see her. Она поблагодарила их за то, что они пришли навестить её.
I must thank him for his present. Я должен поблагодарить его за подарок.
Thank you. Спасибо.

thankful ['θæŋkfl] *adj* благодарный
I was thankful for his advice. Я был благодарен ему за совет.

thanks [θæŋks] *n pl* благодарность
Please give him my thanks. Передай ему, пожалуйста, мою благодарность.
We got no thanks for all our help. Мы не получили никакой благодарности за свою помощь.
Do you want some more coffee? – No thanks, I've had plenty. Хотите ещё кофе? – Нет, спасибо, я уже много выпил.
Thanks for your help. Спасибо за помощь.

thanks to благодаря

I stopped the car very quickly, thanks to the good brakes. Благодаря хорошим тормозам я легко остановил машину.

Thanks to your father's map, we found our way to the house. Благодаря карте твоего отца мы нашли дорогу к дому.

that I [ðæt; ðət] *adj* (*pl* **those**) тот, этот

Who is that man? Кто этот человек?

At that time, there was no telephone in the village. В то время в деревне не было телефона.

Look at those men there. Взгляни на тех людей вон там.

that II [ðæt; ðət] *pron* (*pl* **those**) **1** то, тот

This house isn't as big as that. Этот дом не такой большой, как тот.

Mother was in hospital all year — that was a terrible time. Мать лежала в больнице весь год — то было ужасное время.

2 который

Where is the letter that he sent you? Где письмо, которое он прислал тебе?

Here's the box that you left in the bedroom. Вот коробка, которую ты оставил в спальне.

A lion is an animal that lives in Africa. Лев — животное, которое живёт в Африке.

that III [ðæt; ðət] *conj* что

He said that she would come. Он сказал, что она придёт.

She was so happy, that she cried. Она была так счастлива, что заплакала.

so that чтобы

She packed the glass in straw so that it wouldn't break. Она упаковала зеркало в солому, чтобы оно не разбилось.

that'd ['ðætəd] = **that would**

that'll ['ðætl] = **that will**

that's [ðæts] = **that is**

thaw [θɔ:] *v* таять
It is thawing. На улице тает.
Leave frozen food to thaw before cooking. Положи замороженные продукты оттаять, прежде чем готовить.

the I [ðə;ði:] *определённый артикль; как правило не переводится; иногда переводится указательными местоимениями* этот, тот
Where's the package which came today? Где тот пакет, что принесли сегодня?
The sun was shining. Светило солнце.
Do you like listening to the radio? Ты любишь слушать радио?
The streets are crowded at Christmas. На Рождество улицы полны людей.

the II [ðə;ði:] *adv*: **the... the** чем... тем
The sooner you do it the better. Чем скорее ты сделаешь это, тем лучше.
The more he has, the more he wants. Чем больше он имеет, тем больше хочет иметь.
Note: употребляется при сравнении

theatre ['θɪətə(r)] *n* театр
We're going to the theatre tonight. Сегодня вечером мы идём в театр.
Is there a good play at the theatre this week? На этой неделе будет какой-нибудь хороший спектакль в театре?

their [ðeə(r)] *adj* их; свой
They have lost their dog. Они потеряли свою собаку.
They have a house of their own. У них свой собственный дом.
Here's their house. Вот их дом.
They were eating their dinner. Они обедали.

theirs [ðeəz] *pron* их
Which window is theirs? Которое окно их?
He's a friend of theirs. Он один из их друзей.
They want to borrow my car — theirs won't start. Они хотят попросить у меня машину, их машина не заводится.
Note: в качестве определения не употребляется

them [ðem; ðəm] *косв. падеж от* **they**

theme [θi:m] *n* тема

themselves [ðəm'selvz] *pron* **1** себя; -ся, -сь
They fell and hurt themselves. Они упали и ушиблись.
They kept some coffee for themselves. Они хранили немного кофе для себя.
(all) by themselves одни; сами
The old ladies were all by themselves in the house. Старые дамы были одни в доме.
They did it all by themselves. Они сами это сделали.
2 *употребляется для усиления* сами
The doctors were ill themselves. Врачи сами заболели.

then I [ðen] *adv* **1** тогда; в то время
I was still unmarried then. В то время я был всё ещё не женат.
You were at college then. Ты тогда был в колледже.
2 затем, потом
He sat down and then they were served coffee. Он сел, и тогда им подали кофе.

then II [ðen] *conj* тогда, в таком случае
If you don't like fish then you'll have to eat meat. Если тебе не нравится рыба, тогда тебе придётся есть мясо.
You feel ill? Then go home. Ты плохо себя чувствуешь? В таком случае отправляйся домой.

there [ðeə(r)] *adv* там; туда
We'll soon arrive there. Мы скоро туда приедем.
Is the car still there? Автомобиль всё ещё там?
Who's there? Кто там?
[*here* здесь; сюда]

therefore ['ðeəfɔ:(r)] *adv* поэтому; следовательно
There's a lot of snow, therefore the trains might be late. Выпало много снега, поэтому поезда, возможно, будут опаздывать.
She was on holiday and therefore couldn't come to our party. Она была в отпуске и поэтому не могла прийти к нам в гости.

there's [ðeəz] = **there is**

these [ði:z] *pl om* **this**

they [ðeɪ] *pron* (*косв. падеж* **them**) они

They arrive on Monday. Они приезжают в понедельник.

They're army officers. Они офицеры.

They'd better be careful. Лучше бы они поостереглись.

Give them to me. Дай их мне.

It was very kind of them. Очень любезно с их стороны.

they say говорят

They say it's going to be hot. Говорят, наступает жара.

They say prices are going to increase again. Говорят, цены опять поднимутся.

they'd [ðeɪd] = **they would; they had**

they'll [ðeɪl] = **they will**

they're ['ðeɪə(r)] = **they are**

they've [ðeɪv] = **they have**

thick [θɪk] *adj* **1** толстый

a thick slice of cake толстый кусок пирога

This orange has a very thick skin. У этого апельсина очень толстая кожура.

You'll need a thick coat. Тебе нужно толстое пальто.

[*thin* тонкий]

2 густой

a thick forest густой лес

thick hair густые волосы

The lawn was covered with thick grass. Лужайка была покрыта густой травой.

The plane couldn't land because of thick fog. Самолёт не мог сесть из-за густого тумана.

[*thin* негустой, редкий]

3 тягучий, густой

a bowl of good thick soup миска хорошего густого супа

This paint is too thick — add some water to it. Эта краска слишком густая, разбавь её водой.
[*thin* жидкий]

thief [θi:f] *n* (*pl* **thieves**) вор
Thieves broke into the store and stole 100 watches. В магазин забрались воры и украли сто наручных часов.

thieves [θi:vz] *pl om* **thief**

thimble ['θɪmbl] *n* напёрсток

thin [θɪn] *adj* **1** тонкий
a thin slice of bread тонкий ломтик хлеба
a thin sheet of paper тонкий лист бумаги
thin mist лёгкий туман
thin curtains прозрачные занавески
[*thick* толстый, плотный]
2 худой
She's getting too thin — she should eat more. Она становится слишком худой, ей следует есть побольше.
His legs are very thin. У него очень тонкие ноги.
[*fat* толстый, жирный]
3 негустой, редкий
thin grass редкая трава
thin hair редкие волосы
[*thick* густой]
4 жидкий
thin soup жидкий суп
Add water until the paint is thin. Лей воду, пока краска не станет жидкой.
[*thick* густой]

thing [θɪŋ] *n* **1** вещь, предмет
What are those things on the table? Что это за вещи на столе?
What's that black thing in the garden? Что это за чёрная штука в саду?
not a thing ничто, ничего
There wasn't a thing to eat. Есть было нечего.

She just sat there and didn't say a thing. Она просто сидела там и не произносила ни слова.

things *pl* личные вещи; принадлежности

Have you brought your things? Ты захватил свои вещи?

Have you packed your things for the journey? Ты уже собрал свои вещи для поездки?

Bring your swimming things with you. Возьми с собой купальные принадлежности.

2 дело; обстоятельство

How are things going? Как дела?

Don't take things so seriously. Не принимай всё так всерьёз.

The first thing to do is to call the police. Первое, что нужно сделать, это позвонить в полицию.

What a silly thing to do! Очень глупо так поступать!

That only makes things worse. Это только ухудшает дело.

A funny thing happened today. Сегодня был забавный случай.

3 *употребляется по отношению к людям или животным; носит эмоциональный характер*

She's a sweet little thing. Она милое маленькое существо.

Poor thing, he's been ill all winter. Бедняга, он проболел всю зиму.

There wasn't a living thing in the woods. В лесу не было ни одной живой души.

think [θɪŋk] *v* (*past tense и past participle* **thought**) **1** думать

Think before you answer the question. Прежде чем отвечать на вопрос, подумай.

He never thinks about what people might say. Он никогда не думает, что могут сказать люди.

Let me think. Дайте подумать.

to think of smth думать о чём-л.

He's thinking of going to live in Canada. Он подумывает о переезде в Канаду.

to think over обдумывать

Think it over, and give me your answer tomorrow. Обдумай это и дай мне завтра ответ.

2 считать, полагать

I think she is prettier than her sister. Я думаю, она красивее своей сестры.

What do you think we should do now? Как ты считаешь, что нам сейчас делать?
I think it's going to rain. Думаю, пойдёт дождь.
He is in Paris, isn't he? — I don't think so. Он ведь в Париже? — Не думаю.

third [θɜ:d] *adj* третий
March is the third month of the year. Март — третий месяц года.
His brother is in his third year. Его брат учится на третьем курсе.

thirsty ['θɜ:stɪ] *adj*: **to be thirsty** испытывать жажду, хотеть пить
Give me a glass of water because I'm thirsty. Дай мне стакан воды, я хочу пить.

thirteen [ˌθɜ:'ti:n] *num* тринадцать
He is thirteen. Ему тринадцать лет.

thirteenth [ˌθɜ:'ti:nθ] *adj* тринадцатый
She came thirteenth in the race. Она была тринадцатой в забеге.

thirtieth ['θɜ:tɪəθ] *adj* тридцатый
It was her thirtieth birthday last week. На прошлой неделе ей исполнилось тридцать лет.

thirty ['θɜ:tɪ] *num* тридцать
She has thirty pairs of shoes. У неё тридцать пар обуви.

this I [ðɪs] *adj* (*pl* **these**) этот
Look at this dress. Взгляни на это платье.
I think I have been to this restaurant before. Мне кажется, я был в этом ресторане раньше.
Are these books yours? Эти книги твои?
I saw him this morning. Я видел его этим утром.
I'll be seeing him this week. Я увижусь с ним на этой неделе.

this II [ðɪs] *pron* (*pl* **these**) это
How much is this? Сколько это стоит?
Are these your children? Это ваши дети?
Is this what you want? Это то, что ты хочешь?

This is the book I was talking about. Это та книга, о которой я говорил.

thorn [θɔ:n] *n* шип, колючка

Roses have thorns. У роз есть шипы.

thorny ['θɔ:nɪ] *adj* колючий

a thorny plant колючее растение

thorough ['θʌrə] *adj* тщательный, полный

She gave the room a thorough cleaning. Она тщательно убрала в комнате.

thoroughly ['θʌrəlɪ] *adv* **1** тщательно

He cleaned the room thoroughly. Он тщательно убрал комнату.

2 полностью, совершенно

He's thoroughly honest. Он совершенно честен.

After a hard day's work I feel thoroughly tired. После дня напряжённой работы я чувствую себя совершенно вымотанным.

those [ðəʊz] *pl om* **that** I *u* II

though I [ðəʊ] *adv* однако, тем не менее

He said he would come; he didn't though. Он сказал, что придёт, однако не пришёл.

It's hard work. I enjoy it though. Это тяжёлая работа. Тем не менее она мне нравится.

though II [ðəʊ] *conj* хотя

Though she was in a hurry, she stopped to talk. Хотя она спешила, она остановилась поболтать.

We wanted to go for a walk even though it was raining very hard. Хотя и шёл сильный дождь, мы всё равно захотели пойти погулять.

as though как будто

He frowned as though he didn't understand. Он нахмурился, как будто не понял.

She went on speaking as though nothing had happened. Она продолжала говорить, как будто ничего не случилось.

thought[1] [θɔ:t] *n* размышление; мысль, идея

Have you any thoughts about our next holiday? Есть у тебя какие-нибудь идеи насчёт нашего предстоящего отпуска?

I have no thought of annoying you. У меня и в мыслях не было беспокоить тебя.

thought[2] [θɔ:t] *past tense и past participle от* **think**

thoughtful ['θɔ:tfl] *adj* **1** задумчивый

She had a thoughtful look on her face. У неё на лице было задумчивое выражение.

2 внимательный

It was thoughtful of him to meet us at the station. Как внимательно было с его стороны встретить нас на вокзале.

thousand ['θaʊznd] *num*, *n* тысяча

I paid two thousand dollars for it. Я уплатил за это две тысячи долларов.

A thousand thanks for your kindness. Тысяча благодарностей за вашу доброту.

Thousands of people escaped from the fire. Тысячам людей удалось спастись от пожара.

tracksuit ['træksu:t] *n* спортивный костюм

thread I [θred] *n* нитка, нить

a reel of silk thread катушка шёлковых ниток

a needle and thread иголка с ниткой

I need some strong thread to sew on my button. Мне нужна крепкая нитка, чтобы пришить пуговицу.

thread II [θred] *v* вдевать нитку (*в иголку*)

Can you thread this needle for me? Вдень мне, пожалуйста, нитку в иголку.

three [θri:] *num* три

She's three years old. Ей три годика.

Can you see me at three (o'clock)? Встретимся в три (часа)?

Take bus number three. Садись на третий автобус.

threw [θru:] *past tense от* **throw**

thrill [θrɪl] *v* взволновать, потрясти
The film thrilled the audience. Фильм взволновал зрителей.
We were thrilled at this news. Мы были потрясены этой новостью.

thriller ['θrɪlə(r)] *n* триллер

throat [θrəʊt] *n* горло
I have a sore throat. У меня болит горло.
He held her by the throat. Он держал её за горло.
A piece of meat got stuck in his throat. У него застрял в горле кусок мяса.
He cleared his throat. Он прочистил горло.

through I [θru:] *prep* через, сквозь
He went through the door. Он вошёл в дверь.
We drove through the tunnel. Мы проехали через туннель.
I must travel through the night. Мне придётся ехать ночью.
She looked through the window. Она смотрела в окно.
The air comes in through the hole in the wall. Воздух просачивался сквозь дырку в стене.

through II [θru:] *adv* насквозь
He slept the whole night through. Он проспал всю ночь.
Read the book through carefully. Прочти книгу внимательно от начала до конца.
to be through закончить
When will you be through with your work? Когда ты закончишь свою работу?

throw [θrəʊ] *v* (*past tense* **threw**; *past participle* **thrown**) бросать, кидать
How far can you throw this ball? Как далеко ты сможешь бросить этот мяч?
She threw the letter into the wastebasket. Она бросила письмо в мусорную корзину.

He threw the pillow at his sister. Он бросил подушку в сестру.

to throw away выбрасывать

She threw away all her old clothes. Она выбросила всю свою старую одежду.

to throw open распахнуть

He threw the door open. Он распахнул дверь.

to throw out выкидывать; избавляться

When he couldn't pay for the meal, he was thrown out of the restaurant. Когда он не смог заплатить за еду, его вышвырнули из ресторана.

We're throwing out this old carpet. Мы выбрасываем этот старый ковёр.

thrown [θrəʊn] *past participle om* **throw**

thumb [θʌm] *n* большой палец (*руки*)

He hit his thumb with the hammer. Он ударил молотком по большому пальцу.

thunder I ['θʌndə(r)] *n* гром

After the lightning came the thunder. Вслед за молнией прогремел гром.

thunder II ['θʌndə(r)] *v* греметь

It was thundering. Гремел гром.

The train thundered through the station. Поезд прогрохотал мимо станции.

thunderstorm ['θʌndəstɔ:m] *n* гроза

We were caught on the mountain by a thunderstorm. На горе нас захватила гроза.

Thursday ['θɜ:zdɪ] *n* четверг

She was sick last Thursday. В прошлый четверг ей нездоровилось.

I have an evening class on Thursdays. По четвергам у меня вечерние занятия.

Shall we meet next Thursday? Встретимся в следующий четверг?

ticket ['tɪkɪt] *n* билет
a train ticket билет на поезд
a single ticket билет в один конец
a return ticket обратный билет
a cinema ticket билет в кино

He bought a ticket at the railway station. Он купил билет на железнодорожной станции.

Two tickets for the 6.30 show please. Пожалуйста, два билета на представление в шесть тридцать.

I went to several theatres but there were no tickets left anywhere. Я зашёл в несколько театров, но билетов нигде не осталось.

Admission by tickets only. Вход только по билетам.

tide [taɪd] *n* морской прилив и отлив

Strong tides make swimming dangerous. При сильных приливах и отливах купаться опасно.

tidy ['taɪdɪ] *adj* опрятный, аккуратный
a tidy room опрятная комната
a tidy boy аккуратный мальчик
[*untidy* неопрятный, неаккуратный]

tie I [taɪ] *n* галстук

He wore a blue tie with white spots. На нём был синий галстук в белую крапинку.

You can't come into the restaurant if you don't have a tie on. В ресторан нельзя ходить без галстука.

ties *pl* узы
family ties семейные узы
the ties of friendship узы дружбы

tie II [taɪ] *v* (**ties**, **tied**, **tying**) связывать, привязывать

Please tie a firm knot. Пожалуйста, завяжи крепкий узел.

to tie smb up связывать кого-л.

The robbers tied up the shopkeeper. Грабители связали хозяина лавки.

to tie smth up перевязывать что-л.

I tied up the parcel. Я перевязал пакет верёвкой.

tiger ['taɪgə(r)] *n* тигр

tight [taɪt] *adj* тугой; плотный; тесный

This knot is so tight I can't undo it. Этот узел такой тугой, я не могу развязать его.

The lid is so tight I can't open it. Крышка так плотно прилегает, что я не могу поднять её.

Her shoes are too tight. Её туфли слишком тесные.

tights [taɪts] *n pl* колготки

a pair of tights колготки

till I [tɪl] *prep* до

I won't be home till nine o'clock. До девяти меня не будет дома.

He worked from morning till night. Он работал с утра до вечера.

Goodbye till tomorrow. До завтра.

till II [tɪl] *conj* до тех пор пока (не), пока (не)

We'll wait till the rain stops. Мы будем ждать, пока дождь не кончится.

She won't go away till you promise to help her. Она не уйдёт, пока ты не пообещаешь помочь ей.

time [taɪm] *n* **1** время

You don't need to hurry — you have plenty of time. Тебе не нужно спешить, у тебя полно времени.

Do you have time for a cup of coffee? У тебя есть время на чашку кофе?

He spends all his time reading the newspaper. Он проводит всё своё время за газетой.

Don't waste time! Не теряй времени!

I haven't seen him for a long time. Я давно его не видел.

What time is it/What is the time? Который час?

at what time в котором часу

at the time в это время

by the time к тому времени

at the same time в одно и то же время, в то же время

in time вовремя, в последнюю минуту

We ran fast and got to the station in time to catch the train. Мы очень спешили и прибежали на станцию как раз вовремя, чтобы вскочить на поезд.

on time по расписанию

The train arrived on time. Поезд прибыл по расписанию.

in no time очень быстро

She was very thirsty and drank her milk in no time. Ей очень хотелось пить, и она выпила своё молоко одним духом.

it's time пора, время

It's dinner time — I'm hungry. Время обедать — я голоден.

to have a good time хорошо провести время

We had a good time at the party. Мы хорошо повеселились на вечеринке.

2 раз

I've seen that film three times. Я смотрел этот фильм три раза.

That's the last time I'll ask you to sing a song. Это последний раз, когда я прошу тебя спеть.

Next time you come, bring your football. Когда придёшь в следующий раз, приноси свой футбольный мяч.

timer ['taɪmə(r)] *n* таймер

timetable ['taɪmteɪbl] *n* расписание

Look up the trains to Paris in the timetable. Посмотри в расписании поезда на Париж.

There are ten French classes listed in the timetable. В расписании указаны десять уроков французского языка.

timid ['tɪmɪd] *adj* робкий

That timid boy won't talk to anyone. Этот робкий мальчуган ни с кем не разговаривает.

tin [tɪn] *n* **1** олово

2 консервная банка

a tin of sardines банка сардин

tinned [tɪnd] *adj* консервированный

tinned peaches консервированные персики

tin opener ['tɪnˌəʊpənə(r)] *n* консервный нож

tiny ['taɪnɪ] *adj* маленький, крошечный
a tiny baby крошечный младенец
This plant has tiny blue flowers. У этого растения крошечные голубые цветочки.

tip [tɪp] *n* кончик
the tips of one's fingers кончики чьих-л. пальцев
She touched the rag with the tips of her fingers. Она потрогала ковёр кончиками пальцев.

tiptoe ['tɪptəʊ] *n*: **on tiptoe** на цыпочках
He entered the room on tiptoe. Он вошёл в комнату на цыпочках.

tire ['taɪə(r)] *n амер.* шина

tired ['taɪəd] *adj* усталый
The tired boy fell asleep at once. Уставший мальчик сразу же уснул.
to be tired устать
I'm tired — I'll go to bed. Я устал и отправляюсь спать.
to be tired of утомляться, пресыщаться
She's tired of having to do all the work. Ей надоело делать всю работу.
I'm tired of your stupid conversation. Я устал от твоей глупой болтовни.

tissue ['tɪʃu:] *n* бумажный носовой платок; косметическая салфетка
She kept a box of tissues in her car. У неё всегда с собой в машине коробка бумажных носовых платков.
Would you hand me a tissue please. Подайте мне, пожалуйста, салфетку.

title ['taɪtl] *n* название, заглавие
What's the title of that book you're reading? Как называется книга, которую вы читаете?

The title of this play is “Hamlet”. Эта пьеса называется «Гамлет».

to[1] [tu:; tə] *prep* **1** *указывает на место или направление движения* к, на, в

He went to the station. Он шёл на станцию.

I’m going to the library. Я иду в библиотеку.

Is this the way to the post office? Так можно пройти на почту?

The church is to the east of the town. Эта церковь находится к востоку от города.

Take one step to the left. Сделай один шаг влево.

He pointed to the upper windows. Он показал на окна верхнего этажа.

2 *указывает на лицо, по отношению к которому что-л. совершается*

I gave the book to my brother. Я отдал книгу брату.

Pass the sugar to your father. Передай сахар отцу.

Did you speak to him about it? Ты говорил с ним об этом?

He played his new record to all his friends. Он проиграл новую запись всем своим друзьям.

Your grandmother has been very kind to me. Твоя бабушка была очень добра ко мне.

To my surprise, the way here took me longer than I had expected. К моему удивлению, дорога сюда заняла больше времени, чем я ожидал.

To my shame, I completely forgot our date. К своему стыду, я совершенно забыл о нашем свидании.

3 *указывает на связь между людьми или предметами*

She’s an assistant to the Vice President. Она помощник вице-президента.

There are four keys to the front door. К входной двери есть четыре ключа.

4 *употребляется при сравнении*

I prefer butter to margarine. Я предпочитаю масло маргарину.

You can’t compare tinned fruit to fresh fruit. Нельзя сравнивать консервированные фрукты со свежими.

5 *при обозначении времени*

from Monday to Friday с понедельника до пятницы

He slept from ten to eight o'clock. Он спал с десяти до восьми утра.

It's ten to six. Без десяти шесть.

The time is a quarter to seven. Сейчас без четверти семь.

to[2] [tu:; tə] *частица* **1** *употребляется при инфинитиве*; *не переводится*

They tried to run away. Они попытались убежать.

She agreed to come with us. Она согласилась пойти с нами.

They came to help us. Они пришли помочь нам.

She was too tired to walk. Она слишком устала, чтобы идти пешком.

Are these apples good to eat? Эти яблоки можно есть?

I'm sorry to be late. Простите, что опоздал.

2 *употребляется вместо инфинитива*, *чтобы избежать повторения*

We didn't want to go, but we had to. Нам не хотелось идти, но пришлось.

I intended to do it, but forgot to. Я собирался сделать это, но забыл.

He often does things you wouldn't expect him to. Он часто делает то, что вы не ожидаете от него.

toast [təʊst] *n* тост (*подсушенный кусочек хлеба*)

two slices of buttered toast два тоста, намазанных маслом

Do you want toast and coffee for your breakfast? Хотите на завтрак кофе и тосты?

Note: *не имеет мн. числа*

toaster [ˈtəʊstə(r)] *n* тостер

Put these slices of bread in the toaster. Положи эти кусочки хлеба в тостер.

We must get the toaster fixed — the toast keeps coming out burned. Нам нужно починить тостер: хлеб в нём подгорает.

tobacco [təˈbækəʊ] *n* табак

These cigarettes are made of fine tobacco. Эти сигареты из табака высшего сорта.

I must buy some pipe tobacco for my uncle. Мне надо купить трубочного табака для моего дяди.

today [tə'deɪ] *adv* сегодня

What's the date today? Какое сегодня число?

Today is my birthday. Сегодня мой день рождения.

He said he was coming to see me today, but he hasn't come yet. Он сказал, что придёт сегодня ко мне, но его всё ещё нет.

toe [təʊ] *n* палец на ноге

He stopped on my toe. Он наступил мне на ногу.

big toe большой палец ноги

little toe мизинец ноги

together [tə'geðə(r)] *adv* вместе

We must stay together or we'll get lost. Мы должны держаться вместе, иначе потеряемся.

Let's go to the cinema together. Пойдём вместе в кино.

Tie the two chairs together. Свяжи два стула вместе.

Hold the sticks together and see which is longer. Соедини эти палки вместе и посмотри, которая длиннее.

All these troubles seemed to happen together. Все эти несчастья, казалось, навалились одновременно.

toilet ['tɔɪlɪt] *n* туалет

This toilet isn't working. Этот туалет не работает.

I have to go to the toilet. Мне надо в туалет.

toilet paper ['tɔɪlɪtˌpeɪpə(r)] *n* туалетная бумага

told [təʊld] *past tense и past participle от* **tell**

tomato [tə'mɑːtəʊ] *n* томат, помидор

Do you like tomatoes? Ты любишь помидоры?

Put a few tomatoes in the salad. Положи в салат несколько помидоров.

tomato juice [təˈmɑːtəʊʤuːs] *n* томатный сок

I always have a glass of tomato juice for my breakfast. Я всегда выпиваю на завтрак стакан томатного сока.

tomorrow [təˈmɒrəʊ] *adv* завтра

Today is Sunday, so tomorrow must be Monday. Сегодня воскресенье, значит завтра должен быть понедельник.

Can you meet me tomorrow? Сможешь встретить меня завтра?

Tomorrow is his birthday. Завтра его день рождения.

the day after tomorrow послезавтра

tongue [tʌŋ] *n* **1** язык

The doctor asked me to put out my tongue. Доктор попросил меня показать язык.

to hold one's tongue замолчать, промолчать

Hold your tongue! Замолчи!, Помолчи!

She was angry but she held her tongue. Она рассердилась, но промолчала.

2 речь, язык

one's native tongue родной язык

This dictionary is specially intended for people whose native tongue is not English. Этот словарь предназначен для тех, чей родной язык не английский.

tonight [təˈnaɪt] *adv* сегодня вечером

I'm going to a party tonight. Сегодня я иду в гости.

Can you call me at 11.30 tonight? Позвони мне сегодня вечером в половине двенадцатого.

Is there anything interesting on TV tonight? Есть сегодня вечером что-нибудь интересное по телевизору?

tonne [tʌn] *n* тонна

too [tuː] *adv* **1** тоже, также

I want to go too. Я тоже хочу пойти.

He had some cake and I had some too. Он съел пирожок, и я тоже.

She, too, has a cold. У неё тоже простуда.

2 слишком

These shoes are too small. Эти туфли слишком маленького размера.

That question is too hard — I can't answer it. Этот вопрос слишком трудный, я не могу на него ответить.

took [tʊk] *past tense от* **take**

tool [tu:l] *n* инструмент

A hammer is a tool for knocking nails. Молоток — инструмент для забивания гвоздей.

a box of tools ящик с инструментами

tooth [tu:θ] *n* (*pl* **teeth**) зуб

Don't forget to brush your teeth after breakfast. Не забывай после завтрака чистить зубы.

I must see the dentist — one of my teeth hurts. Мне надо к зубному врачу: зуб болит.

He had to have a tooth out. Ему надо было удалить зуб.

toothache ['tu:θeɪk] *n* зубная боль

I've got a toothache. У меня болит зуб.

toothbrush ['tu:θbrʌʃ] *n* зубная щётка

toothpaste ['tu:θpeɪst] *n* зубная паста

I must buy some toothpaste. Мне надо купить зубную пасту.

Here's a tube of toothpaste. Вот тюбик зубной пасты.

top [tɒp] *n* **1** верх, верхушка, вершина

Clouds cover the top of the mountain. Тучи покрывают вершину горы.

The bird is sitting on the top of the tree. Птица сидит на верхушке дерева.

at the top of наверху

The sentence is at the top of the page. Это предложение наверху страницы.

at the top of one's voice очень громко

He shouted at the top of his voice. Он громко закричал.

on top наверху

The cake had sugar on top. Пирог сверху посыпан сахаром.

2 крышка

Where's the top of the jam jar? Где крышка от банки с джемом?

Take the top off the box. Сними с ящика крышку.

topic ['tɒpɪk] *n* тема, предмет

Football is his main topic of conversation. Футбол — главная тема всех его разговоров.

torch [tɔ:tʃ] *n* карманный электрический фонарик

tore [tɔ:(r)] *past tense от* **tear**[2]

torn [tɔ:n] *past participle от* **tear**[2]

tortoise ['tɔ:təs] *n* черепаха

total ['təʊtl] *adj* весь, целый; полный

No one spoke, and there was total silence in the room. Никто не говорил, и в комнате стояла полная тишина.

What are your total debts? Какова сумма всех твоих долгов?

touch I [tʌtʃ] *n* **1** связь, контакт

We've lost touch with him now that he has gone to live in Australia. Мы потеряли с ним всякую связь, так как он уехал жить в Австралию.

to be in touch with smb быть в контакте с кем-л.

to get in touch with smb связаться с кем-л.

I'll be in touch with you next week. На следующей неделе я свяжусь с тобой.

I haven't been in touch with him since we left school five years ago. Я не виделся с ним с тех пор, как мы окончили школу пять лет назад.

2 прикосновение

I felt a touch on my arm. Я почувствовал, как что-то коснулось моей руки.

touch II [tʌtʃ] *v* трогать, касаться, прикасаться

Don't touch that door — the paint isn't dry yet. Не прикасайся к этой двери: краска ещё не высохла.

She touched me on the shoulder. Она прикоснулась к моему плечу.

Your jeans are dirty at the bottom because they touch the ground. Твои джинсы грязные сзади, потому что ты сидел на земле.

The sick boy hasn't touched his lunch. Больной мальчик даже не прикоснулся к обеду.

I never touch coffee. Я вообще не пью кофе.

touchy ['tʌtʃɪ] *adj* обидчивый, чувствительный

He's very touchy about that subject. Он очень болезненно к этому относится.

tough [tʌf] *adj* **1** жёсткий, твёрдый

This steak is tough. Бифштекс очень жёсткий.

2 прочный

a tough material прочный материал

3 трудный

a tough problem сложная проблема

a tough job трудная работа

tour [tʊə(r)] *n* путешествие, поездка, тур

a tour round Europe путешествие по Европе

a couch tour of France автобусный тур по Франции

tourist ['tʊərɪst] *n* турист

London is full of tourists in summer. Летом Лондон наводнён туристами.

towards [tə'wɔ:dz] *prep* **1** к, по направлению к

He ran towards the policeman. Он бежал к полицейскому.

She was walking towards the village when I met her. Когда я встретил её, она шла по направлению к деревне.

2 около, ближе к (*о времени*)

Can we meet towards the end of next week? Давай встретимся ближе к концу следующей недели.

We went on vacation towards the middle of September. Мы ездили в отпуск примерно в середине сентября.

3 по отношению к

What are his feelings towards us? Как он к нам относится?

towel ['taʊəl] *n* полотенце

She rubbed her hair with a towel. Она вытерла волосы полотенцем.

She picked up a dish towel and began drying the glasses. Она взяла кухонное полотенце и принялась вытирать стаканы.

tower ['taʊə(r)] *n* башня

the Eiffel Tower Эйфелева башня

a television tower телевизионная башня

water tower водонапорная башня

town [taʊn] *n* город

Would you rather live in a town or in the country? Вы предпочитаете жить в городе или в деревне?

This town has an interesting history. У этого города интересная история.

We went to the town to do some shopping today. Мы ездили сегодня в город за покупками.

toy [tɔɪ] *n* игрушка

Put all your toys away before you go to bed. Прежде чем отправишься спать, убери все свои игрушки.

trace [treɪs] *n* след

They couldn't find any trace of the lost children. Они не могли найти никаких следов пропавших детей.

There's no trace of your letter — it must have been lost. Твоего письма нигде нет; должно быть, оно потерялось.

track [træk] *n* **1** след, отпечаток

I could see the bicycle tracks in the sand. На песке я видел следы велосипедных шин.

2 железнодорожный *или* трамвайный путь

The train stopped because there were a tree across the track. Поезд остановился, потому что на рельсах лежало дерево.

3 беговая дорожка; трек

a cycling track велотрек

tractor ['træktə(r)] *n* трактор

He drove his tractor across the field. Он вёл свой трактор по полю.

trade [treɪd] *n* **1** торговля

foreign trade внешняя торговля

book trade книжная торговля

2 профессия, занятие

The college teaches many useful trades. В колледже обучают многим полезным профессиям.

by trade по профессии

Who is he by trade? Кто он по профессии?

He's a tailor by trade. По профессии он портной.

trademark ['treɪdmɑːk] *n* торговая марка

trade union [ˌtreɪd'juːnɪən] *n* профсоюз

tradition [trə'dɪʃn] *n* традиция, обычай

It's a tradition that women get married in long white dresses. По традиции женщины выходят замуж в длинных белых платьях.

traffic ['træfɪk] *n* движение; транспорт

There's a lot of traffic on Friday nights. По пятницам вечером на улицах большое движение.

The lights turned red, and the traffic stopped. Загорелся красный свет, и машины остановились.

traffic jam ['træfɪkʤæm] *n* затор на дороге, пробка

The accident caused a big traffic jam. Из-за аварии возникла большая пробка.

traffic lights ['træfıklaıts] *n pl* светофор

Turn right at the next traffic lights. У следующего светофора поверните направо.

tragedy ['trædʒədı] *n* трагедия

"Hamlet" is one of Shakespeare's best known tragedies. «Гамлет» — одна из самых известных трагедий Шекспира.

Their holiday ended in tragedy when their hotel caught fire. Их отпуск закончился печально, потому что в их отеле возник пожар.

trail I [treıl] *n* **1** след

There was a trail of blood from the wounded animal. Были видны следы крови, оставленные раненным животным.

2 тропа, тропинка

You won't get lost if you follow the trail. Если будете идти по тропинке, не заблудитесь.

trail II [treıl] *v* следовать, идти по следу, преследовать

The police trailed him. Полиция шла по его следу.

trailer ['treılə(r)] *n* трейлер

train[1] [treın] *n* поезд

goods train товарный поезд

passenger train пассажирский поезд

The train to Paris leaves from platform 2. Поезд на Париж отправляется от второй платформы.

I go to work every day by train. Я каждый день ёзжу на работу на электричке.

to catch a train сесть на поезд

Hurry up if you want to catch the next train. Поторопись, если хочешь уехать следующим поездом.

to miss a train опоздать на поезд

We missed the last train and had to take a taxi. Мы опоздали на последний поезд и вынуждены были взять такси.

to change trains делать пересадку с поезда на поезд

train[2] [treɪn] *v* **1** обучать; дрессировать

He has trained his dog to bring the newspaper in from the porch. Он обучил своего пса приносить с крыльца газету.

He's training a horse for the race. Он готовит лошадь к скачкам.

2 учиться, обучаться

He is training to become a doctor. Он готовится стать врачом.

3 тренироваться

She's training for the 100-metre race. Она готовится к стометровому забегу.

trainers ['treɪnez] *n pl* кроссовки

traitor ['treɪtə(r)] *n* предатель

tram [træm] *n* трамвай

trample ['træmpl] *v* топтать

Don't trample on the flowers! Не ходи по цветам!

transfer [træns'fɜ:(r)] *v* (**transferred, transferring**) **1** переводить

My brother's boss transferred him to Scotland. Начальник перевёл моего брата в Шотландию.

The head office has been transferred from York to London. Головной офис был переведён из Йорка в Лондон.

2 делать пересадку (*транспортную*)

We have to transfer to another bus. Нам нужно пересесть на другой автобус.

translate [trænz'leɪt] *v* переводить (*на другой язык*)

Can you translate this German letter for me? Переведи, пожалуйста, мне это письмо с немецкого.

This book is translated from Italian. Эта книга переведена с итальянского.

translation [trænz'leɪʃn] *n* перевод (*на другой язык*)
I've only read it in translation. Я читал это только в переводе.

transport I ['trænspɔ:t] *n* транспорт
My car is being repaired so I am without transport at present. Мой автомобиль в ремонте, так что сейчас я без транспорта.
public transport общественный транспорт

transport II [træn'spɔ:t] *v* перевозить
They transported the bricks in a lorry. Они перевозили кирпич на грузовике.

trap [træp] *n* ловушка
The farmer sets traps to catch the rats. Фермер ставит ловушки для крыс.

travel I ['trævl] *v* (**travelled**, **travelling**) путешествовать; двигаться; ездить
to travel over the whole world путешествовать по всему миру
to travel for two months путешествовать два месяца
They travelled across the country by bicycle. Они путешествовали по стране на велосипедах.
He travels to work by car. Он ездит на работу на автомобиле.

travel II ['trævl] *n* путешествие
He is fond of travel. Он обожает путешествовать.

travel agency ['trævlˌeɪʤənsɪ] *n* туристическое агентство, бюро путешествий

traveller ['trævlə(r)] *n* **1** пассажир, путник; путешественник **2** коммивояжёр

tray [treɪ] *n* поднос
She brought the cups in on a tray. Она принесла чашки на подносе.

treasure ['treʒə(r)] *n* сокровище

They found some treasure when they were digging in the garden. Копая землю в саду, они нашли клад.

treat [tri:t] *v* **1** обращаться

She treats us like children. Она обращается с нами, как с детьми.

He treats his dogs very kindly. Он очень гуманно обращается со своими собаками.

to treat smth as относиться к чему-л. как, считать что-л. чем-л.

He treated my plan as a joke. Он отнёсся к моему плану, как к шутке.

2 лечить

The doctors treated his fever with pills. Врачи лечили его лихорадку таблетками.

He's being treated by his doctor for heart disease. Он лечится от сердечного заболевания.

treatment ['tri:tmənt] *n* **1** обращение, обхождение

I don't like his cruel treatment of those poor horses. Мне не нравится его жестокое обращение с этими бедными лошадьми.

2 лечение; уход

After the accident he had treatment in hospital. После аварии он проходил лечение в больнице.

tree [tri:] *n* дерево

He climbed up a tree. Он влез на дерево.

Birds make their nests in trees. Птицы вьют гнёзда на деревьях.

Let's have our picnic under this tree. Давайте устроим наш пикник под этим деревом.

tremble ['trembl] *v* дрожать, трястись

He was trembling with fear. Он дрожал от страха.

tremendous [trɪ'mendəs] *adj* **1** огромный

That aeroplane flies at a tremendous speed. Этот самолёт летает на огромной скорости.

2 замечательный, великолепный

a tremendous singer замечательный певец

triangle ['traɪæŋgl] *n* треугольник

triangular [traɪ'æŋgjʊlə(r)] *adj* треугольный

trick [trɪk] *n* трюк, фокус; шутка

He did some card tricks. Он показывал фокусы с картами.

to play a trick on smb подшутить над кем-л.

The boys hid my brother's bike to play a trick on him. Ребята спрятали велосипед моего брата, чтобы подшутить над ним.

tried [traɪd] *past tense и past participle om* **try**

trip [trɪp] *n* поездка

He's on a business trip to Canada. Он в Канаде в деловой поездке.

We had a trip to the coast last Saturday. В прошлую субботу мы ездили на побережье.

trolley ['trɒlɪ] *n* металлическая корзина на колёсах (*для покупок в магазине*)

trolleybus ['trɒlɪbʌs] *n* троллейбус

trouble ['trʌbl] *n* беспокойство, волнение, тревога

The trouble is that the car won't start. Беда в том, что автомобиль не заводится.

It's no trouble — I can do it easily. Никакого беспокойства, мне это сделать не трудно.

He has money troubles. У него денежные затруднения.

It won't be any trouble if you stay to dinner. Никакого беспокойства вы не доставите, если останетесь на обед.

to get into trouble попасть в беду, иметь неприятности

You'll get into trouble if you park your car here. Если вы припаркуете здесь машину, у вас будут неприятности.

to be in trouble иметь неприятности

I'll be in trouble if I get home late. Если я приду домой поздно, у меня будут неприятности.

trousers ['traʊzəz] *n pl* брюки
a pair of trousers брюки
These trousers are dirty. I need some clean ones. Эти брюки грязные. Мне нужны чистые.

truck [trʌk] *n* грузовик
He was loading the boxes onto the truck. Он грузил ящики на грузовик.
The big trucks make a lot of noise as they go past the house. Большие грузовики с грохотом проносились мимо дома.

true [tru:] *adj* правдивый, истинный, настоящий
What he says is true. То, что он говорит, правда.
It's true, that she is married. Она действительно замужем.
A true friend will always help you. Настоящий друг всегда поможет.
to come true сбываться
Her dream came true. Её мечта сбылась.

trunk [trʌŋk] *n* **1** ствол (*дерева*)
2 чемодан; сундук
I have two suitcases and a trunk. У меня два чемодана и сундук.
3 хобот
The elephant picked up the banana with its trunk. Слон поднял банан своим хоботом.

trunks [trʌŋks] *n pl* плавки

trust I [trʌst] *n* вера, доверие
to put one's trust in верить, доверять
Children put their trust in their parents. Дети доверяют своим родителям.

trust II [trʌst] *v* верить, доверять; полагаться
He is not the sort of man to be trusted. Он не из тех людей, кому доверяют.
Don't trust to chance. Не полагайся на случай.

You trust to your memory too much. Ты слишком полагаешься на свою память.

truth [tru:θ] *n* правда

Always tell the truth. Всегда говори правду.

There's not a word of truth in what he says. В том, что он говорит, нет ни слова правды.

to tell the truth... сказать по правде..., честно говоря...

To tell the truth, I forgot all about your request. Честно говоря, я совершенно забыл о вашей просьбе.

truthful ['tru:θfl] *adj* правдивый

a truthful account of what happened правдивый отчёт о случившемся

try [traɪ] *v* (**tries**, **tried**, **trying**) **1** пытаться, стараться

He tried to climb up the tree. Он попытался залезть на дерево.

Don't try to drive if you've never driven before. Не пытайся сесть за руль, если до этого ты никогда не ездил.

Let me try to start the car. Дай я попробую завести машину.

to try and do smth стараться сделать что-л.

Please try and come early. Пожалуйста, постарайся прийти пораньше.

2 проверять, пробовать

Try this new soap. Попробуй это новое мыло.

Have you tried skating backwards yet? Ты уже пробовал ездить на роликах назад?

Try one of my cookies. Попробуй моё печенье.

to try on мерить, примерять

He tried the jacket on before he bought it. Он примерил пиджак, прежде чем его купить.

T-shirt ['ti:ʃɜ:t] *n* футболка

tube [tju:b] *n* **1** труба

A plastic tube takes the gasoline from here to the engine. Отсюда топливо по пластмассовой трубке поступает в мотор.

2 тюбик

a tube of toothpaste тюбик зубной пасты
a tube of glue тюбик клея
3 метро (*в Великобритании*)
the London tube Лондонское метро
Take the tube. Поезжай на метро.
Can I get there by tube? Туда можно доехать на метро?

Tuesday ['tju:zdɪ] *n* вторник
He came to see me last Tuesday. В прошлый вторник он приходил ко мне.
Shall we meet next Tuesday? Встретимся во вторник на следующей неделе?
I go to the library on Tuesdays. Я хожу в библиотеку по вторникам.

tulip ['tju:lɪp] *n* тюльпан

tune I [tju:n] *n* мелодия, мотив
He whistled a cheerful tune. Он насвистывал весёлую мелодию.
This popular tune is easy to remember. Эта популярная мелодия легко запоминается.

tune II [tju:n] *v* настраивать (*музыкальный инструмент*)
to tune a guitar настраивать гитару
to tune in настраивать радиоприёмник (*на какую-л. волну*)
I tuned in to Radio 4. Я настроил приёмник на станцию «Радио-4».

tunnel ['tʌnl] *n* туннель
to go through a tunnel ехать через туннель

turkey ['tɜ:kɪ] *n* **1** индюк; индюшка
2 индейка (*блюдо*)
Have some more turkey. Возьмите ещё индейки.
Note: *в значении 2 не имеет мн. числа*

turn I [tɜ:n] *n* **1** поворот
a turn of the wheel поворот колеса

Give the knob a few turns. Поверни ручку несколько раз.

Drive on for a kilometre, then take a left turn. Поезжайте примерно километр, затем поверните налево.

2 очередь

Wait for your turn to see a doctor. Ждите своей очереди к врачу.

It's your turn to play now. Сейчас твоя очередь играть.

in turn по очереди

He and I rode the bike in turn. Мы с ним по очереди катались на велосипеде.

turn II [tɜ:n] *v* **1** поворачивать, повёртывать; крутить

Turn the handle to open the door. Чтобы открыть дверь, поверни ручку.

Turn the key to the left. Поверни ключ влево.

He turned the corner. Он завернул за угол.

The road turns to the left. Дорога поворачивает влево.

to turn down отклонять

He turned down my invitation. Он отклонил моё приглашение.

to turn on включать

Turn on the television. Включи телевизор.

to turn off выключать

Turn off the tap. Закрой кран.

2 оборачиваться, поворачиваться, повёртываться; вращаться

Wheels turn. Колёса вращаются.

He turned to look at the camera. Он обернулся, чтобы смотреть в объектив.

The handle won't turn. Ручка не поворачивается.

to turn against восстать против

Why has she turned against me? Почему она настроена против меня?

to turn over переворачиваться

He was lying on his chest and then turned over to look up at the sky. Он лежал на животе, а потом перевернулся, и стал смотреть в небо.

to turn to обращаться к

The child turned to its mother for help. Ребёнок обратился за помощью к матери.

3 становиться

The leaves turn brown in the autumn. Осенью листья становятся коричневыми.

The weather has turned cold. Погода стала холодной.

She turned pale with fear. Она побледнела от страха.

to turn into превращаться, становиться

In the winter, the water turns into ice. Зимой вода превращается в лёд.

to turn out оказаться

It turned out that he knew my sister. Оказалось, он знает мою сестру.

His statement turned out to be false. Его утверждение оказалось ложным.

TV [ˌtiːˈviː] = **television**

Do you watch TV every night? Ты смотришь телевизор каждый вечер?

He bought a new TV. Он купил новый телевизор.

twelfth [twelfθ] *adj* двенадцатый

He came twelfth in the race. Он пришёл двенадцатым в гонках.

twelve [twelv] *num* двенадцать

There are twelve months in a year. В году двенадцать месяцев.

He's twelve (years old). Ему двенадцать (лет).

twentieth [ˈtwentɪəθ] *adj* двадцатый

It's her twentieth birthday on Tuesday. Во вторник ей двадцать лет.

twenty [ˈtwentɪ] *num* двадцать

She's twenty years old. Ей двадцать лет.

twice [twaɪs] *adv* два раза, дважды

I've already seen that film twice. Я уже дважды смотрел этот фильм.

Twice two is four. Дважды два — четыре.

He's twice as old as I am. Он в два раза старше меня.

She earns twice as much money as her sister. Она зарабатывает в два раза больше своей сестры.

twig [twɪg] *n* веточка, прутик

twilight ['twaɪlaɪt] *n* сумерки

twinkle ['twɪŋkl] *v* мерцать
The stars twinkled. Мерцали звёзды.

twins [twɪnz] *n pl* близнецы
one of the twins один из близнецов

two [tu:] *num* два
There are only two chocolates left in the box. В коробке осталось только две конфеты.
His son is two (years old). Его сыну два (года).
two by two парами
The children walked in two by two. Дети вошли парами.

tying ['taɪɪŋ] *present participle om* **tie** II

type I [taɪp] *n* **1** тип, сорт, вид
What type of car are you looking for? Какой тип машины ты ищешь?
A bungalow is a type of house. Бунгало — это тип дома.
2 шрифт
in black type жирным шрифтом
in italic type курсивом

type II [taɪp] *v* печатать на машинке
His secretary typed the report. Его секретарь напечатала доклад.

typewriter ['taɪpraɪtə(r)] *n* пишущая машинка
She has a new electric typewriter. У неё новая электрическая пишущая машинка.
Help me to change the ribbon in this typewriter, please. Помоги

мне, пожалуйста, поменять ленту в этой пишущей машинке.

typist ['taɪpɪst] *n* машинистка

tyrant ['taɪərənt] *n* тиран, деспот

tyre ['taɪə(r)] *n* шина
flat tyre спущенная шина
My bike has a flat tyre. У моего велосипеда спустилась шина.

U

U, u [ju:] *21-я буква английского алфавита*

ugly ['ʌglɪ] *adj* некрасивый, безобразный
She was wearing an ugly hat. На ней была какая-то уродливая шляпа.
They live in an ugly little house. Они живут в неказистом домишке.
[*beautiful* красивый]

umbrella [ʌm'brelə] *n* зонт, зонтик
When it started to rain she opened her umbrella. Когда пошёл дождь, она раскрыла зонтик.
Can I come under your umbrella? Можно мне под твой зонтик?
The wind broke my umbrella. От ветра мой зонтик сломался.

unable [ʌn'eɪbl] *adj*: **to be unable to do smth** быть не в состоянии сделать что-л.
He was unable to go to work today because he was sick. Он не смог сегодня пойти на работу, потому что плохо себя чувствовал.
After her accident, she was unable to walk. После аварии она не могла ходить.

unattractive [ʌnə'træktɪv] *adj* непривлекательный

It's an unattractive part of town. Это малопривлекательная часть города.

[*attractive* привлекательный]

uncertain [ʌn'sɜ:tn] *adj* неопределённый

My holiday plans are uncertain because I don't know how much money I shall have. Мои планы на отпуск ещё не определились, так как я не знаю, какой суммой буду располагать.

[*certain* определённый]

uncle ['ʌŋkl] *n* дядя

He's my uncle. Он мой дядя.

uncomfortable [ʌn'kʌmftəbl] *adj* **1** неудобный

uncomfortable shoes неудобные туфли

I'm uncomfortable in this chair. Мне неудобно на этом стуле.

[*comfortable* удобный]

2 неприятный; стеснённый

an uncomfortable feeling чувство неловкости

I felt uncomfortable when I had to admit my guilt. Я чувствовал себя очень неловко, когда был вынужден признать свою вину.

under ['ʌndə(r)] *prep* **1** под

He hid under the table. Он спрятался под стол.

My pencil rolled under the piano. Мой карандаш закатился под пианино.

Can you swim under water? Можешь плавать под водой?

under control под контролем

2 менее

She's under thirty. Ей меньше тридцати.

Children in primary schools are usually under 12 years. Ученикам в начальной школе обычно меньше двенадцати лет.

[*over* над]

underclothes ['ʌndəkləʊðz] *n pl* нижнее бельё

underground I [ˈʌndəgraʊnd] *adj* подземный
an underground tunnel подземный тоннель

underground II [ˈʌndəgraʊnd] *n* метро
We went by underground to the station. Мы поехали на вокзал на метро.

underline [ˌʌndəˈlaɪn] *v* подчёркивать
Underline these words in the sentence. Подчеркни в предложении эти слова.

understand [ˌʌndəˈstænd] *v* (*past tense и past participle* **understood**)
1 понимать
I don't understand this homework — can you explain it to me? Я не понимаю домашнее задание, можешь объяснить мне его?
He doesn't understand English, so don't try to talk to him. Он не понимает по-английски, так что не пытайся говорить с ним.
Do you understand how this machine works? Ты понимаешь, как работает этот аппарат?
2 узнать, услышать
We understand he's getting married next week. Мы знаем, что он женится на следующей неделе.
I understand that the plane from Geneva will be late. Я узнал, что самолёт из Женевы опаздывает.

understood [ˌʌndəˈstʊd] *past tense и past participle от* **understand**

underwear [ˈʌndəweə(r)] *n* нижнее бельё
He needs some new underwear. Ему нужно новое нижнее бельё.
She's washing her underwear. Она стирает своё нижнее бельё.
Note: *не имеет мн. числа*; *e. g.* **some underwear** нижнее бельё; **a piece of underwear** предмет нижнего белья

undid [ʌnˈdɪd] *past tense от* **undo**

undo [ʌnˈduː] *v* (*past tense* **undid**; *past participle* **undone**) развязывать; расстёгивать

Please undo this ribbon for me. Развяжи, пожалуйста, мне ленту.

I can't undo these buttons. Никак не могу расстегнуть эти пуговицы.

undone [ʌn'dʌn] *past participle от* **undo**

undoubted [ʌn'daʊtɪd] *adj* несомненный

There is an undoubted improvement in the patient's condition. В состоянии больного наблюдается заметное улучшение.

undoubtedly [ʌn'daʊtɪdlɪ] *adv* несомненно

She is undoubtedly the best swimmer in the class. Несомненно, она плавает лучше всех в классе.

undress [ʌn'dres] *v* раздевать(ся)

The girl undressed her doll. Девочка раздела свою куклу.

Undress and get into bed. Раздевайся и ложись в постель.

unemployed [ˌʌnɪm'plɔɪd] *adj* безработный

the unemployed *pl* безработные

unemployment [ˌʌnɪm'plɔɪmənt] *n* безработица

uneven [ʌn'iːvn] *adj* неровный

Your haircut is uneven. Тебя неровно подстригли.

unexpected [ˌʌnɪk'spektɪd] *adj* неожиданный

an unexpected visitor неожиданный посетитель

unexpected results неожиданные результаты

unfinished [ʌn'fɪnɪʃt] *adj* незаконченный

We have some unfinished business to take care of. Нам остаётся закончить одно дело.

unfold [ʌn'fəʊld] *v* развёртывать

He unfolded the letter and read it aloud. Он развернул письмо и прочёл его вслух.

[*to fold* свёртывать]

unfortunate [ʌn'fɔːtʃʊnət] *adj* неудачный
You were unfortunate in missing the concert. Вам не повезло, что вы пропустили концерт.
[*fortunate* удачный]

unfortunately [ʌn'fɔːtʃʊnətlɪ] *adv* к сожалению, к несчастью
Unfortunately, we never found out the truth. К сожалению, мы так никогда и не узнали правды.
[*fortunately* к счастью]

unhappy [ʌn'hæpɪ] *adj* несчастный; несчастливый; неудачный
He looked very unhappy when he came out of the principal's office. У него был такой несчастный вид, когда он вышел из кабинета директора школы.
She's unhappy because her cat is sick. Она очень расстроена, потому что её кошка заболела.
[*happy* счастливый]

unhealthy [ʌn'helθɪ] *adj* нездоровый; вредный
They're unhealthy children, always ill. Они слабые дети, вечно болеют.
Mining is an unhealthy job. Работа на шахтах вредна для здоровья.
a hot wet unhealthy place жаркое влажное нездоровое место
[*healthy* здоровый, полезный]

uniform ['juːnɪfɔːm] *n* форма, форменная одежда
The policemen were in uniform. Полицейские были в форменной одежде.
Was he wearing a uniform? Он носил форму?
a school uniform школьная форма

union ['juːnɪən] *n* союз; объединение
the National Union of Students Национальный союз студентов

unit ['juːnɪt] *n* **1** единица, штука
2 единица измерения

A metre is a unit of length and a kilogram is a unit of weight. Метр — единица измерения длины, а килограмм — единица веса.

unite [ju:ˈnaɪt] *v* объединять(ся); соединять(ся)

There are common interests that unite our two countries. Есть общие интересы, которые объединяют наши две страны.

They united the two pipes. Они соединили две трубы.

The countries united for business purposes. Государства объединились в целях делового сотрудничества.

universe [ˈju:nɪvɜ:s] *n*: **the Universe** вселенная

university [ˌju:nɪˈvɜ:sətɪ] *n* университет

The university is on the southwest side of the town. Университет находится в юго-западной части города.

He's studying philology at the state university. Он изучает филологию в университете.

unkind [ʌnˈkaɪnd] *adj* недобрый, злой

The unkind girl kicked the cat. Злая девочка пнула кошку.

[*kind* добрый]

unknown [ˌʌnˈnəʊn] *adj* неизвестный

an unknown face незнакомое лицо

an unknown painter неизвестный художник

unless [ʌnˈles] *conj* если не

Unless you leave now, you'll be late. Если ты не уйдёшь сейчас, то опоздаешь.

Don't call unless the message is important. Не звони, если сообщение не очень важное.

We'll have our picnic in the field, unless it rains. Устроим пикник на лугу, если не будет дождя.

unload [ʌnˈləʊd] *v* разгружать

The men unloaded the potatoes from the van. Мужчины разгружали с грузовика картошку.

unlock [ˌʌn'lɒk] *v* отпирать

She unlocked the front door. Она отперла входную дверь.

[*to lock* запирать на ключ]

unlucky [ʌn'lʌkɪ] *adj* несчастливый, неудачный, невезучий

She's unlucky — she never wins a game. Она невезучая; она никогда не выигрывает.

[*lucky* счастливый, удачный]

unnatural [ʌn'nætʃrəl] *adj* ненормальный, ненатуральный, неестественный

Her hair looks so unnatural. Её волосы выглядят так неестественно.

[*natural* естественный]

unpack [ˌʌn'pæk] *v* распаковывать

We arrived at the hotel and unpacked the luggage. Мы прибыли в гостиницу и распаковали вещи.

[*to pack* упаковывать]

unpleasant [ʌn'pleznt] *adj* неприятный, отталкивающий

the unpleasant smell of bad fish отвратительный запах испорченной рыбы

unpleasant weather плохая погода

a few unpleasant words неприятные слова

She was rather unpleasant with me. Она была со мной довольно нелюбезна.

[*pleasant* приятный]

untidy [ʌn'taɪdɪ] *adj* неопрятный, неаккуратный

an untidy room неприбранная комната

My untidy brother drops all his clothes on the floor. Мой неряшливый братец бросает всю свою одежду на пол.

[*tidy* опрятный, аккуратный]

until I [ən'tɪl] *prep* до

Until yesterday, I felt fine. До вчерашнего дня я чувствовал себя хорошо.

until II [ən'tɪl] *conj* до тех пор пока (не), пока (не)
Wait here until I come back. Подожди здесь, пока я не вернусь.
We won't start until my sister comes. Мы не начнём, пока не придёт моя сестра.

unusual [ʌn'juːʒl] *adj* необычный, странный
It is unusual to see a cat without a tail. Довольно необычно видеть кошку без хвоста.
[*usual* обычный, привычный]

up I [ʌp] *adv* **1** наверху, вверх, наверх
Pull your socks up. Подтяни носки.
She stood up and gave her seat to the old lady. Она поднялась и уступила своё место пожилой даме.
Prices seem to go up every day. Цены, кажется, ежедневно повышаются.
Those who are against hold up your hands. Те, кто против, поднимите руки.
The sun is up. Солнце уже высоко.
[*down* вниз]
2 на ногах, не в постели
He's still up — he should be in bed. Он всё ещё на ногах, а ему следует быть в постели.
She stayed up all night. Она не ложилась всю ночь.
to get up вставать с постели
When will you get up tomorrow? В котором часу ты завтра встанешь?
3 до конца, полностью
She ate the cake up and there was none for me. Она съела весь пирог, и мне ничего не осталось.
The stream has dried up. Ручей высох.
Your time is up. Ваше время истекло.
◊ **what's up?** в чём дело?, что случилось?
You look pale — what's up? Ты такой бледный, что случилось?

up II [ʌp] *prep* **1** вверх по
He climbed up the mountain to the top. Он взобрался на вершину горы.

She was going up a ladder. Она взбиралась вверх по лестнице.

up and down вверх и вниз, туда-сюда

The dog ran up and down the stairs. Пёс бегал вверх и вниз по лестнице.

[*down* вниз по]

2 по

We walked up the road. Мы шли по дороге.

Go up the street to the traffic lights and then turn left. Идите по улице до светофора и затем поверните налево.

upon [ə'pɒn] = **on**

upper ['ʌpə(r)] *adj* верхний

He has a moustache on his upper lip. У него на верхней губе усики.

upset [ˌʌp'set] *v* (*past tense и past participle* **upset**) **1** расстраивать, огорчать

The bad news upset her. Плохие новости расстроили её.

He upset his mother by staying out late. Он огорчал свою мать тем, что поздно являлся домой.

2 расстраивать (*планы и т. п.*)

The bad weather upset our vacation plans. Плохая погода испортила нам отпуск.

upside down [ˌʌpsaɪd'daʊn] *adv* **1** вверх дном; вниз головой; вверх ногами

The boys were hanging upside down from a tree. Мальчишки висели на дереве вниз головой.

Don't hold the box upside down — everything will fall out. Не переворачивай коробку вверх дном, из неё всё выпадет.

2 в беспорядке

Everything's upside down in this house. В этом доме всё вверх дном.

upstairs [ˌʌp'steəz] *adv* вверх по лестнице, наверху

My father is upstairs — I'll ask him to come down. Отец наверху; я скажу, чтобы он спустился вниз.

Our bedroom is upstairs. Наша спальня наверху.

Can you go upstairs and get my gown from the bedroom? Пойди, пожалуйста, наверх и принеси из спальни мой халат.

[*downstairs* вниз по лестнице, внизу]

up-to-date ['ʌptədeɪt] *adj* модный; современный
up-to-date furniture современная мебель
up-to-date ideas современные идеи
[*out-of-date* устаревший, несовременный]

upwards ['ʌpwədz] *adv* вверх

If you look upwards you see the sky. Если посмотришь вверх, то увидишь небо.

[*downwards* вниз]

us [ʌs] *косв. падеж от* **we**

USA [ˌjuːes'eɪ] *n* США, Соединённые Штаты Америки

usage ['juːzɪʤ] *n* использование, употребление
a guide to English grammar and usage справочник по грамматике английского языка и словоупотреблению

use I [juːs] *n* **1** употребление, использование

Can you find a use for this piece of wood? Ты можешь найти применение этому куску дерева?

The stove has been in daily use for ten years. Этой плитой пользовались ежедневно в течение десяти лет.

to have the use of иметь право пользоваться

Our apartment has no kitchen, but we have the use of the kitchen in the apartment downstairs. В нашей квартире кухни нет, но нам можно пользоваться кухней в квартире этажом ниже.

to make use of использовать

You should make more use of your dictionary. Тебе следует больше пользоваться словарём.

If you don't want that box I can make use of it. Если тебе не нужен этот ящик, я могу пользоваться им.

2 польза, ценность, толк

What's the use of telling her what to do, when she never does what you want? Что за смысл говорить ей, что делать, если она никогда не делает, что ты ей говоришь?

It's no use sitting here and saying all those things. Нет никакого смысла сидеть здесь и говорить на эти темы.

of no use бесполезный

These shoes are of no use — throw them away. Эти туфли износились, выброси их.

use II [ju:z] *v* **1** пользоваться, употреблять, использовать

We use a pen for writing. Мы используем ручку для письма.

Someone used my knife to open a can of fruit. Кто-то пользовался моим ножом, чтобы открыть банку консервированных фруктов.

Can I use these scissors for cutting flowers? Можно мне этими ножницами подрезать цветы?

2 использовать, потреблять

This car uses a lot of petrol. Этот автомобиль потребляет много бензина.

We're using too much gas and electricity. Мы потребляем слишком много газа и электричества.

to use up использовать до конца

We're used up all the sugar so we must buy some more. У нас кончился сахар, надо его купить.

used[1] [ju:zd] *adj* бывший в употреблении, подержанный

used clothes ношенная одежда

used cars подержанные автомобили

used[2] [ju:st] *adj*: **to be used to** привыкнуть, быть привычным

He's used to getting up early. Он привык рано вставать.

She's used to hard work. Она привыкла к тяжёлой работе.

We're not used to eating so much. Мы не привыкли так много есть.

to get used to привыкать, привыкнуть

You'll soon get used to your new job. Ты скоро привыкнешь к своей новой работе.

used[3] [ju:st] *v*: **used to do smth** *указывает на повторность действия в прошлом*

My grandmother used to dance a lot when she was young. Моя бабушка в молодости много танцевала.

She used to teach history at our school. Она преподавала историю в нашей школе.

used to be *указывает на существование чего-л. в прошлом*

There used to be a green field here — now there's a supermarket. Раньше здесь было поле, а сейчас супермаркет.

useful ['ju:sfl] *adj* полезный

A torch is useful at night when you are camping. Без фонарика ночью в походе не обойтись.

He's a very useful man in the office. Он очень нужный работник в офисе.

[*useless* бесполезный]

useless ['ju:slɪs] *adj* бесполезный, ненужный

A car is useless without petrol. От автомобиля нет проку без бензина.

This knife is useless — it isn't sharp. Этот нож непригоден: он тупой.

[*useful* полезный]

user ['ju:zə(r)] *n* пользователь

computer user пользователь компьютера

usual ['ju:ʒl] *adj* обычный

I'll take my usual train this morning. Сегодня утром я поеду своим обычным поездом.

Let's meet at the usual time. Встретимся в наше обычное время.

as usual как обычно

He arrived late, as usual! Как обычно, он опоздал!

than usual чем обычно

She came later than usual. Она пришла позже, чем обычно.

[*unusual* необычный]

usually ['juːʒəlɪ] *adv* обычно

What do you usually do on Sundays? Что вы обычно делаете по воскресеньям?

She usually has an apple for lunch. Обычно на обед у неё яблоко.

utility [juː'tɪlətɪ] *n вчт.* сервисная программа

V

V, v [viː] *22-я буква английского алфавита*

vacant ['veɪkənt] *adj* **1** свободный, пустой; вакантный

a vacant house пустой дом

a vacant job вакантная должность

2 бессмысленный, отсутствующий

a vacant look отсутствующий взгляд

He gave a vacant laugh. Он издал глупый смешок.

vacation [və'keɪʃn] *n* каникулы; отпуск

We always spend our vacation on the coast. Мы всегда проводим отпуск на берегу моря.

He isn't in office — he's on vacation. Его нет на работе, он в отпуске.

When are you going on vacation? Когда вы собираетесь в отпуск?

vacuum cleaner ['vækjʊəmˌkliːnə(r)] *n* пылесос

I'm planning to buy a new vacuum cleaner next month. Я планирую в следующем месяце купить новый пылесос.

vague [veɪg] *adj* неясный, неопределённый, туманный

I couldn't find the house because he gave me such vague directions. Я не смог найти дом, потому что он так неясно описал, как к нему проехать.

I haven't the vaguest idea what they want. У меня нет ни малейшего представления, что они хотят.

vain [veɪn] *adj* напрасный, тщетный
vain hopes напрасные надежды
vain attempts бесплодные попытки
in vain напрасно, впустую
She knocked in vain — no one was at home. Напрасно она стучала, дома никого не было.
All our work was in vain. Вся наша работа была впустую.

valid [ˈvælɪd] *adj* **1** законный, действительный
a valid marriage законный брак
valid for three months действительный в течение трёх месяцев
This offer is valid for travel before the end of April. Это предложение действительно для поездки до конца апреля.
2 *вчт.* допустимый; правильный
[*invalid* недопустимый; ошибочный]

valley [ˈvælɪ] *n* долина
The town is at the bottom of the valley. Город расположен в долине.
the Thames valley долина реки Темзы

valuable [ˈvæljʊəbl] *adj* ценный
This ancient vase is very valuable. Эта старинная ваза очень ценная.
Thanks for your help — it's been very valuable. Спасибо, вы нам так помогли.
an opportunity to gain valuable experience возможность приобрести ценный опыт

value [ˈvælju:] *n* ценность
What is the value of this picture by Rubens? Какова стоимость этой картины Рубенса?
Good books are of great value to students. Хорошие книги представляют большую ценность для студентов.
The ring was of little value. Это кольцо было не очень ценное.

van [væn] *n* крытый грузовик, фургон
a furniture van мебельный фургон

the baker's van хлебный фургон

We'll have to hire a van to move all this stuff. Нам надо будет нанять фургон, чтобы перевезти все эти вещи.

vanish ['vænɪʃ] *v* исчезать

The thief ran into crowd and vanished. Вор юркнул в толпу и исчез.

His prospects of success have vanished. Его надежды на успех улетучились.

various ['verɪəs] *adj* различный, разный

There are various ways of getting to the park from here. Отсюда до парка можно добраться разными путями.

for various reasons по разным причинам

under various names под разными именами

vase [vɑ:z] *n* ваза

She put the roses in a vase. Она поставила розы в вазу.

Someone broke mother's best vase. Кто-то разбил любимую мамину вазу.

vast [vɑ:st] *adj* огромный

a vast expanse of desert огромное пространство пустыни

Our dog eats a vast amount of food each day. Наш пёс съедает ежедневно огромное количество пищи.

veal [vi:l] *n* телятина

Note: *не имеет мн. числа*

vegetable ['veʤtəbl] *n* овощ

a vegetable garden огород

We have potatoes, cabbages and other kinds of vegetables in the garden. У нас в огороде растут картошка, капуста и другие овощи.

What vegetables do you want with your meat? Какие овощи вы хотите к мясу?

vehicle ['vi:ɪkl] *n* транспортное средство

Cars, buses, and lorries are all vehicles. Легковые автомобили, автобусы, грузовики — всё это транспортные средства.
Motor vehicles are not allowed on this path. По этой дорожке автотранспорту ездить нельзя.

velvet ['velvɪt] *n* бархат

verb [vɜ:b] *n грам.* глагол

version ['vɜ:ʃn] *n* версия
There were contradictory versions of what happened. Были противоположные версии случившегося.
I want to hear his version of the story now. А сейчас я хочу услышать его версию случившегося.

very I ['verɪ] *adv* очень
It's very hot in here. Здесь очень жарко.
She's very tall. Она очень высокая.
This meat isn't very good. Это мясо не очень качественное.
I feel very tired after all these efforts. Я чувствую себя очень уставшим после всех этих хлопот.
very well хорошо, ладно
Very well, doctor, I'll give up smoking. Ладно, доктор, я брошу курить.
Note: *в пассивном залоге обыкн. употребляется* **much** *или* **very much**; *e. g.* **I wasn't much surprised at the news** новость меня не очень удивила; *но* **he was very interested** он был очень удивлён

very II ['verɪ] *adj* (тот) самый, именно тот
He's the very man you want. Он именно тот человек, который вам нужен.
At that very moment the phone rang. Именно в тот момент зазвонил телефон.
at the very end в самом конце
at the very beginning в самом начале

victim ['vɪktɪm] *n* жертва
victims of racism жертвы расизма

victims of violence жертвы насилия

She fell victim to a rare disease. Её поразила редкая болезнь.

The ambulance took the victims of the car accident to hospital. Машина скорой помощи доставила жертв автокатастрофы в больницу.

victory ['vɪktərɪ] *n* победа

Who won the victory? Кто одержал победу?

video ['vɪdɪəʊ] *n разг.* видеомагнитофон

videotape ['vɪdɪəʊteɪp] *n* видеолента

view [vjuː] *n* **1** вид

There's no view from my bedroom window except of some factory chimneys. Из окна моей спальни ничего не видно, кроме каких-то фабричных труб.

You get a good view of the sea from the top of the hill. С вершины холма открывается красивый вид на море.

in view of ввиду, из-за, принимая во внимание, учитывая

In view of the facts, it seems useless to continue our research. Учитывая факты, продолжать исследование бессмысленно.

2 точка зрения, мнение

In my view, he's a fool. По-моему, он дурак.

What are your views on free university education? Каково ваше мнение по поводу бесплатного университетского образования?

village ['vɪlɪʤ] *n* деревня

We live in a little mountain village. Мы живём в маленькой горной деревушке.

a Scottish fishing village шотландская рыбацкая деревня

violence ['vaɪələns] *n* **1** насилие

acts of violence акты насилия

robbery with violence ограбление с применением насилия

There is more violence in big cities than in small towns. В небольших городках не так много насилия, как в крупных городах.

2 сила, неистовство

the violence of the storm разрушительная сила шторма

violent ['vaɪələnt] *adj* сильный, яростный

There was a violent storm during the night. Ночью была сильная буря.

The football game was very violent — several players were hurt. Футбольный матч прошёл очень жёстко, несколько игроков получили травмы.

violet I ['vaɪələt] *n* **1** фиалка

2 лиловый, фиолетовый цвет

violet II ['vaɪələt] *adj* лиловый, фиолетовый

violin [ˌvaɪə'lɪn] *n* скрипка

virtual ['vɜːtʃʊəl] *adj вчт.* виртуальный

virtual file виртуальный файл

virtual image виртуальное изображение

virtual memory виртуальная память

visit I ['vɪzɪt] *v* навещать, посещать

I must visit my brother in the hospital. Мне надо навестить брата в больнице.

We are going to visit that famous place. Мы собираемся посетить то знаменитое место.

He's visiting friends in France. Он уехал навестить своих друзей во Франции.

For more information, visit our website. Для более подробной информации посетите наш веб-сайт.

visit II ['vɪzɪt] *n* посещение, визит

What did you see on your visit to India? Что ты видел во время своего путешествия в Индию?

They are expecting a visit from the doctor. Они ждут прихода врача.

to pay a visit навестить, посетить

Let's pay a visit to your mother. Давай навестим твою мать.

visitor ['vɪzɪtə(r)] *n* гость, посетитель

Did you have any visitors today? Сегодня были посетители?

Visitors to the museum will notice many improvements. Посетители музея заметят много изменений.

vocabulary [və'kæbjʊlərɪ] *n* словарный запас, словарь, лексикон

A young child has a small vocabulary. У маленького ребёнка небольшой запас слов.

I'm going to vote for Jackson. Я собираюсь голосовать за Джексона.

voice [vɔɪs] *n* **1** голос

She has a very quiet voice. У неё очень тихий голос.

I didn't recognize your voice over the phone. Я не узнал твой голос по телефону.

He's got a cold and has lost his voice. Он простудился и потерял голос.

at the top of one's voice очень громко

She started screaming at the top of her voice. Она громко закричала.

to speak in a loud voice говорить громко

to speak in a low voice говорить тихо

to raise one's voice говорить громче; повышать голос

Don't raise your voice to me. Не повышай на меня голос.

2 *грам.* залог

the active voice действительный залог

the passive voice страдательный залог

volcano [vɒl'keɪnəʊ] *n* вулкан

an active volcano действующий вулкан

a dormant volcano спящий вулкан

volleyball ['vɒlɪbɔ:l] *n* волейбол

volume ['vɒlju:m] *n* **1** том

an encyclopaedia in 20 volumes энциклопедия в двадцати томах

2 объём

What is the volume of that box? Каков объём этого ящика?

an increase in the volume of traffic увеличение интенсивности дорожного движения

3 звук, громкость

Please turn the volume down. Пожалуйста, уменьши звук.

vote I [vəʊt] *n* голос (*на выборах*)

He got 10 votes more than his opponent. Он получил на десять голосов больше, чем его соперник.

My vote goes to her. Я голосую за неё.

vote II [vəʊt] *v* голосовать

Only people over 18 can vote in the election. Голосовать можно только достигнув восемнадцати лет.

I'm going to vote for Jackson. Я собираюсь голосовать за Джексона.

voter ['vəʊtə(r)] *n* избиратель

vowel ['vaʊəl] *n* гласный звук

voyage ['vɔɪɪʤ] *n* морское путешествие

a voyage from London to New York путешествие из Лондона в Нью-Йорк морем

The voyage from England to India used to take 6 months. В прежние времена морское путешествие из Англии в Индию длилось шесть месяцев.

W

W, w ['dʌblju:] *23-я буква английского алфавита*

wage [weɪʤ] *n* заработная плата

He gets a good wage at the factory. Он получает на фабрике хорошую зарплату.

His wages are 70 dollars a week. Его зарплата составляет семьдесят долларов в неделю.

Note: *обыкн. употребляется во мн. числе*

waist [weɪst] *n* талия

That woman has no waist. У этой женщины нет талии.

wait [weɪt] *v* ждать

Please wait a minute. Подождите, пожалуйста, минутку.

We waited at the bus stop until the bus came. Мы ждали на автобусной остановке, когда придёт автобус.

We waited to see what would happen. Мы ждали, чтобы посмотреть, что будет дальше.

I can't wait for the holidays. Не могу дождаться каникул.

to wait for smb/smth ждать кого-л./что-л.

Wait for me, please. Подождите меня, пожалуйста.

We are waiting for better weather. Мы ждём хорошей погоды.

to keep smb waiting заставлять кого-л. ждать

The doctor kept me waiting for half an hour. Доктор заставил меня ждать полчаса.

Sorry to have kept you waiting! Простите, что заставил вас ждать!

waiter ['weɪtə(r)] *n* официант

The waiter brought us the soup. Официант принёс нам суп.

waiting room ['weɪtɪŋru:m] *n* зал ожидания

Go into the waiting room — the doctor will see you in ten minute. Посидите в комнате ожидания, доктор примет вас через десять минут.

waitress ['weɪtrɪs] *n* официантка

wake [weɪk] *v* (*past tense* **woke** *или* **waked**; *past participle* **woken** *или* **waked**) **1** просыпаться

I usually wake at six o'clock. Обычно я просыпаюсь в шесть часов.

to wake up проснуться

He woke up in the middle of the night. Он проснулся посреди ночи.

Wake up! It's past nine o'clock. Просыпайся! Уже десятый час.

2 будить

The telephone waked me. Меня разбудил телефон.

to wake smb up будить кого-л.

The alarm clock rings to wake us up. Будильник зазвенел и разбудил нас.

walk I [wɔ:k] *v* идти пешком; ходить

I'll walk to the bus stop with you. Я дойду с тобой до автобусной остановки.

He was walking along the street. Он шёл по улице.

Can you walk to school, or do you have to take the bus? Тебе можно дойти до школы пешком, или надо ехать на автобусе?

to walk the dog выгуливать собаку

We walk the dog in the woods behind our house. Мы гуляем с собакой в роще за нашим домом.

walk II [wɔ:k] *n* ходьба; прогулка

The shop is a short walk from our house. Магазин в двух шагах от нашего дома.

He's taking the dog for a walk. Он берёт на прогулку собаку.

Does anyone want to come for a walk? Кто-нибудь хочет пойти прогуляться?

to go for a walk идти гулять

We all went for a walk in the park. Мы все отправились гулять в парк.

wall [wɔ:l] *n* стена

He's building a wall around his yard. Он строит стену вокруг своего двора.

We have a lot of pictures on the walls. У нас на стенах много картин.

There's a clock on the wall over his desk. У него над столом на стене висят часы.

Can you climb over the brick wall? Можешь перелезть через кирпичную стену?

wallet ['wɒlɪt] *n* бумажник; кошелёк

Someone has stolen my wallet from my back pocket. Кто-то украл у меня из заднего кармана бумажник.

wallpaper ['wɔ:lpeɪpə(r)] *n* обои

I like the colour of your wallpaper. Мне нравится цвет ваших обоев.

walnut ['wɔ:lnʌt] *n* грецкий орех

waltz [wɔ:ls] *n* вальс

want [wɒnt] *v* **1** хотеть

He wants a bicycle for his birthday. Он хочет, чтобы ему на день рождения подарили велосипед.

She wants to be a doctor. Она хочет стать врачом.

They want to go to Italy next winter. Они хотят съездить в Италию следующей зимой.

to want smb to do smth хотеть, чтобы кто-л. сделал что-л.

He wants me to go to see him. Он хочет, чтобы я пришёл к нему.

I want him to rest. Я хочу, чтобы он отдохнул.

2 нуждаться

Your hair wants cutting. Тебе надо подстричься.

The house wants painting. Дом надо покрасить.

war [wɔ:(r)] *n* война

Those two countries have been at war with each other. Эти две страны воюют друг с другом.

Millions of people were killed in World War II. Миллионы людей были убиты во время Второй мировой войны.

They have been at war for five years. Они были на войне пять лет.

war memorial военный мемориал

[*peace* мир]

wardrobe ['wɔ:drəʊb] *n* платяной шкаф

Hang your suit in the wardrobe. Повесь свой костюм в шкаф.

warm I [wɔ:m] *adj* тёплый
warm clothes тёплая одежда
It's warm near the fire. Возле костра тепло.
Are you warm enough or do you want another blanket? Тебе тепло, или дать ещё одно одеяло?
[*cold* холодный]

warm II [wɔ:m] *v* греть(ся), согревать(ся)
He was warming his hands over the fire. Он грел руки над костром.
to warm up подогревать, разогревать
This soup warm you up. Этот суп согреет тебя.
I'll warm up some milk to make hot chocolate. Я согрею молока, чтобы приготовить горячий шоколад.

warmly ['wɔ:mlɪ] *adv* тепло
The children were warmly dressed. Дети были тепло одеты.
He thanked me warmly. Он тепло поблагодарил меня.

warn [wɔ:n] *v* предупреждать, предостерегать
The children were warned not to go too near the fire. Детей предупредили не подходить слишком близко к костру.
I warned you about that electric wire. Я предупреждал тебя об этом электрическом проводе.

warning ['wɔ:nɪŋ] *n* предупреждение
The radio gave a warning of bad weather. По радио передали предупреждение о надвигающемся ненастье.
There's a warning on the bottle of medicine. На пузырьке с лекарством есть наклейка с предостережением.
without warning внезапно
Without warning the car ran off the road into a wall. Внезапно автомобиль съехал с дороги и врезался в стену.

warrior ['wɒrɪə(r)] *n* воин

warship ['wɔ:ʃɪp] *n* военный корабль

was [wɒz; wəz] *ед. ч. прошедшего времени глагола* **to be**

wash I [wɒʃ] *n* **1**: **to have a wash** умываться, мыться

Did you have a wash this morning? Ты умывался утром?

to give a wash мыть

She gave the car a quick wash. Она наскоро помыла автомобиль.

2 стирка; бельё в стирке

I've got a very large wash today. У меня сегодня была большая стирка.

the wash бельё для стирки

Did you put my blue shirt in the wash? Ты положила мою голубую рубашку в стирку?

She was hanging out the wash. Она развешивала выстиранное бельё.

wash II [wɒʃ] *v* **1** умывать(ся), мыть(ся)

Wash your hands before dinner! Вымой руки перед обедом!

They were washing the windows when it started to rain. Они мыли окна, когда начался дождь.

to wash off смывать

I'll wash the mud off my boots. Я смою грязь с ботинок.

to wash up мыть посуду

We washed up after breakfast. Позавтракав, мы вымыли посуду.

2 стирать

Can you wash this raincoat? Этот плащ можно стирать?

washing machine ['wɒʃɪŋməʃi:n] *n* стиральная машина

washing-up ['wɒʃɪŋʌp] *n* мытьё посуды

to do the washing-up мыть посуду

Nancy has just done the washing-up. Нэнси только что вымыла посуду.

Washington ['wɒʃɪŋtən] *n* Вашингтон

wasn't ['wɒznt] = **was not**

wasp [wɒsp] *n* оса

I was stung by a wasp. Меня ужалила оса.

waste I [weɪst] *v* тратить зря (*деньги, время и т. п.*)
You only need one piece of paper — don't waste any more. Тебе нужен только один лист бумаги, не трать больше.
She wasted several hours waiting for him to come and pick her up. Она провела в ожидании несколько часов, прежде чем он приехал и забрал её.
He wasted his pocket money on candy. Он истратил все свои карманные деньги на конфеты.

waste II [weɪst] *n* бессмысленная трата (*денег, времени и т. п.*)
It's a waste of time trying to call her — she's not in. Пытаться дозвониться ей — пустая трата времени: её нет дома.
What a waste of energy! Какая трата энергии!
The cherries will just go waste if we don't pick them soon. Если мы не сорвём вишню в ближайшее время, её можно будет выбросить.

wastebasket ['weɪstˌbɑːskɪt] *n амер.* мусорное ведро, корзина для мусора
Throw these old papers in the wastebasket. Выброс эти старые газеты в мусорное ведро.

watch[1] [wɒtʃ] *n* часы (*наручные*)
He looked at his watch. Он посмотрел на свои часы.
What time is it by your watch? Который час на ваших часах?
My watch has stopped. Мои часы остановились.

watch[2] **I** [wɒtʃ] *n* наблюдение
The police are on the watch for burglars. Полиция ведёт наблюдение за взломщиками.

watch[2] **II** [wɒtʃ] *v* **1** смотреть
Did you watch TV last night? Ты смотрел вчера вечером телевизор?
I watched a programme on animals. Я смотрел передачу о животных.
She was watching the children playing. Она смотрела, как играют дети.

2 следить, наблюдать; сторожить

Will you watch my clothes while I go swimming? Посторожите мою одежду, пока я буду плавать?

Will you watch the baby while I go shopping? Посмотришь за ребёнком, пока я схожу в магазин?

watchman ['wɒtʃmən] *n* сторож, охранник

Call the night watchman if there is any trouble tonight. Если что-нибудь случится вечером, вызовите ночного охранника.

water I ['wɔ:tə(r)] *n* вода

Can I have a glass of water, please? Можно мне стакан воды?

The hotel has hot and cold water in each bedroom. В гостинице в каждом номере есть холодная и горячая вода.

water II ['wɔ:tə(r)] *v* поливать

The gardener waters his flowers in the summer. Летом садовник поливает цветы.

watercolours ['wɔ:təˌkʌləz] *n pl* акварельные краски

Look at these bright new watercolours. Посмотри на эти новые яркие акварельные краски.

waterfall ['wɔ:təfɔ:l] *n* водопад

Let's have our picnic by the waterfall. Давайте устроим пикник у водопада.

Which is the biggest waterfall in the world? Какой самый большой водопад в мире?

watering can ['wɔ:tərɪŋkæn] *n* лейка

watermelon ['wɔ:təmelən] *n* арбуз

Would you like a piece of watermelon? Хотите кусок арбуза?

waterproof ['wɔ:təpru:f] *adj* водонепроницаемый, непромокаемый

If your watch is waterproof you can wear it when you go swimming. Если часы водонепроницаемы, можно плавать, не снимая их.

wave I [weɪv] *v* **1** развеваться

The flag is waving in the wind. Флаг развевается на ветру.

2 махать

Wave to your sister — she's on the other side of the street. Помаши сестре, она стоит на другой стороне улицы.

She waved her hand as the train left. Когда поезд тронулся, она помахала рукой.

I waved to the waiter and asked him to bring the bill. Я помахал официанту и попросил его принести счёт.

3 завивать(ся), виться (*о волосах*)

Her hair waves naturally. Её волосы вьются от природы.

wave II [weɪv] *n* **1** волна

Can you hear the sound of the waves on the beach? Слышишь шум волн на берегу?

2 взмах

He gave a wave of the hand to say goodbye. Он помахал рукой на прощанье.

3 завиток (*волос*)

Her hair has waves. Её волосы вьются.

wax [wæks] *n* воск

This candle is made of wax. Это восковая свеча.

way [weɪ] *n* **1** путь, дорога; направление

Can you tell me the way to the post office? Вы не скажете, как пройти на почту?

The policeman showed us the way to the station. Полицейский показал нам, как пройти на станцию.

Which is the shortest way to the river? Какой самый короткий путь к реке?

Which way is the wind blowing? В какую сторону дует ветер?

on the way на пути, по дороге

I'm just on my way to school. Я иду в школу.

I met her on my way home. Я встретил её на пути домой.

a long way далеко; долго

The store is a long way from here. Магазин далеко отсюда.

We have a long way to go before we finish our work. Нам придётся немало потрудиться, прежде чем мы закончим свою работу.

to be in the way мешать

He's always in the way. Он вечно мешает.

to get out of the way уйти с дороги, не мешать

Get out of the way — there's a car coming. Уйди с дороги, машина едет.

to lose one's way заблудиться

We lost our way and had to ask someone. Мы заблудились и вынуждены были спрашивать дорогу.

2 способ, образ действия

Grandmother showed me the way to make bread. Бабушка показала мне, как печь хлеб.

She smiled in a friendly way. Она дружески улыбнулась.

Is there another way of doing it? Есть какой-нибудь другой способ делать это?

Is there any way of contacting you while you're in Africa? Как можно будет связаться с вами, когда вы будете в Африке?

in this/that way таким образом

◊ **by the way** между прочим

By the way, did you see the TV programme on cars yesterday? Кстати, ты вчера смотрел передачу об автомобилях?

WC [ˌdʌbljuːˈsiː] *n* туалет

we [wiː] *pron* (*косв. падеж* **us**) мы

We came to Moscow by train. Мы приехали в Москву на поезде.

The policeman said we could cross the street. Полицейский сказал, что мы можем перейти улицу.

We'll go shopping tomorrow. Завтра мы пойдём за покупками.

He gave it to us. Он отдал это нам.

Who is it? — It's us! Кто это? — Это мы!

weak [wiːk] *adj* слабый

After his illness he was very weak. После болезни он был очень слаб.

This coffee is very weak — you've put too much water in it. Кофе совсем слабый, ты налил слишком много воды.

weak point слабое место

You may very well be asked what your weak points are. Вас могут спросить, какие у вас слабые стороны.

to be weak in не успевать, отставать (*по какому-л. предмету*)

He is weak in spelling. Он слаб в орфографии.

[*strong* сильный]

wealth [welθ] *n* богатство, состояние

He's famous for his wealth. Он известен своим богатством.

weapon ['wepən] *n* оружие

The soldiers were carrying guns and other weapons. Солдаты несли автоматы и другое оружие.

He used a broken bottle as a weapon. Он использовал разбитую бутылку в качестве оружия.

wear [weə(r)] *v* (*past tense* **wore**; *past participle* **worn**) **1** носить

I'll wear my brown coat today. Я надену сегодня коричневое пальто.

The police are looking for a man wearing a green raincoat. Полиция ищет мужчину в зелёном плаще.

She's wearing my watch. Она носит мои часы.

2 изнашивать

I've worn a hole in my trousers. Я протёр на брюках дырку.

He wore out three pairs of shoes. Он износил три пары ботинок.

to wear out изматывать

After that game of football I am worn out. После этого футбола я совершенно измотан.

That hard work will wear you out. Эта тяжёлая работа измотает тебя.

weary ['wɪərɪ] *adj* **1** уставший, усталый

I was weary after a long day. После долгого трудового дня я чувствовал себя уставшим.

2 утомительный

a weary day тяжёлый день

weary weather изнурительная погода

weather ['weðə(r)] *n* погода

What's the weather like today? Какая сегодня погода?

The TV said the weather was going to be bad. По телевизору сказали, что погода будет ухудшаться.

The weather is always cold in the mountain. В горах всегда холодно.

If the weather is good, perhaps we'll have a picnic. Если погода будет хорошей, может быть, устроим пикник.

web [web] *n* паутина

a web of lies паутина лжи

we'd [wi:d] = **we had**; **we would**

wedding ['wedɪŋ] *n* свадьба

He invited his friends to his wedding. Он пригласил своих друзей на свадьбу.

We wanted a quiet wedding. Мы хотели тихую свадьбу.

Wednesday ['wenzdɪ] *n* среда

I saw her last Wednesday. Я видел её в прошлую среду.

We've got a day off next Wednesday. В следующую среду у нас выходной.

week [wi:k] *n* неделя

this week на этой неделе

last week на прошлой неделе

next week на следующей неделе

the working week рабочая неделя

What day of the week is it? Какой сегодня день недели?

The work will take a week. Работа займёт неделю.

We go to the cinema once a week. Мы ходим в кино раз в неделю.

We're leaving in a week. Мы уезжаем через неделю.

weekday ['wi:kdeɪ] *n* будний день

There is one train timetable for weekdays, another for Saturdays, and another for Sundays. По будням действует одно расписание поездов, другое — по субботним дням и ещё одно — по воскресным.

weekend [ˌwi:kˈend] *n* выходные дни, суббота и воскресенье, уик-энд
We're going away for the weekend. Мы уезжаем на выходные.
Come to spend the weekend with me. Приезжай ко мне на выходные.
We usually go to the lake on weekends. Обычно в выходные мы ходим на озеро.

weekly [ˈwi:klɪ] *adj* еженедельный
We have a weekly paper which tell us all the local news. Мы получаем еженедельную газету, из которой узнаём все местные новости.

weep [wi:p] *v* (*past tense и past participle* **wept**) плакать
She wept when she heard the sad news. Она заплакала, когда услышала эту печальную новость.

weigh [weɪ] *v* **1** весить
How much do you weigh? Сколько ты весишь?
I weigh 50 kilos. Я вешу пятьдесят килограммов.
This piece of fish weighs one kilo. Этот кусок рыбы весит один килограмм.
2 взвешивать
Can you weigh these potatoes for me? Взвесьте мне, пожалуйста, этот картофель.

weight [weɪt] *n* **1** вес
What's your weight? Какой у вас вес?
I'm trying to lose weight. Я пытаюсь похудеть.
Susan put on weight after her accident. После несчастного случая Сьюзен располнела.
He was trying to watch his weight. Он следил за своим весом.
2 гиря; груз, тяжесть
If you lift heavy weights, you may hurt your back. Если поднимать тяжести, можно повредить спину.

Put a weight on the pile of papers to keep them from blowing away. Положи какой-нибудь груз на пачку бумаг, чтобы они не разлетелись.

welcome I ['welkəm] *adj* желанный

Welcome home! С возвращением домой!

A cool drink was welcome after the long, hot walk. Прохладное питьё было очень кстати в жаркий день после долгой прогулки.

to be welcome to иметь разрешение

You are welcome to use my pen if yours is broken. Вы можете взять мою ручку, если ваша сломалась.

you're welcome пожалуйста (*в ответ на благодарность*)

Thank you! — You're welcome! Спасибо! — Пожалуйста!

welcome II ['welkəm] *v* приветствовать

He welcomed us to his house. Он приветствовал нас в своём доме.

She welcomed the news that she had passed his driving test. Она с радостью узнала, что сдала экзамен по вождению.

They welcomed my plan. Они одобрили мой план.

well[1] I [wel] *adv* (*comparative* **better**; *superlative* **best**) хорошо

He can speak English well. Он хорошо говорит по-английски.

She sang very well and won the first prize. Она очень хорошо пела и завоевала первую премию.

Beat the eggs well. Хорошо взбей яйца.

as well также

She is learning French and English as well. Она учит французский, а также английский.

You can't have a piece of cake and ice cream as well. Нельзя есть одновременно пирожное и мороженое.

as well as а также, к тому же; не только, но и

He has a flat in London as well as a house in Scotland. У него квартира в Лондоне, а также дом в Шотландии.

[*badly* плохо]

well[1] II [wel] *adj* (*comparative* **better**; *superlative* **best**) здоровый, в прекрасном состоянии

I hope your family is well. Надеюсь, твоя семья здорова.
She was ill for a month but she looks better now. Она целый месяц болела, но теперь ей лучше.

all is well всё хорошо
I hope all is well back home. Я надеюсь, дома всё хорошо.

Note: *в качестве определения не употребляется*

well[1] III [wel] *interj* **1** ну, итак, что же
Well, as I was saying... Итак, как я говорил...
Well, the laundry is finished, so what shall we do now? Ну, стирка окончена, что мы будем делать дальше?

2 *выражает удивление*
Well, you have grown! Ну, ты и вымахал!

well[2] [wel] *n* колодец
They pulled the water up from a well. Они брали воду из колодца.

we'll [wi:l] = **we shall; we will**

well-done [ˌwel'dʌn] *adj* прожаренный (*о мясе*)
He likes his steak well-done. Он любит, чтобы стейк был хорошо прожарен.

well-known [ˌwel'nəʊn] *adj* известный
He's a well-known actor. Он известный актёр.

went [went] *past tense от* **go**

wept [wept] *past tense и past participle от* **weep**

were [wɜ:(r); wə(r)] *мн. ч. прошедшего времени глагола* **to be**

we're [wɪə(r)] = **we are**

weren't [wɜ:nt] = **were not**

west I [west] *n* запад
in the west на западе

to the west of к западу от

The sun rises in the east and sets in the west. Солнце восходит на востоке и заходит на западе.

The town is to the west of the river. Город расположен к западу от реки.

[*east* восток]

west II [west] *adj* западный

a west wind западный ветер

He lives on the west side of town. Он живёт в западной части города.

[*east* восточный]

west III [west] *adv* на запад

The ship is sailing west. Корабль плывёт на запад.

If you go west, you'll come to a little village. Если пойти на запад, то попадёшь в маленькую деревушку.

[*east* на восток]

western I ['westən] *adj* западный

Great Britain is in Western Europe. Великобритания находится в Западной Европе.

They live in the western part of Canada. Они живут на западе Канады.

[*eastern* восточный]

western II ['westən] *n* вестерн (*фильм*)

wet [wet] *adj* мокрый, влажный, сырой

The ground is wet after rain. Земля мокрая после дождя.

I didn't have an umbrella, so I got wet waiting for the bus in the rain. У меня не было зонтика, и я весь вымок под дождём, ожидая автобус на остановке.

It was the wettest day of the month yesterday. Вчера был самый дождливый день в этом месяце.

Don't sit there — the paint on the chair is still wet. Не садись на стул, краска на нём ещё не высохла.

Her forehead was wet with sweat. Её лоб был влажный от пота.

[*dry* сухой]

wetsuit ['wetsu:t] *n* костюм для подводного плавания

we've [wi:v] = **we have**

whale [weɪl] *n* кит

what I [wɒt] *adj* **1** какой

What time is it? Который час?

What colour is your car? Какого цвета ваш автомобиль?

Tell me what books you have read recently. Расскажи мне, какие книги ты прочёл за последнее время.

2 *в восклицаниях* какой, что за

What a lovely day! Какой чудесный день!

What a good idea! Какая отличная идея!

what II [wɒt] *pron* что

What happened? Что случилось?

What is he? Кто он по профессии?

I don't know what to do. Я не знаю, что делать.

What you need is plenty of sleep. Побольше спать — вот что тебе нужно.

What about something to eat? Как насчёт того, чтобы перекусить?

what for для чего

What is this box for? Для чего эта коробка?

what if что если

It sounds like a good offer, but what if it's a trick? Предложение звучит заманчиво, но что если это обман?

whatever [wɒt'evə(r)] *pron* что, что-либо, что угодно

You can eat whatever you like. Можешь есть что хочешь.

Keep calm, whatever happens. Сохраняй спокойствие, что бы ни случилось.

Do whatever you like. Делай что хочешь.

what'll ['wɒtl] = **what will**

what's [wɒts] = **what is**

wheat [wi:t] *n* пшеница

We drove past endless fields of wheat. Мы ехали вдоль бескрайних пшеничных полей.

wheel [wi:l] *n* колесо

A bicycle has two wheels — a front wheel and a back wheel. У велосипеда два колеса: переднее и заднее.

the wheel руль

He had a heart attack at the wheel. У него случился сердечный приступ, когда он был за рулём.

wheelchair ['wi:lˌʧeə(r)] *n* инвалидная коляска, кресло-каталка

when I [wen] *adv* когда

When can you come? Когда ты сможешь прийти?

When did that happen? Когда это случилось?

When are we going to have dinner? В котором часу у нас будет обед?

when II [wen] *conj* **1** во время; в то время как

It was raining when we arrived. Когда мы приехали, шёл дождь.

When I was young, we were living in Paris. Во времена моей юности мы жили в Париже.

When you leave the house, don't forget to lock the door. Когда уходишь, не забывай запирать дверь на ключ.

Tell me when you're feeling hungry. Когда проголодаешься, скажи.

2 после того как

When we had finished our work, we sat down. Закончив работу, мы сели.

Turn off the TV when the news is over. Когда новости закончатся, выключи телевизор.

whenever [wen'evə(r)] *adv* когда бы ни

Come whenever you like. Приходи, когда захочешь.

I'll go to see her whenever I can. При первой возможности я навещу её.

when's [wenz] = **when is**

where [weə(r)] *adv* где

Where does he live? Где он живёт?

I wonder, where she lives. Интересно, где она живёт.

Where does he come from? Откуда он?

She would like to live in a country where it never snows. Она хотела бы жить в стране, где никогда не бывает снега.

That's the place, where the accident occurred. Вот место, где произошёл несчастный случай.

wherever [ˌweər'evə(r)] *adv* где бы ни; куда бы ни

Wherever I go, I meet interesting people. Куда бы я ни поехал, мне везде встречаются интересные люди.

I'd like to find her, wherever she may be. Мне хотелось бы найти её, где бы она ни была.

where's [weəz] = **where is**

whether ['weðə(r)] *conj* ли

I don't know whether it's true. Я не знаю, правда ли это.

Do you know whether the manager is in or not? Вы не знаете, директор у себя?

Whether she's beautiful or ugly — it doesn't matter. Не имеет значения, красива она или уродлива.

which I [wɪtʃ] *adj* какой; который

Which way shall we go? Какой дорогой мы пойдём?

Which foreign languages have you studied? Какие иностранные языки вы изучали?

Tell me which boy is your brother — the tall one or the short one? Скажи, который из мальчиков твой брат — высокий или тот, что пониже?

which II [wɪtʃ] *pron* **1** кто; что

Which of you wish to go with me? Кто из вас хочет пойти со мной?

Which of you girls wants to help with the dishes? Девочки, кто из вас поможет помыть посуду?

2 который; что

Take the book which is lying on that table. Возьми книгу, что лежит на том столе.

The house which is for sale is at the end of the street. Дом, который продаётся, находится в конце улицы.

while [waɪl] *conj* пока, в то время как

While I was making breakfast, everyone else was in bed. В то время как я готовил завтрак, все были ещё в постели.

I'll set the table while you take a bath. Пока ты принимаешь ванну, я накрою на стол.

whip I [wɪp] *n* кнут

whip II [wɪp] *v* (**whipped**, **whipping**) бить; взбивать

His mother made chocolate pie with whipped cream. Его мама приготовила шоколадный торт со взбитыми сливками.

whisper I ['wɪspə(r)] *v* шептать

She whispered a few words. Она прошептала несколько слов.

Stop whispering in the corner. Перестаньте шептаться в углу.

whisper II ['wɪspə(r)] *n* шёпот

He spoke in a whisper. Он говорил шёпотом.

whistle I ['wɪsl] *n* **1** свист

He gave a loud whistle. Он громко свистнул.

2 свисток

The whistle blew — it was the end of the game. Прозвучал свисток, и это означало конец игры.

whistle II ['wɪsl] *v* свистеть

He was whistling as he worked. Он работал, насвистывая мелодию.

white I [waɪt] *n* **1** белый цвет

The bride was dressed in white. Невеста была в белом.

2 белок (*яичный*)

You need three egg whites to make this cake. Для этого торта нужно три яичных белка.

white II [waɪt] *adj* **1** белый

The snow was so white that it made my eyes hurt. Снег был таким белым, что глазам стало больно.

[*black* чёрный]

2 бледный

She suddenly turned very white and fainted. Внезапно она сильно побледнела и упала в обморок.

Luke's face was white with anger. Люк побелел от гнева.

who [hu:] *pron* (*косв. падеж* **whom**) **1** кто

Who's knocking at the door? Кто стучит в дверь?

Who are all those people in uniform? Кто все эти люди в форме?

Who are you going home with? С кем ты идёшь домой?

Who else did you see? Кого ещё ты видел?

2 который, кто

This is the man whom I saw at the store. Вот мужчина, которого я видел в магазине.

There's somebody who wants you on the telephone. Кто-то спрашивает вас по телефону.

who'd [hu:d] = **who had; who would**

whoever [hu:ˈevə(r)] *pron* кто бы ни; всякий кто

Whoever arrives early must wait. Кто приедет рано, должен подождать.

Whoever says that is wrong. Тот, кто это говорит, не прав.

whole I [həʊl] *adj* целый, весь

He has eaten the whole cake. Он съел весь пирог.

I didn't see him the whole evening. Я не видел его весь вечер.

The whole country was covered with snow. Вся местность была занесена снегом.

Come on, let's just forget the whole thing. Ладно, давайте всё это забудем.

whole II [həʊl] *n* целое; всё

He stayed in bed the whole of the morning. Он пролежал в постели всё утро.

on the whole в общем, в целом

Living in town is pleasant but, on the whole, I like the country better. Жить в городе приятно, но вообще-то жить за городом мне нравится больше.

who'll [hu:l] = **who will**

whom [hu:m] *косв. падеж от* **who**

who're ['hu:ə(r)] = **who are**

who's [hu:z] = **who is**; **who has**

whose [hu:z] *pron* **1** чей

Whose car is that? Чей это автомобиль?

Whose pens are these? Чьи это ручки?

2 чей, который

Is that the boy whose sister I met last week? Это тот мальчик, чью сестру я встретил на прошлой неделе?

That's the new machine whose parts are too small to be seen. Вот новая машина, детали которой слишком малы, чтобы их увидеть.

why I [waɪ] *adv* почему

Why are you late? Почему вы опоздали?

Why is the sky blue? Почему небо голубое?

Why not take the car? Почему бы не поехать на машине?

Why isn't he at work today? Почему он сегодня не на работе?

She told me why she didn't go to the cinema. Она сказала мне, почему не пошла в кино.

I asked him why the train was late. Я спросил у него, почему опоздал поезд.

that's why вот почему, поэтому

He missed his bus, that's why he was late. Он не успел на автобус, поэтому опоздал.

why not почему бы не

Why not stay for lunch? Почему бы нам не остаться на обед?

why II [waɪ] *interj выражает удивление, недоумение, раздумье и т. п.*

Why, it's quite easy! A child could do it! Да это же так просто! Ребёнку под силу!
Why, what's the harm? Ну, и что плохого?

wicked ['wɪkɪd] *adj* дурной, злой, гадкий
It was wicked of you to torment the poor cat. Очень гадко было с твоей стороны мучить бедную кошку.

wide I [waɪd] *adj* широкий
How wide is that river? Насколько широка эта река?
The belt is 2 centimetres wide. Этот ремень два сантиметра шириной.
She started at me with wide eyes. Она уставилась на меня широко раскрытыми глазами.
[*narrow* узкий]

wide II [waɪd] *adv* широко
She opened the door wide. Она широко распахнула дверь.
wide apart далеко друг от друга, с большими промежутками
We planted the trees wide apart. Мы посадили деревья на большом расстоянии друг от друга.

widow ['wɪdəʊ] *n* вдова

widower ['wɪdəʊə(r)] *n* вдовец

wife [waɪf] *n* (*pl* **wives**) жена
She's the manager's wife. Она жена директора.
I know him but I've never met his wife. Я знаю его, но его жену никогда не видел.

wig [wɪg] *n* парик
The boy wore a wig when he played the part of a princess. Когда мальчик играл принцессу, на него надели парик.

wild [waɪld] *adj* дикий
Do you like stories about wild animals? Ты любишь рассказы о диких животных?
wild flowers полевые цветы

will[1] [wɪl] *v* **1** (*past tense* **would**) *вспомогательный глагол*; *служит для образования форм будущего времени 2-го и 3-го лиц ед. и мн. числа*

They will be here soon. Они скоро будут здесь.

Will you be staying long in Italy? Вы долго будете в Италии?

2 *модальный глагол*; *выражает желание, намерение, решимость*

I will help you if you need me. Я обязательно помогу вам, если будет нужно.

The car won't start. Автомобиль не заводится.

We'll pay back the money soon. Мы скоро отдадим долг.

All right, I'll come. Хорошо, я приду.

3 *модальный глагол*; *образует вежливый вопрос или просьбу*

Will you pass the salt? Передайте, пожалуйста, соль.

Will someone turn the light off? Пожалуйста, выключите свет.

Will you have some tea? Выпьете чаю?

Will you telephone me tomorrow? Пожалуйста, позвони мне завтра.

will[2] [wɪl] *n* **1** воля

He has a strong will, and nothing can stop him doing what he wants. У него сильная воля, и ничто не сможет помешать ему делать то, что он хочет.

She was very ill but she got better because she had a will to live. Она очень тяжело болела, но поправилась, потому что у неё было огромное желание жить.

good will добрая воля; доброта

ill will злая воля, зло

of your own free will по своей воле, по своему собственному желанию

He helped me of his own free will. Он помогал мне по своей доброй воле.

at will по желанию

Children were allowed to enter and leave at will. Детям разрешили входить и выходить, когда захотят.

2 завещание

My aunt left me some money in her will. Моя тётушка оставила мне по завещанию некоторую сумму денег.

willing [ˈwɪlɪŋ] *adj*: **to be willing to do smth** быть готовым сделать что-л.

Is anyone willing to wash the car? Кто-нибудь хочет помыть машину?

Are you willing to help? Хочешь помочь?

willow (tree) [ˈwɪləʊ(tri:)] *n* ива

willpower [ˈwɪlˌpaʊə(r)] *n* сила воли

She has a lot of willpower; she won't eat any cake, because she wants to be thin. У неё есть сила воли: она не ест пирогов, потому что хочет похудеть.

win [wɪn] *v* (*past tense и past participle* **won**) выигрывать; побеждать; завоёвывать

Who won and who lost? Кто выиграл и кто проиграл?

Our team won their game yesterday. Наша команда выиграла вчера матч.

He won the race easily. Он легко победил в гонках.

She won first prize in the music competition. Она завоевала первый приз на музыкальном конкурсе.

Her courage won everyone's admiration. Её мужество вызвало всеобщее восхищение.

to win back вновь завоевать, вернуть

She tried hard to win back his trust. Она очень старалась вновь завоевать его доверие.

to win over склонить на свою сторону

We've finally won him over to our point of view. В конце концов мы убедили его согласиться с нашей точкой зрения.

[*to lose* проигрывать]

wind[1] [wɪnd] *n* ветер

The flags were blowing in the wind. Флаги развевались на ветру.

There's no wind at all. Совсем нет ветра.

The wind is blowing from the sea. Ветер дует с моря.

A large gust of wind swept his hat into the sea. Сильным порывом ветра его шляпу унесло в море.

wind[2] [waɪnd] *v* (*past tense и past participle* **wound**) **1** заводить часы

Do you need to wind (up) your watch? Твои часы нужно заводить?

My watch needs to be wound every day. Мои часы нужно заводить каждый день.

2 завёртывать, обвёртывать; сматывать, обматывать

He wound the string into a ball. Он смотал верёвку в клубок.

She wound the towel around her head. Она обвернула голову полотенцем.

She wound a baby in a shawl. Она завернула ребёнка в одеяльце.

wind instruments ['wɪnd,ɪnstrʊmənts] *n pl* духовые музыкальные инструменты

A flute and clarinet are wind instruments. Флейта и кларнет — духовые музыкальные инструменты.

windmill ['wɪndmɪl] *n* ветряная мельница

window ['wɪndəʊ] *n* **1** окно

Look out the window — you can see the garden. Посмотри в окно, увидишь сад.

The burglar climbed in through the window. Вор забрался внутрь через окно.

The room is cold — please shut the window. В комнате холодно, закрой, пожалуйста, окно.

Do you mind if I open a window? Не возражаешь, если я открою окно?

2 *вчт.* окно

Click on the X to close the window. Щёлкни на крестик, чтобы закрыть окно.

3 свободное время, перерыв в работе

I've got a window on Friday when I could see you. У меня окно в пятницу, и мы сможем увидеться.

windowpane ['wɪndəʊpeɪn] *n* оконное стекло

windowsill ['wɪndəʊsɪl] *n* подоконник

There are flowerpots on the windowsill in my room. В моей комнате на подоконнике стоят цветы.

windscreen ['wɪndskri:n] *n авто* ветровое стекло

wine [waɪn] *n* вино
Pour the wine into the glasses. Налей вино в бокалы.
Three glasses of red wine, please. Три бокала красного вина, пожалуйста.

wing [wɪŋ] *n* крыло
The butterfly has white spots on its wings. У этой бабочки на крыльях белые пятнышки.
The crow spread its wings and flew away. Ворона расправила крылья и улетела.

winner ['wɪnə(r)] *n* тот, кто выиграл; победитель
He was the winner in the music competition. Он победитель музыкального конкурса.
You can't always be the winner. Не всё же тебе выигрывать.

winter ['wɪntə(r)] *n* зима
I go on holiday in winter. Я езжу в отпуск зимой.
Last winter there wasn't any snow. Прошлой зимой совсем не было снега.
She'll be home by winter. К зиме она будет дома.
One winter we went to Switzerland. Как-то зимой мы ездили в Швейцарию.

wipe [waɪp] *v* вытирать
I've washed the plates — can someone wipe them? Я вымыл тарелки, кто-нибудь вытрет их?
You need a handkerchief to wipe your nose. Тебе нужен платок вытереть нос.
Wipe your feet before you come inside. Прежде чем войти, вытирайте ноги.
to wipe off вытирать, стирать
He wiped the writing off the blackboard. Он стёр написанное с доски.
to wipe up промокать
Wipe up that milk on the floor, please. Промокни тряпкой молоко на полу, пожалуйста.

wire ['waɪə(r)] *n* проволока; провод

Tie the basket to your bike with a piece of wire. Прикрепи корзину к велосипеду проволокой.

electric wire электрический провод

telephone wire телефонный кабель

wisdom ['wɪzdəm] *n* мудрость

wise [waɪz] *adj* мудрый; умный, благоразумный

a wise woman мудрая женщина

a wise idea мудрая мысль

It was wise of you to take some business courses in college. Было очень благоразумно с твоей стороны пройти в колледже курс по бизнесу.

You made a wise decision when you chose to study Spanish. Ты принял мудрое решение, когда начал учить испанский.

wish I [wɪʃ] *v* желать; хотеть

I wish you wouldn't talk so loudly. Мне хотелось бы, чтобы ты не говорил так громко.

I wish I could live on an island. Как бы мне хотелось жить на острове.

He wished me good luck. Он пожелал мне удачи.

She wished me a Merry Christmas. Она пожелала мне весёлого Рождества.

wish II [wɪʃ] *n* желание; пожелание

I have no wish to go. У меня не было никакого желания идти.

I hope you get your wish. Надеюсь, твоё желание исполнится.

She made a wish before she blew out the candles on her birthday cake. Прежде чем задуть свечи на своём торте в день рождения, она загадала желание.

Best wishes for a Happy New Year. Наилучшие пожелания в Новом году.

Please give my best wishes to your mother. Пожалуйста, передайте вашей матери мои наилучшие пожелания.

witch [wɪtʃ] *n* колдунья, ведьма

with [wɪð] *prep* **1** *указывает на связь, совместимость* с, вместе
He came here with his sister. Он пришёл сюда со своей сестрой.
I like ice cream with my apple pie. Я люблю есть мороженое с яблочным пирогом.
2 *указывает на наличие чего-л., характерный признак*
She's the girl with blue eyes. Она девушка с голубыми глазами.
They live in the house with the green door. Они живут в доме с зелёной дверью.
3 *указывает на предмет действия или орудие, с помощью которого совершается действие; передаётся творительным падежом*
He cut the bread with a knife. Он нарезал хлеб ножом.
She was eating her dessert with a spoon. Она ела десерт ложкой.
4 *указывает на обстоятельства, сопутствующие действию* с
with care с осторожностью
with thanks с благодарностью
5 *указывает на причину* из-за, от
My hands were blue with cold. Мои руки посинели от холода.
Her eyes are bright with excitement. Её глаза блестят от волнения.

without [wɪˈðaʊt] *prep* без
I'll come without my sister. Я приду без сестры.
They lived for days without any food. Несколько дней они жили без пищи.
You can't buy things without money. Без денег ничего не купишь.
without doing не делая (*чего-л.*)
You can't make an omelette without breaking eggs. Нельзя приготовить омлет, не разбив яиц.
He left without telling me. Он уехал, ничего не сказав мне об отъезде.
You can wash a vase without breaking it? Ты можешь помыть вазу, не разбив её?

witness [ˈwɪtnɪs] *n* свидетель, очевидец
The witness said he heard shots. Свидетель сказал, что слышал выстрелы.

wives [waɪvz] *pl om* **wife**

woke [wəʊk] *past tense om* **wake**

woken ['wəʊkən] *past participle om* **wake**

wolf [wʊlf] *n* (*pl* **wolves**) волк
Wolves hunt in packs. Волки охотятся стаями.

wolves [wʊlvz] *pl om* **wolf**

woman ['wʊmən] *n* (*pl* **women**) женщина
There were three women at the next table. За соседним столиком сидели три женщины.
a single woman незамужняя женщина
an old woman старая женщина, старуха
An old woman asked me the way to the post office. Пожилая женщина спросила у меня, как пройти на почту.

women ['wɪmɪn] *pl om* **woman**

won [wʌn] *past tense u past participle om* **win**

wonder I ['wʌndə(r)] *n* **1** удивление; изумление; восхищение
The children looked up in wonder at the big elephant. Дети в изумлении смотрели на огромного слона.
They were filled with wonder. Они были полны восхищения.
it's a wonder удивительно
It's a wonder you didn't lose your way in the dark. Удивительно, как ты не заблудился в темноте.
no wonder неудивительно
No wonder you were late — you ate your breakfast so slowly. Неудивительно, что ты опоздал; ты так медленно ел свой завтрак.
2 чудо
7 Wonders of the World семь чудес света
the wonders of modern medicine чудеса современной медицины
to do wonders хорошо воздействовать, оказывать хорошее влияние

Fresh air and exercise do wonders for your health. Свежий воздух и физические упражнения оказывают благотворное влияние на здоровье.

wonder II ['wʌndə(r)] *v* удивляться
I wonder who that boy is. Интересно, кто этот парень.
He's wondering what to do next. Он думает, что делать дальше.
We're wondering who'll be the next president. Мы гадали, кто будет следующим президентом.
He was so ill, I wonder he didn't die. Он был так тяжело болен, что я удивляюсь, как он не умер.
I shouldn't wonder if... Я не удивлюсь, если...

wonderful ['wʌndəfl] *adj* замечательный, удивительный
What a wonderful memory she has! Какая замечательная у неё память!
What a wonderful present! Какой чудесный подарок!

won't [wəʊnt] = **will not**

wood [wʊd] *n* **1** дерево (*материал*); дрова
The chairs are made of wood. Стулья сделаны из дерева.
Put some more wood on the fire. Подкинь ещё дров в камин.
2 роща, лес
We had a picnic in the wood(s). Мы устроили пикник в лесу.

wooden ['wʊdn] *adj* деревянный
a wooden bed деревянная кровать
a wooden box деревянный ящик
She mixed the soup with a wooden spoon. Она помешивала суп деревянной ложкой.

wool [wʊl] *n* шерсть
a ball of wool клубок шерсти
She used three balls of wool to make my sweater. Она истратила на мой свитер три клубка шерсти.
Are these socks made of wool? Эти носки шерстяные?

woollen ['wʊlən] *adj* шерстяной
a woollen pullover шерстяной пуловер
a woollen carpet шерстяной ковёр

word [wɜ:d] *n* слово
What was your baby's first word? Какое первое слово произнёс ваш малыш?
There are seven words in this sentence. В этом предложении семь слов.
He saw me but didn't say a word. Он увидел меня, но не сказал ни слова.
to have a word with smb поговорить с кем-л.
I'd like to have a word with the teacher. Хочу поговорить с учителем.
to give one's word давать слово, обещать
He gave me his word that he would not smoke. Он дал мне слово, что не будет курить.
to keep one's word держать слово
I kept my word to her. Я сдержал данное ей обещание.
to break one's word нарушать обещание
in other words другими словами
The manager's sick, in other words I have to do twice as much work. Директор болен, короче, на меня ложится двойная нагрузка.

wore [wɔ:(r)] *past tense от* **wear**

work I [wɜ:k] *n* **1** работа, труд; занятие
It's not easy to find work. Найти работу нелегко.
Digging holes in the ground is hard work. Копать ямы в земле — тяжёлая работа.
He doesn't do much work — he just sits and watches TV. Он не перетруждает себя, просто сидит и смотрит телевизор.
I go to work by train every day. Я езжу каждый день на работу на поезде.
He doesn't come back from work until 7 o'clock at night. Он не приходит с работы раньше семи часов вечера.
to be at work быть на работе; работать
I'm at work by 8 a.m. К восьми часам я уже на работе.

to be out of work быть без работы

He is out of work and he's looking for a job. Он сейчас без работы и ищет себе какое-нибудь место.

2 сочинение; произведение

a work of art произведение искусства

the works of Shakespeare произведения Шекспира

works of literature литературные произведения

It's not the best piece of work you've ever done. Это не лучшее твоё произведение.

work II [wɜ:k] *v* **1** работать, трудиться

If you work hard you'll pass your exams. Если ты будешь усердно трудиться, то сдашь экзамены.

He worked hard and painted the whole house in a day. Он трудился не покладая рук и через день покрасил весь дом.

2 функционировать (*о механизме*); управлять (*механизмом*)

The clock isn't working. Часы не идут.

The printer didn't work very well. Принтер работал не очень хорошо.

Mother showed me how to work the sewing machine. Мама показала мне, как шить на швейной машинке.

3 работать, зарабатывать на жизнь

He works in a car factory. Он работает на автомобильном заводе.

She used to work in a butcher's shop. Раньше она работала в мясном магазине.

4 срабатывать, получаться

Do you think your plan will work? Ты думаешь, твой план сработает?

If it doesn't work, try again. Если не получается, попробуй ещё раз.

workday ['wɜ:kdeɪ] *n* рабочий день; будний день

worker ['wɜ:kə(r)] *n* работник; рабочий

He's a good worker. Он хороший работник.

The workers left the factory. Рабочие ушли с фабрики.

He's a nice man, but quite a slow worker. Он приятный человек, но уж очень медленно работает.

workman ['wɜ:kmən] *n* рабочий
Three workmen came to fix the pipe. Трое рабочих пришли установить трубу.

works [wɜ:ks] *n pl* завод
a brick works кирпичный завод
an iron works металлургический завод

workshop ['wɜ:kʃɒp] *n* мастерская
He's making something in the workshop behind the house. Он что-то делает в мастерской позади дома.

world [wɜ:ld] *n* мир
a map of the world карта мира
a journey round the world путешествие вокруг света
the world of sport мир спорта
The whole world knows about it. Весь мир знает об этом.
What is the highest mountain in the world? Какая гора самая высокая в мире?
all over the world во всём мире, по всему миру
His books are read all over the world. Его книги читают во всём мире.
He travels all over the world on business. Он ездит в деловые поездки по всему миру.
in the world вообще; совершенно
Nothing in the world would please me more. Ничто на свете не доставит мне большего удовольствия.
Who in the world is that strange man? Да кто вообще этот странный человек?

worm [wɜ:m] *n* червяк
The earth worms turn the soil. Земляные черви рыхлят почву.

worn [wɔ:n] *past participle от* **wear**

worry ['wʌrɪ] *v* **(worries, worried, worrying) 1** беспокоить, волновать, тревожить
What worrying you? Что тебя тревожит?

Don't worry yourself about the children; they are old enough to take good care of themselves. Не изводи себя тревогой за детей; они достаточно взрослые, чтобы позаботиться о себе.

His bad health worried them. Его плохое здоровье беспокоило их.

2 беспокоиться, волноваться, тревожиться

She's worrying about her final exams. Она волновалась по поводу выпускных экзаменов.

I worry when my daughter stays out late. Я беспокоюсь, когда дочь поздно приходит домой.

You have no cause to worry. У вас нет причин волноваться.

3 раздражать, надоедать

The noise of the traffic worried her. Шум уличного движения не давал ей покоя.

Oh do stop worrying me with all these questions! Прекратите надоедать мне этими своими вопросами!

worse I [wɜ:s] *adj* (*comparative om* **bad**) худший

The weather is even worse than last week. Погода ещё хуже, чем на прошлой неделе.

This TV film is worse than the one I watched last night. Этот телефильм хуже, чем тот, что я смотрел вчера вечером.

[*better* лучший]

worse II [wɜ:s] *adv* (*comparative om* **badly**) хуже

He drives worse than his sister. Он водит машину хуже своей сестры.

[*better* лучше]

worst I [wɜ:st] *adj* (*superlative om* **bad**) самый плохой, наихудший

It was the worst play I've ever seen. Это была самая плохая пьеса, которую я когда-либо видел.

[*best* наилучший]

worst II [wɜ:st] *adv* (*superlative om* **badly**) хуже всего

He played badly, she played worse and I played worst. Он играл плохо, она ещё хуже, а я хуже всех.

[*best* лучше всего]

worth [wɜ:θ] *adj* стоящий; заслуживающий
Is this book worth reading? Эту книгу стоит прочитать?
It isn't worth waiting for him. Не стоит его ждать.
The food's not worth eating. Эту еду не стоит есть.
It's worth making an effort. Стоит сделать усилие.

would [wʊd; əd] *v* **1** *past tense от* **will**[1]
They said they would be here by ten o'clock. Они сказали, что будут здесь к десяти часам.
She hoped she would be able to come. Она надеялась, что сможет прийти.
2 *модальный глагол; образует вежливый вопрос или просьбу*
Would you like a cup of tea? Хотите чашку чая?
Would you please sit down? Садитесь, пожалуйста.
3 *модальный глагол; выражает привычное действие, относящееся к прошедшему времени*
She would get up at eight o'clock in the morning. Бывало, она вставала в восемь часов каждое утро.
My uncle would often bring me candy. Бывало, мой дядя часто приносил мне сладости.
4 *модальный глагол; выражает вероятность*
It would be difficult to stop a car without any brakes. Трудновато было бы остановить автомобиль без тормозов.
If I were rich I would travel a lot. Будь я богачём, я бы много путешествовал.
would rather предпочитать; лучше, не прочь
I would rather go there tomorrow than today. Лучше я пойду туда завтра, а не сегодня.

wouldn't ['wʊdnt] = **would not**

wound[1] [waʊnd] *past tense и past participle от* **wind**[2]

wound[2] **I** [wu:nd] *n* рана
a head wound рана на голове
a bullet wound пулевое ранение
a knife wound ножевая рана
The dog was licking its wounds. Пёс зализывал свои раны.

wound[2] II [wu:nd] *v* **1** ранить

Ten soldiers were killed and forty wounded. Десять солдат были убиты, и сорок ранены.

2 обижать, задевать

Her remark had deeply wounded him. Её замечание больно ранило его.

wrap [ræp] *v* (**wrapped, wrapping**) завёртывать, обёртывать

He's wrapping the Christmas presents. Он завёртывал рождественские подарки.

Look at this package wrapped in blue paper. Посмотри на этот свёрток в голубой бумаге.

Wrap yourself up in your blanket if you're cold. Если ты замёрз, завернись в одеяло.

wrapper ['ræpə(r)] *n* обёртка

Collect all these chewing gum wrappers on the floor. Собери все эти фантики от жвачки на полу.

wrapping ['ræpɪŋ] *n* обёртка, обёрточная бумага

She took the present out of its wrapping. Она вынула подарок из упаковки.

wrinkle I ['rɪŋkl] *n* складка; морщинка, морщина

His face is full of wrinkles. Его лицо всё в морщинах.

There are lots of wrinkles in the back of your shirt. Твоя рубашка сзади вся измята.

Her new dress fits without a wrinkle. Её новое платье сидит на ней без единой морщинки.

wrinkle II ['rɪŋkl] *v* мять(ся), морщить(ся)

to wrinkle up one's forehead наморщить лоб

She wrinkled her nose at the bad smell. Почувствовав дурной запах, она наморщила носик.

The front of this dress wrinkles. Спереди платье морщится.

wrist [rɪst] *n* запястье

He took me by the wrist. Он схватил меня за запястье.

write [raɪt] *v* (*past tense* **wrote**; *past participle* **written**) писать

She wrote a few words on the back of an envelope. Она написала несколько слов на обороте конверта.

I'll write my name and address for you on a piece of paper. Я напишу тебе своё имя и адрес на листке бумаги.

She writes to me every week. Она пишет мне каждую неделю.

Don't forget to write as soon as you get to Paris. Не забудь написать сразу же, как приедешь в Париж.

He has written a book about the history of our town. Он написал книгу об истории нашего города.

to write back написать в ответ, ответить на письмо

He got my letter, and wrote back immediately. Он получил моё письмо и сейчас же послал ответ.

to write down записывать

He wrote down the number of the bus. Он записал номер автобуса.

She wrote down my telephone number. Она записала мой номер телефона.

writer ['raɪtə(r)] *n* писатель; автор

He's the writer of six books. Он написал шесть книг.

Do you know who is the writer of this letter? Ты не знаешь, кто автор этого письма?

writing ['raɪtɪŋ] *n* **1** почерк

His small writing is very hard to read. Его мелкий почерк очень трудно читать

2 писание, письмо

Writing is slower than telephoning. Позвонить быстрее, чем написать письмо.

in writing письменно, в письменном виде

Don't call, please answer in writing. Пожалуйста, не звонить, ответить в письменном виде.

writings *pl* произведения

the writings of Jane Austen произведения Джейн Остин

writing desk ['raɪtɪŋdesk] *n* письменный стол

writing pad ['raɪtɪŋpæd] *n* блокнот

written ['rɪtn] *past participle от* **write**

wrong I [rɒŋ] *adj* **1** нечестный, неправильный, противозаконный
You were wrong to borrow his bicycle without asking his permission. Нехорошо было с твоей стороны взять его велосипед без разрешения.
2 неверный, ошибочный, несоответствующий
What's the time? — I don't know, my watch is wrong. Который час? — Не знаю, мои часы идут неверно.
I'm sorry, I was wrong — he does live across from the post office. Простите, я ошибся, он действительно живёт напротив почты.
You're doing it the wrong way. Ты делаешь это неправильно.
I think we're on the wrong road. Мне кажется, мы едем не той дорогой.
What's wrong with the soup? — There's nothing wrong with it, I'm just not hungry. Что-то не так? Суп невкусный? — Нет, суп вкусный, просто я не голоден.
[*right* правильный, верный]

wrong II [rɒŋ] *adv* плохо, неправильно, неверно
Everything has gone wrong today. Сегодня всё идёт не так.
You've spelled my name wrong. Вы неправильно написали моё имя.
don't get me wrong поймите меня правильно; не поймите меня неправильно
[*right* правильно, верно]

wrong III [rɒŋ] *n* неправильное, плохое
He knows the difference between right and wrong. Он знает, что такое хорошо и что такое плохо.
[*right* правильное, хорошее]

wrote [rəʊt] *past tense от* **write**

X

X, x [eks] *24-я буква английского алфавита*

Xmas ['krɪsməs] = **Christmas**

X-ray ['eksreɪ] *n* рентген
He had to go into hospital for an X-ray. Ему надо было пойти в больницу сделать рентген.

Y

Y, y [waɪ] *25-я буква английского алфавита*

yacht [jɒt] *n* прогулочная лодка; гоночная лодка; яхта

yard[1] [jɑ:d] *n* двор
the school yard школьный двор
They have a vegetable garden in their front yard. У них перед домом огород.

yard[2] [jɑ:d] *n* ярд
A yard equals 91 centimetres. Ярд равен девяносто одному сантиметру.
Can you move the chairs a couple of yards to the left? Не могли бы вы пододвинуть стулья на пару ярдов влево?

yawn [jɔ:n] *v* зевать
I couldn't help yawning. Я не мог удержаться от зевоты.

year [jɜ:(r)] *n* год
last year в прошлом году
this year в этом году
next year в следующем году, на следующий год
the year after next через два года
He is twelve years old. Ему двенадцать лет.
It's just a year since they left. Прошёл год, как они уехали.

He lived in Paris for a few years. Он несколько лет жил в Париже.

I started my job two years ago. Я начал работать два года назад.

years *pl* долгое время, много лет

He hasn't been back to his country for years. Он не возвращался в свою страну уже много лет.

yell [jel] *v* кричать, вопить

They were yelling at each other. Они кричали друг на друга.

Yell when you're ready. Крикни, когда будешь готов.

yellow I ['jeləʊ] *n* жёлтый цвет

He painted his car bright yellow. Он покрасил свой автомобиль в ярко-жёлтый цвет.

Do you have any paint of a lighter yellow than this? У вас есть жёлтая краска, посветлее этой?

yellow II ['jeləʊ] *adj* жёлтый

She's wearing a yellow hat. На ней жёлтая шляпка.

Look at the field of yellow flowers. Посмотри на это поле жёлтых цветов.

yellow pages [jeləʊ'peɪʤɪz] *n* «жёлтый справочник», «жёлтые страницы» (*телефонный справочник*)

Look up "Restaurants" in the yellow pages. Открой раздел «Рестораны» в телефонном справочнике.

yes [jes] *n* да

Have you the key? — Yes, here it is. Ключ у тебя? — Да, вот он.

Do you want any more coffee? — Yes, please. Хотите ещё кофе? — Да, с удовольствием.

We asked him if he wanted to come and he said "yes". Мы спросили его, хочет ли он прийти, и он ответил «да».

[*no* нет]

yesterday ['jestədɪ] *adv* вчера

yesterday morning вчера утром

yesterday afternoon вчера днём
the day before yesterday позавчера
He arrived yesterday. Он приехал вчера.
Yesterday was Monday. Вчера был понедельник.

yet I [jet] *adv* **1** *при отрицании* ещё
They are not here yet. Их ещё здесь нет.
He hasn't read the newspaper yet. Он ещё не прочитал газету.
2 *в вопросах* уже
Has your brother arrived yet? Твой брат уже приехал?
Need you go yet? Тебе уже надо идти?
3 пока ещё
I haven't seen him yet. Я пока ещё его не видел.
Go at once while there is yet time. Иди сейчас, пока ещё есть время.

yet II [jet] *conj* тем не менее, однако
He worked hard, yet he failed. Он упорно работал, но всё же потерпел неудачу.
It is strange, yet it is true. Звучит странно, но тем не менее это правда.

yeti ['jetɪ] *n* снежный человек

yogurt, yoghurt ['jɒgət] *n* йогурт

yolk [jəʊk] *n* желток (*яичный*)
Beat up the yolks of three eggs. Взбей три желтка.

you [ju:] *pron* (*косв. падеж* **you**) **1** ты; вы
I want to see you. Я хочу видеть тебя.
You're taller than me. Ты выше меня.
Are you both comfortable? Вам обоим удобно?
2 каждый, любой
You buy stamps at a post office. Марки можно купить на почте.
You never know what will happen. Никогда не знаешь, что может случиться.
You never can tell... Никогда нельзя сказать...

you'd [ju:d] = **you had; you would**

you'll [ju:l] = **you will; you shall**

young [jʌŋ] *adj* молодой

He's a young man — he's only twenty-one. Он молодой человек: ему только двадцать один год.

My sister is younger than me. Моя сестра младше меня.

He's the youngest boy in the class. В классе он самый младший.

She looks very young for her age. Она выглядит очень молодо для своего возраста.

the young *pl* молодёжь

[*old* старый]

your [jɔ:(r)] *adj* твой; ваш; свой

This is a present for your sister. Это подарок для вашей сестры.

Your shorts are dirty. Твои шорты грязные.

Show me your hands. Покажи мне руки.

you're [jʊə(r)] = **you are**

yours [jɔ:z] *pron* твой; ваш

This book is yours, not mine. Эта книга твоя, не моя.

You said he was a friend of yours. Ты сказал, что он один из твоих друзей.

Note: *в качестве определения не употребляется*

yourself [jɔ:'self] *pron* (*pl* **yourselves**) **1** себя; -ся, -сь

Did you hurt yourself when you fell over? Ты ушибся, когда упал?

Did you cut yourself on the knife? Ты порезался ножом?

Look at yourselves in the mirror! Посмотрите на себя в зеркало!

I hope you all enjoy yourselves. Надеюсь, вы там веселитесь.

2 сам

Did you make that dress yourself? Ты сама сшила это платье?

(all) by yourself один

Did you build the house all by yourself? Ты сам построил этот дом?

Do you live by yourself? Ты живёшь один?

yourselves [jɔːˈselvz] *pl от* **yourself**

youth [juːθ, *pl* juːðz] *n* **1** молодость; юность
in my youth в молодости, когда я был молодым
In his youth, he travelled around the world. В юности он путешествовал по миру.
2 юноша, юнец
Half a dozen youths were standing at the street corner. На углу улицы стояла компания юнцов.
3 молодёжь
the youth of our country молодёжь нашей страны

you've [juːv] = **you have**

yummy [ˈjʌmɪ] *adj разг.* вкусный

Z

Z, z [zed] *26-я буква английского алфавита*

zebra [ˈziːbrə] *n* зебра

zenith [ˈzenɪθ] *n* зенит

zero [ˈzɪərəʊ] *n* нуль
The temperature fell to zero. Температура упала до нуля.
It's very cold — it's below zero. На улице холодно, температура ниже нуля.

zip [zɪp] *v* **(zipped, zipping)**: **to zip (up)** застёгивать(ся) на молнию
This dress zips up at the back. Это платье застёгивается на молнию на спине.
Can you zip up this dress for me? Застегни мне, пожалуйста, молнию на платье.

zipper [ˈzɪpə(r)] *n* застёжка-молния

Her dress has a zipper in the back. У неё на платье молния на спине.
Can you do up this zipper for me? Застегни мне, пожалуйста, молнию.

zoo [zu:] *n* зоопарк
We went to the zoo on Sunday afternoon. В воскресенье днём мы ходили в зоопарк.
I had a ride on an elephant at the zoo. Я катался в зоопарке на слоне.

zoology [zəʊ'ɒləʤɪ] *n* зоология

ВРЕМЕНА АНГЛИЙСКОГО ГЛАГОЛА

Времена группы Indefinite (Неопределенные времена)

Времена группы Indefinite [in'definıt] указывают на обычное действие, которое происходит, происходило или будет происходить в настоящем (Present Indefinite), прошедшем (Past Indefinite) или будущем (Future Indefinite).

Настоящее неопределенное время (The Present Indefinite Tense)

Present Indefinite (Настоящее неопределенное время) указывает на обычное действие, которое происходит вообще и соответствует в русском языке настоящему времени глагола.

Утвердительная форма	Вопросительная форма	Отрицательная форма
I / You } take — Я беру / Ты берешь	Do { I / you } take?	I / You } do not take
He / She / It } takes { Он / Она / Оно } берет	Does { he / she / it } take?	He / She / It } does not take
We / You / They } take — Мы берем / Вы берете / Они берут	Do { we / you / they } take?	We / You / They } do not take

Образование форм Present Indefinite

Утвердительная форма

Смысловой глагол в инфинитиве без частицы **to** ставится после подлежащего. В 3-м лице единственного числа (he, she, it) к глаголу прибавляется окончание **-s**, которое после глухих согласных произносится [s], а в остальных случаях — [z].

to take *брать* — he takes *он берет*

to open *открывать* — she opens *она открывает*

Если глагол в инфинитиве оканчивается на **ss, sh, ch, tch, x, o,** то в 3-м лице единственного числа прибавляется окончание **-es**, которое после шипящих произносится [ɪz], а после **o** — [z].

to go *ходить, идти, ехать* — he goes *он ходит*.

Если глагол оканчивается на букву **y**, перед которой стоит согласная, то буква **y** заменяется буквой **i** и добавляется окончание **-es**.

to study *учиться* — she studies *она учится*

Вопросительная форма

Вопросительная форма Present Indefinite образуется при помощи вспомогательного глагола **do** для всех лиц и чисел, кроме 3-го лица единственного числа, и формы **does** только для 3-го лица единственного числа — he, she, it.

Do *you* **speak** English?
Вы говорите по-английски?

Does he **speak** English?
Он говорит по-английски?

Отрицательная форма

Отрицательная форма образуется следующим образом: на 1-е место ставится подлежащее, на 2-е — вспомогательный глагол **do** или **does** в зависимости от лица и числа подлежащего, на 3-е место — отрицание **not** и на 4-е — основной глагол в инфинитиве без частицы **to**.

I **do not / don't speak** English.
Я не говорю по-английски.

He **does not / doesn't** speak English.
Он не говорит по-английски.

Прошедшее неопределенное время (The Past Indefinite Tense)

Past Indefinite (Прошедшее неопределенное время) употребляется для обозначения действия, которое однократно произошло или происходило повторно в прошлом и никак не связано с настоящим.

Прошлое или подразумевается, или обозначается обстоятельствами времени (датами, словами **yesterday** (*вчера*), **ago** (*тому назад*), **then** (*тогда*), **last week** (*на прошлой неделе*), **last year** (*в прошлом году*) и т. д.).

По способу образования прошедшего времени глаголы делятся на правильные (regular) и неправильные (irregular).

Утвердительная форма	Вопросительная форма	Отрицательная форма
I You He She It played We You They	I you he she Did it play? we you they	I You He She did It not play We You They
Я (ты и т. д.) играл.	Играл ли я (ты и т. д.)?	Я (ты и т. д.) не играл.

П р а в и л ь н ы е г л а г о л ы образуют формы Past Indefinite следующим образом:

Утвердительная форма

К основе глагола (т. е. к инфинитиву без частицы **to**) во всех лицах и числах прибавляется суффикс **-ed.**

При прибавлении суффикса **-ed** соблюдаются следующие правила написания:

— к глаголам, оканчивающимся на **-e**, прибавляется только **-d**:

live — lived [lɪvd];

— конечная буква (согласный звук) односложных глаголов удваивается, если корневой гласный краткий:

beg — begged [begd];

— конечная буква **y**, если ей предшествует согласная, заменяется буквой **i**, и затем прибавляется суффикс **-ed**:

stud**y** — stud**ied** [stʌdɪd].

Вопросительная и отрицательная формы

Вопросительная форма образуется при помощи вспомогательного глагола **did**, который ставится перед подлежащим, за ним следует подлежащее, а за подлежащим — основной глагол в инфинитиве без частицы **to**:

Did he read yesterday? Он вчера читал?

Отрицательная форма образуется при помощи вспомогательного глагола **did** с отрицанием **not**, которые ставятся после подлежащего, за которым следует основной глагол в инфинитиве без частицы **to**:

He **did not** read yesterday. Вчера он не читал.

Н е п р а в и л ь н ы е г л а г о л ы образуют утвердительную форму Past Indefinite по-разному: либо путем изменения корневой гласной, либо путем изменения конечной согласной, либо вовсе без изменения формы основы. Эти формы нужно заучивать наизусть (см. Список неправильных глаголов):

go — went (*ходил, пошел*)

know — knew (*знал*)

read — read (*читал, прочитал*)

see — saw (*видел*)

Вопросительная и отрицательная формы Past Indefinite неправильных глаголов образуются так же, как и у правильных глаголов.

Did you **see** him yesterday? — No, I **did not / didn't see** him yesterday.

Вы видели его вчера? — Нет, я не видел его вчера.

Будущее неопределенное время (The Future Indefinite Tense)

Future Indefinite (Будущее неопределенное время) образуется из вспомогательного глагола **shall** (для 1-го лица единственного и множественного числа) и **will** (для 2-го и 3-го лиц единственного и множественного числа) и инфинитива основного глагола без частицы **to. Will** может употребляться и для 1-го лица.

Утвердительная форма	Вопросительная форма	Отрицательная форма
I (we) shall make	Shall I (we) make?	I (we) shall not make
You / He / She / It / They will make	Will you / he / she / it / they make?	You / He / She / It / They will not make

Сокращенные формы:

'll = will, shall

shan't [ʃɑ:nt] = shall not

won't [wəʊnt] = will not

Глагол в будущем неопределенном времени обозначает будущее действие, которое может быть однократным или повторяющимся.

Future Indefinite употребляется часто с такими словами, как: **tomorrow** (*завтра*); **the day after tomorrow** (*послезавтра*); **next week** (*на следующей неделе*); **next month** (*в следующем месяце*); **next year** (*в будущем году*).

I shall read this book tomorrow.
Я буду читать эту книгу завтра.

He **will go** to London next week.
Он поедет в Лондон на следующей неделе.

Времена группы Continuous (Продолженные времена):

Present Continuous, Past Continuous, Future Continuous. Причастие I (Participle I)

Времена группы Continuous образуются при помощи вспомогательного глагола **to be** в настоящем, прошедшем или будущем неопределенном времени и причастия I (Participle I) смыслового глагола:

to be + Participle I

Причастие I образуется из инфинитива глагола без частицы **to** путем прибавления к нему суффикса **-ing**. Например, причастие I от глагола to read будет read**ing**, от глагола to work — work**ing** и т. д.

Present Continuous (Настоящее продолженное время)

употребляется:

а) для обозначения действия, которое совершается в момент речи, т. е. в данный момент, в настоящее время.

What **are** you **doing?** Что ты делаешь?
I am writing a letter.
Я пишу письмо (сейчас, в данный момент).

Утвердительная форма	Вопросительная форма	Отрицательная форма
I am working. Я работаю.	Am I working? Работаю ли я?	I am not working. Я не работаю.
You are working. Ты работаешь.	Are you working? Работаешь ли ты?	You are not working. Ты не работаешь.
He / She / It } is working. Он (она, оно) работает.	Is { he / she / it } working? Работает ли он (она, оно)?	He / She / It } is not working. Он (она, оно) не работает.

We are working. Мы работаем. You are working. Вы работаете. They are working. Они работают.	Are we working? Работаем ли мы? Are you working? Работаете ли вы? Are they working? Работают ли они?	We are not working. Мы не работаем. You are not working. Вы не работаете. They are not working. Они не работают.

б) для обозначения действия, которое совершается постоянно в настоящий период времени, который может быть более или менее длительным.

This month we **are reading** "Gone with the Wind" by M. Mitchell.

В этом месяце мы читаем «Унесенные ветром» М. Митчелл.

Некоторые глаголы не употребляются во временах Continuous. Это глаголы: **to be** (*быть*), **to see** (*видеть*), **to hear** (*слышать*), **to understand** (*понимать*), **to like** (*нравиться*), **to love** (*любить*) и ряд других глаголов, выражающих чувства и восприятие.

Сокращенные формы: I'm = I am, she's = she is, they're = they are

Причастие I
(Present Participle, Participle I)

а) Если смысловой глагол в инфинитиве имеет окончание **-e**, то при образовании причастия I буква **e** опускается и прибавляется суффикс **-ing**.

make — mak**ing**.

б) Если смысловой глагол в инфинитиве оканчивается на согласный с предшествующим кратким ударным гласным, то конечная буква удваивается, а затем прибавляется суффикс **-ing**.

sit — sitting

Причастие I в английском языке может употребляться самостоятельно в качестве определения или обстоятельства и переводится тогда действительным причастием или деепричастием.

The boy reading a book is her son.

Мальчик, читающий книгу, ее сын.

Reading the letter the boy is smiling.

Читая письмо, мальчик улыбается.

Past Continuous
(Прошедшее продолженное время)

Прошедшее продолженное время употребляется для обозначения незаконченного действия, которое совершалось в какой-то указанный момент или период времени в прошлом. Может быть точно указан час или часы (отрезок времени). Отрезок времени может обозначаться также выражением: **all day long** (*весь день*); **all day yesterday** (*вчера весь день*); **the whole morning** (*все утро*) и т. п.

From 8 till 9 we **were studying** French.

С 8 до 9 мы занимались французским языком.

Утвердительная форма	Вопросительная форма	Отрицательная форма
I (he, she, it) was working. Я (он, она, оно) работал (-а, -о). We (you, they) were working. Мы (вы, они) работали.	Was I (he, she, it) working? Работал ли я (он и т. д.)? Were we (you, they) working? Работали ли мы (вы, они)?	I (he, she, it) was not working. Я (он и т. д.) не работал. We (you, they) were not working. Мы (вы, они) не работали.

На русский язык глагол в Past Continuous всегда переводится глаголом прошедшего времени несовершенного вида.

Future Continuous
(Будущее продолженное время)

Будущее продолженное время употребляется для выражения незаконченного действия, которое будет совершаться в какой-то момент или отрезок времени в будущем.

Момент совершения действий, относящихся к будущему времени, может быть обозначен точным указанием времени. Например:

At five o'clock I **shall be studying** Italian.

В 5 часов я буду заниматься итальянским языком.

Глагол в форме Future Continuous переводится на русский язык глаголом в будущем времени несовершенного вида.

Утвердительная форма	Вопросительная форма	Отрицательная форма
I (we) shall be working. Я (мы) буду (будем) работать. You (he, she, it, they) will be working. Вы (он, она, оно, они) будете (будет, будут) работать.	Shall I (we) be working? Буду ли (будем ли) я (мы) работать? Will you (he, she, it, they) be working? Будете ли (будет ли, будут ли) вы (он, она, оно, они) работать?	I (we) shall not be working. Я (мы) не буду (не будем) работать. You (he, she, it, they) will not be working. Вы (он, она, оно, они) не будете (не будет, не будут) работать.

Времена группы Perfect (Совершенные времена)

Для образования времен группы Perfect используется вспомогательный глагол **to have** в настоящем, прошедшем или будущем неопределенном времени, а основной глагол употребляется в 3-й форме (причастие II — Participle II): **to have + Participle II** смыслового глагола

Глагол **to have** здесь не имеет самостоятельного значения, а служит только для образования сложной временной формы Perfect.

Причастие II (Past Participle, Participle II)

Для правильных глаголов Participle II образуется путем прибавления суффикса **-ed** к основной форме глагола: divide – divid**ed**. Для неправильных глаголов Participle II образуется особым способом (надо запоминать по Списку неправильных глаголов): lose – lost, write – written.

Настоящее совершенное время (The Present Perfect Tense)

have (has) + Participle II смыслового глагола

Утвердительная форма	Вопросительная форма	Отрицательная форма
I, You } have written	Have { I, you } written?	I, You } have not written
He, She, It } has written	Has he (she, it) written?	He, She, It } has not written
We, You, They } have written	Have we (you, they) written?	We, You, They } have not written

Сокращенные формы:

I've [aɪv] written = I have written

she hasn't [hæznt] written = she has not written

Present Perfect употребляется для выражения совершенного действия, которое совершилось или непосредственно перед моментом речи, или в более отдаленном прошлом. При этом говорящего интересует не время совершения действия, а результат этого действия, имеющийся в данный момент.

На русский язык глагол в Present Perfect переводится обычно глаголом в прошедшем времени совершенного вида.

Present Perfect употребляется обычно с такими обстоятельствами времени, как **today** (*сегодня*), **this week** (*на этой неделе*), **this month** (*в этом месяце*), **this year** (*в этом году*), **this morning** (*сегодня утром*) и т. п., а также с наречиями неопределенного времени: **already** (*уже*), **never** (*никогда*), **ever** (*когда-либо*), **just** (*только что*) и т. д.

Have you **seen** him **today**?

Вы *видели* его *сегодня?*

Прошедшее совершенное время (The Past Perfect Tense)

had + Participle II смыслового глагола

Утвердительная форма	Вопросительная форма	Отрицательная форма
I You He She It We You They } had written	Had { I you he she it we you they } written?	I You He She It We You They } had not written

Сокращенные формы:

I'd [aɪd] written = I had written

he hadn't ['hædnt] written = he had not written

Past Perfect употребляется для выражения законченного действия, которое совершилось до определенного момента в прошлом или ранее другого действия в прошлом, обозначаемого глаголом в Past Indefinite.

Например:
He **had come** *by 3 o'clock* yesterday.
Он **пришел** вчера *к трем часам*.

Для выражения двух или более последовательно происходивших действий в прошлом, когда нет необходимости подчеркивать, какое из них произошло раньше, употребляется Past Indefinite. Например:

I **came** home, **opened** the window and **switched on** the TV set.
Я **пришел** домой, **открыл** окно и **включил** телевизор.

Глагол в Past Perfect всегда переводится глаголом в прошедшем времени.

Будущее совершенное время (The Future Perfect Tense)

shall (will) have + Participle II смыслового глагола

Утвердительная форма	Вопросительная форма	Отрицательная форма
I shall have written.	Shall I have written?	I shall not have written.
You (he, she, it) will have written.	Will you (he, she, it) have written?	You (he, she, it) will not have written.
We shall have written.	Shall we have written?	We shall not have written.
You (they) will have written.	Will you (they) have written?	You (they) will not have written.

Сокращенные формы:
I'll have written = I shall have written
we shan't [ʃɑ:nt] have written = we shall not have written
they won't [wəʊnt] have written = they will not have written

Future Perfect употребляется для выражения будущего действия, которое совершится до определенного момента в будущем, который может быть обозначен такими словами, как **by five o'clock** (*к 5 часам*), **by this time** (*к этому времени*) и т. д.

I shall have done this work *by Thursday.*
Я **сделаю** эту работу *к четвергу.*

СПИСОК НЕПРАВИЛЬНЫХ ГЛАГОЛОВ

Infinitive	Past Tense	Past Participle	
arise	arose	arisen	возникать
awake	awoke	awoken	будить
be	was, *pl* were	been	быть
bear	bore	borne	рождать
beat	beat	beaten	бить
become	became	become	становиться
begin	began	begun	начинать
bend	bent	bent	гнуть, сгибать
bid	bid	bid	велеть
bind	bound	bound	связывать
bite	bit	bitten	кусать
bleed	bled	bled	истекать кровью
blow	blew	blown	дуть
break	broke	broken	ломать
breed	bred	bred	выводить; разводить
bring	brought	brought	приносить
broadcast	broadcast	broadcast	передавать по радио
build	built	built	строить
burn	burnt	burnt	гореть
burst	burst	burst	разрывать
buy	bought	bought	покупать
cast	cast	cast	бросать
catch	caught	caught	ловить
choose	chose	chosen	выбирать
cling	clung	clung	прилипать
come	came	come	приходить
cost	cost	cost	стоить
creep	crept	crept	ползать
cut	cut	cut	резать
deal	dealt	dealt	торговать
dig	dug	dug	копать
do	did	done	делать
draw	drew	drawn	рисовать
dream	dreamt, dreamed	dreamt, dreamed	мечтать
drink	drank	drunk	пить
drive	drove	driven	ехать
dwell	dwelt	dwelt	обитать
eat	ate	eaten	есть
fall	fell	fallen	падать
feed	fed	fed	кормить
feel	felt	felt	чувствовать

fight	fought	fought	сражаться
find	found	found	находить
flee	fled	fled	бежать, спасаться бегством
fling	flung	flung	кидать
fly	flew	flown	летать
forbid	forbade	forbidden	запрещать
forget	forgot	forgotten	забывать
forgive	forgave	forgiven	прощать
freeze	froze	frozen	замерзать
get	got	got	получать
give	gave	given	давать
go	went	gone	идти
grind	ground	ground	молоть
grow	grew	grown	расти
hang	hung	hung	висеть
have	had	had	иметь
hear	heard	heard	слышать
hide	hid	hidden	прятать
hit	hit	hit	ударять
hold	held	held	держать
hurt	hurt	hurt	удариться
keep	kept	kept	хранить
kneel	knelt	knelt	становиться на колени
know	knew	known	знать
lay	laid	laid	класть
lead	led	led	вести
lean	leant, leaned	leant, leaned	прислоняться
leap	leapt, leaped	leapt, leaped	прыгать
learn	learned, learnt	learned, learnt	учиться
leave	left	left	оставлять
lend	lent	lent	давать взаймы
let	let	let	позволять
lie	lay	lain	лежать
light	lit, lighted	lit, lighted	освещать
lose	lost	lost	терять
make	made	made	делать
mean	meant	meant	значить
meet	met	met	встречать
mistake	mistook	mistaken	ошибаться
mow	mowed	mowen	косить
pay	paid	paid	платить
put	put	put	класть
quit	quitted, quit	quitted, quit	оставлять
read [ri:d]	read [red]	read [red]	читать
remake	remade	remade	переделать
ride	rode	ridden	ездить верхом

ring	rang	rung	звонить
rise	rose	risen	подниматься
run	ran	run	бежать
saw	sawed	sawn	пилить
say	said	said	говорить
see	saw	seen	видеть
seek	sought	sought	искать
sell	sold	sold	продавать
send	sent	sent	посылать
set	set	set	помещать
sew	sewed	sewn, sewed	шить
shake	shook	shaken	трясти
shave	shaved	shaven	брить
shed	shed	shed	проливать
shine	shone	shone	сиять
shoot	shot	shot	стрелять
show	showed	shown	показывать
shrink	shrank	shrunk	сморщиваться
shut	shut	shut	закрывать
sing	sang	sung	петь
sink	sank	sunk	погружаться
sit	sat	sat	сидеть
sleep	slept	slept	спать
slide	slid	slid	скользить
smell	smelt	smelt	пахнуть
sow	sowed	sown, sowed	сеять
speak	spoke	spoken	говорить
speed	sped	sped	спешить
spell	spelt, spelled	spelt, spelled	произносить по буквам
spend	spent	spent	тратить
spill	spilt, spilled	spilt, spilled	проливать
spin	span	spun	прясть
spit	spat	spat	плевать
split	split	split	раскалывать
spoil	spoiled, spoilt	spoiled, spoilt	портить
spread	spread	spread	распространять
spring	sprang	sprung	прыгать
stand	stood	stood	стоять
steal	stole	stolen	красть
stick	stuck	stuck	приклеивать
sting	stung	stung	жалить
strike	struck	struck	ударять
strive	strove	striven	стремиться
swear	swore	sworn	браниться
sweep	swept	swept	мести
swell	swelled	swollen	пухнуть
swim	swam	swum	плавать

swing	swung	swung	качаться
take	took	taken	брать
teach	taught	taught	обучать
tear	tore	torn	рвать
tell	told	told	рассказывать
think	thought	thought	думать
throw	threw	thrown	бросать
thrust	thrust	thrust	толкать
understand	understood	understood	понимать
upset	upset	upset	опрокидывать, огорчать
wake	woke, waked	woken, waked	будить
wear	wore	worn	носить
weave	wove	woven	ткать
weep	wept	wept	плакать
win	won	won	выигрывать
wind	wound	wound	заводить
write	wrote	written	писать

Справочное издание

Л.С. Робатень, Л.П. Попова

Учебный словарь
английского языка
Развитие навыков устной речи

Редактор *Некрасова С. С.*
Технический редактор *Соболевская Э. С.*
Компьютерная верстка *Ильиной И. А.*

ООО «Издательство АСТ»
141100, РФ, Московская обл., г.Щелково, ул. Заречная, д.96

ООО «Издательство Астрель»
129085, г. Москва, проезд Ольминского, д. 3а

Наши электронные адреса: www.ast.ru
E-mail: astpub@aha.ru

ОАО «Владимирская книжная типография»
600000, г. Владимир, Октябрьский проспект, д. 7.
Качество печати соответствует качеству предоставленных диапозитивов